統計學（第二版）

主　編 ◯ 王春生
副主編 ◯ 吳宇駒、胥愛霞、周衛標、丁紅

崧燁文化

第二版前言

隨著中國市場經濟的不斷發展和完善,統計理論和統計方法的應用越來越廣泛,統計已成為人們認識世界和進行決策所必不可少的工具。作為傳授統計理論和方法的統計學,它是培養學生處理、分析數據,並使用統計學的原理與方法來分析社會經濟現象能力的學科。

市面上的統計學教材大體上可以分為兩類,一類是理論統計,另一類是應用統計。前者側重於統計方法的數學理論,隸屬於數學學科;后者側重於統計方法的應用,特別是統計方法的軟件操作應用,是一門獨立的學科,常常被作為一項處理數據和分析數據的工具應用於社會的各個領域。本書是在參考國內優秀統計教材的基礎上,結合經管類專業的培養要求和學生特點編寫的。本書的重點是統計理論和統計方法的簡單介紹、統計方法的應用、統計軟件 SPSS 操作和統計案例的介紹等。

本書綜合了描述統計和推斷統計這兩大統計學的基本板塊,結構體系如下:

第一部分:緒論。這部分包括了統計和統計學的簡介、統計學的產生和應用、統計數據、描述統計和推斷統計概括、SPSS 軟件入門簡介等內容。

第二部分:描述統計。這部分包括了第 2 章統計數據的收集、第 3 章統計數據的整理、第 4 章統計數據的特徵描述和第 5 章統計指數,主要介紹了統計數據的收集方法和注意事項、統計數據的整理方法、統計數據的描述性分析方法、統計表和統計圖的編制與分析、綜合指標分析、綜合指數和平均指數的編制、指數體系和因素分析等內容。

第三部分:推斷統計。這部分包括了第 6 章概率及抽樣分佈、第 7 章參數估計、第 8 章假設檢驗、第 9 章方差分析、第 10 章相關迴歸分析和第 11 章時間序列分析與預測,主要介紹了抽樣和抽樣分佈、參數估計和假設檢驗、方差分析、相關分析和迴歸分析、時間序列預測等內容。

全書共 11 章,第 1 章、第 5 章、第 6 章、第 7 章、第 8 章、第 9 章、第 10 章、第 11 章由王春生編寫並修訂,第 2 章由吳宇駒編寫並修訂,第 3 章由吳宇駒、胥愛霞編寫並修訂,

第4章由吳宇駒、周衛標編寫並修訂,全書由丁紅檢查,由王春生負責統稿和總纂。

最后需要說明的是,本書是編者多年來對統計學教學經驗的總結和學習思考的成果,由於時間倉促及編者的水平有限,難免有疏漏謬誤之處,懇請廣大讀者批評指正。

王春生

目 錄

第1章 緒論 ……………………………………………………… (1)
    第1節 什麼是統計 ………………………………………… (1)
    第2節 統計學的含義 ……………………………………… (4)
    第3節 統計學的分科 ……………………………………… (5)
    第4節 統計數據的類型 …………………………………… (6)
    第5節 統計學的基本概念 ………………………………… (8)
    第6節 統計工具軟體簡介 ………………………………… (10)
    思考與練習 ………………………………………………… (15)

第2章 統計數據的收集 ………………………………………… (18)
    第1節 數據的來源和收集方法 …………………………… (18)
    第2節 研究對象的選擇 …………………………………… (29)
    第3節 運用SPSS進行簡單隨機抽樣 …………………… (40)
    思考與練習 ………………………………………………… (45)

第3章 統計數據的整理 ………………………………………… (49)
    第1節 數據預處理 ………………………………………… (49)
    第2節 統計表 ……………………………………………… (54)
    第3節 統計圖 ……………………………………………… (59)
    思考與練習 ………………………………………………… (67)

第 4 章　統計數據的特徵描述 …………………………………………… (72)

第 1 節　集中趨勢的度量 …………………………………………… (72)

第 2 節　離散程度的度量 …………………………………………… (83)

第 3 節　分佈形狀的度量 …………………………………………… (89)

第 4 節　SPSS 操作 ………………………………………………… (92)

思考與練習 …………………………………………………………… (98)

第 5 章　統計指數 ………………………………………………………… (104)

第 1 節　統計指數的概念、性質和分類 …………………………… (104)

第 2 節　綜合指數 …………………………………………………… (106)

第 3 節　平均數指數 ………………………………………………… (113)

第 4 節　指數體系與因素分析 ……………………………………… (118)

思考與練習 …………………………………………………………… (123)

第 6 章　概率及抽樣分佈 ………………………………………………… (130)

第 1 節　隨機變量及其概率分佈概述 ……………………………… (130)

第 2 節　統計量 ……………………………………………………… (143)

第 3 節　抽樣分佈 …………………………………………………… (144)

第 4 節　幾種常見統計量的抽樣分佈 ……………………………… (147)

思考與練習 …………………………………………………………… (153)

第 7 章　參數估計 ………………………………………………………… (159)

第 1 節　參數估計的基本問題 ……………………………………… (159)

第 2 節　點估計 ……………………………………………………… (160)

第 3 節　區間估計 ·· （161）
第 4 節　樣本容量的確定 ·· （172）
思考與練習 ·· （174）

第 8 章　假設檢驗 ·· （181）

第 1 節　假設檢驗的基本原理 ··· （181）
第 2 節　單個總體參數的檢驗 ··· （186）
第 3 節　兩個總體的假設檢驗 ··· （190）
第 4 節　運用 SPSS 進行假設檢驗 ·· （195）
思考與練習 ·· （199）

第 9 章　方差分析 ·· （203）

第 1 節　方差分析引論 ·· （204）
第 2 節　單因素方差分析 ·· （208）
第 3 節　雙因素方差分析 ·· （213）
第 4 節　運用 SPSS 進行方差分析 ·· （219）
思考與練習 ·· （230）

第 10 章　相關迴歸分析 ··· （234）

第 1 節　相關分析 ··· （234）
第 2 節　一元線性迴歸分析 ·· （241）
第 3 節　多元線性迴歸分析 ·· （250）
第 4 節　非線性迴歸分析 ·· （252）
第 5 節　運用 SPSS 進行相關迴歸分析 ································ （254）
思考與練習 ·· （261）

3

第 11 章　時間序列分析與預測 ·· (268)

　　第 1 節　時間序列概述 ·· (268)

　　第 2 節　時間序列的描述性分析 ······································ (271)

　　第 3 節　時間序列預測程序 ·· (274)

　　第 4 節　平穩序列和趨勢型序列的預測 ····························· (279)

　　第 5 節　季節型序列的預測 ·· (291)

　　第 6 節　運用 SPSS 進行時間序列分析與預測 ····················· (294)

　　思考與練習 ··· (311)

附錄 ··· (316)

第 1 章　緒論

學習目標：

- 熟練掌握和理解統計和統計學的含義與本質
- 瞭解統計學的產生與發展
- 熟練掌握和理解統計學的分科
- 熟練掌握統計數據的各種類型、特徵以及計量尺度
- 掌握和理解統計的基本概念,如總體、樣本、參數、統計量和變量的概念
- 掌握統計軟件 SPSS 18.0 的入門操作

本章重點：

- 統計學的含義、統計學的分科
- 統計數據的各種類型、特徵以及計量尺度
- 統計的基本概念,如總體、樣本、參數、統計量和變量的概念

本章難點：

- 統計數據的各種類型、特徵以及計量尺度

第 1 節　什麼是統計

一、「統計」的三種含義

生活中人們經常提到「統計」一詞,然而在不同場合,「統計」所代表的含義有所不同。

【例 1-1】對下面 3 句話,試分析其中「統計」一詞的含義。

(1)據統計,2015 年 3 月份居民消費價格指數(CPI,下同)同比上升 1.4%。

(2)物流 1 班的班長需要統計一下本班參加英語 4 級考試的學生人數。

(3)「你是學什麼專業的?」「我學統計的。」

可以看到這 3 句話都出現了「統計」一詞,而「統計」一詞在不同的場合有不同的意思,如(1)句的「統計」一詞是「統計資料」的意思,(2)句的「統計」一詞是「統計工作」的意思,(3)句的「統計」一詞是「統計科學」的意思。

綜上,「統計」一詞包含三個方面的含義,即統計資料、統計工作和統計科學。

統計資料(Statistics or Statistical Data)是通過統計實踐活動取得的能夠說明研究對象某種數量特徵的數據、圖表和相關文字資料等信息。例如，政府統計部門每年向社會發布的國家、省或者地區上一年「國民經濟和社會發展統計公報」、各種統計年鑒等。

　　統計工作(Statistical Work)是人們為了說明對某種數量特徵和規律性的研究，對客觀現象的數量進行收集、整理和分析的活動過程。例如，人口數量與結構統計、居民收入與消費支出統計、農產品產量統計等。統計工作一般包括統計設計、統計調查、統計整理、統計分析、統計資料的提供和管理等階段或環節。

　　統計科學，即統計學(Statistics)，是通過對統計實踐活動的經驗總結和理論概括與昇華而形成的，並用於指導統計實踐活動的一門學問，是闡述統計理論與方法的科學。

　　上述三種含義具有密切的聯繫。統計資料是統計工作的成果，統計學是統計工作實踐的經驗總結與理論概括。因此，「統計」一詞是統計工作、統計資料和統計學的綜合概括，是統計的過程與成果、實踐與理論的辯證統一。

二、統計學的產生與發展

　　統計是適應社會政治經濟的發展與國家管理的需要而產生與發展起來的。其產生與發展包括兩個層面的內容：一是統計工作的產生與發展，即統計實踐的產生與發展；二是統計學的產生與發展，即統計理論的產生與發展。

　　統計的廣泛發展始於資本主義社會。在16~17世紀，資本主義社會開始形成，封建社會逐漸衰微，歐洲的工業、商業、交通業都進入了一個空前發展的階段，特別是英國、法國、荷蘭等國的資本主義經濟迅速發展，使人口、稅收、土地、商業、船運、外貿和工業等許多領域的統計數字的記錄和傳播達到了空前的規模。18世紀后半期到19世紀60年代是機器大工業發展和資本主義制度確立與向上發展的時期，由於資本主義大生產和世界市場大規模經濟的需要，社會經濟方面的統計工作得到更大的發展。從19世紀起，各資本主義國家都先後設立了專門的統計機關，收集各方面統計資料，定期或不定期進行人口、工業、農業、貿易、交通等各項調查，出版統計刊物，建立國際統計組織，召開國際統計會議，資本主義經濟各個專業的社會經濟統計應運而生。

　　統計實踐的發展必然導致統計科學的產生。統計學的發展既有縱向的發展，即自身學科理論的不斷完善，也有橫向的發展，即統計學的原理和方法不斷地滲透到其他學科(包括自然科學和社會科學)領域。

　　統計的歷史，包括統計實踐史和統計學說史。統計作為一種社會實踐活動，已有4,000~5,000年的歷史，是隨著社會經濟的發展和國家管理的需要而產生和發展的。統計學的理論與方法則是在長期統計實踐活動的基礎上創立和發展起來的，距今只有300多年的歷史。由於開創統計理論的學者們所處的歷史環境的不同，對統計實踐有不同的理解，便形成各種不同的學派。正是這些不同學派的產生以及長期的爭論與交鋒，推動了統計學產生與發展的歷史。

(一) 政治算術學派與國勢學派

1. 政治算術學派

　　政治算術學派的創始人是英國的威廉・配第(William Petty)，其代表作《政治算術》於1671年完成，於1690年正式出版。威廉・配第在《政治算術》中運用大量的數字資料對英、法、荷三國的經濟實力進行了比較分析。威廉・配第用數字、重量和尺度來分析說明問題的方法，為統計學的創立奠定了方法論的基礎。馬克思在《資本論》中評價威廉・配第是「政治經濟學之父」。在某種程度上，可以說威廉・配第是統計學的創始人。恩格斯在《反杜林論》中也指出威廉・配第創始了「政治算術」，即一般所說的統計。政治算術學派中另一位頗具影響力的人物是約翰・格朗特(John Graunt)，其代表作是《對死亡表的自然觀察和政治觀察》，於1662年出版。約翰・格朗特通過大量觀察的方法，研究並發現了人口與社會現象中重要的數量規律性。例如，新生兒的男女性別比例穩定在107：100；男性在各年齡組中死亡率高於女性；等等。他所運用的具體數量對比分析對統計學的創立，與《政治算術》起了同等重要的作用。如果說威廉・配第是政府統計的創始人，那麼約翰・格朗特可以被認為是人口統計的創始人。在威廉・配第和約翰・格朗特的影響下，歐洲許多國家的學者繼續了政治算術的研究，但該學派一直沒有採用「統計學」這一名詞，可謂「有統計學之實，而無統計學之名」。

2. 國勢學派

　　國勢學派又稱記述學派，其創始人是德國赫姆斯特大學的教授赫爾曼・康令(H. Corning)和哥廷根大學的教授哥特費里德・阿亨瓦爾(G. Achenwall)。哥特費里德・阿亨瓦爾在1749年出版的《近代歐洲各國國勢學論》中首先使用了「統計學」(德文)一詞，並定義為研究一國或多數國家顯著事項之學。這一學派因為不重視數量分析，只以文字記述來進行國情比較，所以又被稱為記述學派。該學派有統計之名，而無統計之實。

　　政治算術學派與國勢學派的共同之處在於它們均以實際調查資料研究社會經濟現象，都是具體闡明國情與國力的社會科學，不同之處在於研究和闡述方法上有數量對比分析和文字記述的根本區別。正是有這樣的共性和個性，使得兩個學派共同發展、互相爭論，從而促進了統計理論發展。然而當兩個學派的爭論尚未結束時候，在新的歷史條件下，又產生了新的學派和新的爭論。

(二) 數理統計學派與社會統計學派

1. 數理統計學派

　　數理統計學派產生於19世紀中葉，創始人是比利時數學家、統計學家凱特勒(A. Quetelet)。凱特勒是國際統計學界一位很有影響力的人物，他對統計學的發展、運用和國際統計學術活動的開展做出了重大的貢獻。凱特勒的主要功績是把概率論引入統計學和統計研究之中，從而使統計的方法有了重大的突破和發展，使統計學由經驗的科學上升為精密的科學，同時他運用統計方法既研究自然現象，又研究社會現象，大大地擴展了統計研究的領域，豐富了統計學的研究內容，使統計學成為對大量數據資料進行收集、整理與分析運用的通用性的方法論科學。凱特勒的代表作主要有《論人類與其能力的發展或關於社會物理學的論述》(1835年)、《統計學的研究》(1844年)、《關於概率論的書

信》(1846年)和《社會物理學》(1869年)等,其中最有影響的是《社會物理學》。凱特勒的統計思想和方法經高爾登(Francis Galton)、皮爾遜(Karl Pearson)、戈賽特(William Sealy Gosset)、費雪(Ronald Aylmer Fisher)等統計學家的不斷豐富和發展,逐漸形成為一門獨立的科學,並且人們把這一門既是數學又是統計學的新生科學命名為「數理統計學」。數理統計學是一門以統計方法為中心,以概率論為基礎的科學。早期的數理統計側重於對現象總體數量特徵的描述和比較,因此也稱為「描述統計學」;后來又發展到以隨機抽樣為基礎推斷有關總體數量特徵的方法,因此也稱為「推斷統計學」。后者是當代數理統計學的主流。

2. 社會統計學派

社會統計學派也是統計學中比較有影響的學派,主要代表人物是德國學者恩格爾(L. E.Engel)和梅爾(C.G.V.Mayer)等。從學術淵源上看,社會統計學派實際上融匯了國勢學派和政治算術學派的觀點,又繼承和發揚了凱特勒強調的研究社會現象的傳統,並把政府統計與社會調查結合起來,進而形成了自己的體系。挪威學者凱爾和漢森(A.N. Kaier & E.Hanssen)於1898年出版了以「社會統計學」為名稱的著作。社會統計學派在歐洲、美國、日本都有廣泛的影響。起初社會統計學派強調統計學是一門揭示社會生活規律的實質性社會科學,后來該學派的部分繼承者也認為統計學是一門方法論科學,但特別強調要以事物的本質作為方法論研究的前提。

縱觀統計學的發展歷史,我們可以看到,在統計學的研究範圍(是研究社會經濟現象還是包括自然現象與社會科學經濟現象在內的一切客觀現象)、統計學的學科性質(是實質性科學還是方法論科學)以及統計學是一門還是兩門等問題上一直是存在爭議的。具體如下:

第一,並不存在獨立的社會經濟統計學,只有數理統計學才是唯一的科學的統計學。數理統計學可以廣泛應用於自然技術界和社會經濟領域,是一門通用的方法論科學。對社會經濟現象數量方面的研究,是數理統計學在社會經濟領域中的應用。

第二,數理統計學和社會經濟統計學是並存的兩門不同的獨立的統計學,它們有各自不同的研究對象和各自不同的研究內容、研究方法,而且它們都產生於實踐並對實踐起著一定的指導作用。

近年來,國內學術界又提出了「大統計思想」,即認為討論一門還是兩門統計學的問題是一種「小統計思想」,主張「大統計思想」,不主張兩門統計學分立,無論是社會經濟統計學,還是數理統計學以及其他應用統計學的分支學科,都具有如何「收集和分析數據」這一共性。

第2節 統計學的含義

統計學家們給統計學下的定義眾多,這裡略舉以下幾種:

統計學是處理數據的一門科學。

統計學是研究大量客觀現象數量方面的方法論科學。

統計學是研究總體一定條件下的數量特徵及其規律性的方法論科學。

統計學是一門對群體現象數量特徵進行計量描述和分析推論的科學。

……

那麼,究竟什麼是統計學呢?

事實上,我們很難給統計學下一個精確的定義,因為統計學的內涵也是在隨著統計實踐與統計理論的發展而不斷發展和完善的。但是在這裡,本書參考其他專家給出的定義並結合統計的功能和作用,將統計學的含義概括如下:

統計學是收集、處理、分析、解釋數據的方法論科學,其目的是探索數據的內在數量規律性。

第3節 統計學的分科

統計學從統計方法的構成來看,可以分為描述統計學和推斷統計學;從統計方法研究和應用的角度來看,可以分為理論統計學和應用統計學。

一、描述統計學和推斷統計學

(一) 描述統計學

描述統計學(Descriptive Statistics)就是研究數據的收集、處理和描述的統計學分支。描述統計學的內容包括統計數據的收集、數據的加工整理、數據的展示、數據的描述性分析等。描述統計學是整個統計學的基礎,反映的是數據的一般性特徵。

(二) 推斷統計學

推斷統計學(Inferential Statistics)是研究如何利用樣本數據來推測總體數據的統計學分支。推斷統計學是現代統計學的主要內容。在研究實際問題時,研究者關心的是總體的某些特徵。但許多總體太大,無法對每一個個體進行測量,或者有時候對每一個個體進行測量是帶有破壞性的。例如,要檢測某人血液中白細胞的含量就不可能將人的血液全部抽出進行檢測。這就需要抽取部分個體(樣本)進行測量,然後利用樣本數據對研究的總體特徵進行推測,這就是推斷統計學要解決的問題。

描述統計學和推斷統計學的劃分,既反映了統計方法發展的前後兩個階段,又反映了統計方法研究和探索客觀現象內在數量規律性的先後兩個過程,圖1-1可以幫助我們理解這一點。

從描述統計學發展到推斷統計學,反映了統計學發展的巨大成就,也是統計學發展成熟的重要標誌。

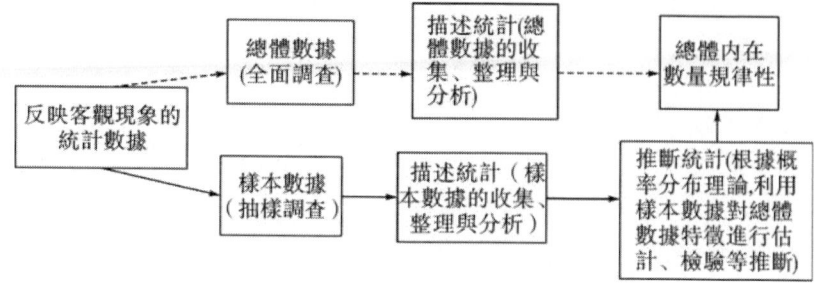

圖 1-1　統計學研究和探索客觀現象內在數量規律性的過程圖

二、理論統計學和應用統計學

（一）理論統計學

理論統計學（Theoretical Statistics）主要是研究統計學一般理論和方法的數學原理。理論統計學是統計方法的理論基礎。理論統計學的發展不斷完善和發展了統計學的科學知識體系。

（二）應用統計學

應用統計學（Applied Statistics）主要是研究如何應用統計方法去解決實際問題。統計方法的應用幾乎擴展到了所有的科學研究領域。例如，統計方法在經濟領域的應用形成了經濟統計學及其若干分支，在管理領域的應用形成了管理統計學，在社會學研究和社會管理中的應用形成了社會統計學，在人口學中的應用形成了人口統計學，在生物學中的應用形成了生物統計學，在醫學中的應用形成了醫療衛生統計學，在氣象領域的應用形成了氣象統計學，在環境領域的應用形成了環境統計學等。這些應用統計學的不同分支所應用的基本統計方法是相同的，即都是描述統計和推斷統計的主要方法，只是由於各應用領域的特殊性也形成了各分支間的一些不同的特點。

本書主要介紹的是各種統計方法的基本理論、應用和軟件實際操作。

第 4 節　統計數據的類型

統計學是一門研究收集、整理、顯示和分析統計數據的科學。研究統計學的研究對象——數據就十分重要。數據（Data）就是所收集、分析、匯總的，用以描述和解釋的事實和數字。將用於特定研究而收集的數據集合在一起即為研究的數據集。

一、定類數據、定序數據、數值型數據

統計數據是對現象進行測量的結果，然而數據所使用的尺度包括定類尺度、定序尺度、定距尺度和定比尺度 4 種。因此，根據所採用尺度的不同，統計數據也可分為以下幾類：

(一) 定類數據

定類數據也稱名義數據,是用來度量統計客體類別的差異,只能歸於某一類別的非數值型數據。定類數據是對事物進行分類的結果,數據表現為類別,用文字來表述。定類數據是最粗略、計量層次最低的測量尺度。例如,性別有「男」和「女」,省籍有「廣東」「廣西」「湖南」「湖北」等。用定序尺度進行測量時,必須滿足窮盡和互斥原則。定類尺度所使用的數字、符號可以是隨意的。例如,性別中「男」可以用「1」表示,「女」可以用「0」表示。省籍經過適當的編碼也是可以用其他的符號、字母來表示。

(二) 定序數據

定序數據也稱順序數據,是只能歸於某一有序類別的非數值型數據。定序數據是對事物類別順序的測度,數據表現為類別,用文字來表述,也可用數據代替。定序數據所使用的數值的大小與研究對象的等級、順序相對應。例如,在評定學生成績時,老師如果選擇「優、良、中、差、極差」來評定,那也可以轉換為五分制,即用「5」表示「優」,用「4」表示「良」,用「3」表示「中」,用「2」表示「差」,用「1」表示「極差」。定序尺度只表示數據之間的順序關係,但不能具體地測定各等級之間的間距大小。例如,「5」優於「4」,「4」優於「3」,但不能說明「5」與「4」之間的距離為「1」,也不能說明「5」與「4」之間的距離等於「4」與「3」之間的距離。

(三) 數值型數據

數值型數據是按照數字尺度測量的觀測值,包括間距尺度數據和比例尺度數據。數值型數據是使用自然或度量衡單位對事物進行測量的結果,其結果表現為具體的數值。現實中我們處理的大多數數據都是數值型數據。數值型數據是層次最高的數據,具有典型的數量特徵,數據之間可以進行相關數量運算。

在統計分析中,一般要求測量尺度的層次越高越好,因為層次越高,其包含的數學性質就越多,分析就越方便。

二、截面數據和時間序列數據

(一) 截面數據

截面數據收集的是在相同時點或近似相同時點上的數據。截面數據描述現象在某一時刻的變化情況,通常是在不同空間上獲得的數據。例如,表1-1所反映的2014年12月中國各大重要經濟數據的相關消息就是截面數據。

表1-1　　　　　　2014年12月中國各大重要經濟數據的相關消息

經濟數據	2014年12月
CPI	1.5%
生產價格指數(PPI,下同)	-3.3%
採購經理指數(PMI,下同)	50.5%
新增信貸	6,973億元
廣義貨幣供應量(M2,下同)	12.2%
貿易順差	491億美元

(二) 時間序列數據

時間序列數據收集的是在不同時點上的數據，表現為數據按照時間的先后順序排成一列。

【例 1-2】表 1-2 給出了中國 2005—2012 年國內生產總值（GDP，下同）的數據。這些數據就是時間序列數據。

表 1-2　　　　　　　　　影響中國股票價格相關數據

年份	上證指數	GDP（萬億元）	廣義貨幣供應量 M2（萬億元）	CPI 指數	企業景氣指數	標準普爾 500 指數
2005	1,161	19	30	102	132	1,248
2006	2,676	22	35	101	136	1,418
2007	5,262	27	40	105	144	1,468
2008	1,822	31	48	106	127	903
2009	3,277	34	61	99	119	1,115
2010	2,808	40	73	103	136	1,258
2011	2,199	47	85	103	133	1,259
2012	2,269	52	97	105	125	1,426

綜上所述，統計數據的類型如圖 1-2 所示。

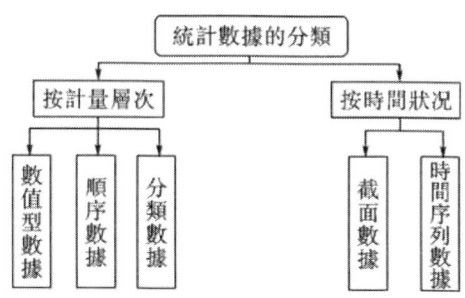

圖 1-2　統計數據的類型

第 5 節　統計學的基本概念

一、總體、總體單位與樣本

統計總體，簡稱總體（Population），是所研究的全部個體（數據）的集合。總體是由客觀存在的、具有某種共同性質的許多單位所構成的整體。其中，構成統計總體的個別事物稱為總體單位，簡稱個體。例如，研究某企業職工的年齡結構，則該企業所有職工是統計總體，其中的每一位職工是總體單位；研究某食品生產企業所生產的袋裝食品的質量，則該食品生產企業生產的袋裝食品是統計總體，其中的每一袋袋裝食品是總體單位。

統計總體根據所包含單位數目是否可數可以分為無限總體和有限總體。如果一個統計總體中包括的單位數量是無限的，則稱為無限總體。例如，我們要研究海洋中的魚類、某地區的空氣污染情況，則海洋中的魚類、某地區的空氣就是無限總體。如果一個統計總體中包括的單位數量是有限的，則稱為有限總體。社會經濟現象總體大多是有限的，如上面提到的某企業職工總體、某食品生產企業生產的袋裝食品總體。

區分無限總體和有限總體的意義在於判斷抽樣中的每次抽取是否獨立。對不同的總體研究者應分別採用不同的調查研究方式。例如，有限總體可以採用全面調查方式，也可以採用抽樣調查等非全面調查方式，而無限總體應該採用抽樣調查方式。

樣本（Sample）是從總體中抽取的一部分元素的集合。構成樣本的元素的數目稱為樣本容量或樣本量（Sample Size）。抽樣的目的是根據樣本提供的信息推斷總體的特徵。例如，從一個有 10,000 名學生的高校中隨機抽取 100 名學生展開調查，這 100 名學生就是一個樣本，然后根據這 100 名學生的調查結果推斷該校學生的總體情況。

二、參數和統計量

參數（Parametre）是描述總體特徵的概括性數字度量，如反映總體數據集中趨勢的總體平均數、反映總體數據變異程度的總體標準差、反映總體中具有某一特徵個體所占比例的總體比例、反映不同總體相關關係的相關係數等。一般總體參數都用希臘字母表示。例如，總體均值用 μ 表示，總體標準差用 σ 表示，總體比例用 π 表示，總體相關係數用 ρ 表示等。

統計量（Statistic）是用來描述樣本特徵的概括性數字度量，是根據樣本數據計算出來的一些量，是樣本的函數。研究者所關心的樣本統計量有樣本均值（$\bar{x}$）、樣本標準差（s）、樣本比例（p）、樣本相關係數（r）等。樣本統計量通常用小寫英文字母來表示。一般來說，每一個總體參數都有一個對應的樣本統計量。由於統計量是根據樣本計算出來的，是已知的，所以可以用樣本統計量來推斷總體參數。

三、變量

變量是統計學中經常涉及的一個概念。在統計研究中，說明現象某一特徵的概念常被稱為變量，變量是隨不同時間或不同空間而變化的特徵。變量的具體取值稱為變量值或者數據。變量根據不同的分類標準可分為不同的類型。

（一）變量按其反映數據的尺度的不同，可以分為分類變量、順序變量和數值型變量

1. 分類變量

分類變量是說明事物類別的一個名稱，其取值是分類數據。例如，「籍貫」就是一個分類變量，其變量值為「廣東省」「安徽省」等。

2. 順序變量

順序變量是說明事物有序類別的一個名稱，其取值是順序數據。例如，「評價等級」就是一個順序變量，其變量值為「優」「良」「中」「合格」「不合格」等。

3. 數值型變量

數值型變量是說明事物數字特徵的一個名稱,其取值是數值型數據。例如,「統計學成績」「銷售額」「體重」就是一個數值型變量,其變量值為具體的數字。

(二) 變量按其影響因素的不同,可以分為確定性變量、隨機性變量

1. 確定性變量

確定性變量是指確定因素影響的變量,即影響變量值變化的因素是確定的、可解釋的或可人為控制的,因而變量的變化是可以確定的。例如,企業職工的工資總額只受企業員工人數和企業員工的年平均收入兩個因素的影響,這兩個因素是可人為控制的,對工資總額的影響是確定的。

2. 隨機性變量

隨機性變量是受隨機因素影響的變量,其變化是不確定的、偶然的,變量受隨機因素影響的大小和方向是不確定的。例如,公司產品的銷售額受市場需求量、物價水平、人文環境、替代品的質量等因素的影響,是隨機的、偶然的、不確定的。

(三) 變量按其變化是否連續,可以分為離散型變量和連續型變量

1. 離散型變量

離散型變量是指其數值只能用自然數或整數單位計算的變量。離散型變量的變化是不連續的、間斷的。例如,企業個數、職工人數、設備臺數等,只能按計量單位數計數。這種變量的數值一般用計數方法取得。

2. 連續型變量

連續型變量是指可以在一定區間內取任意實數值的變量,即變量的取值是連續的、不間斷的。例如,生產零件的規格尺寸,人體測量的身高、體重、胸圍等為連續變量。這種變量的數值只能用測量或計量的方法取得。

第 6 節　統計工具軟體簡介

人們從事統計工作或統計學的學習,都離不開數據處理工作。古語有雲:「工欲善其事,必先利其器。」在數據處理過程中使用統計工具軟件能起到事半功倍的效果,甚至有時沒有統計工具軟件就會寸步難行。常用的統計工具軟件有 Excel、SPSS、SAS、Systat、Mintab、Matlab、Eview、BMDP、P-STAT 等。其中,Excel 為非專業的統計軟件,是電子表格軟件;其餘軟件均為專業統計軟件。本節只介紹 Excel 和 SPSS 軟件。原因是 Excel 是常用辦公軟件,簡單易用,很多非專業的統計人員都是用 Excel 來處理一些初等的統計工作,所以有必要簡介 Excel 的統計功能模塊;SPSS 是專業統計軟件中最簡單的,無須編程就能實現「所見即所得」,所以要進行介紹,選用的版本為 18.0。本書所有的軟件操作都是用 SPSS 18.0 來實現的。其他的專業統計軟件比較複雜,由於篇幅所限,本書不做介紹。

一、Excel 簡介

Excel 是微軟公司出品的 Office 系列辦公軟件中的一個組件，是一個電子表格軟件，具有電子表格、繪圖、計算、數據分析等功能。我們可以在 Excel 中輸入數據，繪製出統計圖，進行排序、整理、匯總等統計整理，計算平均值、方差等統計量，並進行方差分析、相關分析和迴歸分析等工作。我們進行統計處理工作時，主要用到 Excel 的「數據」和「插入」操作。

二、SPSS 簡介

（一）SPSS 概述

SPSS 是「社會科學統計軟件包」(Statistical Package for the Social Science) 的英文簡稱，是一種集成化的計算機數據處理應用軟件。1968 年，美國斯坦福大學的三位學生開發了最早的 SPSS 統計軟件，並於 1975 年在芝加哥成立了 SPSS 公司。SPSS 已有 40 餘年的成長歷史，全球約有 25 萬家產品用戶，廣泛分佈於通信、醫療、銀行、證券、保險、製造、商業、市場研究、科研、教育等多個領域和行業。SPSS 是世界上公認的三大數據分析軟件(SAS、SPSS、SYSTAT)之一。

目前，世界上最著名的數據分析軟件是 SAS 和 SPSS。SAS 是為專業統計分析人員設計的，具有功能強大、靈活多樣的特點，為專業人士所喜愛。SPSS 是為廣大的非專業人士設計的，操作簡便、好學易懂、簡單實用，因而很受非專業人士的青睞。此外，比起 SAS 來，SPSS 主要針對社會科學研究領域開發，因而更適合應用於教育科學研究，是國外教育科研人員必備的科研工具。1988 年，中國高等教育學會首次推廣了這種軟件，SPSS 從此成為國內教育科研人員最常用的統計工具之一。

（二）SPSS 的特點

SPSS 具有如下特點：

第一，集數據錄入、資料編輯、數據管理、統計分析、報表製作、圖形繪制為一體。從理論上說，只要計算機硬盤和內存足夠大，SPSS 可以處理任意大小的數據文件，不論文件中包含多少個變量，也不論數據中包含多少個案例。

第二，統計功能囊括了統計學中絕大多數的內容，包括常規的平均指標和變異指標的計算、相關分析、迴歸分析、方差分析、卡方檢驗、t 檢驗和非參數檢驗，也包括近期發展的多元統計技術，如多元迴歸分析、聚類分析、判別分析、主成分分析和因子分析等方法，並能繪制出如正態分佈圖、直方圖、散點圖等各種精美的統計圖表。

第三，自從 1995 年 SPSS 公司與微軟公司合作開發 SPSS 界面後，SPSS 界面變得越來越好，操作也越來越簡單。熟悉微軟公司產品的用戶學起 SPSS 操作很容易上手。「SPSS for Windows」界面完全是菜單式的，十分方便統計學的初學者學習。

（三）SPSS 舉例介紹

我們通過例子來初步介紹 SPSS 18.0。本書對 SPSS 18.0 的介紹，遵循適度、夠用的

原則，不求面面俱到，只求能通過 SPSS 的操作來實現本書的相關內容。

圖 1-3 給出了 SPSS 18.0 的操作界面。「Data View」是數據界面，「Variable View」是變量界面。應在「Variable View」界面定義變量，在「Data View」界面輸入數據。

圖 1-4 是菜單欄簡介，共有 11 個選項。

(1)「文件」選項處理與文件有關的操作，如處理新建文件、保存文件、打印文件等有關操作；

(2)「編輯」選項處理數據編輯等有關操作；

(3)「視圖」選項處理視圖、界面等有關操作；

(4)「數據」選項是數據管理菜單，處理數據變量定義、數據格式選定、觀察對象選擇、排序、加權、數據文件轉換、連接、匯總等有關操作；

(5)「轉換」選項處理數據轉換等有關操作；

(6)「分析」選項處理統計分析等有關操作；

(7)「直銷」選項處理客戶數據分析等有關操作；

(8)「圖形」選項處理統計繪圖等有關操作；

(9)「實用程序」選項是用戶選項菜單，處理命令解釋、字體選擇、文件信息、定義輸出標題、窗口設計等有關操作；

(10)「窗口」選項處理與 Windows 即視窗有關的操作；

(11)「幫助」選項處理與幫助有關的操作。

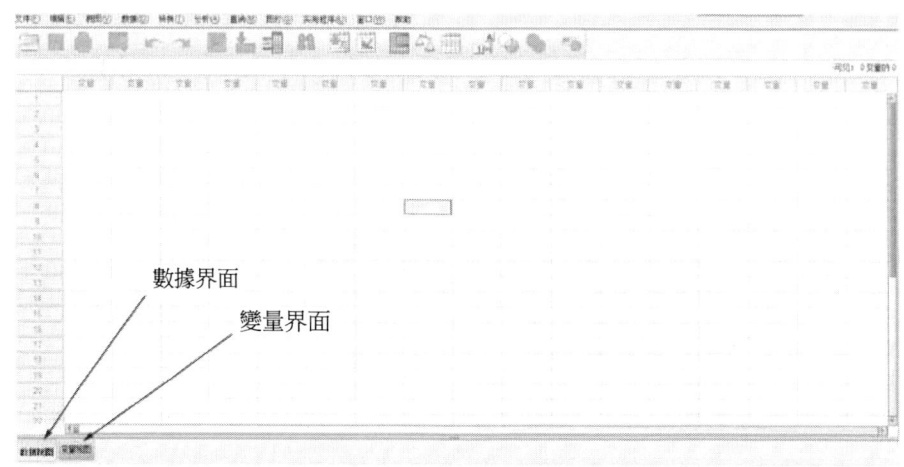

圖 1-3　SPSS 的操作界面

圖 1-4　選單欄簡介圖

下面我們通過一個例子來說明如何輸入數據和作簡單的統計圖。

【例 1-3】在 SPSS 中直接輸入表 1-3 的數據,並作出散點圖。

表 1-3　　　　　　　　　中國 1998—2003 年國內生產總值

年份	1998	1999	2000	2001	2002	2003
國內生產總值(億元)	78,345	81,911	89,404	95,933	102,398	116,694

操作步驟如下:

(1)在【變量視圖界面】中定義變量(見圖 1-5)。

圖 1-5　在變量視圖界面定義變量

圖 1-5 中,「名稱」是指變量名稱。「類型」是指變量類型,有 8 種類型,常用的有數值型和字符型數據。「寬度」和「小數」都是數值型數據所特有的,其中「寬度」為數據所包含的所有數位的長度,「小數」是小數點后所包含的小數位數。例如,在圖 1-6 的 GDP 變量中可以輸入形如 123,456.78 的數據。「標籤」是變量標示符。一般來說,在「名稱」中輸入有意義的英文字母,而在「標籤」中輸入中文以作說明。

(2)在【數據視圖界面】輸入數據(見圖 1-6)。

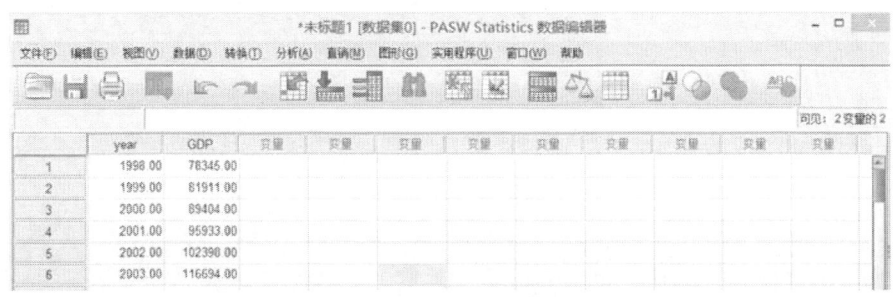

圖 1-6　在數據視圖界面輸入數據

(3)點擊【圖形(G)】菜單欄,所有的作圖操作選項如圖 1-7 所示。

(4)選擇【散點/點狀(S)…】選項。

(5)出現【散點圖/點圖】對話框(見圖 1-8)。選擇【簡單分佈】,按【定義】按鈕。

(6)出現【簡單散點圖】對話框(見圖 1-9)。將年份變量選入【X 軸(X):】文本框,將國內生產總值變量選入【Y 軸(Y):】文本框。這說明散點圖是以年份變量為橫軸、以國內生產總值為縱軸的。點擊【確定】按鈕,得到圖 1-10。

統計學

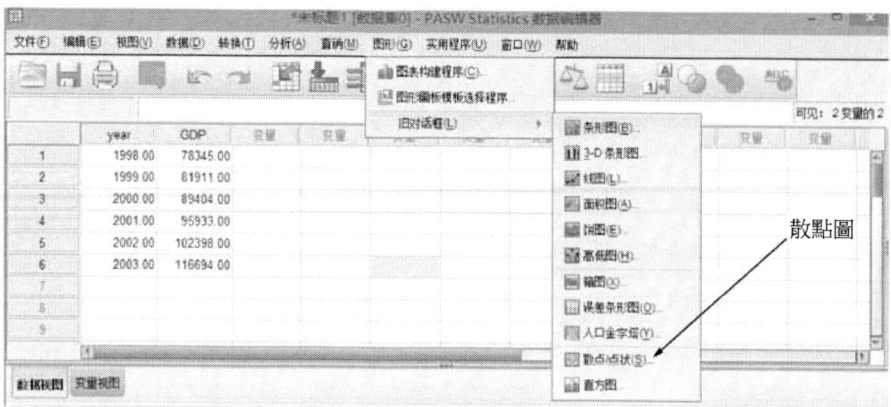

圖 1-7　作圖選單選項

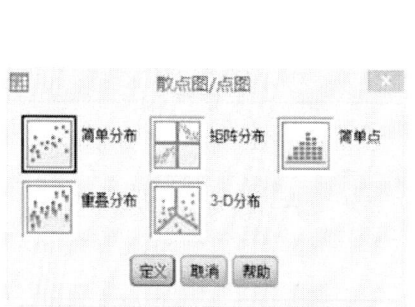

圖 1-8　散點/點狀對話框

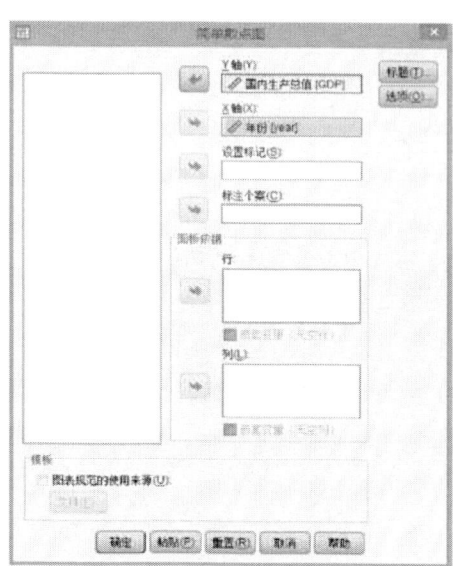

圖 1-9　簡單分佈對話框

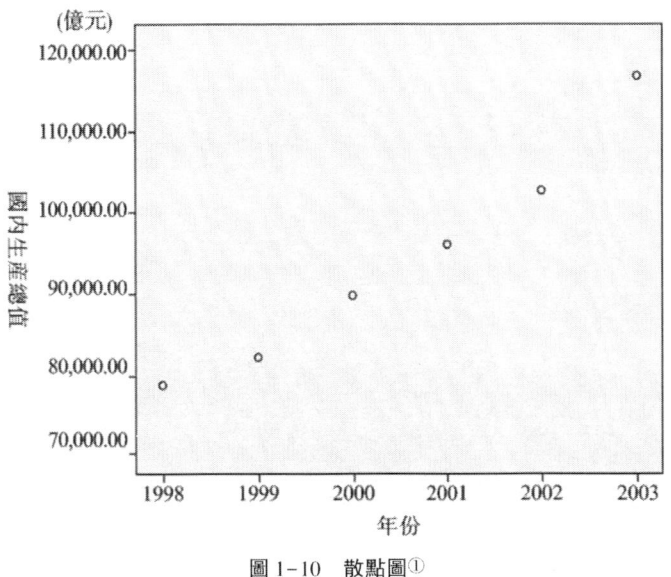

圖 1-10　散點圖①

　　註 1：將 ▸ 按鈕稱為【輸入】按鈕，該按鈕的作用是輸入變量。它往往連接左右兩個文本框，點擊某個變量，就可以將該變量從左邊的文本框輸入到右邊的文本框。

　　註 2：SPSS 的所有運算、操作和分析的結果都在輸出文件中輸出。

思考與練習

一、思考題

1. 用自己的語言談談學習統計學的意義。
2. 品質標誌和數量標誌有何區別？
3. 如何認識總體與個體的關係？
4. 統計指標與標誌有何區別與聯繫？
5. 如何區分觀察值與變量值的關係？
6. 如何區分四種測量尺度？

二、單項選擇題

1. 社會經濟統計的研究對象是(　　)。

　　A. 抽象的數量關係

　　B. 社會經濟現象的規律性

　　C. 社會經濟現象的數量特徵和數量關係

---

①　雙擊該圖形，會出現「Chart Editor」(圖形編輯器)可以改變圖形的屬性，如進行加入 X 軸、Y 軸標示符和圖題(Title)等操作。

D. 社會經濟統計認識過程反映的規律與方法

2. 若要瞭解某市工業生產設備情況,則總體單位是該市的(　　)。

　　A. 每一個工業企業　　　　　　B. 每一臺設備

　　C. 每一臺生產設備　　　　　　D. 每一臺工業生產設備

3. 下面的變量(　　)屬於分類變量。

　　A. 年齡

　　B. 工資

　　C. 汽車產量

　　D. 購買商品時的支付方式(現金、信用卡、支票)

4. 下面的變量(　　)屬於順序變量。

　　A. 年齡

　　B. 工資

　　C. 汽車產量

　　D. 員工對企業某項改革措施的態度(贊成、中立、反對)

5. 下面的變量(　　)不屬於數值型變量。

　　A. 年齡

　　B. 工資

　　C. 汽車產量

　　D. 員工對企業某項改革措施的態度(贊成、中立、反對)

6. 教務處準備在全校 200 個教學班中隨機抽取 20 個教學班進行調查,以推斷該校所有教學班的曠課人數。這項研究的總體是(　　)。

　　A. 200 個教學班　　　　　　　B. 20 個教學班

　　C. 200 個教學班的曠課人數　　D. 20 個教學班的曠課人數

7. 某研究部門準備在全市 200 萬個家庭中抽取 2,000 個家庭進行調查,以推斷該城市所有職工家庭的年人均收入。這項研究的樣本是(　　)。

　　A. 2,000 個家庭　　　　　　　B. 200 萬家庭

　　C. 2,000 個家庭的人均收入　　D. 200 萬個家庭的人均收入

8. 一家研究機構從金融從業者中隨機抽取 500 人作為樣本進行調查,其中 50% 的人回答他們的月收入在 8,000 元以上,80% 的人回答他們的資產配置中 80% 是股票。這裡的「月收入」是(　　)。

　　A. 分類變量　　B. 順序變量　　C. 數值型變量　　D. 離散型變量

9. 某研究機構收集了 2015 年第一季度的國民經濟宏觀數據。這一數據屬於(　　)。

　　A. 分類數據　　B. 順序數據　　C. 截面數據　　D. 時間序列數據

10. 下列中不屬於描述統計問題的是(　　)。

　　A. 根據樣本信息對總體進行的推斷

B. 對總體進行描述性分析

C. 根據總體特徵選擇收集樣本的方法

D. 利用圖、表或其他數據匯總工具分析數據

11. 在下列敘述中，採用推斷統計方法的是(　　)。

　　A. 用連線圖描述某企業銷售額的增長情況

　　B. 從一個魚塘中捕捉帶有標記的魚的比率，然后利用這個比率來估計魚塘中魚的數量

　　C. 一個城市在1月份的平均汽油價格

　　D. 反映大學生統計學成績的條形圖

12.「通過抽查班級中12位同學的統計學成績得出全班統計學成績平均分超過70分」的推論屬於(　　)。

　　A. 對樣本的描述　　B. 對樣本的推斷　　C. 對總體的描述　　D. 對總體的推斷

13. 只能歸於某一類別的非數值型數據稱為(　　)。

　　A. 分類數據　　　B. 順序數據　　　C. 數值型數據　　　D. 數值型變量

14. 只能歸於某一有序類別的非數值型數據稱為(　　)。

　　A. 分類數據　　　B. 順序數據　　　C. 數值型數據　　　D. 數值型變量

15. 按數字尺度測量的觀察值稱為(　　)。

　　A. 分類數據　　　B. 順序數據　　　C. 數值型數據　　　D. 數值型變量

16. 在相同或近似相同的時間點上收集的數據稱為(　　)。

　　A. 觀測數據　　　B. 實驗數據　　　C. 時間序列數據　　　D. 截面數據

17. 在不同時間點上收集的數據稱為(　　)。

　　A. 觀測數據　　　B. 實驗數據　　　C. 時間序列數據　　　D. 截面數據

18. 用來描述總體特徵的概括性的數字度量稱為(　　)。

　　A. 參數　　　　　B. 統計量　　　　C. 變量　　　　　D. 變量值

三、案例思考題

1. 我們的日常生活與工作中有很多活動涉及統計工作，請列出日常生活與工作中4項統計工作。

2. 對大學生就業情況的抽樣調查顯示，工商管理專業畢業生的初次就業率為95%，初次就業平均月薪在4,000元以上，大多數畢業生對自己的就業較為滿意。請回答以下問題：

　(1)這一研究的總體是什麼？

　(2)這一研究的總體單位是什麼？

　(3)研究者關心的參數是什麼？

　(4)「工商管理專業畢業生的初次就業率為95%」是參數還是統計量。

　(5)研究者所使用的主要是描述統計方法還是推斷統計方法。

第 2 章 統計數據的收集

學習目標：

- 理解統計數據收集的含義和要求
- 熟練掌握統計數據收集的方法並能加以應用
- 掌握數據誤差的來源和控制方法

本章重點：

- 熟練掌握統計數據收集的方法並能加以應用
- 掌握數據誤差的來源和控制方法

本章難點：

- 數據收集方法的選擇和運用
- 數據誤差的控制

第 1 節 數據的來源和收集方法

數據從廣義上理解，包括數字、文字、圖形、圖像、聲音。數據依託於信息，但凡獲取信息的渠道，都可以視作數據的來源。基於研究者能否接觸研究對象，數據的來源可以劃分為兩大渠道。有些研究對象能夠接觸到，研究者當然可以通過親身觀察、訪談、調查等方法收集資料，這些研究素材事前沒有經過任何人的加工整理，稱為一手數據。有些研究對象不能接觸到，研究者只能查閱別人整理過的資料，間接地瞭解研究對象。這種情況下，研究素材從研究對象轉移到其他人手上，發生第一次轉移，再由其他人手上轉移到研究者手上，發生第二次轉移，因此稱為二手數據。一手數據和二手數據各有其優缺點，各有其存在的合理性，不能輕易地判斷孰優孰劣。

一、二手數據

「天不知，地不知，谷歌、百度一定知。」上網、瀏覽報紙雜誌，這些再常規不過的習慣，讓我們足不出戶就可知天下事。同學或朋友外出聚會時，少不了面臨選擇的困惑，哪家餐廳的性價比最高？哪部電影時下最具人氣？我們並沒有體驗過某家餐廳的環境，也沒

有近距離地接觸過好萊塢的明星,但往往能夠做出明智的選擇。各大點評網站的排名成為我們決策的重要依據……這些「天下事」或排名都是經由別人整理加工,然後展現在我們面前的,無一例外都屬於二手數據。二手數據充斥著我們的工作和生活,隨手可得,經常可以協助我們多快好省地解決問題。

著名的文化人類學家魯思·本尼迪克特當年受美國政府的委託,研究二戰對手日本的文化,以期行之有效地制定各項對日政策。本尼迪克特一輩子沒有踏足過日本的國土,卻寫成了《菊與刀》。當日本人讀完這本巨著時,發出了「美國人比日本人還瞭解日本」的驚嘆。本尼迪克特就是通過觀看日本的電影、閱讀日本的書籍、搜集日軍戰俘的筆記和照片、整理已故日軍的遺物等途徑,解構日本的文化,為美國二戰后順利開展對日政策奠定了基礎。很多人將這種獨特的研究方法稱為遙距研究法,其實質就是通過收集、整理二手數據達到瞭解研究對象的目的。

在信息系統發達的今天,我們經常聽到一個詞——「大數據」。大數據不僅是數據量或者信息量龐大,而且數據之間的關係非常複雜,需要進行數據挖掘,才能成為有用的情報。這些數據由信息系統或互聯網收集后,軟件技術人員開發各種算法,進行數據挖掘,最后將分析的結果呈現給用戶。從用戶的角度理解,情報也屬於二手數據。

二手數據在經濟與管理領域有著不可或缺的作用,以下分別從微觀層面(見例2-1)和宏觀層面(見例2-2)舉出兩個實例,讓大家領略如何收集二手數據。

【例2-1】作為投資者,當然希望投資於具有較強盈利能力、有足夠的現金流量、償債能力良好的上市公司,而這些信息存在於利潤表、現金流量表和資產負債表這三大財務報表當中。我們不可能直接接觸上市公司會計的原始憑證,如提貨單、發票等,只能查閱上市公司定期向公眾披露的信息,這些信息就是二手數據。上市公司披露信息也是為了更好地接受公眾的監督,向公眾提供投資決策的依據,以更好地實現自身的融資需求。巨潮網是中國證券監督管理委員會指定的上市公司信息披露網站,創建於1995年,投資者可以免費在此網站查閱上市公司各年度的年報。以查閱「佛山照明」2013年的年報為例。

打開巨潮網首頁(http://www.cninfo.com.cn),在網頁右上方的查詢框輸入「佛山照明」,然后點擊【查公告】(見圖2-1)。

在【請選擇信息類型】(見圖2-2)的下拉選項中點選【年度報告】,時間起止設置為2012—2015年,一般年報在次年的4月公布,起止時間最好設置足夠長,否則影響查詢結果。點擊【確定】(見圖2-2)。

找到所需年報后,點擊下載(見圖2-3)。下載完成后打開文件即可瀏覽到相應的財務數據(見圖2-4)。

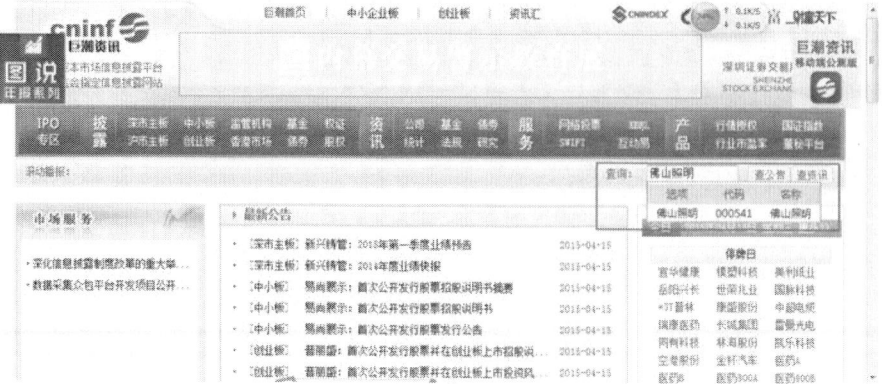

圖 2-1　打開巨潮網頁面

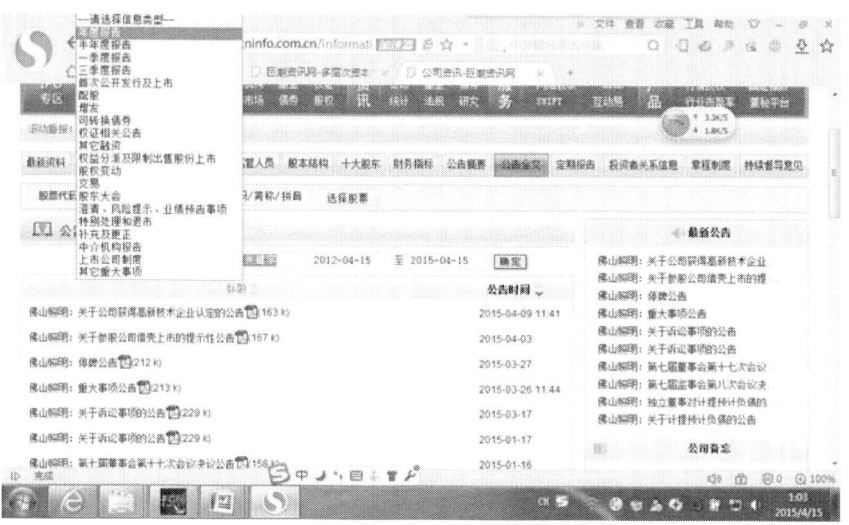

圖 2-2　查詢「佛山照明」2013 年的年報

圖 2-3　下載所需年報資料

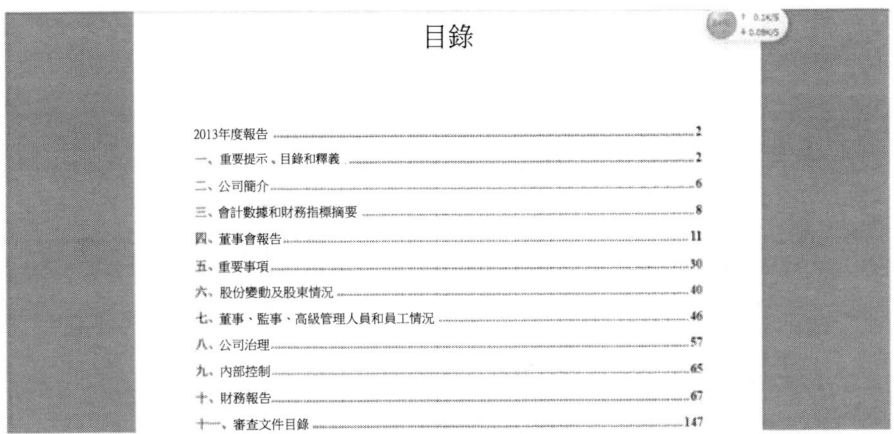

圖 2-4　下載後打開資料

【例 2-2】某外貿公司擬定 2015 年上半年業績目標的時候,需要獲取廣東省 2014 年進出口的相關數據,在此基礎上進行分析。該企業不可能直接到外貿港口實時記錄每筆貿易的單據,只能查閱官方整理的數據資料,也就是二手數據。宏觀經濟數據一般會在地方統計網站公布。

打開「廣東統計信息網」(http://www.gdstats.gov.cn)頁面,在頁面下方「統計數據」選擇「廣東統計年鑒」,然後點擊【檢索】(見圖 2-5)。

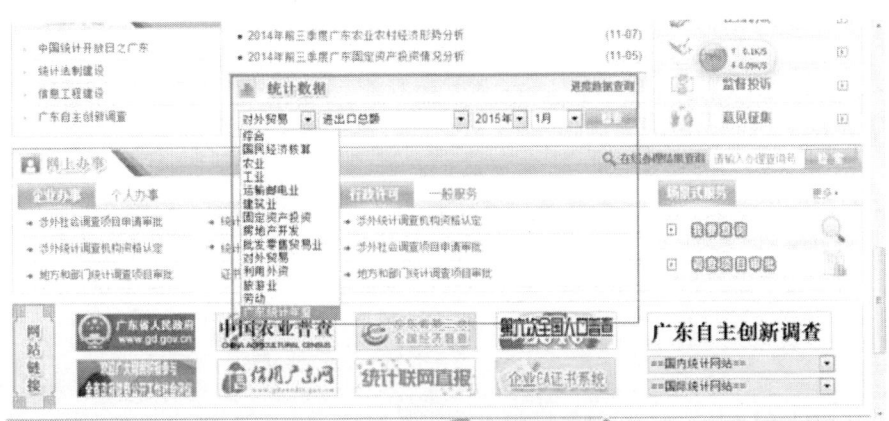

圖 2-5　打開「廣東統計訊息網」頁面

點擊左邊導航欄的「廣東統計年鑒」(見圖 2-6)。

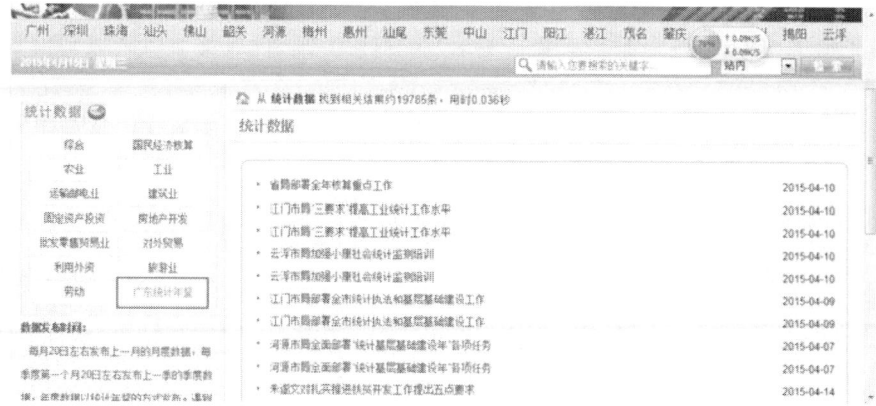

圖 2-6　選擇「廣東統計年鑑」

點擊【查詢】(見圖 2-7)。

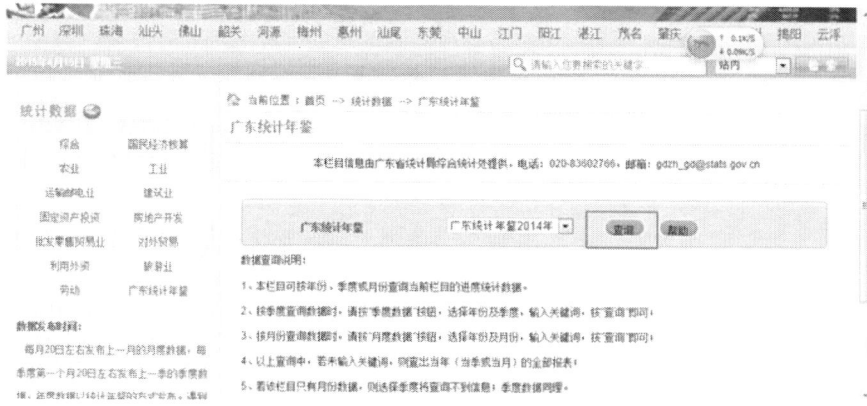

圖 2-7　查詢「廣東統計年鑑 2014 年」

點選「六、對外經濟」(見圖 2-8)。

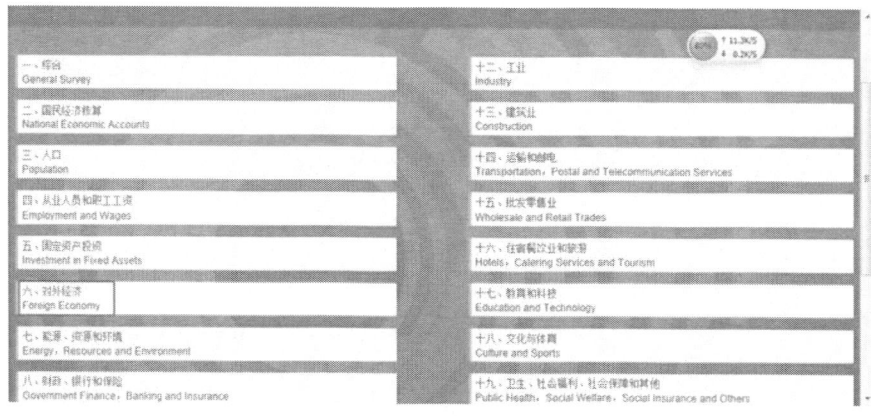

圖 2-8　點選「對外經濟」

點選「6-4 按貿易方式和經濟類型分的進出口額」(見圖 2-9)。

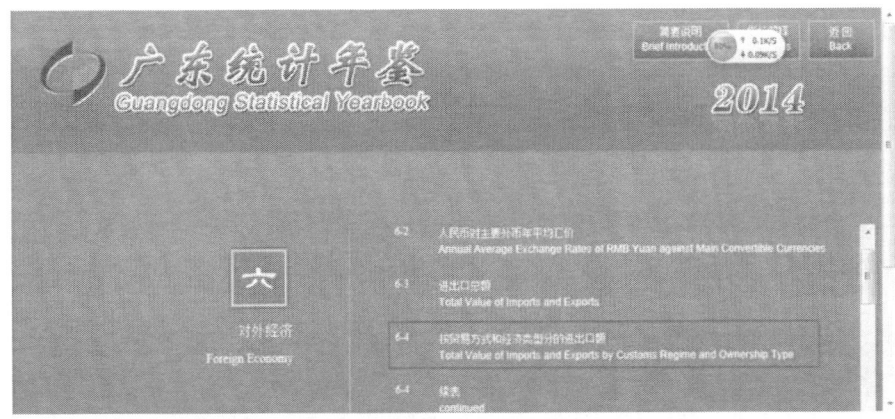

圖 2-9　點選「6-4 按貿易方式和經濟類型分的進出口額」

點擊【Excel 下載】(見圖 2-10)。

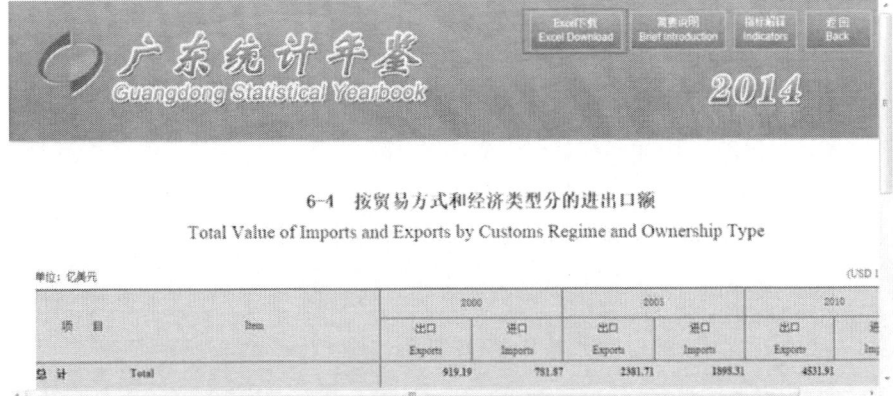

圖 2-10　下載表格

獲得 Excel 文件,用於進一步分析(見圖 2-11)。

6-4　按贸易方式和经济类型分的进出口额

Total Value of Imports and Exports by Customs Regime and Ownership Type

单位：亿美元　(USD 100 million)

项　目	Item	2000 出口 Exports	2000 进口 Imports	2005 出口 Exports	2005 进口 Imports	2010 出口 Exports	2010 进口 Imports
总　计	Total	919.19	781.87	2381.71	1898.31	4531.91	3317.08
按贸易方式分	By Customs Regime						
一般贸易	Ordinary Trade	174.36	208.55	533.21	485.00	1492.16	1192.60
来料加工	Processing and Assembling with Customer's Materials	265.80	179.09	402.71	286.27	513.93	331.39
补偿贸易	Compensation Trade	0.08		0.01			
进料加工	Processing and Assembling with Import Materials	452.00	314.62	1347.97	884.13	2241.82	1375.22
加工设备	Processing Equipments		15.24		24.49		7.48
外资设备	Foreign-funded Equipments		34.53		64.44		31.16
保税仓库	Bonded Warehouse	24.04	23.36	97.54	142.07	280.61	364.80

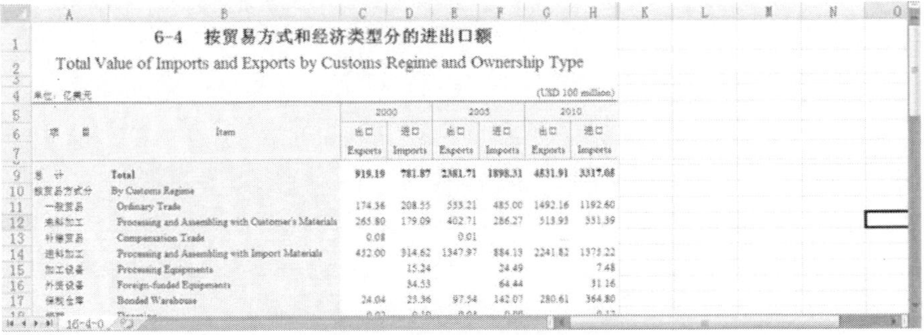

圖 2-11　分析所獲取的表格

在分享二手數據給我們帶來方便的同時,絕對不能忽視二手數據的局限性。一方面是匹配性問題。二手數據畢竟不是針對特定研究目的而整理的,無論是研究範圍、內容還是採用的方法,都跟特定的研究存在一定的差距,也就是口徑不一致,因此不一定能有效佐證假設或者直接回答問題。另一方面是準確性的問題。國外學術界有著這樣一個說法「garbage in, garbage out」,直接翻譯過來就是「垃圾進,垃圾出」,也就是說,如果參閱劣質資料,那麼得出的結論也是劣質的。這告誡研究者必須審核二手資料的來源,盡量查找權威機構發布的信息。權威機構的社會信譽度高,保證資料的真實可靠。但有時哪怕引用權威機構發布的數據,也會因為數據缺乏及時更新而過時。

更新二手數據可以在電腦聯網狀態下借助 Excel 完成,具體操作如下:

複製網址,新建一個 Excel 文檔。選擇【數據】功能下的【自網站】菜單,也就是將網站的數據導入 Excel 文件中。然後粘貼網址至對話框的「地址欄」,點擊【轉到】和【刷新】(見圖 2-12)。

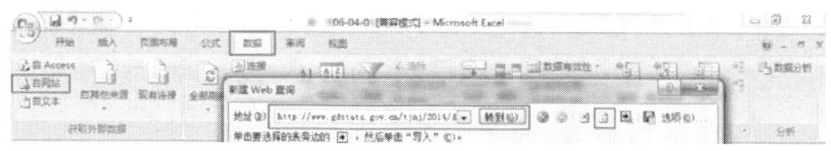

圖 2-12　點擊【轉到】和【刷新】

待表格出現時,將鼠標移近至表格,箭頭標記由黃轉綠,單擊綠箭頭標籤,馬上變成鉤狀,點擊【導入】(見圖 2-13)。

圖 2-13　點擊【導入】

確定導入目標單元格,點擊【確定】(見圖 2-14)。

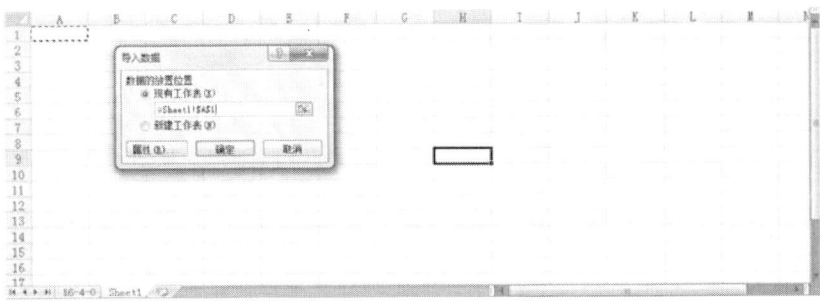

圖 2-14　點擊【確定】

導入完成(見圖 2-15)。若網站數據發生更新,只需點擊功能區域的「全部刷新」即可。

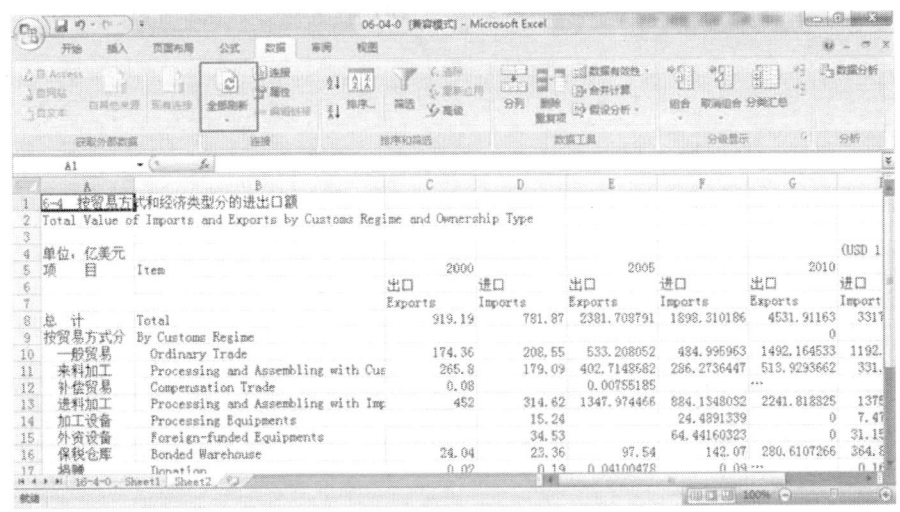

圖 2-15　導入完成

因此,在使用前必須對二手資料進行評估,注意數據的定義、計算口徑,避免誤用。在引用二手數據時,應清晰地交代數據的來源,尊重他人的勞動成果。

二、一手數據

現實工作和生活中,很多問題並沒有先例可循,需要摸著石頭過河,採取非程序化決策。「石頭」指的就是研究對象,「摸著石頭」實際上就是在沒有現成參考資料的基礎上,研究者直接從研究對象身上獲取信息。中國著名的社會學家費孝通強調「要寫出中國人自己的調查報告」,他通過實地走訪,綜合運用觀察、訪談和調查等方法,收集江蘇省吳江市開弦弓村的一手資料,在此基礎上描述和分析了中國農民的生產、分配、交換、消費等體系,為國際人類學家、社會學家及其他讀者瞭解中國提供了重要的幫助。平時我們經常提到的「所見所聞」,就是一手資料。收集一手數據的方法通常有觀察法、訪談法、問卷調查法和實驗法。

(一) 觀察法

　　觀察法就是研究者圍繞特定目的在特定的時間和地點,針對特定對象的某些行為展開觀察記錄。例如,某高校研究團隊為了收集時下卡通電影傳遞的不良信息元素,小組成員在為期3個月的時間內觀看各大主流媒體頻道播放的卡通電影,紀錄片中各種角色行為,包括積極、消極和中性行為,並統計相應的次數,最后匯總得出結論,向家長、學校和媒體分別提出建議。又如,銀行為了保證前臺工作人員的服務質量,不定期派遣檢查員扮演儲戶,在真實的服務環境下近距離地觀察前臺員工的言行舉止,進行評分並給出改進建議。這種「秘密客人」的研究方法在服務行業得到廣泛使用,實質上就是在真實工作環境下進行觀察記錄,研究者(「秘密客人」)參與到研究對象的互動中,因此也稱參與性觀察。

　　百聞不如一見,觀察法所得到的數據非常豐富、真實,對於小孩、年長者或不善言辭的對象尤其適用。但觀察法耗費的時間較長,一個研究者只能同時觀察少數幾個對象,后期還需要對觀察記錄進行整理。如果過程控制不好,研究者還會影響到觀察對象,甚至對觀察對象存在偏見,所得資料就會失真。有些行為出現頻率很低,稍不留神就會錯過;有些行為又無法通過肉眼觀察,如消費者的決策思維模式。基於這些短板,研究者往往不會單獨使用觀察法,而是綜合其他方法,相互佐證。

(二) 訪談法

　　訪談法是指研究者在研究目的指導下,有計劃地與受訪者進行口頭交談,通過雙向互動的過程,充分瞭解受訪者的基本情況,獲取有用信息的方法。與其他研究方法相比,訪談法最大的優勢和特點在於研究者和受訪者有著較為深入、廣泛的交流,這種交流貫穿訪談過程的始末,使得訪談不僅能收集到預期的資料,不出現跑題,而且還能夠獲得受訪者因受到互動刺激而額外流露出來的信息。訪談前認真設計訪談提綱、選擇合適的受訪者,是提供高質量信息的前提。訪談結束后,如實、詳盡地整理訪談內容。時間允許的話,研究者將整理好的訪談記錄和研究報告交給受訪者過目,讓受訪者反饋意見,確認訪談內容的準確性和可靠性。

　　【例2-3】以下是某金融管理有限公司三名員工的訪談記錄,旨在瞭解員工對工作環境的滿意程度。訪談提綱為「相比以往您任職過的公司,您對現在公司的工作環境有什麼感受呢?」

　　A小姐:公司的環境我很滿意。公司附近的交通比較便利,雖然離我住的地方比較遠,但是地鐵能夠直達,很方便。公司的硬件工作環境配套都很齊全,一人一臺電腦,是比較新的版本,工作時候使用也很得心應手。我是前臺的,公司給配了一臺蘋果電腦,就是桌子比較高,電腦也很大,經常要抬頭看電腦,會有點累。員工休息室裡零食和飲品一應俱全,中午帶飯也有微波爐和電冰箱提供使用。

　　B小姐:公司的工作環境很不錯,就是冬天的時候雖然中央空調有提供暖氣,但是沒什麼作用,經常做事到最后手都冰冷的。考勤打卡是用指紋的,公平性很高,公司的辦公

用品很齊全，但是因為公司開業前期大家基本是隨便拿，也不愛惜，給我后期的統計工作增加了難度。

C 先生：公司每個員工都有獨立的工位、空調、電腦、日常辦公用品都有，而且工作基本無工傷危險，總體而言我很滿意公司的工作環境。

訪談記錄的分析，一般採用內容分析法，就是以詞或者句子為單位分析上述內容，如劃線的內容，然后製作編碼表，編碼表涵蓋了所有訪談記錄的詞句，並且給出了相應的分類標準。接下來根據編碼表，對訪談記錄中的詞句進行編碼（數字號碼表示所屬的類別），最后統計各類詞句的次數或者頻率。本例中，「工作環境滿意」在 3 名員工的記錄中一共出現了 3 次，頻率達 100%，說明員工對公司的工作環境總體比較滿意，但個別地方有待完善。

訪談法一般針對個體主觀感受等不可見的研究內容，在研究初期幫助研究者瞭解複雜問題、梳理思路，在研究后期從演繹的角度驗證所得的結論。儘管訪談法所需研究對象的數量少、操作靈活簡單、所得信息深入，但研究結論欠全面，而且要求研究者具有較好的過程把控能力，同時被訪者的積極配合也是不可或缺的，事后的資料整理工作也不輕鬆。

(三) 問卷調查法

問卷調查法是以書面提出問題的方式收集資料的一種研究方法。研究者將所要研究的問題編制成問題表格，以郵寄作答、當面作答或者網上填寫作答的方式作答，從而瞭解作答者對某一現象或問題的看法和意見。問卷調查法優點如下：

(1) 突破時空限制，在廣闊範圍內，對眾多調查對象同時進行調查；
(2) 便於對調查結果進行定量研究；
(3) 匿名性；
(4) 節省人力、時間和經費。

問卷法的運用，關鍵在於設計問卷、選擇被試和結果分析。

設計問卷時，為了提高問卷回收率和回答質量，問題設計應遵循以下原則：

(1) 客觀性原則，要求問題符合實際情況；
(2) 必要性原則，要求問題與研究目的緊密相關，調查篇幅不宜過長；
(3) 可回答性原則，要求作答者憑藉經驗能夠確切地回答問題，凡是超越填答者理解能力、記憶能力、計算能力、回答能力的問題，都應該剔除；
(4) 自願性原則，要求剔除作答者迴避的問題。

問卷的質量直接制約所收集數據的質量，因此在形成正式問卷之前，應當對問卷進行預調查，並對預調查結果進行信度（可靠性）和效度（有效性）分析，根據分析結果篩選問題，調整問卷架構，從而保證調查質量。

問卷調查也有著不可避免的缺點，即作答者需要具備一定的知識經驗，才能準確地理解問卷題目。儘管以匿名的方式展開調查，一定程度上減少了作答者的顧慮，但不乏虛假作答的情況。問卷對選項的標準化設置限制了作答者的想法，不能深入地瞭解研究主題。

【例 2-4】以下是汽車公司銷售員工作壓力的問卷調查,旨在瞭解員工的壓力現狀和源頭,以針對性地提出壓力管理對策。問卷採用袁英編制的銷售人員工作壓力問卷①,通過問卷星網路調查平臺發布(見圖 2-16)。員工順次填答完成后點擊「提交」按鈕,網路后臺將自動記錄數據。

圖 2-16　問卷截圖

待調查持續幾天,研究者即可登錄平臺,下載數據至 Excel 文檔,或者直接下載平臺自動生成的分析報告,使用非常方便(見圖 2-17)。

第7題　整個行業競爭比較激烈		
選項	小計	比例
很不同意	0	0%
不同意	4	7.27%
一般	6	10.91%
同意	18	32.73%
很同意	27	49.09%
本題有效填寫人次	55	

圖 2-17　自動生成的分析報告(部分)

由分析結果可知,大部分銷售員認為行業競爭激烈,由此產生較大的壓力。

(四) 實驗法

經濟管理領域的實驗並非我們傳統理解的實驗室實驗,與自然科學不同是,經管實驗更多地採用現場或者仿真實驗,研究對象為消費者或員工。研究者通過人為設定不同的操作條件或任務,然后讓消費者或員工在不知情的情況下參與其中,他們在實驗過程中要求完成某項任務,因此也稱為受試者。最后觀測受試者的某項得分,比較不同操作

---

① 袁英. 企業銷售人員壓力、工作滿意度及其關係研究 [D]. 杭州:浙江工商大學, 2008.

條件下受試者得分的差異，得出結論。實驗法驗證的結論具有很強的說服力、客觀性和可重複性，因為改變操作條件在前，受試者的變化在後，可以充分驗證變量之間的因果關係。在實驗中，「不同操作條件」稱為自變量，「受試者的得分」稱為因變量。勒溫的領導風格理論（Average Leadership Style，ALS）就是通過實驗法獲得的。首先安排3名教師分別扮演獨裁型、放任型和民主型的領導者（自變量），實驗前都向他們提供培訓。然後將同一個班的學生分為3組，有效地保證了學生的同質性。3個組分別在3名不同領導風格教師的管理下完成任務，最后測量學生完成任務的效率以及主觀滿意度（因變量）。結果顯示，民主型組的學生效率和滿意度都比較高；獨裁型組的學生效率較高，但滿意度較低；放任型組的學生出現效率和滿意度雙低的狀況。由此得出結論，民主型的領導風格效果最好。此實驗的自變量是3種不同的領導方式，因變量為任務效率和滿意度。實驗數據的處理一般採用方差分析法，詳見方差分析的章節。

當下體驗經濟的時代，很多企業都關注消費者的體驗，依據消費者的體驗選擇產品或服務方案。體驗屬於主觀感受，而且依賴於使用過程。因此，如實獲取消費者體驗更多地選擇實驗法。比方說商家使用團購平臺前后，收集並比較銷售額以及消費者的滿意度，以證明團購平臺是否有效。互聯網公司開發手機應用程序（APP），專門設置用戶體驗（User Experience，UE）崗位，以收集和分析用戶體驗的數據，作為選擇不同方案的依據。設計師設計若干款不同靠背的辦公椅，由公司員工使用一段時間，給出舒適度、疲勞度等各項體驗評分，從中選出最合理的設計方案，有效降低員工的疲勞感，提升其工作效率。

但是並不是所有研究主題都適合採用實驗法，實驗必須要保證受試者的人身安全，不能對受試者產生消極的心理影響。實驗結果也未必具有較高的說服力，科學的實驗設計，必須有效控製除自變量以外那些可能對因變量產生影響的干擾因素，樣本的選取也要嚴格遵循隨機抽樣的原則，否則實驗的內部效度並不能得到保證。實驗設計畢竟簡化了現實狀況，選擇典型的情境誘發受試者的變化，但受試者迴歸到典型情境以外的現實工作和生活中，行為方式能跟實驗結果保持一致嗎？實驗的外部效度有待考查研究。

可以肯定的是，一手數據的收集耗時、費力，調查成本非常高，但所得的數據與我們的研究主題吻合，研究過程可控，在一定程度上保證了研究質量，當然研究對象的配合是不可或缺的。觀察、訪談、問卷調查和實驗等方法各有優缺點，應該因時、因地、因研究主題不同，選擇合適的方法，或者綜合採用多種方法，使研究結果相互驗證（三角驗證、多角驗證）、補充以及深化。

第2節　研究對象的選擇

在收集一手資料的時候，我們往往綜合分析研究目的和現實條件的限制，確定研究對象在總體中所占的比例。按照比例的不同，可以將調查活動分為普查、抽樣調查和個案調查。

一、普查

普查,顧名思義就是對所有的研究對象無一例外地進行調查,也稱普遍調查或整體調查。普查採用兩種不同的方式,一種是直接登記,由專門機構派出調查人員,直接給調查對象辦理登記,如全國人口普查;另一種是填寫報表,上級製作普查表,下級根據已掌握的信息進行填報,如國家統計部門每年實施的國民經濟和社會發展狀況普查。

普查具有以下幾個特點:

第一,結論精確。由於普查是全員調查,調查結果無需推斷,調查結果本身就能清晰地反映總體的狀況和一般特徵。

第二,形式規範。普查採用統一的報表,填寫要求也有統一的規定。

第三,調查缺乏深度。普查涉及的對象數量多、分佈廣,因而調查項目少,很難做到深入細緻。

第四,成本和工作量大。普查花費大量的人力、物力、財力和時間,除政府需要全面清晰地把握重大國情、國力,從而制訂國民經濟和社會發展計劃、合理配置和充分利用各種資源以外,一般的資料或數據的收集幾乎不採用這種方法。瞭解總體的一般狀況時,研究者更多地採用抽樣調查。

二、抽樣調查

抽樣調查就是按照一定的原則從總體中抽取一部分個體構成樣本進行調查,通過樣本統計量推斷總體的狀況。抽樣調查具有以下幾個特點:

第一,節省人力、物力、財力和時間。

第二,調查內容相比普查更深入,調查的標準化程度更高,便於后續進行統計分析。

第三,採用科學的抽樣方法,抽樣調查結果可以推論總體的一般狀況和特徵。

(一) 抽樣的有關術語

1. 總體、樣本和元素

每一個具體的研究對象,稱為元素。全體研究對象,稱為總體。從總體中抽取一組元素,即一部分研究對象,就構成了樣本。樣本可以是人,也可以是企業、組織,還可以是原材料、產品。樣本和總體是相對的,樣本不能離開總體而獨立存在。

2. 抽樣框

在實際抽樣(特別是概率抽樣)中,研究者往往先獲得一份涵蓋總體各元素的名冊,然后從中抽取一部分元素,構成樣本。這份名冊(或稱名單)就是抽樣框(Sampling Frame)。例如,調查某畢業班學生的就業情況,該班全體學生的名冊就是抽樣框。

抽樣框確切地定義了總體的邊界和規模,一旦抽樣框出錯,再大的樣本規模、再科學的抽樣方法也只能是徒勞的。美國一本著名的新聞雜誌《文學摘要》(Literary Digest)以郵寄明信片的方式展開民意調查,準確地預測出1920年、1924年、1928年和1932年四次總統大選的結果。1936年,該雜誌以同樣的方式寄出1,000萬份明信片,基於所回收的

約240萬份調查結果，預測57%的選民支持共和黨候選人蘭登（Alf Landon），而民主黨候選人、在任總統羅斯福（Franklin Rooselvelt）的支持率僅為43%。兩周后的選舉，羅斯福以62%的得票率獲得連任，該雜誌因此名譽掃地，不久便倒閉了。究其原因，1936年美國還處於經濟蕭條時期，很多人都沒有條件購買電話和汽車，這些工薪階層大都支持羅斯福的新政。《文學摘要》僅僅是從電話簿和汽車俱樂部會員名冊中抽取樣本，樣本集中在富人圈，工薪階層等低收入人群根本沒有被納入抽樣框，儘管樣本規模較大，但是也無法避免抽樣誤差，導致樣本無法推斷總體狀況。

3. 參數值、統計值和抽樣誤差

通過對調查數據的統計，可以獲得反映樣本特徵的值，稱為統計值，如某城市被調查者的月消費額。總體的狀況和特徵值往往是未知的，由參數值來描述，如某城市居民的月消費額。參數值一般由統計值推斷獲得，但統計值與參數值之間不可避免地存在差異，這就是誤差。差異越大，說明誤差越大；反之亦然。

由抽樣導致的誤差稱為抽樣誤差。抽樣誤差是衡量樣本對總體的代表性的標準，取決於樣本的規模、總體的異質性程度和所採用的抽樣方法。第一種情況，對於異質性程度相同的總體，樣本規模越小，抽樣誤差越大，樣本的代表性越低；反之亦然。第二種情況，兩撥樣本規模相同，總體異質性程度越高，抽樣誤差越大，樣本的代表性越低；反之亦然。第三種情況，在總體異質性和樣本規模都相同的情況下，採用概率抽樣方法，所得樣本受研究者主觀影響較小，抽樣誤差隨之降低，所得統計值可以通過參數估計模型推斷參數值；採用非概率抽樣，情況剛好相反。

樣本獲得以后，需要進一步進行評估。評估樣本時，首先找出一些統計值，如性別比、年齡結構、文化程度結構、收入結構等，然后跟其他樣本的同類統計值進行比較。若差別不大，則可認為樣本的質量較高；若差異明顯，則說明樣本質量存在問題，有待修正。

需要說明的是，抽樣誤差不能避免，只能盡量降低。這裡所說的誤差僅局限於抽樣誤差，對於收集和整理一手、二手資料過程中出現的各式誤差，如被調查者誤解題目意思、隨意勾選數字等級、漏填、有意隱瞞或者研究者錄入錯誤等情況均沒有提及，限於教材的篇幅，讀者可以參閱社會研究方法、市場調查方法等相關的書籍和資料，深入瞭解對應的內容。

(二) 抽樣的方法

1. 概率抽樣

概率抽樣（Probability Sampling）也稱隨機抽樣，是指樣本的選擇遵循隨機原則，總體中每個元素都有一定的機會入選樣本。所謂隨機原則，一方面需要滿足等概率的要求，即每一個對象被選中的概率都相等；另一方面需要滿足獨立性的要求，即任一對象是否入選不受其他對象的影響。概率抽樣建立在概率論的基礎上，因此可以計算抽樣誤差和總體參數值。概率抽樣能夠較好地控制主觀因素的影響，降低研究者取樣時產生的抽樣誤差，實踐中經常採用的概率抽樣方式有以下幾種：

(1) 簡單隨機抽樣。簡單隨機抽樣（Simple Random Sampling）是最基本、最容易理解

的概率抽樣方法,其他方法都是在它的基礎上派生出來的。進行簡單隨機抽樣,首先要建立抽樣框(用 N 表示總體數目),然后從抽樣框中選擇元素組成樣本(用 n 表示樣本數目)。按照被抽中的元素是否放回總體來劃分,簡單隨機抽樣分為放回抽樣和無放回抽樣。嚴格上分析,無放回抽樣違反了前述的「獨立性」要求,后續元素被抽概率受制於已抽元素,但當總體足夠大,如某城市 1,000 萬人口,採用無放回抽樣,被抽概率的變化非常微小,甚至可以忽略。

當總體數目 N 不大時,可以用抽簽或抓鬮的辦法。首先在 N 個均質材料製作的標籤上編寫號碼,建立抽樣框,然后將 N 個標籤充分混合或搖勻。採用放回或無放回的方式逐次抽取一個標籤,直至達到 n 個為止。

當總體數目 N 較大時,可以借助於隨機數字表進行簡單隨機抽樣。第一步,確定每次選擇隨機數字的位數。為保證總體中每個元素都有機會入選,隨機數字必須涵蓋所有元素,其數位應該等於總體的規模。例如,總體為 887,那麼隨機數字的位數應等於 3。第二步,確立兩方面規則。第一,選擇隨機數組的順序,可以是每一列從上到下或從下到上,也可以是每一行從左到右或從右往左,更可以是沿著對角線的方向;第二,從隨機數組中選擇哪幾位數字,如 10,819,可以選擇前三個數字 108,也可以選擇中間三個數字 081,更可以選擇后三個數字 819。確立這兩方面的規則后,后續的選擇順序就按既定規則執行。第三步,選擇隨機數組的起點。閉上雙眼,用手指或鉛筆像塗鴉一樣在隨機數字表上隨便戳一下,戳中的隨機數組便作為起點。

儘管隨機數字表能給我們帶來抽樣的便利,但此前必須先對所有元素賦予編號,才可以跟隨機數字表抽選的數字對應,前期的準備工作量還是比較大的。為簡化操作,下面介紹採用 Excel 數據分析的宏模塊進行隨機抽樣。

點擊 Excel 左上角的圖標,點擊【Excel 選項】(見圖 2-18)。

圖 2-18　點擊【Excel 選項】

點擊左邊導航欄的【加載項】,點擊加載項對話框下面的【轉到】(見圖 2-19)。

圖 2-19　點擊【轉到】

勾選【分析工具庫】(見圖 2-20),加載完成。

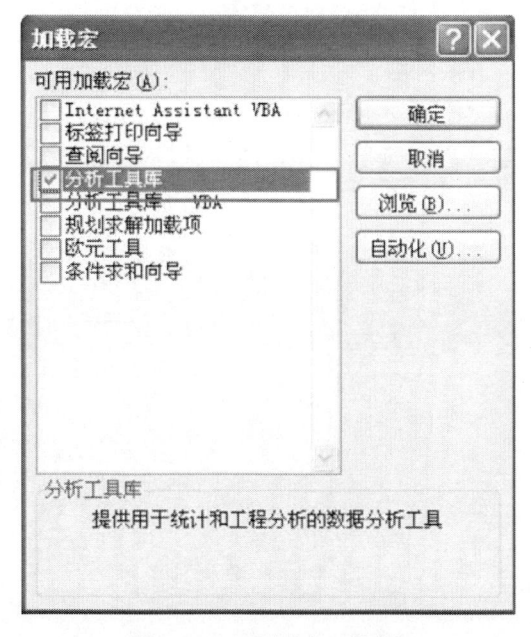

圖 2-20　勾選【分析工具庫】

統計學

點擊【數據】下的【數據分析】,激活數據分析對話框(見圖2-21)。

圖 2-21　點擊【數據分析】

選擇【抽樣】(見圖2-22)。

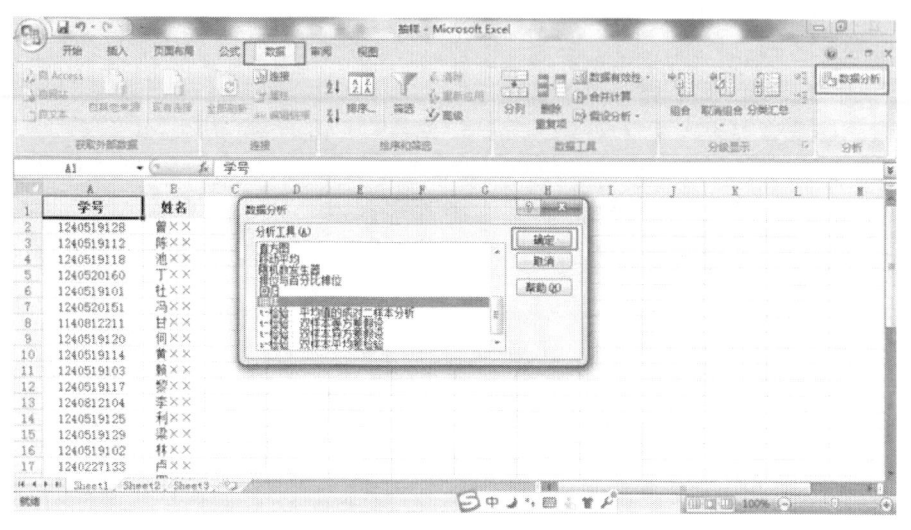

圖 2-22　選擇【抽樣】

在「抽樣」對話框中,「輸入區域」框選所有學號(若所選區域包括列標籤「學號」二字,則需勾選【標誌】)。需要特別注意的是,輸入區域不能直接框選學生姓名,此模塊無法處理文本信息,提示存在非法字符。「抽樣方法」點選「隨機」,「樣本數」填「5」(表示從36名學生中隨機抽取5名)。在「輸出區域」選擇任一空白的單元格(見圖2-23)。

圖 2-23　設置抽樣對話框

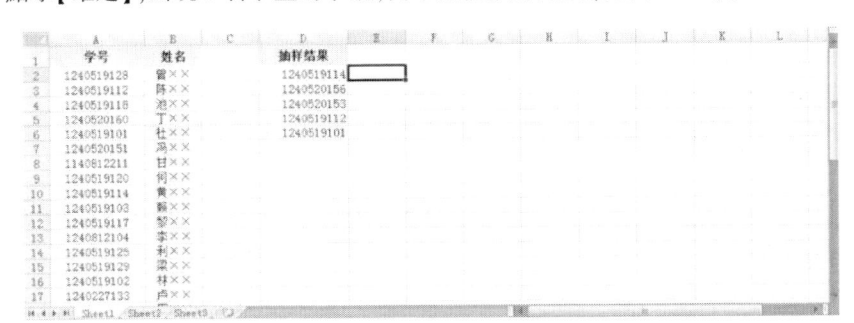

點擊【確定】，出現 5 名學生的學號，簡單隨機抽樣完成（見圖 2-24）。

圖 2-24　完成簡單隨機抽樣

根據學號，查詢所對應的學生名字。Excel 中輸入函數與普通內容最大的區別在於以「＝」開頭，函數名稱基本與統計指標的英文對應，因此必須調整至英文輸入狀態。採用 vlookup 函數，在第一個樣本旁邊的空白單元格，鍵入「＝vlookup」。

vlookup 函數中，「v」表示沿垂直方向（列方向），即「vertical」「lookup」表示查詢。函數后面的括號中，需要設定四個指標，每完成一個指標的定義，鍵入逗號，即可進入到下一個指標的設定狀態。第一個指標輸入待查找的值，就是學號（D2 單元格）。第二個指標是定義查找的範圍，就是 A 列和 B 列，並且將此範圍變成絕對地址（在所選範圍 A2：B36 加按「F4」，成功操作后範圍變成 $ A $ 2：$ B $ 36）。第三個指標是查詢結果顯示所選範圍中哪一列的值，本例需要查姓名，即所選範圍中的 B 列，也就是第 2 列，輸入「2」。第四個指標有「TRUE」和「FALSE」兩項選擇，「TRUE」表示近似匹配，「FALSE」表示完全匹配，本例的學號和姓名是一一對應，屬於完全匹配的情形，故鍵入「FALSE」。這樣函數的四個指標的設定就完成了。點擊【Enter】，成功查詢了第一位入選學生的姓名。然后將此函數複製到后面的四個單元格中，其餘四位入選學生的姓名也順利查詢獲得（見圖 2-25）。

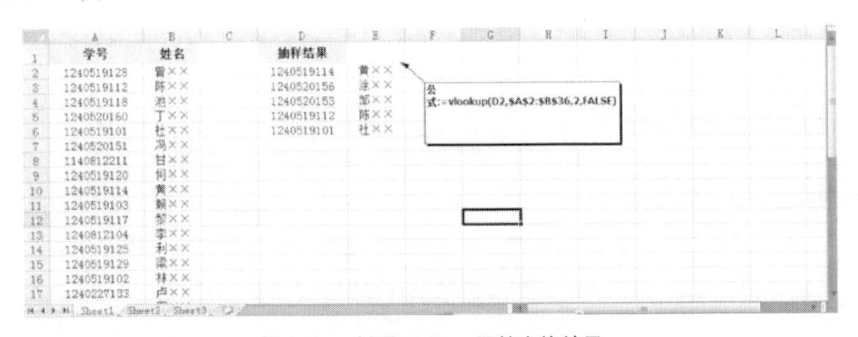

圖 2-25　採用 vlookup 函數查詢結果

（2）系統抽樣。系統抽樣（Systematic Sampling）也稱等距抽樣，是指隨機排列總體中的所有元素，然后隨機選取一個元素作為起點（初始單位），按照事先設定好的固定間距抽取剩餘的元素，直至樣本容量達到既定要求為止。抽樣間距（Sampling Interval，一般用 k 表示）的設定可以參照以下公式：

$$k = \frac{N}{n} \qquad (2.1)$$

其中 N 表示總體數量，n 表示樣本數量。如遇到不能整除的情況，則四捨五入取近似的整數。例如，$N = 520, n = 60, N/n \approx 8.66$，則 k 取值為 9。

系統抽樣法同樣適用於總體數量 N 較大的情況。簡單隨機抽樣所得樣本可能集中在元素隊列(N 較大的情況下元素隊列就排列很長)的某一段，為了讓隊列其他位置的元素都能進入樣本，樣本的分佈較為平均，所以採用系統抽樣法。由於系統抽樣法根據的是抽樣間距而非隨機數，其實質為一種準隨機(Quasi-random)抽樣方法。

系統抽樣的操作相對簡單，Excel 中的操作只需在圖 2-23「抽樣方法」中勾選【週期間隔】，然后輸入對應的 k 值，即可實現。但是如果元素隊列本身按週期性排列，比如對婚姻滿意度的調查中，丈夫姓名排在前，妻子姓名排在後，若使用系統抽樣，則有可能全部抽取奇數元素(丈夫)或者全部抽取偶數元素(妻子)。類似的情況研究者需要注意和避免。

(3)整群抽樣。整群抽樣(Cluster Sampling)就是以群為單位進行隨機抽樣。首先將總體的每個元素合併成群，抽樣時直接隨機選取群，被抽中的群體所包含的元素全部參與調查。這些群體可以是班級、學校、公司、城市、街道等。例如，抽取廣州航空郵件處理中心第三業務部，則第三業務部整個部門的員工都構成樣本。

採用整群抽樣，同樣是簡化在總體數量 N 較大的情況下進行隨機抽樣的所耗費的時間和成本。整群抽樣建立的抽樣框只需要用到群體的名稱，而非每個元素的名稱，簡化了編制抽樣框的工作量。此外，樣本中那些地理位置鄰近的或隸屬於同一系統的元素構成群體，地點相對集中，因此走訪群體成員時，可以節省費用，實施又方便。但是由於同一群體內部的元素存在相似性，在樣本量相同的條件下，整群抽樣的抽樣誤差較大。

(4)分層抽樣。在樣本規模不變的情況下，總體異質性越高，樣本偏離總體的可能性就越大。此種情況下，採用簡單隨機抽樣或系統抽樣，所得樣本都難以反映總體的複雜性。此時研究者將異質性群體按一定的標準劃分為若干層(類)，計算各類別在總體中所占的比例，然後按此比例分配各層(類)的樣本規模，採用簡單隨機抽樣或系統抽樣的方法，從每層(類)中抽取既定數量的元素，這就是分層抽樣(Stratified Sampling)。分層抽樣針對總體異質性較大的情況，能夠有效降低樣本偏離總體的概率，減少抽樣誤差，增加樣本的代表性。

【例 2-4】以某城市一項生活成本調查為例，男女的比例各占 50%，低、中、高收入的比例分別為 3：2：1，樣本數量要求 600 人，所構建的樣本分層矩陣如表 2-1 所示。

表 2-1　　　　　　　　　　　　　　分層矩陣　　　　　　　　　　　　　單位:人

收入	性別		合計
	男	女	
低	150	150	300
中	100	100	200
高	50	50	100
合計	300	300	600

分層抽樣常用的分層標準包括性別、年齡、文化程度、婚姻狀況、職業、收入等,分層時可以同時採用兩個或多個標準。為了保證各層比例設置的準確性,研究者必須掌握總體的最新情況,但實際中並不容易獲取。

(5)多階段抽樣。在總體規模或範圍很大的情況下,隨機抽樣面臨著若干困難。一方面,建立一個包含所有元素的抽樣框工作量非常大;另一方面,所抽取元素分佈過於分散,實地走訪調查的成本將非常高。例如,開展全國城市居民的幸福感調查,此種情況下,就應採用接下來介紹的多階段抽樣(Multi-stage Sampling)。多階段抽樣就是將整個隨機抽樣劃分為幾個階段相繼進行,第一階段先隨機抽取群,第二階段在群當中隨機抽取個體,整個抽樣分為兩個階段,因此稱為二階段抽樣。如果階段不止兩個,而是多個,則稱為多階段抽樣。在全國城市居民的幸福感調查中,研究者第一階段隨機抽取城市,第二階段在城市的基礎上隨機抽取行政區(縣級市),第三階段在行政區的基礎上隨機抽取街道,第四階段在街道的基礎上隨機抽取居委會,第五階段在居委會的基礎上隨機抽取戶。需要五個階段才完成整個隨機抽樣。城市屬於初級抽樣單位,行政區屬於二級抽樣單位,如此類推,戶屬於最終抽樣單位。除最后一個階段外,其他階段實質上就是整群抽樣。

多階段抽樣提高了抽樣效率,省時、省錢、省力,但不容忽視的問題是助長了抽樣誤差。由於每個階段都會出現抽樣誤差,所經歷的階段數越多,累積的誤差也就越大。為了減少抽樣誤差,要注意以下兩個問題:

第一,抽樣前必須權衡是多抽群,還是多抽群中的元素。假定最終樣本量為1,000戶居民,採取兩階段抽樣,方案一抽取200個居委會,每個居委會選5戶居民;方案二抽取10個居委會,每個居委會選100戶居民。很明顯,方案二只需走訪10個居委會,調查成本要低於方案一。但是由於所選群體數量少,所以初級抽樣單位(群)的代表性可能不夠好。方案一中群的數量多,初級抽樣單位的代表性較好,但是每個居委會只選5戶居民,最終抽樣單位的代表性差。可見初級抽樣單位與最終抽樣單位的代表性成反比。實施時應分析實際情況,看初級抽樣單位與最終抽樣單位的異質性哪個較大,異質性大的抽樣單位需要盡可能多的數量才足以代表總體。例如,居委會的異質性大,則應選擇方案一。

第二,處理各群大小不等的情況。第一階段可以讓每個群被抽中的概率與群規模成正比,第二階段可以讓群裡面元素被抽中的概率與群規模成反比,這就是按規模大小成比例的概率抽樣(Probability Proportionate to Size Sampling, PPS)。有興趣的讀者可以參

閱與抽樣相關的書籍詳細瞭解。

2. 非概率抽樣

實施概率抽樣的前提是獲得抽樣框,但在很多情況下,這個條件無法滿足。那麼研究者只能放棄隨機原則,依據自己的主觀意願抽取樣本,這就是非概率抽樣(Non-probability Sampling)。非概率抽樣操作簡便、成本低,但無法估計抽樣誤差,因此難以根據樣本統計值推斷總體參數值,一般用於對研究內容的初步認識或建立假設。非概率抽樣有以下幾種具體方式:

(1)方便抽樣。方便抽樣(Convenience Sampling)也稱偶遇抽樣,是指研究者使用最便利的方法選取樣本。例如,調查員在車站、公園、購物廣場等公共場所進行的攔截式調查;電視臺或報社記者的「街頭攔人」調查;商家在專櫃前對路過顧客進行調查等。「街頭攔人」這種抽樣方法很多時候被誤認為是隨機抽樣,表面上看碰到誰就選誰,樣本在特定的時間、特定地點出現看似很隨機。但是那些最先碰到的、最容易見到的、最方便攔截的對象,相比其他對象有著更大的機會被抽中。比方說3個路人迎面而來,其中第一個人步履節奏很快,看似在趕時間;第二個人邊走邊通電話,短時間內不會結束通話;第三個人步速適中,略帶微笑,感覺比較好說話。調查員每次只能攔截一位受訪者,此時調查員就會判斷攔截第三個人將有更高的成功率。可見方便抽樣過程中,樣本的選取受到研究者的主觀意願影響,並非隨機抽樣。

方便抽樣的優點是容易實施,調查成本低,但是這種抽樣方式也有明顯的弱點,樣本的確定帶有主觀或隨意性,樣本的代表性差,而且總體狀況越複雜(總體異質性高),方便抽樣產生的誤差越大,無法推斷總體狀況。一般情況下,使用方便樣本可以獲得一些想法,以及對研究內容的初步認識或建立假設。

(2)配額抽樣。在前述美國總統選舉的民意調查例子中,與《文學摘要》調查200多萬選民的做法形成鮮明對比的是蓋洛普公司。該公司僅基於對5萬選民的抽樣調查,成功預測羅斯福的得票率為56%。在此后的1940年、1944年,蓋洛普公司同樣成功地預測美國總統選舉結果。究其原因,蓋洛普公司採用了配額抽樣的方法。但在1948年,蓋洛普公司遭遇了「滑鐵盧」,未能正確地預測杜魯門當選總統,原因在於樣本配額與選民的地理區域分佈產生偏差。

配額抽樣(Quota Sampling)類似於概率抽樣中的分層抽樣,首先按照某些標準(或屬性)將總體分成若干類,並確定每個類別的比例,然后按照這一比例在各類別中採取方便抽樣或判斷抽樣的方式選取對象,直至達到樣本數為止。這一比例就是配額,通過樣本配額,使樣本結構與總體結構保持一致。由於確定了類別和配額以後,研究者依舊採用方便抽樣或判斷抽樣的方法獲取樣本,因此配額抽樣結果也會受到主觀的影響。

(3)判斷抽樣。判斷抽樣(Purposive Sampling)也稱立意抽樣,是指研究者根據研究的目的、自身的經驗或專家的判斷來選取樣本。所選的樣本可以是獨特的個案,也可以是特定的人群。

獨特的個案,如關於農村致富的調查,可以選擇村裡剛蓋新房的村民。一般來說,蓋新房是農村家庭富裕的表現,調查中可以具體瞭解戶主的致富途徑以及心得體會。

然而實際判斷抽樣中很少只選擇單一樣本,特定的人群則是為了在一定程度上克服

個案對總體的代表性不足的缺陷。

判斷抽樣分為典型抽樣和重點抽樣。典型抽樣就是選擇能夠代表總體中某類群體突出特徵的個案。例如，管理者分別從績效好、中、差三個等級中各選取一定數量的員工進行調查，這樣就能更好地把握整個團隊的績效現狀。重點抽樣就是選擇占全局比重最大的、現象變化比較集中的、對全局具有決定性作用的一個或幾個個案。例如，通過對阿里巴巴等標杆企業的調查，就可以瞭解電商發展的現狀和趨勢。

判斷抽樣花費的力氣不大，通過深入地「解剖麻雀」，發現問題、提出假設，而非對總體進行概括或推斷。但研究者也會存在判斷失誤的情況，前述農村致富的例子中，有可能蓋房子的錢是戶主東湊西借匯集起來的，並不是勞動致富的結果，此時樣本的合適性就大打折扣了。

（4）自願樣本。自願樣本（Voluntary Response Sample）是指被調查者自願參加調研，樣本自發形成，然後向研究者提供信息。自願樣本的主觀性並非源於研究者的主觀意願，而在於被調查者的主觀興趣。例如，被調查者對「80后夫妻家庭理財模式」這一調查主題感興趣參與網路調查；觀眾通過手機短信或者微信等方式實時參與某電視節目的投票和發言；消費者看到小組訪談募集廣告後主動報名參加或者參加某產品的試用體驗活動；等等，這些都是自願樣本。可見，自願樣本的構成也受主觀影響，這些主觀影響源於被調查者的參與意願，樣本是有偏的。

（5）滾雪球抽樣。滾雪球抽樣（Snow Ball Sampling）也稱網路抽樣，是通過已有研究對象的介紹，不斷識別和找出其他研究對象的累積抽樣方法。與滾雪球類似，剛開始時，研究者可能只找到一個或少數幾個人，隨後憑藉這些人的社會關係，介紹新的符合條件的人加入，隨後新人又繼續推介新人加入，樣本像雪球一樣越滾越大，最後達到要求的數量。滾雪球抽樣的原理可以概括為「物以類聚，人以群分」和「一傳十，十傳百」兩句話，特別適用於樣本成員難以獲取的情形。例如，調查極限運動愛好者，可以先聯繫極限運動用品商家，通過商家聯繫少數客戶，這些客戶推介自己圈子中的喜愛極限運動的朋友參加調查，一傳十，十傳百，一段時間內就可以找到足夠數量的樣本，順利完成調查。

滾雪球抽樣屬於非概率抽樣，已有樣本的幾名推薦者都是基於自身的社會關係圈子傳遞信息，物色新人，而社會關係是主觀的，新增樣本也是推薦人有意尋找的。滾雪球抽樣的主要優點是容易找到屬於特定群體的被調查者，調查成本比較低，適於收集特定群體的資料。

概率抽樣與非概率抽樣是性質不同的兩種抽樣類型，沒有最好的，只有最合適的，使用時需綜合考慮多種因素，包括研究目的、調查對象的特點、可花費成本與時間等，然後再作選擇。在一項研究項目中，有時可以綜合運用概率抽樣和非概率抽樣，發揮各自的優勢，滿足研究中的不同需求。

鑒於推斷統計建立在概率論的基礎上，本書後面的章節內容，若沒有特殊說明，都假定樣本取自概率抽樣。

3. 樣本規模

樣本所含元素的個數與總體元素個數的比率，稱為抽樣比率（Sampling Fraction）。例如，總體為 5,000 人，研究者從中抽取 100 人，抽樣比率為 100/5,000＝2%。抽樣比率從

相對的角度反映了樣本的規模,其值除了受現實的人力、物力、財力限制以外,樣本的易獲取性、研究結果的有效性也是需要重點考慮的因素。在概率抽樣中,適合的樣本規模可以通過以下公式計算:

$$n = \frac{t^2 \times p \times (1-p)}{e^2} \tag{2.2}$$

上式中,t 為置信度對應的臨界值,p 為總體百分比,e 為抽樣誤差。

【例 2-5】某市場調查公司接受委託,調查所在城市居民未來 3 年出境旅遊的意向。為了在保證調查結果質量的前提下盡量節約成本,該調查公司必須合理設置樣本規模。客戶要求調查結果的可靠性至少達到 95%,抽樣誤差不能超過±5%。由於缺乏居民總體構成的資料,該調查公司將 p 值設置為 50%;置信度為 95%,查表可知 t 值為 1.96;抽樣誤差為 0.05,代入公式 2-1 可得:

$$n = \frac{1.96^2 \times 0.5 \times (1-0.5)}{0.05^2} \approx 384 \tag{2.3}$$

實際調查中,預計存在一部分無效的調查結果,調查樣本需要 400 人左右。

三、個案調查

個案調查就是從研究對象中選取一個或少數個體進行深入調查的一種調查方式,通過描述某一具體對象的全貌,瞭解事物變化發展的全過程。個案調查不是尋找眾多個體的共性特徵,而是根據被調查者的具體情況深入發掘個案的獨特性,從中發現有價值的資料,進而幫助研究者形成理論假設。類似於醫學或法學對病人或罪犯的案例分析,個案調查需要詳細瞭解案主的家庭狀況、生活環境、個人經歷、社會關係、健康狀況等,探尋其獨特的病因或犯罪動因。個案調查中具體用到的研究手段包括參與觀察、深度訪談、個人文獻分析、生活史研究、社區研究等。需要指出的是,個案可以是個人,也可以是家庭、社區、企業。經管類學生撰寫「以××企業為例」的畢業論文,就屬於個案調查。

個案調查的特點如下:

第一,調查深入細緻。

第二,所需調查人員人數少,但需經過專門的訓練。

第三,無法將個案調查結果推斷總體。研究者往往以個案調查作為發現問題的工具,而不是證明理論的方法。

第 3 節　運用 SPSS 進行簡單隨機抽樣

下面介紹簡單隨機抽樣的 SPSS 軟件操作步驟。

第 1 步,將 Excel 文件「抽樣」的數據導入 SPSS 軟件中。點擊【文件】→【打開】→【數據】(見圖 2-26)。

第 2 步,開啟「打開數據」對話框,「文件類型」選擇「Excel」,選擇 Excel 文件「抽樣」,點擊【打開】(見圖 2-27)。

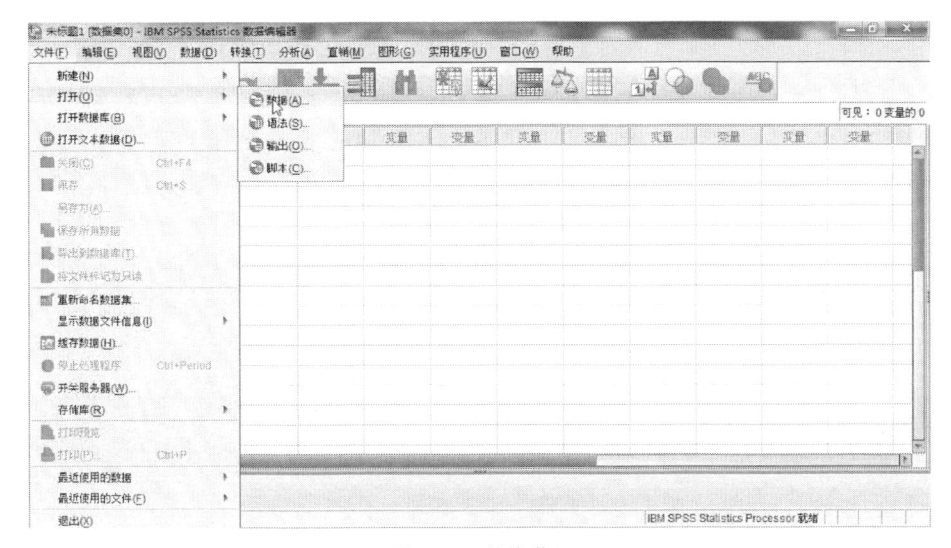

圖 2-26　數據導入

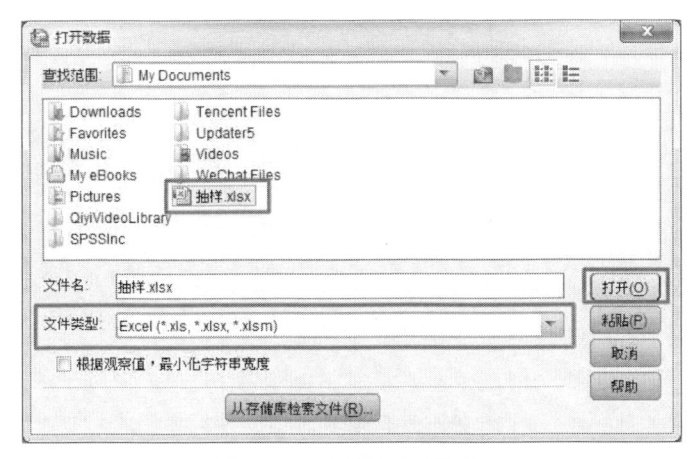

圖 2-27　「打開數據」對話框

第 3 步,在出現的「打開 Excel 數據源」對話框的第一行勾選「從第一行數據讀取變量名」,「工作表」選擇「Sheet1」,然后點擊【確定】(見圖 2-28)。

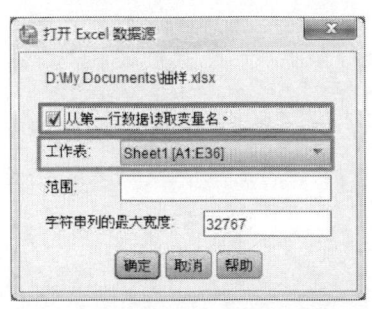

圖 2-28　「打開 Excel 數據源」對話框

統計學

這樣,Excel 文件「抽樣」的數據便導入 SPSS 文檔中(見圖 2-29)。

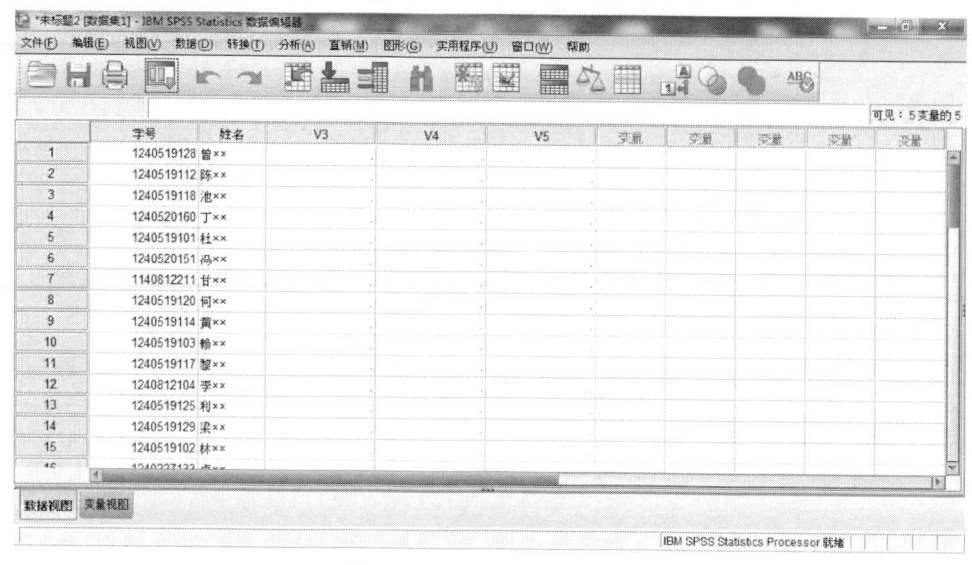

圖 2-29　導入后的 SPSS 數據

第 4 步,點擊【數據】→【選擇個案】(見圖 2-30)。

圖 2-30　「選擇個案」操作界面

出現「選擇個案」對話框,然后選擇「隨機個案樣本」,點擊【樣本】(見圖 2-31)。

圖 2-31 「選擇個案」對話框 1

　　在隨後出現的「選擇個案:隨機樣本」對話框中,選擇「精確」,后面空白處填「5」;「從第一個開始的個案」后面空白處填「35」,意思是從 35 名學生中隨機抽取 5 名。點擊【繼續】(見圖 2-32)。

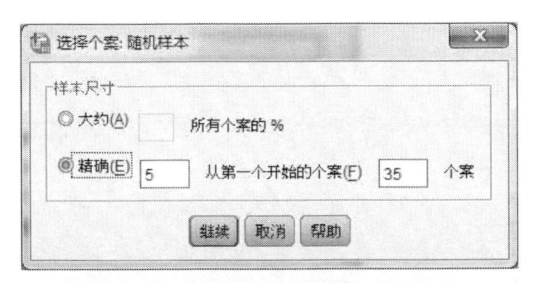

圖 2-32 「選擇個案:隨機樣本」對話框

　　第 5 步,返回「選擇個案」對話框,然后設置輸出結果的形式,在「輸出」區域選擇「過濾掉未選定的個案」,最后點擊【確定】(見圖 2-33)。

統計學

圖 2-33 「選擇個案」對話框 2

隨即出現了輸出結果界面(見圖 2-34)。

圖 2-34 輸出抽樣結果

從圖 2-34 可以看出,第 4 行打上斜線,對應的 filter(過濾)欄值為 0,說明此名學生(丁××)沒有被選上;反之,第 9、10 兩行對應的學生(黃××、賴××)則為抽選上的學生,被

抽選的學生一共 5 名,這樣就順利完成隨機抽 5 名學生的操作。

當然,可以將抽樣結果另外保存或者屏蔽掉沒有選上的學生信息,只需在「輸出」區域選擇「將選定個案複製到新數據集」或「刪除未選定個案」即可。

思考與練習

一、思考題
1. 二手數據與一手數據的區別有哪些?
2. 概率抽樣有幾種具體的形式?各自的適用條件是怎樣的?
3. 非概率抽樣有哪幾種具體的形式?各自的適用條件是怎樣的?
4. 與概率抽樣相比,非概率抽樣有哪些優點和缺點?

二、單項選擇題
1. 二手數據的特點是(   )。
    A. 採集數據的成本高,而且收集比較困難
    B. 採集數據的成本低,而且收集比較容易
    C. 數據來源真實可靠
    D. 與研究者的研究口徑匹配
2. 先將總體各個元素按某種順序排列,並按某種規則確定一個隨機起點,然後每隔一定的間隔抽取一個元素,直至抽取達到樣本數要求。這樣的抽樣方式稱為(   )。
    A. 簡單隨機抽樣   B. 分層抽樣   C. 系統抽樣   D. 整群抽樣
3. 為了調查某校學生的手機費用支出情況,從該校抽取 10 個班級調查,這種調查方法是(   )。
    A 簡單隨機抽樣   B. 分層抽樣   C. 系統抽樣   D. 整群抽樣
4. 為了調查男性對某種品牌化妝品的購買意願,調查者在街頭隨意攔截部分男性進行調查。這種調查方式是(   )。
    A. 簡單隨機抽樣   B. 方便抽樣   C. 系統抽樣   D. 滾雪球抽樣
5. 下面的(   )抽樣調查的結果不可用於對總體有關參數進行估計。
    A. 簡單隨機抽樣   B. 分層抽樣   C. 配額抽樣   D. 整群抽樣
6. 調查時首先選擇一組調查單位,對其實施調查之後再請其提供另一些屬於研究總體的調查對象,調查人員根據所提供的線索,進行此後的調查。這樣的調查方式稱為(   )。
    A. 自願樣本抽樣   B. 分層抽樣   C. 多階段抽樣   D. 滾雪球抽樣
7. 指出下面的陳述哪一個是正確的(   )。
    A. 抽樣誤差是可以避免的
    B. 同一研究不能同時使用概率抽樣與非概率抽樣
    C. 凡是存在抽樣誤差,則所得統計量就不能推斷總體參數值
    D. 抽樣誤差是可以控製的

8. 先將總體中的所有單位按一定的標誌(變量)分為若干類,然後在每類中採用主觀抽樣的方式選取樣本單位。這種抽樣方式稱為(   )。

   A. 分類抽樣   B. 配額抽樣   C. 系統抽樣   D. 整群抽樣

9. 與概率抽樣相比,非概率抽樣的缺點是(   )。

   A. 樣本統計量的分佈是確定的

   B. 無法使用樣本的結果對總體相應的參數進行推斷

   C. 調查的成本比較高

   D. 不適合於探索性的研究

10. 為了估計某城市支持乘坐公交車上下班的人數的比例,在收集數據時最有可能採用的數據收集方法是(   )。

   A. 普查   B. 公開發表的資料
   C. 隨機抽樣   D. 實驗

三、案例思考題

廣州航空郵件處理中心員工滿意度調查

【研究目的】目前中國大多數的中小企業由於企業文化、企業規模、企業管理者管理理念等原因,員工對企業的滿意度一直不高,歸屬感越來越弱。大部分中小企業都比較缺乏人力資源戰略觀念。企業管理者的管理隨意性強,對企業員工的引導和培養力度不夠。企業員工對企業管理決策參與度不夠,沒意願去瞭解企業的發展戰略、經營思路等,進而就造成了企業中存在員工工作滿意度低等問題。在上述背景下,我們邀請了廣州航空郵件處理中心(以下簡稱廣航)四個業務部門的員工參與工作滿意度調查,診斷企業存在的問題,採取一定措施,提高員工的歸屬感、員工工作滿意度,進而提高企業的生產效率。

【研究方法】本次問卷調查借助網路平臺開展,問卷內容包括9個方面:報酬滿意度、晉升滿意度、管理者滿意度、利益滿意度、獎勵滿意度、操作程序滿意度、同事滿意度、工作本身滿意度和交際滿意度。題目採用李克特5級量表作答,其中1=非常不同意,2=比較不同意,3=不能判斷,4=比較同意,5=非常同意。問卷共包括36個題項,得分越高說明滿意度程度越高。題目來源於《工作評價組織診斷與研究實用量表》手冊。具體標準如下:整體滿意度總均分為各題總和除以題數所得的商,3分為適中,高於3分為高,低於3分則為低。廣航四個業務部門299位員工全員積極參與調查。

【研究結果】從表2-2的統計數據看,該企業不同年齡段的員工對企業的總體滿意度評價分值分別為2.90分、2.91分、2.90分、3.00分,從表面上看四個年齡段的員工對企業的總體滿意度差異並不明顯。從單個類型來比較,差異表現在管理者滿意度、同事滿意度、工作本滿意度、交際滿意度,且都是41歲或以上的員工的滿意度明顯高於其他年齡段的員工的滿意度。

通過對調查結果的分析,主要原因有以下幾點:

一方面,在管理者滿意度和工作本身滿意度方面,25歲以下的員工的滿意度最低,這是很多企業年輕員工的通病,是導致企業離職率高的主要原因之一,廣航也不例外。25歲以下的員工剛進入社會,內心充滿激情和熱情,處理事情上會有很多想法,但不見得這

些想法每次都能得到上司的認可,沒有良好的情緒管理能力的人就容易在這方面累積負能量,對上司的滿意度就會大打折扣了。不少年輕人剛開始找工作都是抱著試一試的心態,而廣航屬於物流行業,不像穿得西裝革履的在大公司寫字樓上下班的白領一樣,這樣的心理落差就導致對工作本身滿意度不會高。

表 2-2　　　　　　　　不同年齡段員工滿意度均值表　　　　　　　　單位:分

滿意度維度	25 歲以下	25~30 歲	31~40 歲	41 歲或以上
報酬滿意度	3.07	3.12	3.13	3.04
晉升滿意度	3.48	3.55	3.47	3.53
管理者滿意度	2.89	2.94	2.90	3.06
利益滿意度	2.56	2.49	2.54	2.56
獎勵滿意度	2.49	2.57	2.48	2.66
操作程序滿意度	2.58	2.49	2.55	2.65
同事滿意度	3.12	3.05	3.02	3.22
工作本身滿意度	3.36	3.53	3.50	3.62
交際滿意度	2.60	2.45	2.51	2.66
總體滿意度	2.90	2.91	2.90	3.00

另一方面,同事滿意度和交際滿意度較低的是 25~40 歲中間年齡段的員工,這部分員工有的職位為企業的基層或中層的管理者,這樣位置的員工是我們常說的「夾心層」員工,上有領導,下有手下,各種事情繁雜,同事交際滿意度就會比其他年齡段的員工低。

綜合來看,廣航存在以下幾方面的問題:
(1)員工利益分配不均。
(2)激勵機制缺乏激勵效果。
(3)作業程序複雜繁多。
(4)企業員工對組織目標不明確。

【對策建議】
(1)量化績效考核體系,實現公平利益分配。
(2)優化激勵機制。
(3)設計合理科學的崗位設置,規範管理員工。
(4)構建和睦團結的企業文化並加大宣傳力度。

企業為了實現可持續發展,必須瞭解和重視兩大類人群。第一類人群在企業的外部,說的就是消費者。消費者的需求成為企業創造利潤源源不斷的動力。顧客需要什麼、對企業現有的產品和服務是否滿意、對不同購買行為的消費者採取不同營銷策略的方案是否有效、黃金週期間顧客在本地消費的意願是否強烈……只有很好地瞭解消費者,才能讓企業品牌深深地留在消費者的意識中,這些意識將指引消費者反覆購買企業的產品和服務,保證企業的持續盈利。第二類人群在企業的內部,說的就是員工。在企

業的所有資源中，只有人力資源創造的價值是不封頂的。企業應根據自身的發展戰略，做好招、用、育、留等人力資源管理工作，改善工作環境和管理制度，善待員工，將企業打造成員工的「感情銀行」，才能更好地激勵員工。那麼企業需要瞭解員工的現狀，比方說員工對哪些地方不滿、是否存在較大的壓力、是否產生較強的離職傾向等。

　　試分析案例中實施的調查是如何控製誤差的？你覺得調查中的哪些方面還有待改善？

第 3 章　統計數據的整理

學習目標:

- 熟練掌握統計數據處理的程序
- 熟練掌握常見的幾個統計圖的製作方法
- 熟練掌握常見的幾個統計圖的適用場合
- 掌握統計表的格式特徵
- 會用 EXCEL 製作統計圖

本章重點:

- 熟練掌握統計數據處理的程序
- 熟練掌握常見的幾個統計圖的製作方法和適用場合
- 會用 EXCEL 製作統計圖

本章難點:

- 熟練掌握常見的幾個統計圖的適用場合

　　原始數據經過整理以後，一般以文字、表格和圖示的形式向受眾展現。國內外知名的調查機構定期發布各項權威報告，無一不是依託文字、表格和圖示展示情報信息，供人們決策。尤其以圖示的使用份額最大。俗話說:「字不如表，表不如圖。」圖示將枯燥的數據信息以直觀、簡明的方式展現給讀者。可以說，上至 80 歲的老人，下至 3 歲的小孩，甚至對數字不敏感的人，也能通過圖示瞭解數據蘊含的信息，極大地推廣了數據統計的用途。本章將介紹統計表與五種基本的統計圖，以及如何用相關的軟件輔助我們作表和作圖。在製作表格和圖示前，必須對原始數據做預處理，包括數據的審核、篩選、視圖上的調整以及排序。

第 1 節　數據預處理

一、數據審核

　　數據審核就是檢查數據中是否存在錯誤，主要從數據的完整性和準確性兩方面檢查。常見的網路調查，填答者通過電腦或手機點選，提交結果以後數據就會自動保存，並

且不允許其他人修改。一旦出現漏填，提交時就會激活提示界面，指引用戶查漏補缺，所獲取數據的完整性和準確性將得到有效保障，事後導出到 Excel 或其他統計軟件進行深入分析。如果調查針對特定對象，事後無法識別填答者的身分，則需調查前設置密碼，填答者憑藉密碼登錄調查頁面，以此來保證對象的特殊性。對於手工錄入的數據，如金額、時間、業績、工資等，錄入前最好在 Excel 先設置對應的數據格式，然後開始錄入。有足夠時間的話，用戶可以兩次錄入數據，比對兩次結果，確認無誤後再進行後續的整理分析。對於一次錄入，可以採用事後隨機抽檢或異常值檢索的方法進行數據審核。

二、數據篩選

數據篩選指的是根據需要找出符合特定條件的某類數據。當面對龐大的數據庫，快速分揀信息將有助於人們及時而有效地制定決策，尋求解決方案。例如，企業篩選出重複購買次數中等的客戶，提供各項優惠，以提升客戶的忠誠度。圖 3-1 為 2015 年 1 月通過國泰安（CSMAR，下同）數據庫檢索獲得的廣東省製造業上市公司的各項財務數據。每個公司財務數據的時間跨度均為 1999—2013 年。

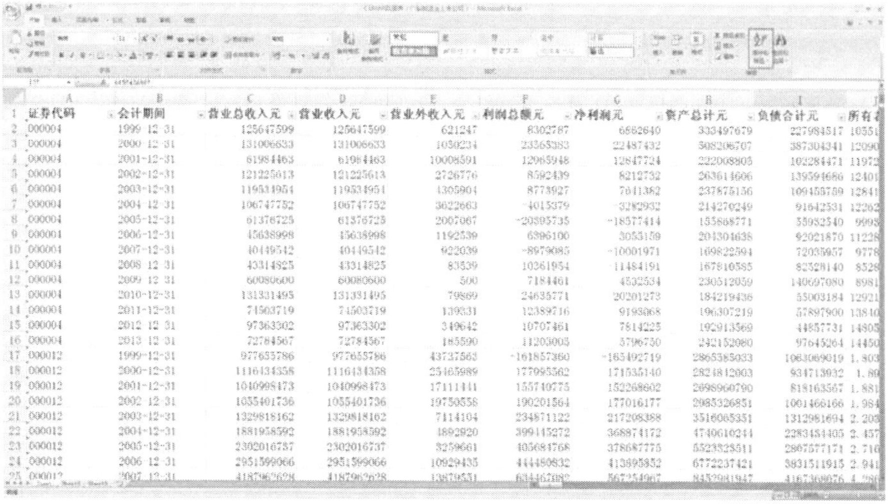

圖 3-1　廣東省製造業上市公司財務數據

從 Excel 文檔中抽取 2009 年各公司的財務數據。點擊【排序與篩選】中的【篩選】菜單，列標籤出現倒三角按鈕。

點擊倒三角按鈕，彈出如下對話框（見圖 3-2），去掉所有的勾，勾選「2009-12-31」，點擊【確定】（見圖 3-3）。

圖 3-2　設置篩選條件

圖 3-3　篩選後的結果

可見,「會計期間」一列數據均顯示 2009 年的時間段,篩選數據的實質,Excel 隱藏了不符合條件的條目,從左邊行序號可以看到,序號並不連續,沒有顯示的序號則被隱藏。解除篩選后數據庫將恢復正常。

三、數據視圖調整

針對訊息量龐大的數據庫，除了篩選數據，還可以在視圖上屏蔽某些暫時用不上的行或列，或者在鎖定關鍵訊息的前提下瀏覽其他數據。屏蔽數據採用 Excel 的「隱藏」命令（見圖 3-4）。鎖定關鍵訊息可以採用「凍結」命令，在界面視圖上對行標籤或列標籤這些關鍵訊息進行凍結，其他活動單元格的數據可以隨滾動條上下或左右移動，以及時、方便地解讀某個活動單元格的數據。

圖 3-4 「隱藏」命令

在圖 3-3 所示數據庫的基礎上，為快速獲得公司名稱和對應的營業總收入情況，選擇無關的列數據，鼠標右鍵彈出選單，點擊【隱藏】，即可實現（見圖 3-5）。

圖 3-5 隱藏無關的列數據

為方便上下翻頁瀏覽所有公司的營業總收入和公司名稱,凍結首行的行標籤。選擇【視圖】功能區域,點擊【凍結窗格】中的【凍結首行】,即可完成操作(見圖3-6)。滾動鼠標滾輪,瀏覽到數據庫的最后一行,行標籤依然固定在頁面上方(見圖3-7)。

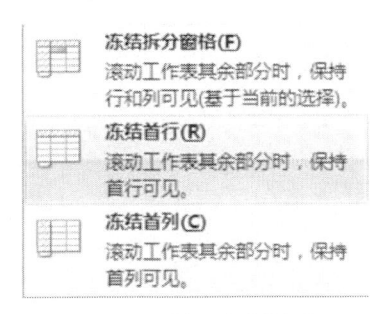

圖 3-6　點擊【凍結首行】

圖 3-7　凍結首行的效果

四、數據排序

　　數據排序就是按照一定的順序排列數據,以便研究者發現一些明顯特徵或趨勢。有些情況下,排序還有助於對數據的檢查糾錯,便於發掘數據的分類或分組的邊界。一般來說,排序依據可以是按照某一變量取值的大小或者是字符首字母的先后順序展開,也可以是按照多個變量各自取值的特定順序展開。排序雖然操作簡單,但本身就是一種分析方法。平時我們經常看到的企業部門業績排名、各城市最低工資排名、網站上按用戶所在地距離的餐館排名、中國大學排名,乃至世界500強公司排名等信息,都無一例外地通過排序獲得。

　　根據「營業總收入」從大到小的順序進行排列,選擇「營業總收入」一列,選擇【排序與篩選】中的【降序】命令,在彈出的提示框中勾選「擴展選定區域」,整個操作完成(見圖3-8、圖3-9)。

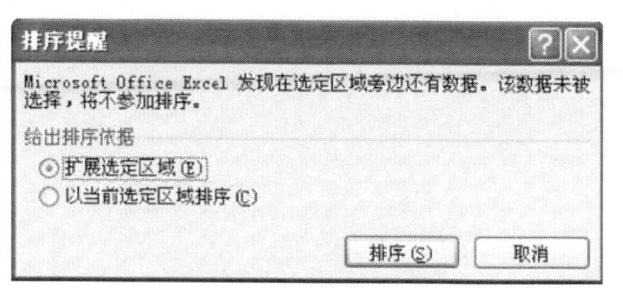

圖 3-8　勾選「擴展選定區域」

圖 3-9　根據「營業總收入」從大到小的順序排列

第 2 節　統計表

一、統計表的設計

統計表一般由四個部分構成：表頭、行標題、列標題和數值（見表 3-1）。表頭一般放在表格的上方，由序號和表格名稱構成，反映統計表所處的章節順序以及主要內容。行標籤和列標籤分別在表格的第一行和第一列，查閱某個單元格數值的時候，需要對應查看數值所對應的行標籤和列標籤，才賦予數值意義。表格下方還可以附上說明，提供數據的來源、解釋表格中出現的變量或進行必要的說明。提供數據來源可以增加數據的權威性和可信度，避免作者侵犯他人的知識產權；解釋變量有助於讀者對表格信息的理解。

儘管統計表隨著使用目的的不同而設計出不同的形式或結構，但常見的出版物一般使用「三線表」，也就是整個表格只有三條橫線，行標籤的上面和下面分別有兩條橫線，第三條橫線位於表格底部，其餘地方一律不設置線條。這樣看上去簡潔、明了、美觀，而且不失實（見表 3-1）。

表 3-1　　　　　　　　　1993—2013年廣東省教育投資機會成本核算

年份	高中及以上在校學生數（萬人）①	全省城鎮失業率（%）②	全省各行業平均工資（元）③	機會成本，即因受教育所放棄的收入（億元）④=(1/10000)*(1-②)*③
1993	69.6	1.90	5,327	36
1994	79.2	2.40	7,117	55
1995	92.9	2.60	8,250	75
1996	96	2.50	9,127	85
1997	103.5	2.70	9,698	98
1998	103.5	2.30	10,233	103
1999	114.6	2.30	11,309	127
2000	111	2.50	13,823	150
2001	116.9	2.90	15,682	178
2002	125.8	3.10	17,814	217
2003	145.8	3.60	19,986	281
2004	166.3	2.70	22,116	358
2005	191.3	2.60	23,959	446
2006	219.9	2.60	26,186	561
2007	248.5	2.50	29,443	713
2008	275.3	2.60	33,110	888
2009	318	2.60	36,355	1126
2010	373	2.50	40,358	1468
2011	389.9	2.50	45,152	1717
2012	399.8	2.50	50,577	1971

註1：資料來源：《廣東統計年鑒(2013)》
註2：④=(100%-②)×③×①×10,000÷100,000,000

表 3-1 中加灰色底紋的數值表示對應的行標籤「2003 年」和對應的列標籤「全省各行業平均工資」，即 2003 年全省各行業平均工資為 19,986 元。

二、統計表的調整

為了閱覽的方便，經常需要對統計表格進行調整，主要涉及以下幾種情況：

(一) 行高和列寬的調整

將鼠標移動至兩列或兩行之間,待鼠標圖標由白色單箭頭變為黑色的左右箭頭時,點擊鼠標左鍵,表框就可以隨意移動,將列寬和行高調整到適當的大小。如果需要將多列和多行平均分佈排列,則同時選擇多列或多行,重複上述操作,則可以快速實現調整。

(二) 顯示單元格中的長文本內容

若某個單元格的內容較多,限於單元格的大小,部分內容無法顯示,此時可以選擇【設置單元格格式】,然後選擇【對齊】,在「文本控製」中勾選【自動換行】,點擊【確定】後,會發現單元格隱藏的內容恢復顯示了。

(三) 行列數據互換

某些統計表縱向跨度較大,而我們的閱覽習慣更傾向於橫向,因此行列互換也是經常遇到的問題。如果採用複製、粘貼的命令逐一移動單元格的內容,不僅效率低,而且容易出錯。Excel 提供一步到位的菜單。以表 3-1 為例,首先複製待行列互換的區域,在空白處任意選擇一個單元格,然後在功能區域點擊【粘貼】,在下拉菜單中選擇【選擇性粘貼】,彈出對話框,勾選「轉置」,點擊【確定】即可(見圖 3-10、圖 3-11)。

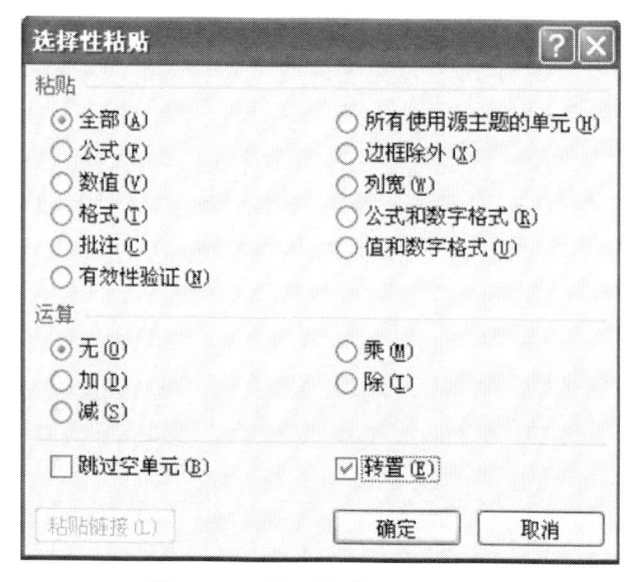

圖 3-10 「選擇性粘貼」對話框設置

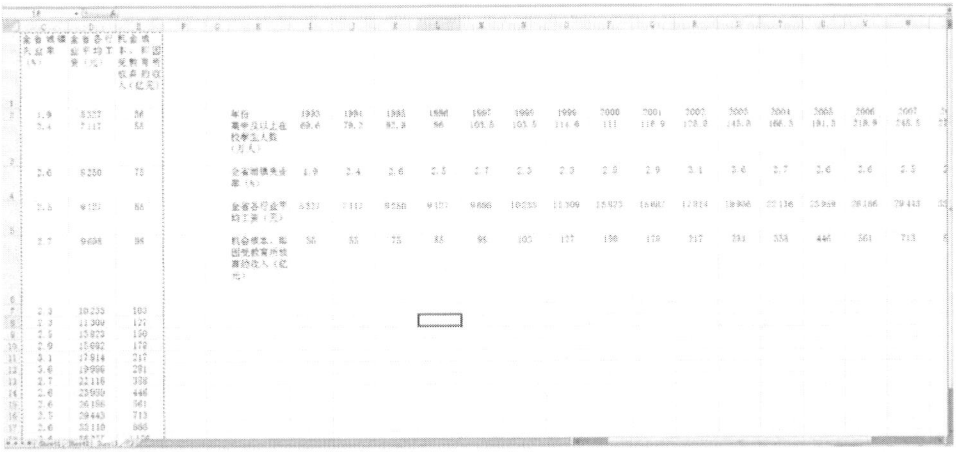

圖 3-11　行列互換

三、數據透視表

分類數據本身就是對事物的一種分類,在整理時首先列出所分的類別,然後計算每一類的頻數、頻率或比例、比率等,即可形成一張頻數分佈表,最後根據需要選擇適當的圖形進行展示,以便對數據及其特徵有一個初步的瞭解,數據透視表是一種常用於分類數據的頻數匯總表。

數據透視,顧名思義就是透視、梳理複雜數據結構,並將結果以表格的形式向人們展示。很多情況下,我們都是從原始數據中抽取有效信息,然后製作統計表並向讀者展示。利用 Excel 的數據透視表功能,就可以一步到位地將有效信息整合為統計表。

【例 3-1】以下是某公司 48 名員工對公司的某項改革態度的調查數據,現需要對員工的基本信息進行匯總。選擇性別等幾列變量,點擊【插入】中的【數據透視表】(見圖 3-12)。

統計學

圖 3-12　點擊【插入】中的【數據透視表】

在「創建數據透視表」對話框中「選擇放置數據透視表的位置」選擇「新工作表」，點擊【確定】（見圖 3-13）。

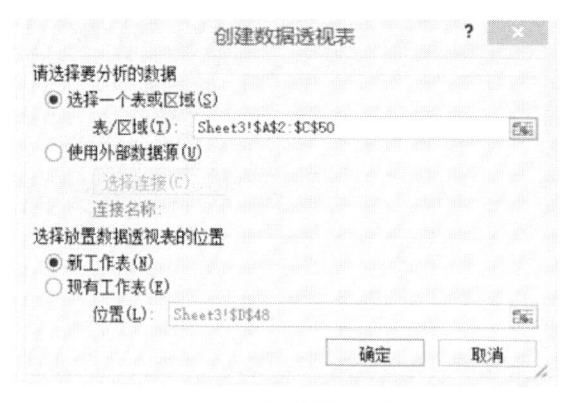

圖 3-13　選擇「新工作表」

通過數據透視表可知，對該公司的某項改革持贊成態度的員工人數最多（見圖 3-14）。

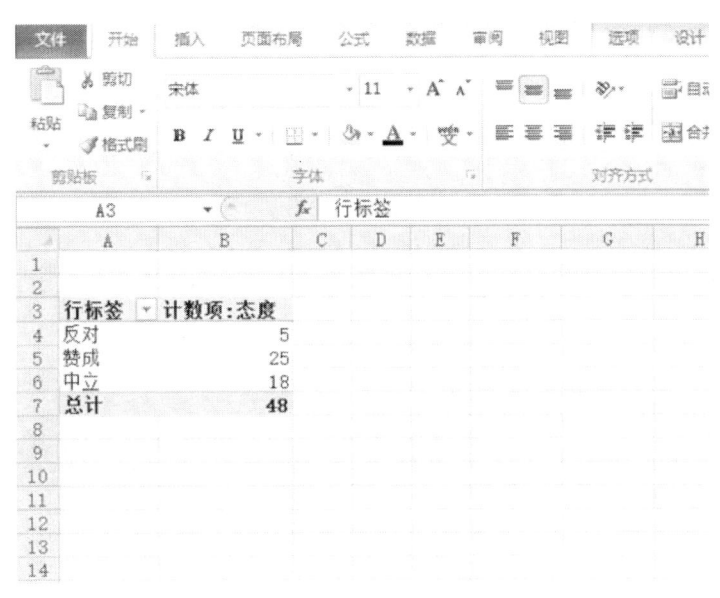

圖 3-14 「態度」數據透視表

第 3 節　統計圖

在對數據進行整理時,首先要弄清面對的是什麼類型的數據,因為不同類型的數據,採用的處理方法和適用的處理方法是不同的。對於品質數據(分類數據和順序數據)主要是做分類處理,對於數值型數據主要是做分組整理。適用於分類數據和順序數據的整理及圖示方法也都適用於數值型數據,但數值型數據還有一些特定的整理及圖示方法,它們並不適用於分類數據和順序數據。表 3-2 為統計圖一覽表。

表 3-2　　　　　　　　　　　統計圖一覽表

樣本	變量	數據類型	統計圖
單樣本	單變量	類別型數據	條形圖、餅圖
單樣本	單變量	數值型數據	直方圖
單樣本	多變量	數值型數據	散點圖、線圖
多樣本	多變量	類別型或數值型數據	雷達圖

一、條形圖

條形圖是一種分類數據的圖示方法,主要顯示分類數據的頻數分佈。條形圖以寬度相同、不同顏色或樣式的條狀表示不同的類別,條狀的高度或長短則表示每類數據頻數的多少或每類數據程度的大小。頻數(Frequency)就是平時我們所說的個數,反映該類別

統計學

或組別包含多少個數據。程度一般採用平均數來衡量。條形圖可以橫向或縱向放置,縱向放置時也稱為柱形圖。

從條形圖的定義可知,製作條形圖要對數據進行分類,如果數據無法分類,則不符合此前提,因此一般針對類別變量。統計每一類別對應的頻數 (f) 或者每一類別某屬性的平均數 ($\bar{x}$),以條形的長度或高度表徵頻數的多少或平均數的大小。

【例 3-2】調研人員就 50 名學生對學校食堂衛生滿意度與學生性別進行記錄,記錄數據如表 3-3 所示。

表 3-3　　　　　　　　　　　　　學生性別和滿意度

性別	滿意度	性別	滿意度	性別	滿意度	性別	滿意度	性別	滿意度
女	非常滿意	女	非常滿意	女	非常不滿意	男	非常滿意	女	滿意
男	滿意	女	非常滿意	男	非常滿意	男	非常滿意	女	滿意
男	不滿意	男	滿意	男	滿意	女	不滿意	男	非常不滿意
女	非常不滿意	男	非常滿意	女	非常滿意	男	非常滿意	女	滿意
男	非常滿意	男	不滿意	男	滿意	女	非常滿意	女	不滿意
男	非常滿意	女	滿意	女	非常不滿意	女	滿意	女	滿意
女	滿意	男	非常滿意	男	滿意	女	非常滿意	女	非常滿意
女	滿意	女	滿意	女	滿意	女	滿意	男	非常滿意
男	非常滿意	男	非常滿意	女	不滿意	男	非常滿意	女	滿意
男	滿意	男	滿意	女	非常滿意	女	非常滿意	女	滿意

首先,把變量的各個類別及其落在其中的相應頻數全部列出,並用表格形式表現出來,形成頻數分佈表。頻數分佈表可以使用 Excel 的數據透視表進行計數和匯總來進行,表 3-4 是生成的頻數分佈表。

表 3-4　　　　　　　　　　學生性別和滿意度的頻數分佈表

計數項:滿意度	列標籤				
行標籤	不滿意	非常不滿意	非常滿意	滿意	總計
男	2	1	12	7	22
女	3	3	9	13	28
總計	5	4	21	20	50

其次，根據頻數分佈表製作條形圖，通過條形圖來顯示頻數分佈，更加形象和直觀。圖 3-15 給出了根據表 3-4 中的學生性別和滿意度的復式條形圖。

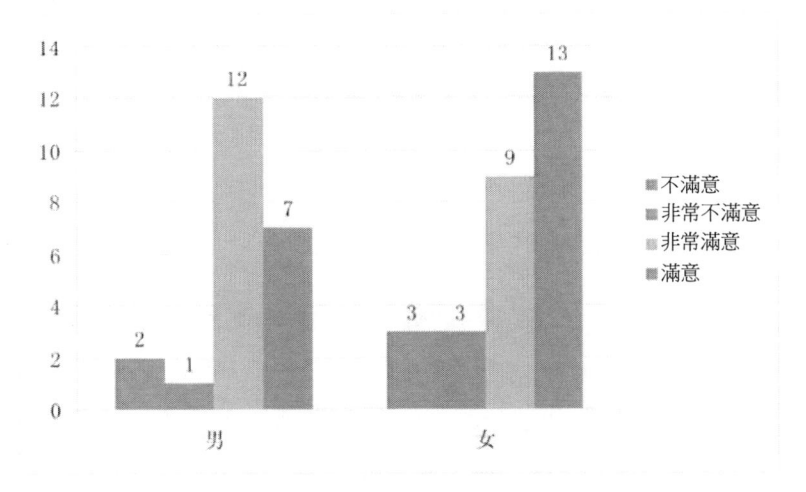

圖 3-15　學生性別和滿意度的復式條形圖

二、餅圖

餅圖是一種分類數據的圖示方法，主要用於表示一個總體或樣本中各組成部分所占的比例，適於研究結構性的問題。製作餅圖首先也是需要對數據進行分類處理（不同扇形），一般針對類別變量，然後統計各類頻數占總體的比重（各類頻數除以總頻數獲得），最後採用不同的扇形表徵對應的比重大小。比重為分數形式，為了方便比較，統一轉換為百分比。

採用【例 3-2】的數據製作餅圖，選擇該統計表，然後點擊【插入】中的【餅圖】，可獲得圖 3-16。

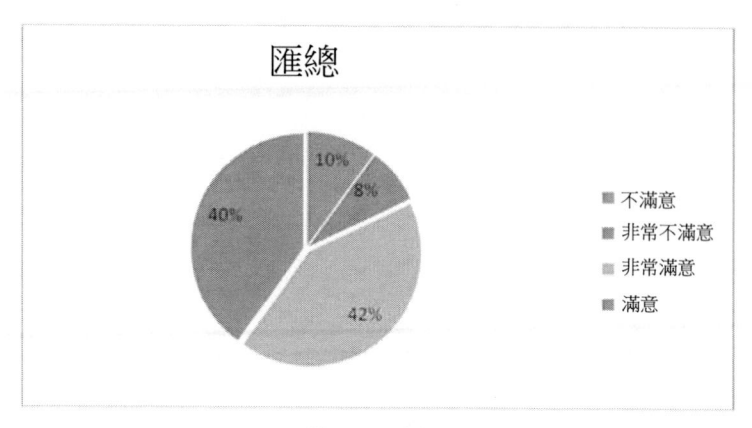

圖 3-16　餅圖

三、直方圖

儘管數值型數據不能直接分類,但可以按一定的標準進行分組。在分組前,首先應該設定好組別的屬性,包括分多少個組(組數),每組的跨度有多大(組距)。

【例 3-3】表 3-5 為某公司 A 產品 40 天每天的銷售量數據,試對數據進行分組。

表 3-5　　　　　　　某公司 A 產品 40 天的每天銷售量　　　　　　單位:件

158	128	129	116	127	103	93	112	138	126
125	98	123	137	106	109	136	156	122	126
106	142	148	118	129	86	143	128	127	134
139	89	138	124	119	138	112	99	126	141

組數確定。組數太多,組間的差別就不大;組數太少,組內的差別就會增加,同質性降低,這些做法都失去了分組的意義。組數的確定應以能夠反映數據的分佈特徵和規律為宜。一般情況下,組數不應少於 5 組且不多於 15 組,即 $5 \leqslant K \leqslant 15$。在實際分組時,可根據數據的特點和分析目的來確定組數。本例中數據比較多,可分為 8 組。

組距確定。組距就是每組數據上限(該組最大值)和下限(該組最小值)之差,一般取 5、10 或兩者相應的倍數。有效的分組需滿足「不漏不重」的原則。「不漏」就是要將所有原始數據毫無遺漏地分配到所有的組別中,因此第一組的下限必須小於或等於全體數據中的最小值,第 k 組的上限必須大於全體數據中的最大值,否則分組無法涵蓋所有全體數據;「不重」指的是同一個原始數據,不能同時隸屬於兩個不同的組。例如,存在 [80,90] 和 [90,100] 兩個組,原始數據 90 既可以分配到 [80,90] 的組,又可以分配到 [90,100] 的組。為了避免這種重複分配的情形,提出「上限不在內」的調整,也就是將每組的上限值由原來的「包含」變為「不包含」,本例中兩組的上限 90 和 100 分別做調整,不含在該組內,變為 [80,89] 和 [90,99] 兩個組,這樣原始數據 90 就確定無疑地分配到 [90,99] 的組。

實際上,整組數據可以看作由若干以一定組距跨度的分組構成的總體。因此,計算數據的全距(最大值-最小值),然後除以組數 k,就可以確定組距;反過來,用全距除以組距,就可以確定組數。對於本例的數據,最大值為 158,最小值為 86,則組距=(152-87)/8=9。為了方便計算,組距宜取 5 或 10 的倍數,因此組距取 10。

根據分組整理得到頻數分佈表,如表 3-6 所示。

表 3-6　　　　　　　　某公司銷售量的頻數分佈表

按銷售量分組(件)	頻數(天)	頻率(%)
80~89	2	5
90~99	3	7.5
100~109	4	10
110~119	5	12.5
120~129	13	32.5
130~139	7	17.5
140~149	4	10
150~159	2	5

將所有數值型數據逐一分配到各個組別,統計每個組別的頻數,用條狀表示頻數的多少,同樣可以繪製跟條形圖類似的統計圖,這就是接下來介紹的直方圖。雖然直方圖與條形圖存在不少相似的地方,但是兩者的區別還是比較明顯的。首先,從條狀的寬度上看,條形圖的條狀寬度相等;而直方圖的條狀寬度則表示組距,隨著組距的寬窄而變化。其次,從條狀的間距上看,條形圖的條狀相互隔開,對應不同類別,「楚河漢界」非常分明;而直方圖的條狀緊挨相連,由於分組的連續性,不同的分組首尾相接,代表這些分組的條狀也順次連續排列。直方圖用於反映數值型數據的分佈狀況。

直方圖是一種適用於數值型數據的圖示方法,不適用於分類數據和順序數據。直方圖是用於展示分組數據分佈的一種圖形,主要反映數值型數據的分佈特徵。

次數分佈主要有鐘形分佈(見圖 3-17)、U 形分佈(見圖 3-18)、J 形分佈(見圖 3-19)。

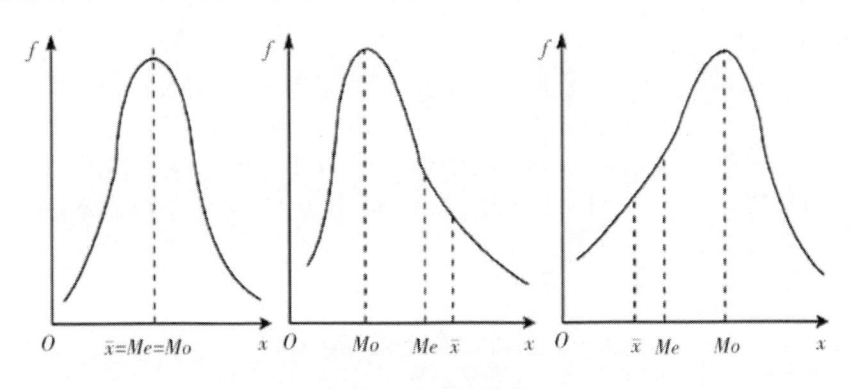

圖 3-17　鐘形分佈圖

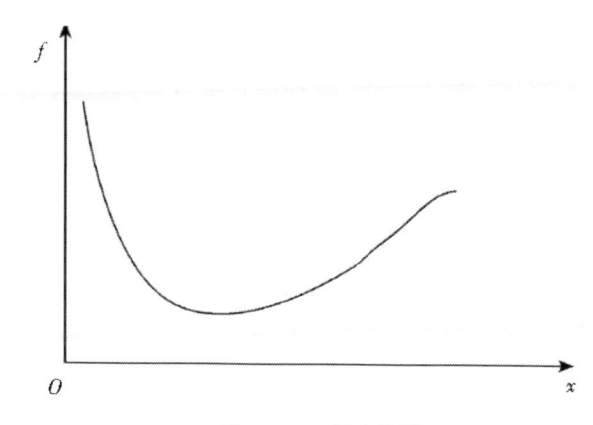

圖 3-18　U 形分佈圖

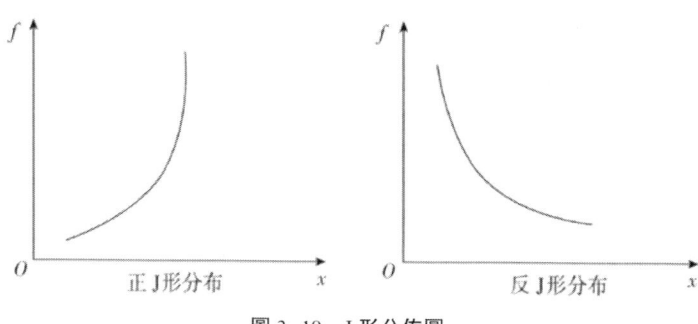

圖 3-19　J 形分佈圖

　　鐘形分佈又分為對稱分佈、右偏分佈和左偏分佈,主要特點是次數中間多、兩頭少。對稱分佈時,眾數=中位數=均值,右偏分佈時,眾數<中位數<均值,左偏分佈時,眾數>中位數>均值。

　　U 形分佈的主要特點是次數中間少、兩頭多。

　　J 形分佈分為正 J 形分佈和反 J 形分佈。正 J 形分佈,次數隨 x 值的增大而增多,反 J 形分佈,次數隨 x 值的增大而減少。

　　製作直方圖時,點擊【數據】下的【數據分析】(見圖 3-20),激活數據分析對話框,選擇【直方圖】(見圖 3-21)。

　　在【輸入區域】選擇原始數據,即某公司 A 產品 40 天每天的銷售量數據;在【接收區域】選擇分點數據,每個分組的上限,即 89、99、109、119、129(由於最小值為 86,組距為 10,第一組下限為 80,上限為 89,其餘以此類推);在【輸出區域】任意選擇一個空白的單元格(見圖 3-22)。勾選【圖表輸出】,點擊【確定】得到直方圖(見圖 3-23)。

圖 3-20　點擊【數據分析】

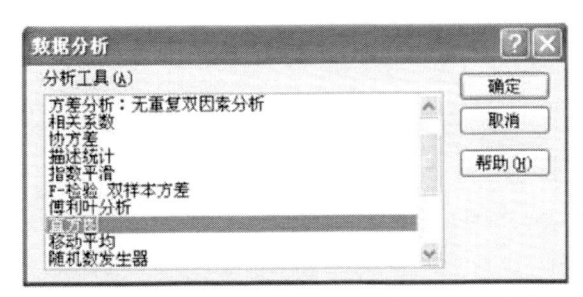

圖 3-21　選擇【直方圖】

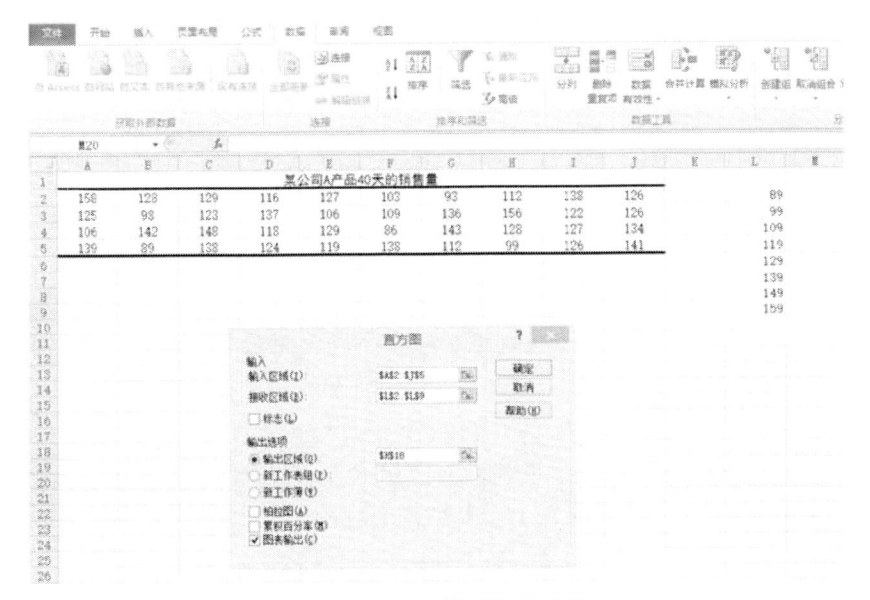

圖 3-22　「直方圖」對話框設置

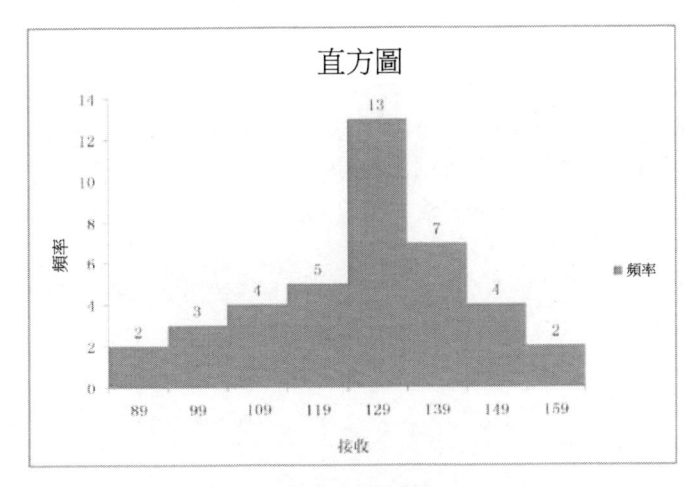

圖 3-23　直方圖

由圖 3-23 可知,120～129 銷售量的天數最多,低銷量和高銷量的天數偏少。分組時,如果各組的組距相等,則稱為等距分組;如果各組的組距不相等,則稱為不等距分組。本例的分組就是等距分組,而有時出於研究的需要也可以採用不等距分組。

四、散點圖

散點圖適用於數值型數據,展示兩個變量之間關係的一種圖形。散點圖就是通過在二維坐標圖上描點,以點的分佈形態反映兩個變量之間的關係。這些點一般散落分佈在二維坐標圖上,故稱散點圖。以變量 x 的取值為橫坐標,變量 y 的取值為縱坐標,確定點坐標 (x,y) 以后則可定位描點。圖 3－24 為 1999—2012 年製造業固定資產和高技術製造業產值的散點圖。

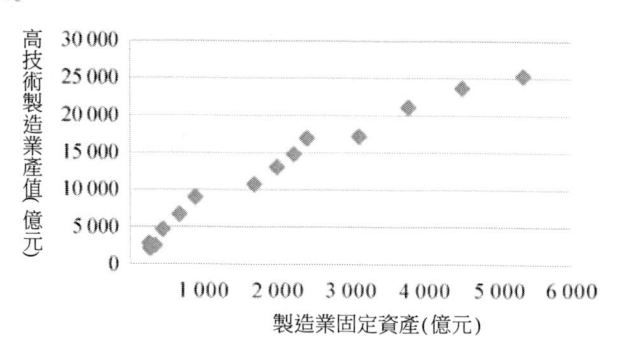

圖 3-24　散點圖

由圖 3-24 可知,隨著製造業固定資產額度逐年增加(從左往右),高技術製造業產值也呈現逐年上升的趨勢(從下往上),兩者成正相關。

五、線圖

如果數值型數據是在不同時間上取得的,即時間序列數據,則可以繪製線圖。線圖用於反映某變量(變量 x)取值在隨時間推移的變化趨勢,股票市場就是採用各種線圖反映股票價格從開市到收市的變化,投資者可以實時清晰地判斷股價的漲跌。線圖同樣反映兩個變量的關係,變量 x 和時間 t,因此繪製時一般以時間取值為橫坐標,變量 x 的取值為縱坐標,首先描繪散點,然后採用直線按照時間的先後順序將散點首尾順次連接,形成線圖。由於連線一般為折線,線圖也稱為折線圖。圖 3-25 為 1993—2012 年城鎮和農村人均醫療支出折線圖。

由圖 3-25 可知,城鎮和農村人均醫療支出呈現逐年上升的趨勢,城鎮的升幅比農村要大,城鎮居民的醫療衛生意識更強,重視醫療衛生的投入。

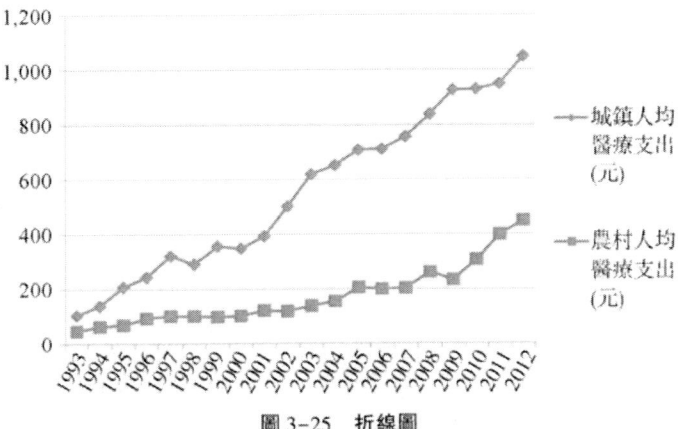

圖 3-25 折線圖

六、雷達圖

如果需要描述以及比較多個樣本在 N 個變量上的取值，那麼就要使用雷達圖，也稱蜘蛛圖。先畫一個圓，然後將圓 N 等分，得到 N 個點，每個點對應一個變量，然後分別用 N 條半徑連接圓心與 N 個點。以半徑為坐標軸，在半徑上取點（像雷達一樣），所取點與圓心的距離表示變量的取值，將半徑上的取點首尾相連，構成一個多邊形。每個樣本對應一個多邊形。

由圖 3-26 可知，女性員工的報酬、交際、同事、獎勵、利益、管理者滿意度均高於男性員工；男性員工在晉升滿意度、工作本身滿意度等方面的滿意度高於女性。

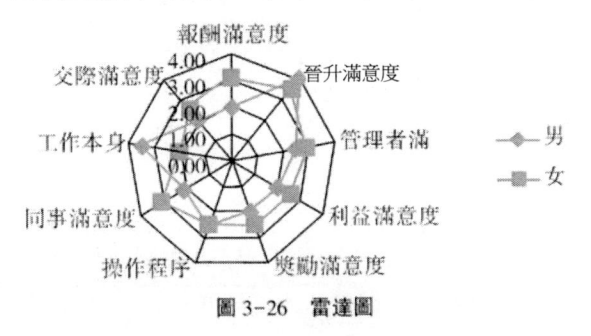

圖 3-26 雷達圖

思考與練習

一、思考題

1. 為保證不重不漏，統計分組有什麼規定？
2. 對於類別型數據，適用的統計圖有哪些？
3. 對於數值型數據，適用的統計圖又有哪些？
4. 直方圖與條形圖有哪些聯繫與區別？

二、單項選擇題

1. 某小區居民人均收入最高為 5,500 元，最低為 2,500 元，據此分為 5 組，形成等距數列，其組距應為( )元。
   A. 550　　　　　B. 600　　　　　C. 700　　　　　D. 650

2. 某年收入變量數列，其分組依次為 70 萬元以下，70 萬~80 萬元，80 萬~90 萬元，90 萬元以上，則有( )。
   A. 70 萬元應歸入第一組　　　　B. 70 萬元應歸入第二組
   C. 70 萬元應歸入第三組　　　　D. 90 萬元應歸入第三組

3. 如果要研究製造業的產值占工業生產總值的比重情況，採用( )統計圖最合適。
   A. 餅圖　　　　B. 直方圖　　　　C. 連線圖　　　　D. 散點圖

4. 如果要研究學生的每月消費額度分佈規律，採用( )統計圖最合適。
   A. 餅圖　　　　B. 直方圖　　　　C. 連線圖　　　　D. 散點圖

5. 各組頻率的總和應該( )
   A. 小於 1　　　B. 等於 1　　　C. 大於 1　　　D. 不等於 1

6. 如果要研究第一產業的產值占國內生產總值的比重情況，應用( )最合適。
   A. 餅圖　　　　B. 直方圖　　　　C. 連線圖　　　　D. 散點圖

7. 如果要研究學生的考試成績分佈規律，( )最合適。
   A. 餅圖　　　　B. 直方圖　　　　C. 連線圖　　　　D. 散點圖

8. 如果要研究 X 與 Y 兩個變量之間的關係，( )最合適。
   A. 直方圖　　　B. 連線圖　　　C. 散點圖　　　D. 雷達圖

9. 某連續變量數列，其末組為 800 以上，如其鄰近組的組中值為 780，則末組的組中值為( )。
   A. 810　　　　　B. 820　　　　　C. 830　　　　　D. 840

三、分析題

學生消費水平調研中的部分原始數據如表 3-7 所示。

表 3-7　　　　　　　　　　　學生消費水平部分數據

性別	家庭所在地	年級	月平均消費(元)
女	城市	三年級	1,200
男	城市	一年級	1,400
男	農村	二年級	800
女	城鎮	四年級	1,300
男	城鎮	三年級	1,200
男	農村	二年級	1,100
女	城市	二年級	1,000
女	城鎮	四年級	1,300
男	農村	一年級	900

表3-7(續)

性別	家庭所在地	年級	月平均消費(元)
男	城市	一年級	1,200
女	城鎮	三年級	1,100
女	城市	三年級	1,200
男	城市	一年級	1,400
女	城鎮	二年級	1,600
女	城市	三年級	1,200
男	城市	四年級	1,500
男	城市	三年級	1,200
女	農村	二年級	900
男	城市	二年級	1,300
男	城鎮	四年級	1,400
男	城鎮	一年級	1,200
女	城市	二年級	1,000
女	城鎮	三年級	1,100
男	農村	二年級	1,600
女	城市	三年級	1,300
男	城市	二年級	1,400
男	城鎮	四年級	1,300

根據表3-7的數據,繪制家庭所在地的數據透視表、性別的條形圖、年級的餅圖和月平均消費的直方圖,並做出分析。

四、案例思考題

廣州航空郵件處理中心人力資源盤查

廣州航空郵件處理中心為迎合明年拓展新業務的戰略需求,制訂相應的人才儲備計劃,對現有的人力資源數量、質量、結構進行盤查,掌握目前擁有的人力資源狀況,對短期內人力資源供給提出預測。四個業務部門的員工資料整理如下:

統計結果顯示(見圖3-27),男性140人,占總人數47%;女性159,占總人數53%。男女比例接近1∶1,體現了較為均衡的性別比例。

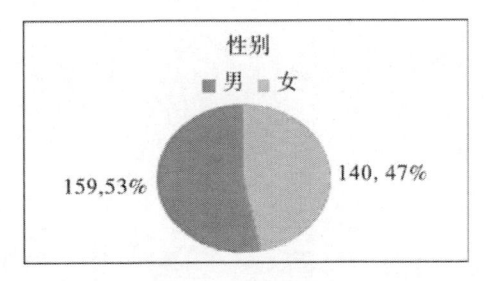

圖3-27 性別狀況

統計結果顯示(見圖3-28),該企業年齡段分佈主要集中在25~30歲和31~40歲兩個階段,尤其是25~30歲占了51%,其餘的年齡25歲以下(不含25歲)的占17%、31~40歲的占26%、41歲或以上的占6%。該企業員工都比較顯年輕。

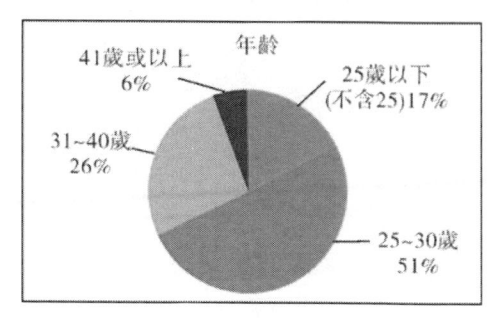

圖3-28 年齡狀況

統計結果顯示(見圖3-29),該企業員工的學歷大多數是大專或以下和本科。大專或以下學歷占61%,本科學歷占37%,碩士或以上學歷占2%。這反映出員工素質整體處於中高水平;大專或者大專以下的這部分人,更多是靠技術和手工操作來作業。

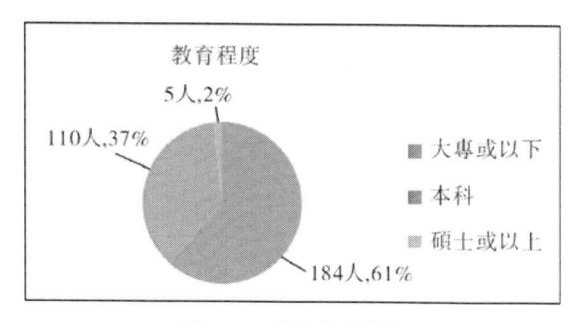

圖3-29 教育程度狀況

統計結果顯示(見圖3-30),工作年限2年或以下的有94人,占32%;3~5年的有147人,占49%;6~10年的有43人,占14%;10年以上的有15人,占5%。3~5年工齡的人員占49.2%比例最高,說明企業員工穩定性還是比較高的。

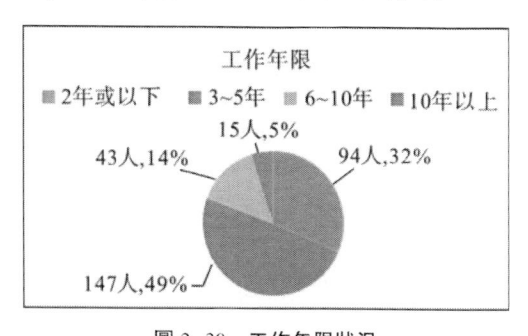

圖3-30 工作年限狀況

統計結果顯示(見圖3-31),從所處的崗位情況分析,有50%的普通員工,35%的基層管理者,12%的中層管理者,3%的高層管理者,可見該企業的職業晉升通道比較寬裕,員工的提升空間和機會都比較大。

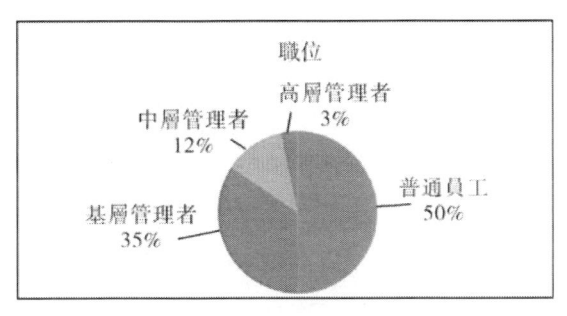

圖3-31 職位狀況

試根據上述統計圖給出的信息,對廣州航空郵件處理中心當前的人力資源現狀進行評價。

第 4 章　統計數據的特徵描述

學習目標：

- 熟練掌握數據概括性度量的方法
- 熟練掌握常見的集中趨勢度量指標並會運用
- 熟練掌握常見的離散趨勢度量指標並會運用
- 掌握 SPSS 進行統計數據特徵描述的方法

本章重點：

- 熟練掌握常見的集中趨勢和離散趨勢度量指標並會運用
- 會用 SPSS 進行統計數據的特徵描述

本章難點：

- 集中趨勢指標和離散趨勢指標的運用及其選擇

通過前一章節的學習，我們體驗和掌握了如何採用圖表描述原始數據的特徵，儘管圖表凸顯了直觀性的優點，但畢竟不如數據指標那樣精確。這些數據指標可以從以下三個方面進行度量和描述：一是集中趨勢，反映原始數據向其中心值靠攏或聚集的程度；二是離散程度，反映原始數據離開其中心值的程度；三是分佈形狀，反映原始數據分佈的偏態和峰態。本章將探討這些數據指標的特點、如何計算以及在何種情況下使用。

第 1 節　集中趨勢的度量

集中趨勢是指一組數據向某一中心值靠攏的程度。這一中心值能夠較好地代表或者反映原始數據的信息，而中心值指標的選擇，可以是出現次數最多的眾數，也可以是處於 50% 位置的中位數，更可以是常用的平均數。至於何時選擇哪個中心值指標，則視不同的數據類型以及研究目的而定。

一、眾數

（一）眾數的概念

從字面上看，「眾」字由三個「人」字構成，意指人數或頻數最多對應的那一類別，以多數代表全部。因此，眾數（Mode）指的是原始數據中出現次數最多的變量值，用 M_o

表示。

(二) 眾數的計算

1. 單項式變量數列

眾數一般用於衡量類別數據的集中趨勢。

單項式變量數列計算眾數，首先需對原始數據進行分類，然後匯總每個類別所對應的頻數(f)，繼而找出頻數最大f_{max}所對應的類別，該類別就是所求的眾數，從而以該類別代表全部原始數據的信息。注意眾數不是f_{max}，而是f_{max}所對應的那個類別。舉例如下(見表4-1)。

表 4-1　　　　　　　　　　　工作年限與頻數

工作年限	頻數(f)
二年或以下	94
三到五年	147
六到十年	43
十年以上	15

此例中，f_{max}為147，眾數為147所對應的類別，因此M_o=「三到五年」。讀者看到M_o，就可以快速得知大部分員工的工作年限為「三到五年」，員工隊伍的穩定性比較高。

下面我們採用Excel的函數，基於本例的原始數據計算眾數。

在空白單元格鍵入「=mode」(一旦用戶忘記統計指標的英文，鍵入函數的首字母後，可以借助Excel的聯想功能查到對應的函數，見圖4-1)。

圖 4-1　採用函數計算眾數

函數的格式主要由兩部分構成，一部分是所需要計算的指標，本例就是眾數mode；另一部分就是圈選原始數據的範圍，範圍顯示在函數後面的括號中。由於mode函數要求原始數據以數值而非圖4-1所呈現的文本形式，因此計算前應將文本替換為相應的數值，1代表「二年或以下」，2代表「三到五年」，3代表「六到十年」，4代表「十年以上」。

在某一空白單元格鍵入「=mode( )」，在括號中單擊鼠標後，選擇「工作年限」所在列的原始數據AP2至AP300(即AP2:AP300)，最後點擊「Enter」鍵(見圖4-2)。

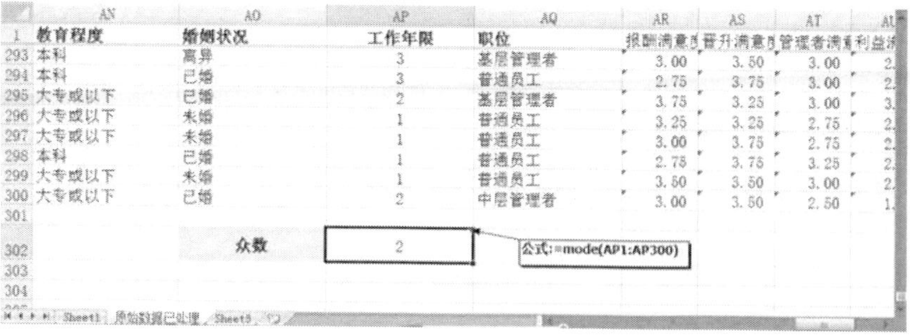

	AN	AO	AP	AQ	AR	AS	AT	AU
1	教育程度	婚姻狀況	工作年限	職位	報酬滿意度	晉升滿意度	管理者滿意	利益
293	本科	离异	3	基层管理者	3.00	3.50	3.00	2.
294	本科	已婚	3	普通员工	2.75	3.75	3.00	2.
295	大专或以下	已婚	2	基层管理者	3.75	3.25	3.00	3.
296	大专或以下	未婚	1	普通员工	3.25	3.25	2.75	2.
297	大专或以下	未婚	1	普通员工	3.00	3.75	2.75	2.
298	本科	已婚	1	普通员工	2.75	3.75	3.25	2.
299	大专或以下	未婚	1	普通员工	3.50	3.50	3.00	2.
300	大专或以下	已婚	2	中层管理者	3.00	3.50	2.50	1.
301								
302		众数	2	公式:=mode(AP1:AP300)				
303								
304								

圖 4-2　求得眾數

最終計算眾數為 2,即「三到五年」。

2.組距數列

由組距數列計算眾數,首先要由最多次數來確定眾數所在組,然后再用比例插值法計算眾數。其計算公式為:

下限公式:

$$M_0 = L + \frac{\Delta_1}{\Delta_1 + \Delta_2} d \tag{4.1}$$

上限公式:

$$M_0 = U - \frac{\Delta_2}{\Delta_1 + \Delta_2} d \tag{4.2}$$

式中:

M_0——眾數;

L——眾數組的下限;

U——眾數組的上限;

Δ_1——眾數組次數與前一組次數之差;

Δ_2——眾數組次數與前一組次數之差;

d——眾數組次數與前一組次數之差。

【例 4-1】某企業對 80 名員工進行績效測評,情況如表 4-2 所示。

表 4-2　**某企業員工測評成績情況表**

員工測評成績(分)	員工人數(人)
50 以下	2
50~60	4
60~70	14
70~80	46
80~90	10
90 及以上	4
合計	80

試計算員工測評成績的眾數。

解：由表 4-2 可以看出，最大次數為 46，該組員工數量最多，故眾數組為「71~80」這一組，然后按照眾數的計算公式計算眾數．

按下限公式：

$$M_0 = L + \frac{\Delta_1}{\Delta_1 + \Delta_2}d = 70 + \frac{32}{32+36} \times 10 = 74.7(分)$$

按上限公式：

$$M_0 = U - \frac{\Delta_2}{\Delta_1 + \Delta_2}d = 80 - \frac{36}{32+36} \times 10 = 74.7(分)$$

計算結果表明員工的測評成績眾數為 74.7 分，無論是下限公式還是上限公式都可以得到相同的結果。事實上，可以證明兩個公式是等價的，故在求眾數時，只需要採用一個公式計算即可，常常採用下限公式。眾數的計算公式只適用於等距數列，如果不是等距數列，則應先將其換算為等距數列，然后再利用公式求眾數。

儘管眾數計算步驟和解釋都較為方便，但是一般情況下，原始數據需達到一定的量計算眾數才有可能，否則不能產生聚集效應。存在一種特殊情況就是如果原始數據出現兩組或多組相等的 f_{max}，則眾數有多個，也就是說原始數據向多個中心靠攏，集中趨勢不一致，此時任意選擇某一眾數代表原始數據都會出現以偏概全的情況，眾數失去了意義。與之對應的另一種特殊情況就是不存在 f_{max} 對應的組，即原始數據的頻數很均勻，也稱「均勻分佈」，此時眾數不存在。

眾數有一些優點，從圖表（如條形圖）中很容易獲得一個變量的眾數。對於分類變量，眾數是描述平均值的一個最好辦法。另外，眾數具有不受極端值影響的優點。在某些情況下，眾數是一個較好的代表值。例如，當要瞭解大多數家庭的收入狀況時，我們可以用到眾數。又如，在編制物價指數時，農貿市場上某種商品的價格常以很多攤位報價的眾數值為代表。

眾數也存在著一些缺陷。一個變量的眾數值只能傳遞這個數據集中的信息的很少一部分。因此，只用眾數，數據集中的信息就不能被很好地使用。另外，眾數可以告訴我們這個值出現的次數比其他的值出現的次數多，但它並未告訴我們它相對於別的數值多的程度。一個由 100 人組成的群體，無論其有 51 個女人（和 49 個男人）或者 99 個女人（和 1 個男人），其性別變量的眾數都是女人。這兩種情況是非常不同的，但是眾數並不能加以區分。眾數掩蓋的信息經常比它揭示的要多，因此眾數並不經常使用。

二、中位數

（一）中位數的概念

中位數顧名思義就是處於 50% 位置的數據，也稱位置平均數。

（二）中位數的計算

1. 未分組數據計算中位數

凡是跟位置有關的指標，數據量不大時第一步必須先進行排序處理，否則隨意的順

序將導致每次處於 50% 位置的數據不斷變動，無法保證中位數的計算。因此，類別數據只表示類別，不能按照大小排序，不能計算中位數；順序數據和數值型數據均可計算中位數。

第二步是定位，定位需要參考以下的公式：

$$中位數位置 = \frac{n+1}{2} \qquad (4.3)$$

式中，n 為原始數據的個數。注意：此處 n 不用區分奇數或偶數的情況。

第三步是找數據，找出序列中處於目標位置的原始數據，如果目標位置並非整數，如 3.5，第 3.5 個位置在第 3 個和第 4 個原始數據中間，沒有現成的原始數據與之對應，此時需要計算第 3 個和第 4 個原始數據中間的數值：

$$中位數 = \frac{第三個原始數據 + 第四個原始數據}{2}$$

【例 4-2】以下是隨機調查 9 位受訪者的稅前月收入情況（單位：元）：
2,500,2,300,2,000,3,800,4,300,3,200,5,500,4,800,6,000，求月收入的中位數。
解：首先對上述數據按從小到大的順序排序如下：
2,000,2,300,2,500,3,200,3,800,4,300,4,800,5,500,6,000。
然後是定位，$n=9$，代入公式 4.3 獲得位置值為 5，也就是第 5 個數據。
最后是找數據，從左往右第 5 個數據是 3,800，因此 $M_e = 3,800$ 元。
如果原始數據增加到 10 個，增加一名受訪者的月收入為 23,000 元，則數據序列更新為：
2,000,2,300,2,500,3,200,3,800,4,300,4,800,5,500,6,000,23,000。
此時，$n=10$，位置值為 5.5，第 5.5 個數據是中位數，由第 5 個數據 3,800 和第 6 個數據 4,300 相加除以 2 求得，$M_e = 4,050$ 元。也就是用 4,050 元代表 10 位受訪者的收入情況。
採用 Excel 計算 10 位受訪者收入的中位數，採用公式「=median」（見圖 4-3）。

圖 4-3　採用函數計算中位數

未分組數據中位數的計算和解釋都較為方便，任意一組原始數據總能計算出中位數，而且中位數依據位置確定。例 4-1 中增加一位月收入 23,000 元的受訪者，儘管跟之前 9 位受訪者的月收入差距較大，但中位數的位置僅由原來的 5 變為 5.5，位置變動不大。因此，前后兩次計算的中位數變化幅度不大（相比平均數而言）。

2. 單項式變量數列計算中位數

有些資料常以分組數列的形式出現,如果是單項式變量數列,計算中位數的方法是計算累計次數,累計次數第一次超過 $\frac{\sum f}{2}$ ($\sum f$ 為總次數)的那一組就是中位數所在組,該組的標誌值就是中位數。

【例 4-3】某高校新生年齡的資料如表 4-3 所示。

表 4-3　　　　　　　　　某高校新生年齡情況表

年齡(歲)	學生數(人)	學生數由下向上累計(人)
17	280	280
18	400	680
19	380	1,060
20	200	1,260
21	160	1,420
22	30	1,450
合計	1,450	—

試計算該高校新生年齡的中位數。

解:因為 $\sum f = 1,450$,$\frac{\sum f}{2} = 725$,將學生數由下向上累計,第三組的累計次數是 1,060,第一次超過 725,說明中位數在第三組,即 $M_e = 19$ 歲。

3. 組距數列計算中位數

對組距數列計算中位數時,與單項式變量數列一樣,應先找出中位數所在的組,然後通過比例插值法計算中位數的值,計算公式如下:

下限公式:

$$M_e = L + \frac{\frac{\sum f}{2} - S_{m-1}}{f_m} d \tag{4.4}$$

上限公式:

$$M_e = U - \frac{\frac{\sum f}{2} - S_{m+1}}{f_m} d \tag{4.5}$$

式中:

M_0——中位數;

L——中位數組的下限;

U——中位數組的上限;

f_m——中位數組的次數;

$\sum f$——總次數,即總體單位數;

S_{m-1} ——中位數組前各組的次數之和；

S_{m+1} ——中位數組後各組的次數之和；

d ——中位數組的組距。

【例4-4】某百貨公司系統所屬商店年銷售額的組距資料如表4-4所示。

表4-4　　　　　　　某百貨公司所屬商店年銷售額資料

商店年銷售額分組(萬元)	商店數(家)	商店數由下向上累計(家)
50~60	24	24
60~70	48	72
70~80	105	177
80~90	60	237
90~100	27	264
100~110	21	285
110~120	12	297
120~130	3	300
合計	300	—

試計算該商店年銷售額的中位數。

解：確定中位數所在組，因為 $\dfrac{\sum f}{2} = \dfrac{300}{2} = 150$，由表4-4可知，中位數在70~80組距內。利用下限公式計算中位數：

$$M_e = L + \frac{\dfrac{\sum f}{2} - S_{m-1}}{f_m} d = 70 + \frac{\dfrac{300}{2} - 72}{105} \times 10 = 77.43 (萬元)$$

利用上限公式可以得到同樣的結果。

那麼何時使用中位數呢？當一個數據的直方圖顯示出是非對稱或非正態分佈時，常常使用中位數，尤其是房價和收入數據。房價數據就是一個典型的非對稱分佈，大部分房子的價格在中間部位，但通常也有幾個房子的價格特別高，於是直方圖的右側有一個「尾巴」。職工的收入數據也是一個典型的非對稱分佈。

綜上所述，我們容易知道中位數的一些優點。

(1) 中位數只需要很少量的計算。

(2) 中位數很好地代表了一組觀測值的中點，特別是當直方圖顯示出這是一個偏斜分佈時。

(3) 中位數對極端值不敏感，在某些情況下這將是一種優點。例如，假設5家企業的年銷售額分別為62.9萬元、61.6萬元、62.5萬元、60.8萬元和120萬元，雖然有極大值120萬元，但中位數62.5萬元更能代表平均銷售額。中位數不易受極端值影響的性質稱為穩健性(Robust)。

(4) 中位數具有唯一性，一組數據只有一個中位數。

此外，中位數還有這樣一個性質，就是數據值與中位數之差的絕對值之和最小。也就是說，如果用其他任何數值（如均值、眾數等）代替中位數，其絕對值之和都大於數據值與中位數之差絕對值的和。這個性質表明中位數與數據值的距離最短。例如，在若干個連鎖店間選擇倉庫或商品配送中心就可以利用這一性質，因而在工程設計中有應用價值。

值得注意的是，定性數據中的順序數據也可以計算中位數。舉一個簡單的例子，假設三個人討論一種新的學習方法，一個人認為很好、一個認為好、一個認為一般，則回答的中位數就是「好」。一半的回答在好以上，一半的回答在好以下。

但是中位數也有一些缺點：除了中間值，中位數並未利用其他觀測值，這樣中位數就沒有利用數據中的所有信息，代表性較差。中位數對極端值不敏感，這在某些情況下也是一種缺點。

三、平均數

（一）簡單平均數

平均數（Mean）是日常工作和生活中最常用到的集中趨勢指標，它通過原始數據相加后除以數據的個數獲得。由於計算平均數需要加總所有的原始數據，也就是要求原始數據具有相同的計量單位，而類別數據只可以表示類別，順序數據只可以比較程度強弱，這兩類數據都缺乏計量單位，不可相加。可見，平均數只適用於數值型數據。平均數計算公式如下：

$$\bar{x} = \frac{x_1 + x_2 + \cdots + x_n}{n} = \frac{\sum_{i=1}^{n} x_i}{n} \tag{4.6}$$

式中，n 為原始數據的個數。

例4-2中9位受訪者收入的平均數為：

$$\bar{x}_1 = \frac{2,000 + 2,300 + \cdots + 6,000}{9} \approx 3,822.22（元）$$

我們同時計算10位受訪者收入的平均數為：

$$\bar{x}_2 = \frac{2,000 + 2,300 + \cdots + 23,000}{9} \approx 5,740（元）$$

採用 Excel 的函數計算平均數，公式採用「=average」（見圖4-4）。

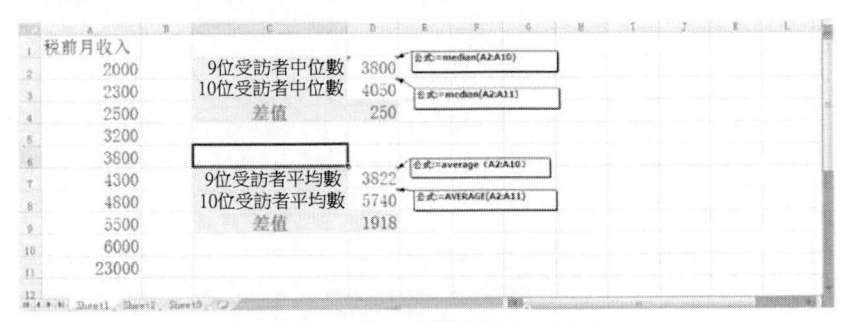

圖4-4　採用函數計算簡單平均數

由於計算平均數需要加總所有的原始數據，原始數據一旦出現極小值或極大值（例4-2 中的 23,000 元），平均數將會出現比較大的變化，差值達 1,918 元，遠大於中位數的差值 250 元。如果採用 5,740 元代表 10 位受訪者收入的話，其中 8 位受訪者的收入明顯未達到 5,740 元，平均數的代表性大為降低。可見，平均數容易受到極端值的影響。正如一首打油詩的描述：「一個富翁富千萬，鄰居都是窮光蛋，平均數字一求出，人人都是富百萬。」因此，遇到存在極端值的情況，要麼選擇計算中位數，要麼先剔除極端值再計算平均數，奧運會跳水運動員的得分就是去掉一個最低分和一個最高分後計算的平均值。

（二）加權平均數

平均數的計算方法會隨著所收集數據的不同而產生變化。前述例子屬於簡單平均數的計算，加權平均數是另一種常見的平均數計算方法。簡單平均數和加權平均數都是算術平均數的一種。

【例 4-5】表 4-5 是廣東省 1993—2012 年城鎮居民人均醫療支出情況，試計算其總平均值。

表 4-5　廣東省 1993—2012 年城鎮居民人均醫療支出情況

年份	城鎮人均醫療支出 X_i（元）	非農業人口 W_i（萬人）
2012	1,048.28	4,504.96
2011	948.18	4,505.68
2010	929.5	4,443.96
2009	925.62	4,358.05
2008	836.39	4,297.78
2007	752.52	4,242.85
2006	707.86	4,149.42
2005	704.90	4,082.06
2004	649.70	3,797.92
2003	616.80	3,681.93
2002	500.76	2,767.31
2001	392.41	2,391.31
2000	346.56	2,338.29
1999	356.27	2,276.42
1998	290.82	2,219.07
1997	320.13	2,173.50
1996	240.97	2,107.80
1995	205.39	2,035.37
1994	137.16	1,964.72
1993	103.66	1,808.09

解：計算城鎮居民人均醫療支出的總平均值，首先需要計算 1993—2012 年城鎮居民醫療總支出，即 Σ（城鎮人均醫療支出×非農業人口×10,000），然後除以總人口數，即 Σ（非農業人口×10,000）。

$$\bar{x} = \frac{10,000 \times (1,048.28 \times 4,504.96 + \cdots + 103.66 \times 1,808.09)}{10,000 \times (4,504.96 + 1,808.09)} \approx 641.8(元)$$

此例計算平均數,匯總 20 年城鎮居民醫療總支出時,每年的人均支出的比重是不一樣的,需要考慮對應的人數,也就是以人數作為權重,所計算的平均數為加權平均數(Weighted Mean)。加權平均數的計算公式如下:

$$\bar{x} = \frac{\sum_{i=1}^{n} x_i w_i}{\sum_{i=1}^{n} w_i} \tag{4.7}$$

式中,n 為原始數據的個數,w 為權重。

採用 Excel 函數操作,公式為「= sumproduct( )/sum( )」。其中,「sum( )」是「summary」的縮寫,表示求和;而「sumproduct( )」為嵌套函數,第一步運算「product( )」表示相乘,例 4-5 就是兩列數據相乘——城鎮人均醫療支出(B2:B21)×非農業人口(C2:C21);第二步求和,將每項乘積相加,因此在「product( )」前面加「sum」,構成「sumproduct( )」,對應於公式(4.7)的 $\sum_{i=1}^{n} x_i w_i$(見圖 4-5)。

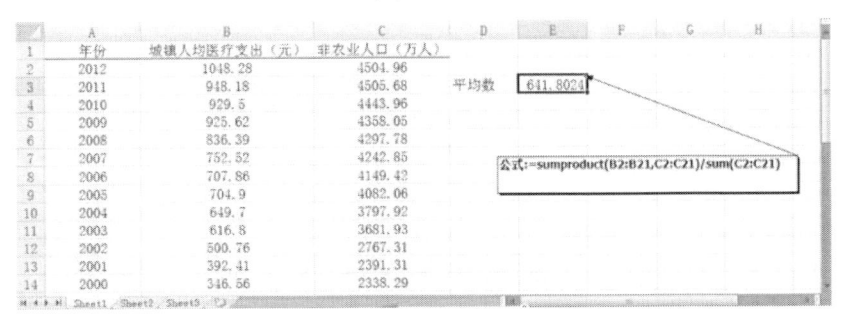

圖 4-5 採用函數計算加權平均數

準確輸入公式后按「Enter」即可顯示加權平均數為 641.8。

(三)切尾均值

切尾均值(Trimmed Mean)又稱截尾均值,是指在一個數列中,去掉兩端的極端值后所計算的算術平均數。切尾均值現已廣泛應用於一些競賽項目,我們非常熟悉的「去掉一個最高分,去掉一個最低分,最終得分是 X 分」所用的就是切尾均值的方法。

切尾均值的計算公式可以表示為:

$$\bar{x}_r = \frac{x_{(n\alpha+1)} + x_{(n\alpha+2)} + \cdots + x_{(n-n\alpha)}}{n - 2n\alpha} \tag{4.8}$$

式中,n 表示觀測值個數,α 表示切尾係數,$0 \leqslant \alpha < 2$;$x(1), x(2), \cdots, x(n)$ 是數據 $x_1, x_2, \cdots, x_n$ 經過排隊后由小到大形成的順序統計量值。

兩端各切去幾個數值,通過切尾係數 α 值確定。例如,某次專業競賽共有 9 位評委,對某位選手的給分分別是 8.17、8.56、8.25、8.97、8.64、7.50、8.45、8.29、8.73。經整理,順序統計量為 7.50、8.17、8.25、8.29、8.45、8.56、8.64、8.73、8.97。如去掉一個最高分,

去掉一個最低分,取 $\alpha = \dfrac{1}{9}$,則由切尾均值公式計算可得切尾均值為 8.44。這個平均分就避免了 7.50 這個極端低分的影響。

改變 α 的值可以改變數據集中趨勢的測度值,切尾均值是綜合了均值和中位數兩種計量優點的一種新的對幾種趨勢測度的計量。當 $\alpha = 0$ 時,切尾均值等於均值;當 α 接近 $\dfrac{1}{2}$ 時,切尾均值接近於或等於中位數。

(四)幾何平均數

接下來介紹一種特殊的平均數,專用於計算比率數據的平均數。幾何平均數(Geometric Mean)是 n 個變量值連乘積的 n 次方根,用 G 表示。計算公式如下:

$$G = \sqrt[n]{x_1 \times x_2 \times \cdots \times x_n} = \sqrt[n]{\prod_{i=1}^{n} x_i} \tag{4.9}$$

式中,$\prod$ 是連乘符號。

【例 4-6】某機械廠有切割、鑄造和裝配三個車間,相繼流水作業,產品合格率分別為 90%、93% 和 96%。求產品的平均合格率。

解:由於產品必須順次經過三個車間才順利完成生產,因此產品最終總的合格率為 90%×93%×96%,數據為比率連乘的形式,由此判斷計算幾何平均數。

$G = \sqrt[3]{90\% \times 93\% \times 96\%} \approx 92.97\%$

採用 Excel 函數,公式為「=GEOMEAN( )」(見圖 4-6)。

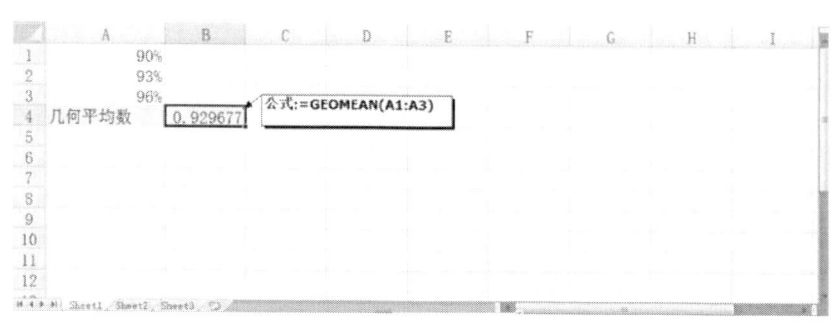

圖 4-6 採用函數計算幾何平均數 1

【例 4-7】李先生花一筆錢購買貨幣基金,以複利計算利息,連續 4 年的收益率分別為 4.2%、4.6%、3.4% 和 4%。試計算每年的平均收益率。

解:以 X_0 表示期初本金,X_1 表示第一年本息和,其他如此類推。採用期末本息和 X_4 除以期初本金 X_0,計算總增長率。

$X_1 = X_0 \times (1 + 4.2\%)$

$X_2 = X_1 \times (1 + 4.6\%) = X_0 \times (1 + 4.2\%) \times (1 + 4.6\%)$

可以推知 $X_4 = X_0 \times (1 + 4.2\%) \times (1 + 4.6\%) \times (1 + 3.4\%) \times (1 + 4\%)$。

$\dfrac{X_4}{X_0} = (1 + 4.2\%) \times (1 + 4.6\%) \times (1 + 3.4\%) \times (1 + 4\%)$

針對比率數據連乘的情況,計算平均數應選擇幾何平均數。則有:
$$G = \sqrt[4]{(1+4.2\%) \times (1+4.6\%) \times (1+3.4\%) \times (1+4\%)} \approx 104.05\%$$
為了使用的方便,將 104.05% 減去 1,得到平均增長率為 4.05%。
採用 Excel 函數計算幾何平均數如圖 4-7 所示。

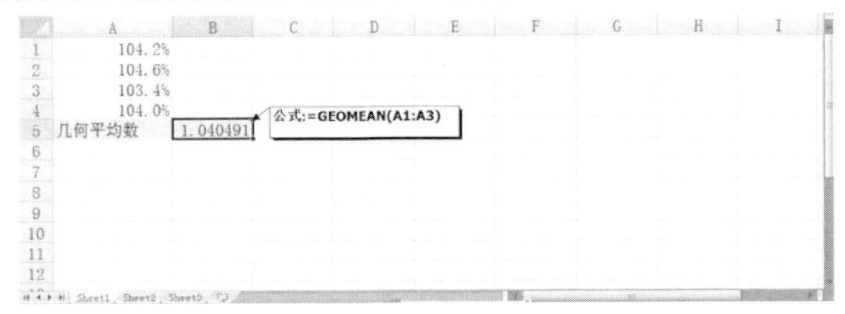

圖 4-7　採用函數計算幾何平均數 2

第 2 節　離散程度的度量

接下來我們探討數據分佈的另一個重要特徵——離散程度。離散程度反映的是各原始數據遠離中心值的程度。離散程度越大,說明中心值代表全部數據的代表性越差;反之,其代表性就越好。從離散程度的定義分析,離開不同的中心值——眾數、中位數、平均數,衡量離散程度的指標也對應不一樣,分別為異眾比率、全距和四分位差、方差和標準差。此外,還有適合於跨組比較的相對離散指標——離散系數。

一、異眾比率

異眾比率(Variation Ratio)是指非眾數組的頻數占總頻數的比例,用 V_r 表示。異眾比率的計算公式如下:

$$V_r = 1 - \frac{f_{max}}{\sum f_i} \tag{4.10}$$

式中,$\sum f_i$ 為變量值的總頻數;f_{max} 為眾數組的頻數。

眾數員工工作年限的例子計算異眾比率為 50.84%,也就是說半數的原始數據為非眾數,眾數只能代表原始數據將近 50% 的信息,代表性不算高,需要謹慎使用由眾數導出的結論。

二、全距和四分位差

全距(Range)就是原始數據跨度的全距離,就是最大值和最小值的差,因此也稱為極差。全距的計算公式如下:

$$R = \text{Max}(X_i) - \text{Min}(X_i) \tag{4.11}$$

所得的差值越大，說明原始數據跨度越大，離散程度越高。全距是描述離散程度最簡單的指標，計算方便、易於理解，但全距只是利用了一組數據兩端的信息，易受極端值的影響，而且全距不能反映出處於非兩極數據的分散情況，因此全距未能準確描述出全部數據的分散程度。接下來我們介紹四分位數和四分位差。

四分位數(Quartile)最直接的理解就是將原始數據序列分為四等份的點所對應的數值，一共3個點。每一部分包含原始數據的四分之一，即25%的數據，因此「quar」指的就是「quarter」(四分之一)。處於25%位置上的數值稱為下四分位數(Lower Quartile，Q_L)，處於50%位置上的數值就是中位數，處於75%位置上的數值稱為上四分位數(Upper Quartile，Q_U)。與中位數的計算方法相同，與位置有關的數據首先要對原始數據進行排序，然后定位。計算公式如下：

$$Q_L \text{ 位置} = \frac{1}{4}(n+1) \tag{4.12}$$

$$Q_U \text{ 位置} = \frac{3}{4}(n+1) \tag{4.13}$$

前述中位數的位置實質為第二個四分位點，$M_e = \frac{2}{4}(n+1) = \frac{1}{2}(n+1)$，同樣得到公式4.3。

兩個四分位數之差構成四分位差(Quartile Deviation)，用Q_d表示。計算公式如下：

$$Q_d = Q_U - Q_L \tag{4.14}$$

四分位差也稱內距或四分間距(Inter-quartile Range)，反映了中間50%數據的離散程度(75%-25%=50%)。其數值越小，說明中間的數據越集中；其數值越大，說明中間的數據越分散。由於中位數處於數據的中間位置，因此四分位差的大小在一定程度上也說明了中位數對原始數據的代表程度。四分位差只跟上四分位數和下四分位數有關，不受極值的影響。

延用例4-2的資料，如果原始數據增加到10個，增加一名受訪者的稅前月收入為23,000元，則數據序列更新為(單位：元)：

2,000,2,300,2,500,3,200,3,800,4,300,4,800,5,500,6,000,23,000

該例中，$n=10$，Q_L的位置為2.75，Q_U的位置為8.25。

Q_L = 第2個數據 + 第2個與第3個數據間距 × 0.75 = 2,300 + (2,500 - 2,300) × 0.75 = 2,450(元)

Q_U = 第8個數據 + 第8個與第9個數據間距 × 0.25 = 5,500 + (6,000 - 5,500) × 0.25 = 5,625(元)

Q_d = 5,625 - 2,450 = 3,175(元)

R = 23,000 - 2,000 = 21,000(元)

可見，相比起全距，四分位差的值少多了，說明中位數有一定的代表性。

Excel計算四分位數的函數為「=quartile」。需要特別說明的是，四分位數位置的計算有多種方法。Excel的位置確定方法為Q_L位置=$(n+3)/4$，Q_U位置=$(3n+1)/4$。因此，計算結果與例題手算結果不一致（見圖4-8）。

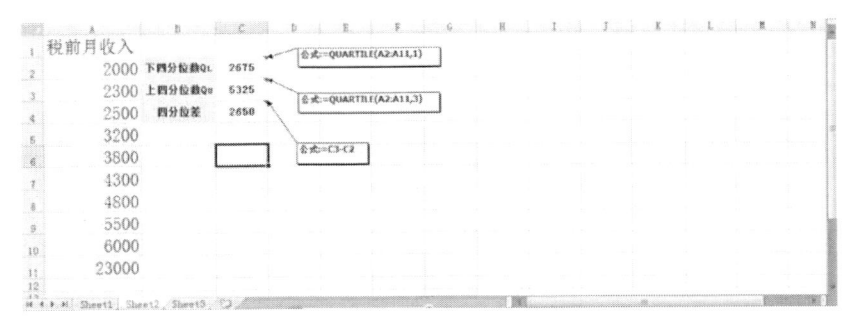

図 4-8　採用函數計算四分位差

五數概括法(Five Number Summary)就是用五個數據概括地反映一組原始數據的信息。五個數據分別是最小值、下四分位數、中位數、上四分位數和最大值。根據這五個數據繪製箱圖(見圖 4-9)。箱子的高度表示四分位差,圖 4-9 中箱子較短,可知數據的離散程度不高,中位數具有一定的代表性。鑒於 Excel 不能直接製作箱圖,只能在股價圖的基礎上修改獲得,步驟較為複雜,此處不再贅述,有興趣的讀者可以搜索網上的相關教程或者參閱第 4 節 SPSS 的操作介紹。

図 4-9　箱圖

三、方差和標準差

方差(Variance)簡單地理解是各原始數據與其平均數作差,然后平方求和,再求平均數。平方處理是為了消除差值的正負號,有效避免求和時出現正負相抵的情形。方差能較好地反映出原始數據的離散程度,其計算公式如下:

$$總體方差: \sigma^2 = \frac{\sum_{i=1}^{n}(X_i - \mu)^2}{N} \qquad (4.15)$$

$$樣本方差: S^2 = \frac{\sum_{i=1}^{n}(X_i - \bar{X})^2}{n-1} \qquad (4.16)$$

公式(4.15)和(4.16)中,N 表示總體全員個數,n 表示樣本個數。計算樣本方差時,除以 $n-1$ 而非 n,是因為除以 $n-1$ 所得的樣本方差值為總體方差 σ^2 的無偏估計,其中樣

本數據個數減1,即 $n-1$ 稱為自由度(Degree of Freedom)。詳見方差分析章節的相關內容。

【例4-8】 表4-6給出1999—2012年高技術製造業產值和從業人員人數的數據。求高技術製造業產值方差。

表4-6　　　　　　　1999—2012年高技術製造業產值和從業人員人數

年份	高技術製造業產值(億元)	從業人員人數(萬人)
1999	2,076.20	64.81
2000	2,743.31	81.65
2001	2,452.20	87.64
2002	4,625.56	104.74
2003	6,611.18	133.43
2004	8,872.28	194.93
2005	10,750.54	222.57
2006	13,020.51	251.36
2007	14,752.85	281.17
2008	16,871.63	316.55
2009	17,224.35	313.91
2010	21,122.13	356.05
2011	23,609.35	362.26
2012	25,253.28	371.49

解:本例屬於樣本數據,採用公式(4.16)求得 $S^2 = 63,315,270$(億元^2)。

由於方差的計算過程對原始數據進行了平方處理,所得方差值的量綱為原計量單位的平方,這導致方差在使用時難以賦予實際的意義。因此,對方差進行開方處理,得到標準差(總體標準差用 σ 表示,樣本標準差用 S 表示)。標準差同樣反映數據的離散程度,而且其量綱與原始數據相同,適用範圍大為拓展。本例的標準差 $S = 7,957.09$(億元)。

標準差的計算公式如下:

$$總體標準差:\sigma = \sqrt{\frac{\sum_{i=1}^{n}(X_i - \mu)^2}{N}} \tag{4.17}$$

$$樣本標準差:S = \sqrt{\frac{\sum_{i=1}^{n}(X_i - \bar{X})^2}{n-1}} \tag{4.18}$$

Excel計算標準差的函數為「=stdev」,即「Standard Deviation」的縮寫。方差則在標準差的基礎上進行平方運算(見圖4-10)。

	A	B	C	D	E	F
1	年份	高技术制造业产值（亿元）	从业人员人数（万人）	公式:=stdev(B2:B15)^2		
2	1999	2076.2	64.81			
3	2000	2743.31	81.65	方差	63315270	
4	2001	2432.2	87.64	標準差	7957.0893	
5	2002	4625.56	104.74			
6	2003	6611.18	133.43			
7	2004	8872.28	194.93	公式:=stdev(B2:B15)		
8	2005	10750.54	222.57			
9	2006	13020.51	251.36			
10	2007	14752.85	281.17			
11	2008	16871.63	316.55			

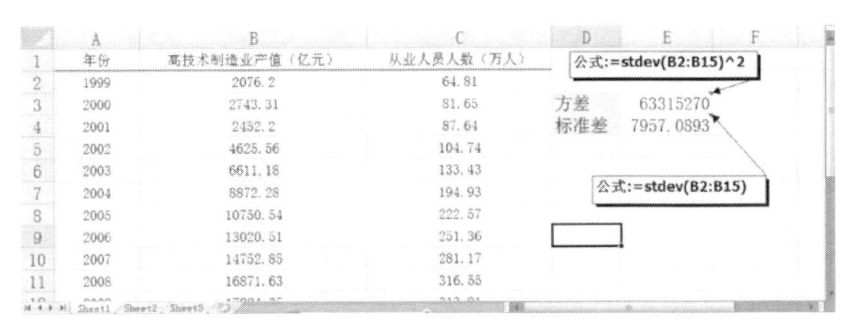

圖 4-10　採用函數計算方差和標準差

四、標準差系數

例 4-8 中,若要比較從業人員人數與高技術製造業產值兩列數據的離散程度(此處以從業人員人數為組 1,高技術製造業產值為組 2),理所當然的方案便是分別計算從業人員人數和高技術製造業產值的標準差,然后進行比較。

仔細考慮後,我們不難發現其中隱藏的謬誤。其一,兩個標準差是帶單位的,S_1 的單位是萬人,S_2 的單位是億元,單位不同不具可比性。其二,標準差的大小受制於對應的平均數的大小,$\bar{X}_1 = 224.47$ 萬人,$\bar{X}_2 = 12,141.81$ 億元,兩組平均數大小明顯不同,標準差計算的起跑線不一致。這些原因都導致兩組標準差無法直接比較。為消除不同組平均值差異以及計量單位不同對離散程度測度值的影響,需要計算離散系數。

離散系數也稱變異系數(Coefficient of Variation)或標準差系數,是一組數據的標準差與其平均數之比。其計算公式為:

$$v_s = \frac{s}{\bar{x}} \tag{4.19}$$

【例 4-9】某集團公司抽查了所屬的 8 家企業,其產品銷售數據如表 4-7 所示。試比較產品銷售額與銷售利潤的離散程度。

表 4-7　　　　　　　某集團公司所屬 8 家企業的產品銷售數據

企業編號	產品銷售額(萬元) x_1	銷售利潤(萬元) x_2
1	170	8.1
2	220	12.5
3	390	18.0
4	430	22.0
5	480	26.5
6	650	40.0
7	950	64.0
8	1,000	69.0

解：

$$\bar{x}_1 = \frac{170 + 220 + 390 + 430 + 480 + 650 + 950 + 1,000}{8} = 536.25(萬元)$$

$$s_1 = \sqrt{\frac{(536.25 - 170)^2 + (536.25 - 220)^2 + \cdots + (536.25 - 1,000)^2}{8-1}}$$

$$= 309.19(萬元)$$

$$\bar{x}_2 = \frac{8.1 + 12.5 + 18 + 22 + 26.5 + 40 + 64 + 69}{8} = 32.521,5(萬元)$$

$$s_2 = \sqrt{\frac{(32.521,5 - 8.1)^2 + (32.521,5 - 12.5)^2 + \cdots + (32.521,5 - 69)^2}{8-1}}$$

$$= 23.09(萬元)$$

利用離散系數進行比較。

$$V_1 = \frac{s_1}{\bar{x}_1} = \frac{309.19}{536.25} = 0.577$$

$$V_2 = \frac{s_2}{\bar{x}_2} = \frac{23.09}{32.5215} = 0.710$$

結果表明，$V_1 < V_2$，說明產品銷售額的離散程度小於銷售利潤的離散程度。

由離散系數的計算過程可知，標準差與平均值的計量單位相同，除法將計量單位約去，因此離散系數不帶單位，不受計量單位限制，可以實現跨組比較。統計上在 A 變量的基礎上扣除 B 變量的影響，一般選擇作商處理，如從名義工資中扣除物價變動的影響，則將名義工資除以物價指數，獲得實際工資(或稱購買力)。這可以解釋求職者不會盲目湧向名義工資高的地區求職，因為當地賺錢當地消費，名義工資高的地區物價水平高，實際工資並不理想。同理，從標準差中扣除平均值的影響，用標準差除以對應的平均值即可。從計算方法上分析，離散系數屬於相對統計量，一石二鳥地解決了上述兩大困境，用於比較不同組別(樣本)的離散程度。從指標性質上分析，凡是作商處理獲得的比率指標，指標的性質取決於分子，公式(4.19)中處於分子位置的是標準差，因此離散系數與標準差一樣，屬於反映離散程度的指標，切忌將公式顛倒。離散系數大，說明數據的離散程度也大；反之亦然。

例 4-8 中，比較從業人員人數與高技術製造業產值兩列數據的離散程度，需要分別計算兩列數據的離散系數(見圖 4-11)。

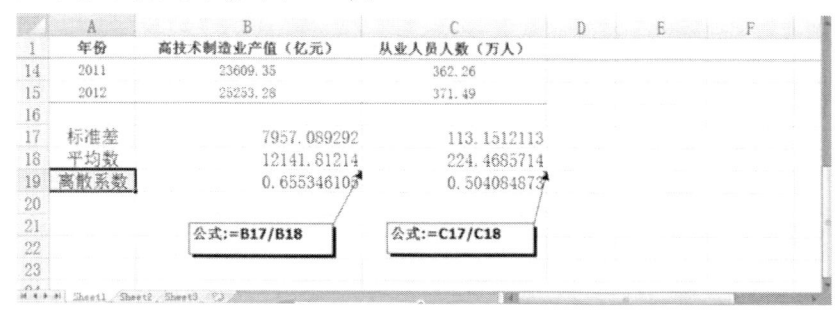

圖 4-11　計算離散系數

高技術製造業產值的離散系數大於從業人員人數的離散系數,由於兩者都呈逐年遞增的趨勢,可推知產值的增加幅度大於從業人員人數的增加幅度,產值的增加除了受從業人員人數增加的推動外,還受其他諸如人力資本投資(職業教育、技術創新)、固定資產投資(擴建或更新生產設備)、市場行情以及宏觀政策等因素的推動。

第3節　分佈形狀的度量

一、偏態系數

「偏態」(Skewness)由「skew」一詞引申而來,意指傾斜、不對稱。因此,偏態用於反映原始數據分佈的形狀是否對稱。與之對應的測度指標是偏態系數(Coefficient of Skewness,記作 SK)。

比較偏態系數與0的關係,則可判斷數據分佈對稱與否:當 $SK = 0$,數據分佈是對稱的(正態分佈);當 $SK < 0$,數據分佈是左偏的;當 $SK > 0$,數據分佈是右偏的。無論左偏還是右偏,都屬於非對稱的情形。比較偏態系數的絕對值與0.5、1的關係,則可判斷數據分佈非對稱的程度:當 $|SK| > 1$,則為高度偏態分佈;當 $1 > |SK| > 0.5$,則中等偏態分佈;當 $0.5 > |SK|$,越接近0,偏斜程度就越低。

關於左偏分佈、右偏分佈的理解,左右偏是相對標準正態(對稱)分佈而言的,當我們面朝分佈圖,若分佈的長尾巴在左手邊,高峰在右手邊,則為左偏分佈;若分佈的長尾巴在右手邊,高峰在左手邊,則為右偏分佈。簡單的理解就是,偏態的命名取決於分佈的長尾巴所在的方向(見圖4-12)。

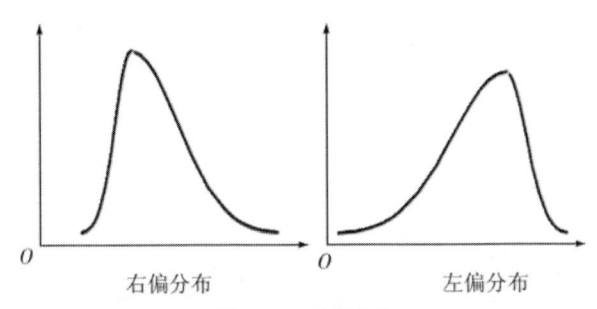

圖4-12　偏態分佈

下面給出偏態系數的計算公式,由於計算比較複雜,在實際中偏態系數一般借助Excel的【數據分析】菜單中【描述統計】的命令輸出。

$$SK = \frac{n \sum (x_i - \bar{x})^3}{(n-1)(n-2)s^3} \tag{4.20}$$

式中,s^3 是樣本標準差的三次方。

二、峰態系數

「峰態」(Kurtosis)原意指的是山峰的陡峭程度,引申到數據分佈領域,用於反映數據分

佈高聳或低矮的程度。與之對應的測度指標是峰態系數(Coefficient of Kurtosis，記作 K)。

比較峰態系數與 0 的關係，則可判斷數據分佈高聳與否：當 $K = 0$，數據分佈是標準正態分佈；當 $K < 0$，數據分佈比標準正態分佈低矮(更平)；當 $K > 0$，數據分佈比標準正態分佈高聳(更尖)。比較峰態系數的絕對值與 3 的關係(這裡標準值的選取存在多種方案，有時不一定選擇3)，則可判斷數據分佈高聳的程度：當 $|K| > 3$，為尖峰分佈；當 $|K| < 3$，為扁平分佈。

計算峰態系數時，通常採用下面的公式：

$$K = \frac{n(n+1)\sum(x_i - \bar{x})^4 - 3[\sum(x_i - \bar{x})^2]^2(n-1)}{(n-1)(n-2)(n-3)s^4} \tag{4.21}$$

同樣由於計算比較複雜，在實際中峰態系數一般借助 Excel 的【數據分析】菜單中【描述統計】的命令輸出。

【例 4-10】 下面以 10 個人的稅前月收入情況(單位：元)為例介紹 Excel 進行描述特徵分析的步驟和方法。

數據為 2,500,2,300,2,000,3,800,4,300,3,200,5,500,4,800,6,000,23,000，求月收入的中位數。

解：Excel 選擇【數據】功能模塊，點擊【數據分析】，選擇【描述統計】(見圖 4-13)。

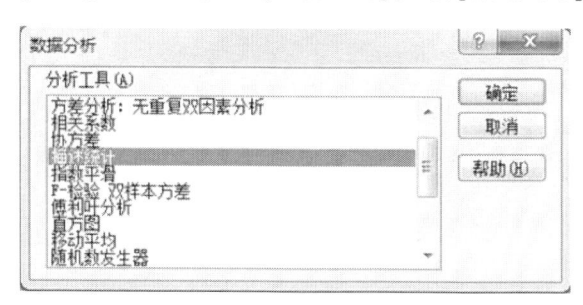

圖 4-13 【描述統計】命令

在描述統計對話框中，「輸入區域」框選原始數據「A1：A11」，「分組方式」選擇「逐列」，「輸出區域」選擇一空白單元格，勾選「標誌位於第一行」和「匯總統計」，最後點擊「確定」(見圖 4-14)。

圖 4-14 描述統計對話框

此操作一步到位輸出集中、離散和分佈形狀三類數據分佈特徵指標，進一步觀察偏度和峰度系數，其中偏度系數為 2.89，大於 1，可知數據分佈呈高度右偏形態，長尾巴在右，這與存在極大值 23,000 的情況是相符的；峰度系數為 8.73，大於 3，可知數據分佈為尖峰形態。眾數對應的值顯示「#N/A」，說明眾數不存在（見圖 4-15）。

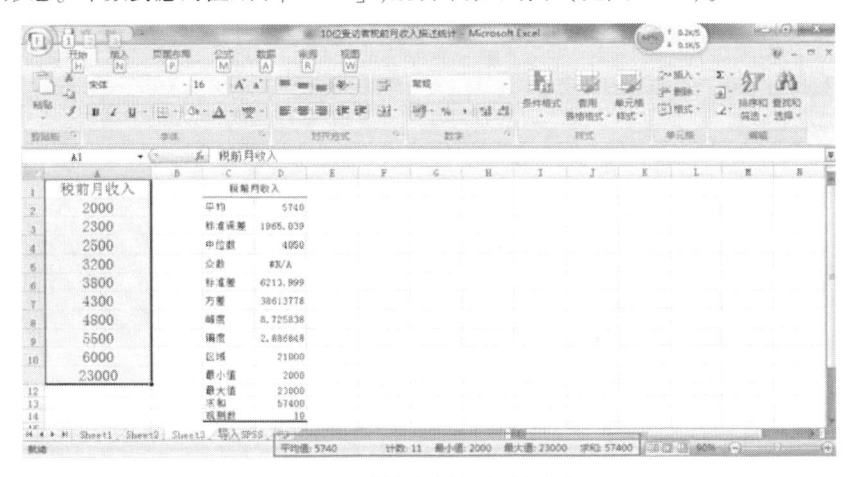

圖 4-15　得出數據分佈特徵指標

在此推薦 Excel 的快捷描述統計功能，只需要用鼠標框選原始數據，Excel 的狀態欄就會立即顯示數據的平均值、計數（頻數）、最值和求和等信息（見圖 4-15），使用非常方便。具體顯示哪些指標，用戶可以在狀態欄區域點擊鼠標右鍵，彈出選項菜單，根據自己的需要勾選（見圖 4-16）。

圖 4-16　選項菜單

第 4 節　SPSS 操作

一、描述統計指標結果

將例 4-10 所述 10 個人的稅前月收入調查的數據導入 SPSS 中,演示描述統計和製作數據分佈圖的步驟。

點擊【分析】,鼠標光標移至【描述統計】,選擇【描述】(見圖 4-17)。

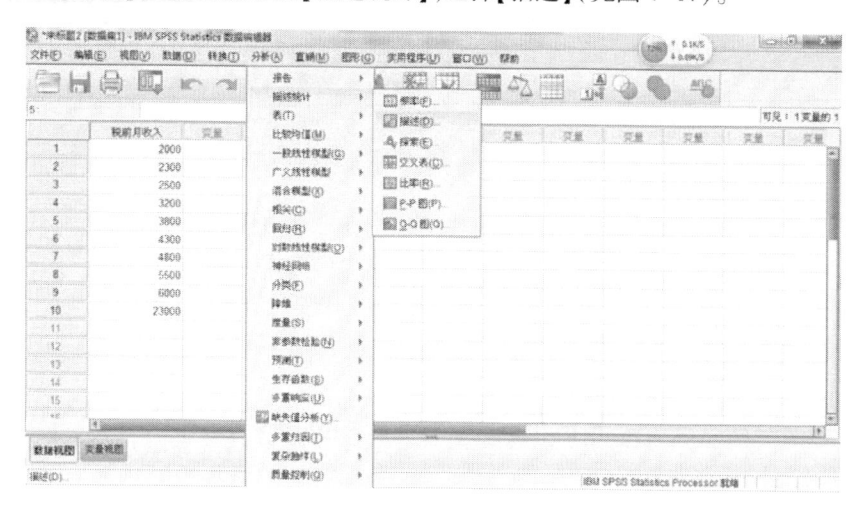

圖 4-17　點擊【分析】-【描述統計】-【描述】

在「描述性」對話框中,將「稅前月收入」點選至右邊「變量」的選擇框,然后點擊【選項】,設置輸出結果(見圖 4-18)。

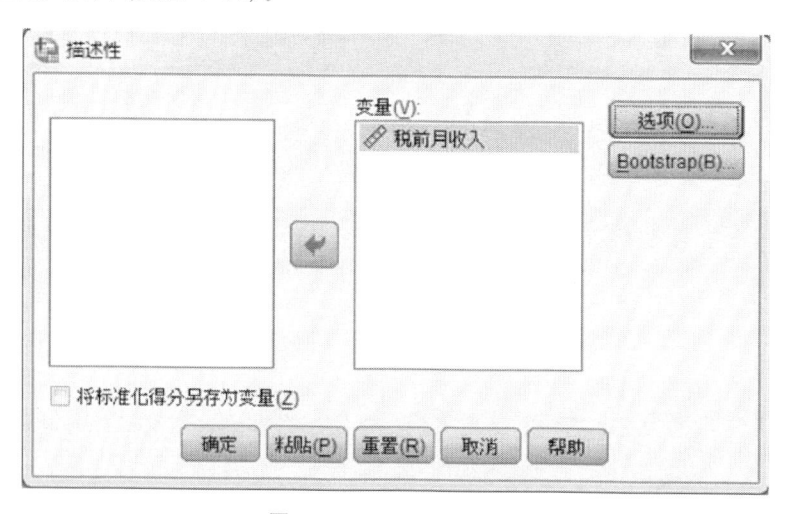

圖 4-18　「描述性」對話框

在「描述:選項」對話框中,勾選「方差」「範圍」「峰度」「偏度」,然后點擊【繼續】(見圖 4-19)。

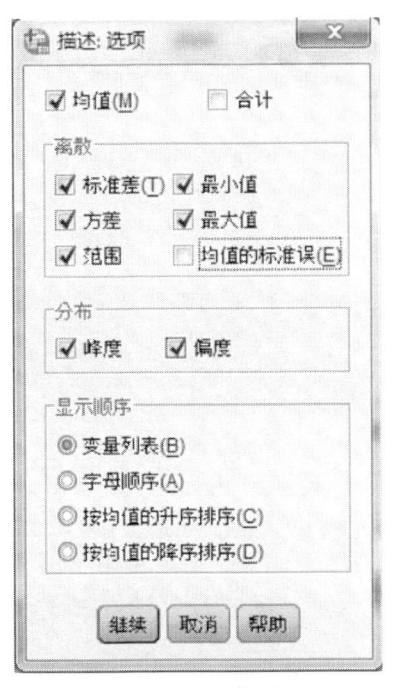

圖 4-19　「描述:選項」對話框

返回至「描述性」對話框,點擊【確定】。獲得如圖 4-20 所示的描述統計結果報表。

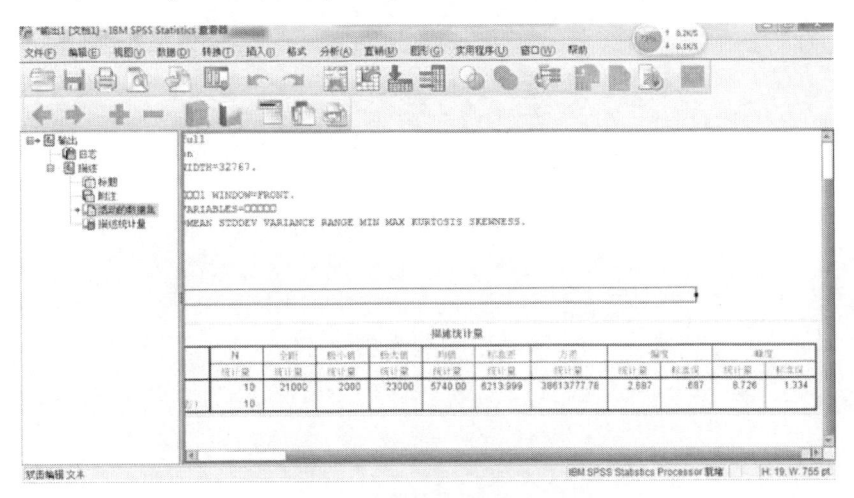

圖 4-20　描述統計結果報表

比較可知,SPSS 描述統計所得結果與 Excel 相同。

二、數據分佈形狀結果

點擊【分析】,鼠標光標移至【描述統計】,選擇【頻率】。

在「頻率」對話框中,將「稅前月收入」點選至右邊「變量」的選擇框,然後點擊【統計量】(見圖4-21)。

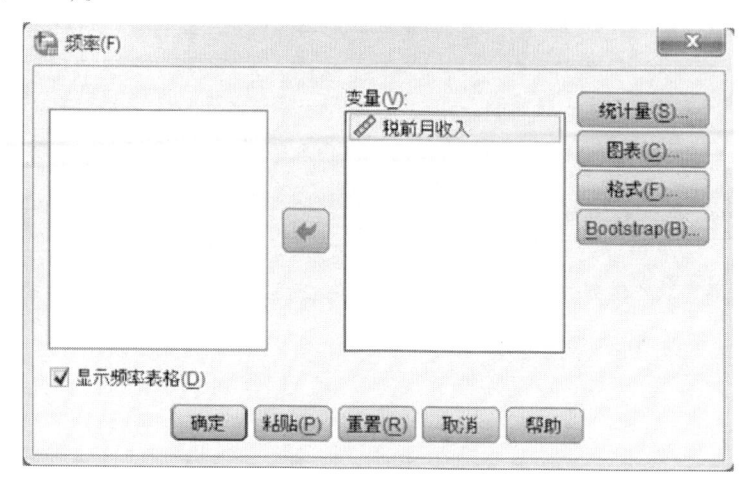

圖4-21 「頻率」對話框

在「頻率:統計量」對話框中,勾選「集中趨勢」區域的「均值」「中位數」「眾數」,「離散」區域的「標準差」「方差」「範圍」「最小值」「最大值」,「百分位值」區域的「四分位數」,以及「分佈」區域的「偏度」「峰度」。點擊【繼續】,返回「頻率」對話框(見圖4-22)。

圖4-22 「頻率:統計量」對話框

點擊【圖表】, 在「頻率:圖表」對話框中, 選擇「直方圖」, 並勾選「在直方圖上顯示正態曲線」, 點擊【繼續】, 返回「頻率」對話框(見圖4-23)。

圖 4-23 「頻率:圖表」對話框

點擊【確定】, 獲得如圖4-24所示的報表和圖4-25所示的直方圖。

統計量

稅前月收入

N	有效	10
	缺失	0
均值		5,740.00
中值		4,050.00
眾數		2,000[a]
標準差		6,213.999
方差		38,613,777.778
偏度		2.887
偏度的標準誤		0.687
峰度		8.726
峰度的標準誤		1.334
全距		21,000
極小值		2,000
極大值		23,000
百分位數	25	2,450.00
	50	4,050.00
	75	5,625.00

a. 存在多個眾數。顯示最小值

圖 4-24 報表

直方圖

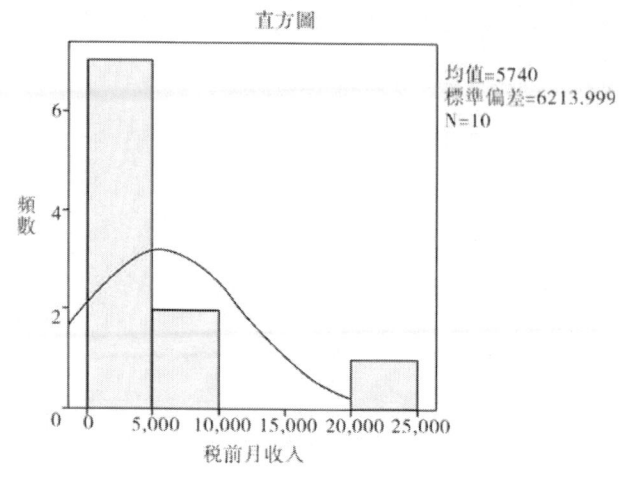

圖 4-25　直方圖

報表中各項指標的解讀同前。從直方圖可知，數據分佈長尾巴在右邊，呈右偏，尖峰較高。此種情況下，眾數<中位數<平均數。眾數即為高峰所對應的橫軸上的數據，圖 4-25 在靠左邊的位置，中位數在中間，平均值受極端值(23,000)的影響靠右邊，從左往右數值不斷遞增，因此從分佈圖同樣可以得到眾數<中位數<平均數的結論。

如果是左偏分佈的情況，長尾巴在左邊，極端值在左邊，平均數靠左；高峰在右，眾數在右邊；中位數始終在中間。此時，平均數<中位數<眾數。

如果是標準正態分佈，分佈形狀不偏不倚，平均數、中位數、眾數三者重合，即平均數=中位數=眾數。

三、SPSS 製作箱圖

SPSS 製作箱圖的操作過程十分簡便。

點擊【圖形】，鼠標光標移至【舊對話框】，選擇【箱圖】(見圖 4-26)。

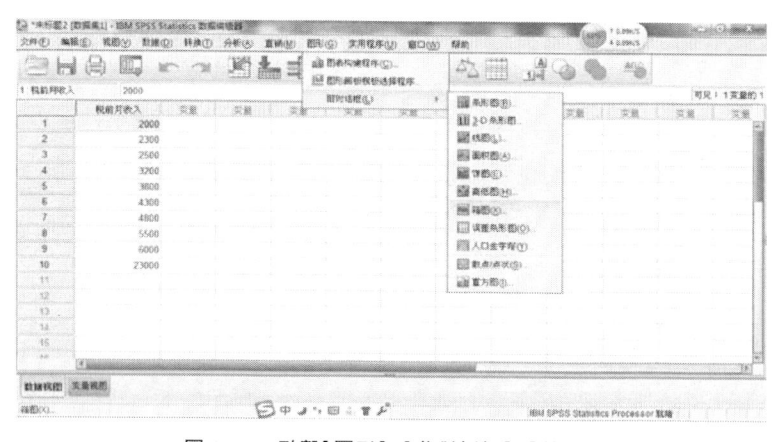

圖 4-26　點擊【圖形】-【舊對話框】-【箱圖】

彈出「箱圖」對話框,選擇「簡單」,「圖表中的數據為」區域點選「各個變量的摘要」,點擊【定義】(見圖 4-27)。

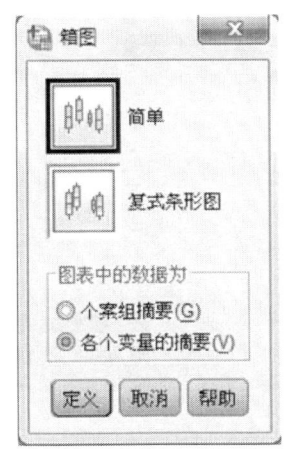

圖 4-27 「箱圖」對話框

彈出「定義簡單箱圖:各個變量的摘要」對話框,將「稅前月收入」選到右邊的「框的表徵」處(見圖 4-28)。點擊【確定】,便可獲得箱圖(見圖 4-29)。

圖 4-28 「定義簡單箱圖:各個變量的摘要」對話框

图 4-29　箱圖

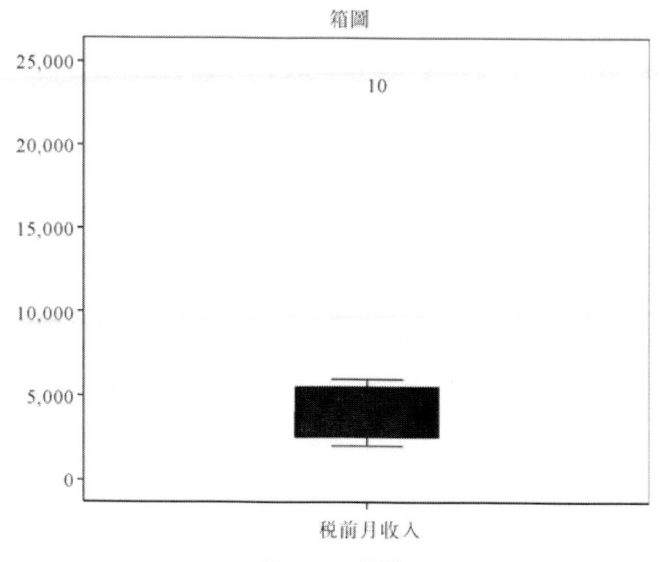

箱圖的解讀同前面(五數概括法和箱圖)。圖 4-29 中遠離箱圖處有一數字 10 和星號,表示第 10 個數據 23,000 為極端數據,遠離其他數據,這與前面右偏分佈狀態(見圖 4-25)顯示的信息是一致的。

思考與練習

一、思考題

1. 為保證不重不漏,統計分組有什麼規定?
2. 反映數據分佈集中特徵的指標分別有哪些?各有哪些優缺點?
3. 反映數據分佈離散特徵的指標分別有哪些?各有哪些優缺點?
4. 離散系數主要解決哪些問題?

二、單項選擇題

1. 對於左偏分佈,(　　)。
   A. 平均數>中位數>眾數　　　　B. 中位數>平均數>眾數
   C. 眾數>中位數>平均數　　　　D. 眾數>平均數>中位數
2. 測度離散程度的相對統計量是(　　)。
   A. 極差　　　B. 四分位差　　　C. 標準差　　　D. 離散系數
3. 如果一組數據的分佈服從正態分佈,則偏態系數(　　)。
   A. 等於 0　　　B. 等於 1　　　C. 大於 0　　　D. 大於 1
4. 如果一組數據的分佈服從標準正態分佈,則峰度系數(　　)。
   A. 等於 0　　　B. 小於 0　　　C. 大於 0　　　D. 等於 1

5. 比較兩組數據的離散程度時,不能直接比較它們各自的標準差,原因是( )。

    A. 全距不同   B. 方差不同

    C. 數據個數不同   D. 計量單位不同

6. 一項關於大學生體質的調查結果顯示,男生的平均體重是60千克,標準差為2千克;女生的平均體重是48千克,標準差是2千克。據此數據可以判斷( )。

    A. 男生體重離散程度較大   B. 女生體重離散程度較大

    C. 男生和女生體重離散程度相同   D. 無法確定

7. 次數分佈中,靠近中間的變量值分佈的次數少,靠近兩端的變量值的次數多,這種分佈類型是( )。

    A. 鐘形分佈   B. U形分佈   C. J形分佈   D. 洛倫茲分佈

8. 下面敘述中正確的是( )。

    A. 如果計算每個數據與均值的離差,則這些離差的和總是等於0

    B. 中位數總是大於均值

    C. 中位數總是小於均值

    D. 均值等於中位數

9. 某班30名學生的平均成績是75分,其中20名男生的平均成績是70分,那麼該班女生的平均成績是( )分。

    A. 80   B. 85   C. 95   D. 無法計算

10. 某班的經濟學成績如下(單位:分):43,55,56,59,60,67,69,73,75,76,76,78,79,80,81,82,83,83,84,86,87,88,88,89,90,90,95,97。該班經濟學成績的眾數是( )。

    A. 80   B. 90   C. 83   D. 93

11. 在數據的集中趨勢測度中,不受極端值影響的測度是( )。

    A. 眾數   B. 幾何平均值   C. 調和平均值   D. 算術平均值

12. 某工業企業的某種產品成本第一季度是連續下降的。1月份產量750件,單位成本20元;2月份產量1,000件,單位成本18元;3月份產量1,500件,單位成本15元。第一季度的平均單位成本為( )元。

    A. $\dfrac{20+18+15}{3}=17.67$

    B. $\sqrt[3]{20\times18\times15}=17.54$

    C. $\dfrac{20\times750+18\times1,000+15\times1,500}{750+1,000+1,500}=17.08$

    D. $\dfrac{750+1,000+1,500}{\dfrac{750}{20}+\dfrac{1,000}{18}+\dfrac{1,500}{15}}=16.83$

13. 某居民在銀行存款,第一年利率為1%,第二年年利率為2%,若按複利計算,則存款2年的平均利率為( )。

A. $\dfrac{1\% + 2\%}{2} = 1.5\%$

B. $\dfrac{1}{\dfrac{1}{1\%} + \dfrac{1}{2\%}} = 1.33\%$

C. $\sqrt{(1+1\%)(1+2\%)} - 1 = 1.49\%$

D. 2%

14. 現有一數列:3,9,27,81,243,729,2,187,反映其平均水平最好用(　　)。
    A. 算術平均數　　B. 調和平均數　　C. 幾何平均數　　D. 中位數

15. 在離散程度的測度中,最容易受極端值影響的是(　　)。
    A. 極差　　　　　B. 四分位數　　　C. 標準差　　　　D. 方差

16. 標準差系數為0.4,均值為20,則標準差為(　　)。
    A. 80　　　　　　B. 0.02　　　　　C. 4　　　　　　　D. 8

17. 比較兩組數據的離散程度時,不能直接比較其方差,因為兩組數據的(　　)。
    A. 標準差不同　　　　　　　　　B. 方差不同
    C. 數據個數不同　　　　　　　　D. 計量單位不同

18. 兩組數據的均值不等,但標準差相等,則(　　)。
    A. 均值小,差異程度大　　　　　B. 均值大,差異程度大
    C. 兩組數據差異程度相等　　　　D. 無法確定

19. 一項關於大學生體重的調查顯示,男生的平均體重是62千克,標準差為2千克;女生的平均體重是52千克,標準差是2千克。據此數據可以判斷(　　)。
    A. 男生體重差異較大　　　　　　B. 女生體重差異較大
    C. 男生和女生體重差異相同　　　D. 無法確定

20. 兩個總體的平均數相等,則(　　)。
    A. 兩個總體的平均數代表性相同
    B. 標準差大的平均數代表性大
    C. 標準差系數大的平均數代表性大
    D. 標準差小的平均數代表性大

21. 離散系數的主要用途是(　　)。
    A. 反映一組數據的離散程度
    B. 反映一組數據的平均水平
    C. 比較多組數據的離散程度
    D. 比較多組數據的平均水平

22. 偏度系數測度了數據分佈的非對稱程度。如果一組數據的分佈是對稱的,則偏態系數(　　)。
    A. 等於0　　　　B. 等於1　　　　C. 大於0　　　　D. 大於1

23. 峰度通常是與標準正態分佈比較而言的。如果一組數據服從標準正態分佈,則峰度系數(　　)。

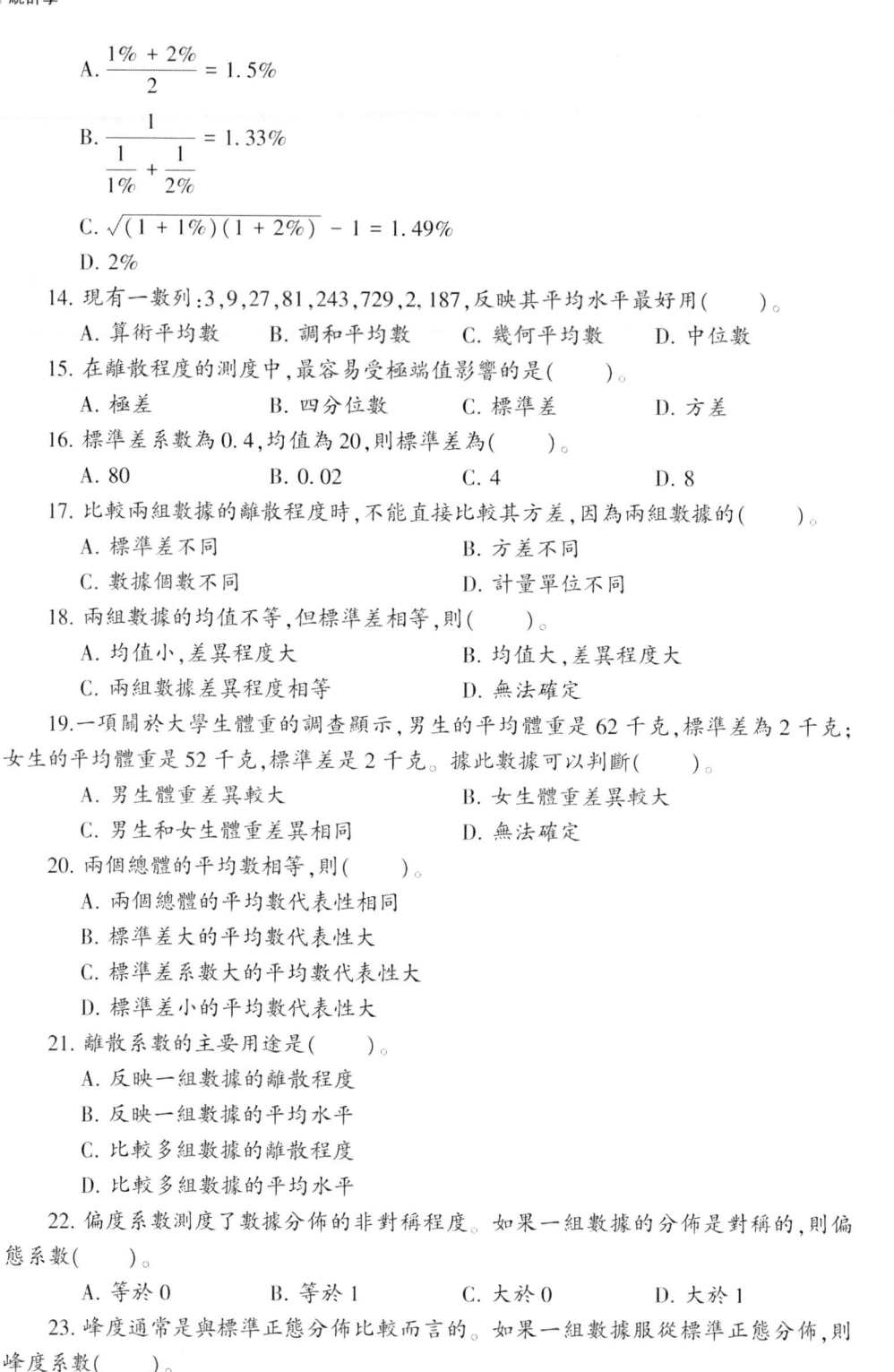

A. 等於0　　　　B. 小於0　　　　C. 大於0　　　　D. 等於1

24. 對於右偏分佈,平均數、中位數和眾數之間的關係是(　　)。
　　A. 平均數>中位數>眾數　　　　B. 中位數>平均數>眾數
　　C. 眾數>中位數>平均數　　　　D. 眾數>平均數>中位數

25. 各變量值與其平均數離差平方的平均數稱為(　　)。
　　A. 極差　　　　B. 平均差　　　　C. 標準差　　　　D. 方差

26. 對於左偏分佈,有下面關係(　　)。
　　A. 平均數>中位數>眾數　　　　B. 中位數>平均數>眾數
　　C. 眾數>中位數>平均數　　　　D. 眾數>平均數>中位數

27. 測度離散程度的相對統計量是(　　)。
　　A. 極差　　　　B. 四分位差　　　　C. 標準差　　　　D. 離散系數

28. 下列敍述中正確的是(　　)。
　　A. 如果計算每個數據與平均數的離差,則這些離差的和總是等於0
　　B. 如果考試成績的分佈是對稱的,平均數為75,標準差為12,則考試成績在63~75分之間的比例大約為95%
　　C. 平均數和中位數相等
　　D. 中位數大於平均數

29. 某班學生的統計學平均成績是70分,最高分是96分,最低分是62分,根據這些信息,可以計算的測度離散程度的統計量是(　　)。
　　A. 極差　　　　B. 方差　　　　C. 標準差　　　　D. 離散系數

30. 如果某班學生的考試成績的分佈是對稱的,平均成績為80分,標準差為10分,則可以判斷成績在60~100分的比例大約為(　　)。
　　A. 95%　　　　B. 89%　　　　C. 68%　　　　D. 99%

31. 如果某班學生的考試成績的分佈是對稱的,平均成績為80分,標準差為10分,則可以判斷成績在70~100分的比例大約為(　　)。
　　A. 95%　　　　B. 81.5%　　　　C. 68%　　　　D. 99%

三、計算題

1. 廣東省佛山市的工業發展領跑珠三角地區。表4-8為廣東省佛山市2004年規模以上工業企業主要經濟指標。

表4-8　　　　廣東省佛山市2004年規模以上工業企業主要經濟指標　　　　單位:萬元

	主營業務收入	主營業務成本	營業費用
製造業			
農副食品加工業	856,152.3	822,930.5	11,994.5
食品製造業	373,324.1	279,575.8	29,271.6
飲料製造業	238,681.7	158,047.9	45,257
紡織業	1,334,558.2	1,260,801.3	22,690.7
紡織服裝、鞋、帽製造業	1,052,195.2	944,813.8	24,725.3

表4-8(續)

	主營業務收入	主營業務成本	營業費用
皮革、毛皮、羽毛(絨)及其製品業	649,064	588,667.3	8,278.3
木材加工及木、竹、藤、棕、草製品業	221,432.4	222,791.6	2,142.1
家具製造業	516,100.5	459,215.6	13,664.3
造紙及紙製品業	666,860.2	562,746.1	19,451.7
印刷業和記錄媒介的複製	308,747.6	270,450	4,355.9
文教體育用品製造業	436,718.5	407,974.8	3,386.5
石油加工、煉焦及核燃料加工業	403,389.3	380,876.9	5,359.2
化學原料及化學製品製造業	1,067,878.7	946,527.2	31,509.6
醫藥製造業	208,710.2	123,561.3	44,234.6
化學纖維製造業	67,188.2	64,316	381.8
橡膠製品業	124,499.6	113,930.4	1,523.1
塑料製品業	1,688,741.4	1,565,261.4	33,817.2
非金屬礦物製品業	2,914,601.2	2,588,947.8	69,541.2
黑色金屬冶煉及壓延加工業	621,284.7	583,730.3	5,577.5
有色金屬冶煉及壓延加工業	2,123,502.8	2,096,739.9	23,673.1
金屬製品業	2,299,319.9	2,097,489.6	34,320.3
通用設備製造業	739,204.4	652,809.7	17,204.8
專用設備製造業	728,662.4	613,924.1	25,634.5
交通運輸設備製造業	762,666.9	635,409.3	19,335.7
電氣機械及器材製造業	9,174,772.1	7,696,910	621,175.5
通訊設備、計算機及其他電子設備製造業	2,878,050	2,719,829	31,721.8
儀器儀表及文化、辦公用機械製造業	987,106.2	938,561.3	4,478.7
工藝品及其他製造業	306,522.9	271,232.9	5,732.9
廢棄資源和廢舊材料回收加工業	38,409.5	35,762.1	767.1

註:資料來源於《佛山統計年鑒(2005)》。

(1)計算主營業務收入、主營業務成本、營業費用三個變量的集中、離散和分佈特徵指標。

(2)比較上述三個變量的離散程度,並進行相應分析。

2. 某超市2015年4月份各天的銷售額數據如表4-9所示。

表4-9　　　　　　　　2015年4月各天銷售額　　　　　　　　單位:萬元

銷售額	25	27	29	25	23	31	24	23	26	27
	27	29	26	28	30	27	26	28	29	25
	27	28	26	30	27	26	32	24	26	29

計算該超市日銷售額的均值、中位數、眾數、極差、方差、標準差、四分位差和離散係數。

3. 對10名成年人和10名幼兒的身高(厘米)進行抽樣調查,結果如表4-10所示。

表4-10　　　　　　　　　成年人和幼兒身高情況　　　　　　　　單位:厘米

| 成年組 | 168 | 161 | 178 | 177 | 181 | 170 | 175 | 174 | 169 | 174 |
| 幼兒組 | 69 | 69 | 65 | 70 | 71 | 72 | 75 | 73 | 76 | 75 |

(1)要比較成年人組和幼兒組的身高差異,你會採用什麼樣的指標測度值?為什麼?
(2)比較分析哪一組的身高差異大?

四、案例思考題

廣州航空郵件處理中心培訓方案的選擇

廣州航空郵件處理中心擬對新進員工進行培訓,待選的培訓方案有3個,3個小組(每組6名員工)分別接受其中一種培訓方案。表4-11給出了每名員工在對應培訓方案下裝卸郵件的效率。

表4-11　　　　　每名員工在不同培訓方案下裝卸郵件的效率　　　　　單位:件/分鐘

培訓方案 A	培訓方案 B	培訓方案 C
24	39	30
27	37	29
25	41	32
23	39	31
23	40	30
25	41	32

分別計算三個方案對應的效率平均數和標準差。從平均值判斷,$\bar{X}_A = 24.5$, $\bar{X}_B = 39.5$, $\bar{X}_C = 30.7$,培訓方案B對應的裝卸效率最高。從標準差判斷,$S_A = 1.52$, $S_B = 1.52$, $S_C = 1.21$,培訓方案C的離散程度(C組員工效率的波動幅度)最小。

綜合以上集中和離散程度指標進行分析,廣州航空郵件處理中心應如何做出培訓方案的選擇?

第 5 章 統計指數

學習目標：
- 掌握統計指數的概念、作用和種類
- 熟練掌握統計指數的編制方法
- 瞭解統計指數體系的概念
- 掌握指數體系的因素分析方法
- 掌握本章的綜合案例的分析方法

本章重點：

掌握統計指數的概念和種類

熟練掌握統計指數的編制方法

會用指數體系進行因素分析

本章難點：

總指數的編制方法和因素分析

第 1 節 統計指數的概念、性質和分類

一、統計指數的概念

統計指數，簡稱指數，起源於對物價變動的研究。統計指數產生於 18 世紀后半葉，當時由於美洲新大陸開採的金銀源源不斷地流入歐洲，使歐洲物價驟然上漲，引起了社會的普遍關注。經濟學家為了測定物價的變動，開始嘗試編制物價指數。此后 200 多年，統計指數的理論和應用不斷發展，並逐步擴展到工業生產、進出口貿易、鐵路運輸、工資、成本、生活費用、股票證券等各個方面。其中，有些指數，如居民消費價格指數、房地產價格指數、股票價格指數等，同人們的生活和投資休戚相關。

目前，指數已成為社會經濟研究中最常用的一種統計工具，從不同側面反映事物數量的相對變化程度。

在現實生活中，「指數」一詞使用的特別頻繁，常見於各大報端。那麼到底什麼是指數呢？其實，指數有廣義和狹義之分。

廣義的指數是指一切用以表明所研究事物發展變化方向及其程度的相對數,如動態相對數、比較相對數、計劃完成程度等。因此,任何兩個數值對比形成的相對數都可以稱為指數。

狹義的指數是指測定多項內容數量綜合變動的動態相對數。一般情況下,狹義指數的究的對象是由許多不能直接相加的和不能直接對比的要素所組成的複雜總體,反映的是該複雜總體數量隨時間發展變化的程度。因此,狹義的指數一般採用的是動態相對數以反映總體現象在不同期間的數量綜合差異(變動)程度。常見的狹義的指數有零售物價指數、工業產品產量指數、農產品收購價格指數等。

統計工作中編製的指數常指狹義的指數。

二、統計指數的性質

(一)綜合性

統計指數是綜合比較的方法,主要用於複雜社會經濟現象的綜合比較。簡單現象之間的比較屬於一般相對範疇,指數則屬於特殊相對數的範疇。因此,指數具有綜合的性質。

(二)相對性

統計指數反映的是複雜總體數量綜合變動的動態相對數,是由不同時期的總體數量對比得到的,具有相對性特徵。

(三)平均性

統計指數是平均意義上的數字,反映的是總體變動程度的平均值。

(四)代表性

統計指數的代表性特徵具有兩個含義。一是編製統計指數一般選取的是總體中具有代表性的個體進行研究;二是統計指數代表了該研究總體的總體變動程度。

三、統計指數的分類

從不同的角度出發,統計指數可以劃分為不同的類型。

(一)按照考察對象的範圍的不同,統計指數可分為個體指數和總指數

1. 個體指數

個體指數研究的是個別現象或個別項目數量變動的相對數。常見的個體指數包括個體數量指數、個體質量指數等。計算公式如下:

$$個體數量指數:i_q = q_1/q_0 \qquad (5.1)$$

$$個體質量指數:i_p = p_1/p_0 \qquad (5.2)$$

個體指數是計算總指數的基礎。

2. 總指數

總指數是綜合反映多種項目數量綜合變動的相對數,如產量總指數(I_q)、價格總指

數(I_p)等。由於多種事物的屬性不同,其數量不具有可加性和對比性,所以總指數的計算不能使用個體指數直接相加和直接對比的方法來實現,而需要使用特殊的總指數的編製方法。因此,總指數和個體指數的區別不僅在於研究範圍不同,也在於計算方法不同。

(二) 按照指數化指標性質的不同,統計指數可分為數量指標指數和質量指標指數

1. 數量指標指數

數量指標指數是反映數量指標變動程度的相對數,如商品產量指數、銷售量指數等。數量指標指數的指數化指標具有絕對數的形式,常用實物計量單位。

2. 質量指標指數

質量指標指數是反映品質指標變動程度的相對數,如產品價格指數、產品單位成本指數等。質量指標指數的指數化指標具有相對數或平均數的形式,常用貨幣計量單位。

(三) 按照計算形式的不同,統計指數可分為簡單指數和加權指數

1. 簡單指數

簡單指數把計入指數的各個項目的重要性視為相同,計算總指數時只需將個體的指數直接進行簡單平均數計算。

2. 加權指數

加權指數則對計入指數的各個項目依據重要程度賦予不同的權數,再進行加權平均計算。

實際應用中,有時由於缺少必要的權數資料,或者由於指數的編製頻率或時效性要求較高,也採用適當的簡單指數。

(四) 按照總指數的計算方法或表現形式的不同,統計指數可分為綜合指數與平均數指數

1. 綜合指數

綜合指數是通過確定同度量因素,把不同度量的現象過渡為同度量現象,採用科學方法計算出兩個時期的總量指標並進行對比形成的指數。編製綜合指數所採用的方式是「先綜合后對比」。

2. 平均數指數

平均數指數是從個體指數出發,通過對個體指數進行加權平均計算形成的指數。編製平均指數所採用的方式是「先對比后平均」。

第 2 節　綜合指數

一、綜合指數的含義和特點

綜合指數是兩個價值總量指標對比形成的指數,在總量指標中包含兩個或兩個以上的因素,將其中被研究因素以外的所有因素固定下來,僅觀察被研究因素的變動情況。綜合指數也是將不能直接相加的各種經濟變量通過乘以另一個與此有關的同度量因素

而轉變成可以相加的總指數，然后進行對比得到的相對數。綜合指數主要用於說明複雜現象的綜合變動。

指數化因素是指在指數分析中被研究的指標。例如，價格指數的指數化指標為價格，產量指數的指數化指標為產量。

同度量因素是指把不同度量的現象過渡成可以同度量的媒介因素，同時起到同度量和權數的作用。

綜合指數是每個個體指數進行綜合得出的指數，將個體指數進行綜合有兩種方法：一種是對個體指數的簡單匯總，不考慮權數，我們把這類指數稱為簡單綜合指數；另一種是編制總指數時考慮權數的作用，我們把這類指數稱為加權綜合指數。

二、綜合指數的編制方法

根據所採用公式的不同，綜合指數的編制方法包括簡單綜合指數和加權綜合指數兩種。

(一) 簡單綜合指數

簡單綜合指數將報告期的指標總和與基期的指標總和相對比的指數。簡單綜合指數的特點是先綜合，后對比。簡單綜合指數的計算公式如下：

$$I_p = \frac{\sum p_1}{\sum p_0} \tag{5.3}$$

$$I_q = \frac{\sum q_1}{\sum q_0} \tag{5.4}$$

式中，p 代表質量指標，q 代表數量指標；I_p 代表質量指標指數，I_q 代表數量指標指數；下標 1 表示報告期，下標 0 表示基期。

從簡單綜合指數的公式可以看出，簡單綜合指數將研究對象同等看待，具有很多的片面性。

例如，如果用簡單綜合指數編制衣服、青菜、黃金飾品三種商品的銷售量總指數，需要把三種商品報告期和基期的銷售量分別加總，再將兩個時期的銷售量進行對比。然而這三種商品的使用價值不同，計量單位也不一樣，如果銷售量是直接加總，是沒有實際意義的。同樣，若編制這三種商品的價格總指數，把各商品的價格加總也是沒有意義的。即使銷售量和價格單位相同能夠直接相加，但是由於數據數值本身大小的不同，直接相加的話，大的數會掩蓋小的數，這樣也不能真實反映總體的變化程度。

那麼該如何處理呢？這需要掌握兩個要點：第一個要點，引進同度量因素。利用同度量因素的作用將不同度量、不能直接相加的問題變成同度量、能直接相加的問題。例如，在編制銷售量總指數時，可以通過價格這個同度量因素，將銷售量轉化為可以加總的銷售額；在編制價格總數時，可以通過銷售量這個媒介因素，將價格轉化為可以加總的銷售額。第二個要點，將同度量因素固定起來，以單純反映被研究指標的變動情況。

將上述兩個要點結合，得到加權綜合指數。

(二) 加權綜合指數

根據前面的介紹得知,加權綜合指數是最有效的處理複雜總體的指數工具。加權綜合指數的編制方法可概括為:

(1) 先確定研究的指數化指標;
(2) 根據客觀現象間的內在聯繫,引入同度量因素;
(3) 為了消除同度量因素對研究指數化指標變動的影響,將引入的同度量因素固定在某一特定時期;
(4) 將兩個不同時期的總量指標對比,以測定指數化指標的數量變動程度。

這樣就得出了如下加權綜合指數的編制公式:

$$\text{銷售量指數}: I_q = \frac{\sum q_1 p}{\sum q_0 p} \tag{5.5}$$

$$\text{價格指數}: I_p = \frac{\sum q p_1}{\sum q p_0} \tag{5.6}$$

顯然,在銷售量指數中,價格 p 是權數;在價格指數中,銷售量 q 是權數。由此我們得到第一個結論,在加權綜合指數中,同度量因素同時起著權數的作用。

從綜合指數的概念可以看出,綜合指數的特點如下:

(1) 先綜合后對比,即先將不可加總的多種現象,借助同度量因素,使之過渡到能夠加總;
(2) 同度量因素在同一時期,即用於對比的兩個總數指標中的同度量因素必須固定在同一時期的水平上;
(3) 必須以全面資料為基礎,且分子、分母所包含的範圍必須一致。

三、常用的綜合指數

從公式5.5和公式5.6可知,同度量因素固定時間的選取有很多種可能,那麼權數到底應該固定在什麼時期呢? 不同實際情況和需要的編制者有不同的意見,使得加權綜合指數也有很多種不同形式或編制方法,其中最主要的有拉氏指數、帕氏指數、費希爾的理想指數、鮑萊指數、馬歇爾—埃奇沃斯指數、楊格指數這 6 種形式,尤其是拉氏指數和帕氏指數最為常用。

(一) 拉氏指數

拉氏指數是德國統計學家拉斯貝爾斯(Laspeyres)於 1684 年提出的一種指數計算方法。它在計算綜合指數時作為權數的同度量因素固定在基期。相應的計算公式為:

$$\text{拉氏數量指標指數}: L_q = \frac{\sum q_1 p_0}{\sum q_0 p_0} \tag{5.7}$$

$$\text{拉氏質量指標指數}: L_p = \frac{\sum q_0 p_1}{\sum q_0 p_0} \tag{5.8}$$

式中，L_q 表示數量指標指數，L_p 表示質量指標指數；p_0 和 p_1 分別表示基期和報告期的質量指標值；q_0 和 q_1 分別表示基期和報告期的數量指標值。不難發現，在上述公式中，$\sum p_0 q_0$ 是基期真實的總量，而 $\sum p_1 q_0$ 和 $\sum p_0 q_1$ 都是假設的總量。可見，指數的計算具有一定的假定性。

（二）帕氏指數

帕氏指數是由德國的另一位統計學家帕舍（H.Paasche）於 1874 年提出的一種指數計算方法。它在計算綜合指數時將作為權數的同度量因素固定在報告期。相應的計算公式為：

$$\text{帕氏數量指標指數：} P_q = \frac{\sum q_1 p_1}{\sum q_0 p_1} \tag{5.9}$$

$$\text{帕氏質量指標指數：} P_p = \frac{\sum q_1 p_1}{\sum q_1 p_0} \tag{5.10}$$

式中，P_q 表示數量指標指數，P_p 表示質量指標指數。也不難發現，在上述公式中，$\sum p_1 q_1$ 是報告期真實的總量，而 $\sum p_1 q_0$ 和 $\sum p_0 q_1$ 都是假設的總量。可見，指數的計算具有一定的假定性。

【例 5-1】某企業共生產三種不同的產品，有關的產量和單位成本資料如表 5-1 所示。

表 5-1　　　　　　　　某企業生產的三種產品的總成本資料

產品種類	計量單位	2014 年 產量	2014 年 單位成本（元）	2015 年 產量	2015 年 單位成本（元）
A 產品	件	270	65	340	50
B 產品	臺	32	1,000	35	800
C 產品	噸	190	400	150	330

要求：採用拉氏綜合指數和帕氏綜合指數編制三種產品的單位成本指數和產量指數。

解：

拉氏產量總指數計算如下：

$$L_q = \frac{\sum p_0 q_1}{\sum p_0 q_0} = \frac{65 \times 340 + 1,000 \times 35 + 400 \times 150}{65 \times 270 + 1,000 \times 32 + 400 \times 190} \approx 93.27\%$$

拉氏單位成本總指數計算如下：

$$L_p = \frac{\sum p_1 q_0}{\sum p_0 q_0} = \frac{50 \times 270 + 800 \times 32 + 330 \times 190}{270 \times 65 + 32 \times 1,000 + 190 \times 400} = \frac{101,800}{12,550} \approx 81.12\%$$

帕氏產量總指數計算如下：

$$P_q = \frac{\sum p_1 q_1}{\sum p_1 q_0} = \frac{340 \times 50 + 35 \times 800 + 150 \times 330}{50 \times 270 + 800 \times 32 + 330 \times 190} = \frac{94,500}{101,800} \approx 92.83\%$$

帕氏單位成本總指數計算如下：

$$P_p = \frac{\sum p_1 q_1}{\sum p_0 q_1} = \frac{340 \times 50 + 35 \times 800 + 330 \times 150}{340 \times 65 + 35 \times 1,000 + 400 \times 150} \approx 80.70\%$$

結果表明該企業生產的三種產品的產量和單位成本2015年相對於2014年都有所下降。按照拉氏指數計算的結果，三種產品產量平均下降6.73%，單位成本平均下降18.88%。按照帕氏指數計算的結果，三種產品產量平均下降6.17%，單位成本平均下降19.30%。

由以上的計算可以看到，使用不同時期 p 或 q 作為同度量因素所計算的產品產量指數和單位成本指數是不等的。一般情況下，拉氏指數總是不小於帕氏指數的，那麼應該選用哪個時期的價格作為同度量因素呢？

其實，在編制價格綜合指數時，選用哪一個時期的產量作為同度量因素，要根據分析研究的目的來決定。

(1) 如果只是為了反映產品價格總的變動方向，用基期產量作為同度量因素為好，因為它不包含產量因素變化的影響。

(2) 如果不僅是為了反映產品價格的總變動程度，同時還要分析由於產量變化帶來的實際經濟效益，就要用報告期產量作為同度量因素才能滿足要求。

一般情況下，在不否定指數合理性的前提下，為保證統計標準和歷史數據的一致性，編制產品價格指數，一般將同度量因素的產量固定在報告期。也就是說，編制質量指標指數一般採用帕氏指數。

同樣地，在編制數量綜合指數時，選用哪一個時期的產量作為同度量因素，也要根據分析研究的目的來決定。

(1) 如果只是為了反映產品銷售量總的變動方向，用基期價格作為同度量因素為好，因為它不包含價格因素變化的影響。

(2) 如果不僅是為了反映產品銷售量的總變動程度，同時還要分析由於價格變化帶來的實際經濟效益，就要用報告期價格作為同度量因素才能滿足要求。

一般情況下，編制數量指標綜合指數的一般原則，即編制數量指標指數時，多以基期的質量指標作為同度量因素。也就是說，編制數量指標指數一般採用拉氏指數。

為了綜合兩類指數，很多專家和學者都想出了各類方法改進指數。常見的改進指數有費希爾的理想指數、馬歇爾—埃奇沃斯指數、鮑萊指數、楊格指數等。

(三) 費希爾的理想指數

費希爾的理想指數是以拉氏指數與帕氏指數的幾何平均數來編制綜合指數的一種形式。這一指數是由沃爾什和庇古先后於1901年和1912年提出的，又由美國統計學家費希爾於1927年進行系統總結。其編制公式為：

$$F_p = \sqrt{\frac{\sum p_1 q_0}{\sum p_0 q_0} \cdot \frac{\sum p_1 q_1}{\sum p_0 q_1}}, \quad F_q = \sqrt{\frac{\sum q_1 p_0}{\sum q_0 p_0} \cdot \frac{\sum q_1 p_1}{\sum q_0 p_1}} \quad (5.11)$$

從上述公式可以看出，費希爾的理想指數是拉氏指數和帕氏指數的幾何平均數，結果介於兩類指數之間，較為理想，所以人們稱之為理想指數。

(四) 鮑萊指數

鮑萊指數是以拉氏指數與帕氏指數的算術平均數來編製綜合指數的一種形式。這一指數是由英國統計學家鮑萊提出的。其編製公式為：

$$B_p = \frac{1}{2}\left(\frac{\sum p_1 q_0}{\sum p_0 q_0} + \frac{\sum p_1 q_1}{\sum p_0 q_1}\right), \quad B_q = \frac{1}{2}\left(\frac{\sum q_1 p_0}{\sum q_0 p_0} + \frac{\sum q_1 p_1}{\sum q_0 p_1}\right) \quad (5.12)$$

從上述公式可以看出，鮑萊指數是拉氏指數和帕氏指數的算術平均數，結果介於兩類指數之間。

(五) 馬歇爾—埃奇沃斯指數

馬歇爾—埃奇沃斯指數是以同度量因素的基期與報告期數值的簡單算術平均數作為權數的一種綜合指數形式。這一指數是由英國經濟學家馬歇爾於 1887 年提出的，又由英國統計學家埃奇沃斯加以推廣。其編製公式為：

$$E_p = \frac{\sum p_1(q_0 + q_1)}{\sum p_0(q_0 + q_1)}, \quad E_q = \frac{\sum q_1(p_0 + p_1)}{\sum q_0(p_0 + p_1)} \quad (5.13)$$

從上面公式可以看出，馬歇爾—埃奇沃斯指數很難有明確的現實意義，所以在實際中很少應用。

(六) 楊格指數

楊格指數是將同度量因素固定在基期和報告期以外的某一特定期。這一指數是由英國學者楊格提出的。其編製公式為：

$$I_q = \frac{\sum q_1 p_n}{\sum q_0 p_n}, \quad I_p = \frac{\sum p_1 q_n}{\sum p_0 q_n} \quad (5.14)$$

楊格指數形式對於編製可比的指數具有重要作用，也有利於觀察較長時間內現象的發展變化態勢。

上面介紹了 6 種常見的編製綜合指數的形式。其實，完美的指數是不存在的，上述 6 種綜合指數各有利弊，實際應用中究竟採用哪種形式，要視具體情況和條件而定。

四、綜合指數的應用

(一) 股票價格指數

目前，金融指數產品創新層出不窮，指數期貨、指數期權、指數存托憑證、指數債券、指數存款等極大地豐富了金融市場，指數化投資逐漸成為證券市場的重要投資方式。作為金融指數的代表，股價指數最為大眾所熟悉和關注，國際上許多著名的股價指數都是

由專業指數公司編制和發布的。雖然股價指數編制原理相同，但是在具體問題上不同指數有各自的處理方法，這裡僅以中國的上證指數為例，簡要介紹股價指數的編制。

上證指數是由上海證券交易所編制並發布的指數系列，包括上證綜合指數、上證180指數、A股指數、B股指數等。其中，編制最早也最具典型意義的是上證綜合指數。該指數自1991年7月15日起正式發布，以1990年12月19日基日，基日為100點，以現有所有上市股票(包括A股和B股)為樣本，以報告期股票發行量為權數進行編制。上證綜合指數的計算公式為：

$$今日股價指數 = \frac{今日市價總值}{基日市價總值} \times 100$$

市價總值為收盤價乘以發行股數，遇發行新股或擴股時，需要進行修正。

上證綜合指數在編制上有以下幾個特點：

(1)上證綜合指數包括掛牌上市的所有股票。上證綜合指數的優點是能全面、準確地反映某個時點股票價格的全面變動情況，能廣泛考慮到行業分佈和不同公司的規模，具有廣泛的代表性。但是同時上證綜合指數也具有一些缺陷。一是敏感性差，不能及時反映主要上市公司股票價格對市場大勢的影響；二是只要有新股上市就要計入指數中，使得指數內部結構變動頻繁，影響了結構的穩定性和指數前後的可比性。

(2)上證綜合指數以發行量為權數，這也是國際上通行的做法，好處是比較全面。但中國股票發行中的法人股占到相當比重，且不能上市流通，這樣上證綜合指數所反映的只能是流通市場的潛在能量，而不是現實市場股價的綜合變動。

這說明，任何指數都是有局限性的，不可能依靠一個指數說明所有問題，需要其他一些數據補充說明。因此，中國的股票指數也是一個系列。在上證指數中，除上證綜合指數以外，還有上證180指數、A股指數、B股指數等股票指數做補充。認識到這一點，有助於我們科學地看待目前社會上發布的各種指數。

(二) 工業生產指數

工業生產指數是反映一個國家或地區工業產品產量綜合變動的數量指標指數。工業生產指數是西方國家普遍用來計算和反映工業發展速度的指標，也是景氣分析的首選指標。中國在1995年以前採用綜合指數中的楊格指數(固定期加權綜合指數)來編制工業生產指數。工業生產指數的計算公式為：

$$I_q = \frac{\sum q_1 p_n}{\sum q_0 p_n}$$

其中，p_n表示不變價格，其選取一般隨著時間的推移而產生變化。新中國成立後，中國先后採用過1952年、1957年、1965年、1970年、1980年和1990年的不變價格。但由於工業產品越來越多，更新換代也越來越快，不變價格工業生產指數漸漸暴露出不能真實反映工業發展速度的缺陷。因此，1995年以后工業生產指數逐漸被加權算術平均指數所代替。

第 3 節　平均數指數

一、平均數指數的含義和特點

平均數指數也是總指數的一個重要形式,是以個體指數為基礎,採用加權平均形式編制的總指數。平均數指數與綜合指數相比,只是由於掌握的資料不同,所採取的計算方法不同而已。平均數指數的計算的結果與經濟意義是完全一致的。平均數指數的實質是綜合指數的變形。平均數指數按其指數化因素的性質與平均方法不同,可以分為加權算術平均數指數和加權調和平均數指數兩種。

平均數指數的編制特點是先求得個體指數,再對個體指數平均得到總指數。與綜合指標相比,綜合指數是先綜合,再對比;而平均數指數是先對比,再綜合。

二、平均數指數的編制方法

(一) 簡單平均數指數

簡單平均數指數是先根據給出的信息資料計算各個體的個體指數,后將個體指數進行簡單平均得到的總指數。該方法的計算過程是先對比,后綜合,計算公式為:

$$I_p = \frac{\sum \frac{p_1}{p_0}}{n} \tag{5.15}$$

$$I_q = \frac{\sum \frac{q_1}{q_0}}{n} \tag{5.16}$$

從公式可以看出,簡單平均數指數克服了簡單綜合指數的部分缺陷,消除了不同商品價格水平的影響,可以反映各種商品的價格變動情況。但該指數將各研究個體同等看待,也有其嚴重的欠缺。我們都知道,不同商品對市場價格總水平的影響是不同的,而簡單平均數指數對各種商品平等看待是不合乎情理的。為了彌補簡單平均數指數的缺陷,這裡將介紹加權平均數指數。

(二) 加權平均數指數

加權平均數指數是以個體指數為基礎,通過對個體指數進行加權平均來編制的指數。具體而言,先計算所研究現象各個項目的個體指數,再根據所給的價值量指標(產值或銷售額)作為權數對個體指數進行加權平均。一般編制平均數指數時,人們常採用加權算術平均數和加權調和平均數,這樣就得到如下公式:

$$\text{加權算術平均數指數}: A_p = \frac{\sum \frac{p_1}{p_0} qp}{\sum qp} \quad A_q = \frac{\sum \frac{q_1}{q_0} qp}{\sum qp} \tag{5.17}$$

$$\text{加權調和平均數指數：} H_p = \frac{\sum qp}{\sum \frac{p_0}{p_1} qp} \qquad H_q = \frac{\sum qp}{\sum \frac{q_0}{q_1} qp} \qquad (5.18)$$

三、常用的加權平均數指數

在編制加權平均數指數時，核心是權數 qp，由於權數可以取不同時期，可以用做權數的就有 $q_0 p_0$ 和 $q_1 p_1$。這樣就有以下編制加權平均數指數的常見形式：

$$\text{基期加權算術平均數數量指數：} A_q = \frac{\sum \frac{q_1}{q_0} q_0 p_0}{\sum q_0 p_0} = \frac{\sum q_1 p_0}{\sum q_0 p_0} \qquad (5.19)$$

$$\text{基期加權算術平均數質量指數：} A_p = \frac{\sum \frac{p_1}{p_0} q_0 p_0}{\sum q_0 p_0} = \frac{\sum q_0 p_1}{\sum q_0 p_0} \qquad (5.20)$$

$$\text{報告期加權調和平均數數量指數：} H_q = \frac{\sum q_1 p_1}{\sum \frac{q_0}{q_1} q_1 p_1} = \frac{\sum q_1 p_1}{\sum q_0 p_1} \qquad (5.21)$$

$$\text{報告期加權調和平均數質量指數：} H_p = \frac{\sum q_1 p_1}{\sum \frac{p_0}{p_1} q_1 p_1} = \frac{\sum q_1 p_1}{\sum q_1 p_0} \qquad (5.22)$$

從上面推導可以看出，用基期權數 $q_0 p_0$ 計算的加權平均數指數類似於前面的拉氏指數，即公式(5.19)與公式(5.7)相同，公式(5.20)與公式(5.8)相同。用報告期期權數 $q_1 p_1$ 計算的加權平均數指數類似於前面的帕氏指數，即公式(5.21)與公式(5.9)相同，公式(5.22)與公式(5.10)相同。

那麼加權綜合指數和加權平均數指數之間就沒有差異了嗎？

事實上，加權綜合指數和加權平均數指數只是形式上是相同的，本質上還是有區別的。那麼，到底什麼時候採用加權綜合指數，什麼時候採用加權平均數指數呢？還要看能得到什麼樣的資料。從加權綜合指數的公式得知，如果能得到研究對象基期和報告期的數量指標和質量指標的全面資料，那就可以採用加權綜合指數。一般情況下，計算生產量指數屬於這種情況，因為生產量指數要包含所有產品的生產情況。但是如果不能得到全面資料，而只能得到一部分資料，那就只能採用加權平均數指數了。一般情況下，在計算價格指數時，是無法得到全面資料的，因為市場商品的項目成千上萬，全面統計做不到，就只能採取加權平均數指數了。我們只要收集到基期與報告期的價格數據，然後綜合每個研究對象的權重即可得出價格指數了。在加權平均數指數中，基期加權 = $\frac{q_0 p_0}{\sum q_0 p_0}$，報告期加權 = $\frac{q_1 p_1}{\sum q_1 p_1}$。

如果權數 $\dfrac{qp}{\sum qp}$ 相對穩定,就採用固定權數的方法,計算公式為:

$$\text{固定權數加權算術平均數指數}: I = \dfrac{\sum i\omega}{\sum \omega} \tag{5.23}$$

式中,i 為個體指數或類指數,ω_i 為權數。

四、平均數指數的應用

(一) 居民消費價格指數

居民消費價格指數(Consumer Price Index,CPI)是度量居民消費品和服務項目價格水平隨時間變動的相對數,反映居民家庭購買的消費品和服務價格水平的變動情況。該指數是分析經濟形勢、檢測物價水平,進行國民經濟核算的重要指標,也常用於測定通貨膨脹,在國民經濟生活中有著十分重要的作用。

中國居民消費價格指數的編制於 1926 年開始,當時指數的分類有食物、衣著、房租、燃料、雜項共 5 類,包括 37 種代表品,採用加權平均指數方法。新中國成立后,特別是改革開放后,中國居民消費價格指數的編制在不斷完善,分類越來越細、代表品越來越多、權數越來越貼近實際。

1.選擇代表規格品

代表規格品的選擇是在商品分類基礎上進行的,選擇的原則如下:

(1) 銷售數量(金額)大;

(2) 價格變動趨勢和變動程度有代表性,即中選規格品的價格變動與未中選商品的價格變動存在高度相關;

(3) 所選的代表規格品之間性質相隔要遠,價格變動特徵的相關性低;

(4) 選中的工業消費品必須是合格品,有註冊商標、產地、規格等級等標示。

代表規格品每年可適當更換,但更換數量的比例有限制,以保證代表規格品的穩定性。

2. 選擇調查點

主要採取「劃類選點」的方法確定抽選價格調查市縣和價格調查點。一般將城市轄區內所有城市以年平均工資為標準從高到低排序,並累計各城市的常住人口數量,然后依據所需的調查城市的數量進行等距抽樣。對於價格調查點,首先將各類商店、服務網點按人均銷售額、成交額和經營規模從高到低排序,然后累計銷售額、成交額和經營規模,進行等距抽樣。

3. 調查與計算價格

價格調查的原則如下:

(1) 同一規格品的價格必須同質可比;

(2) 掛牌價格與實際成交價格不一致時應採集實際成交價格;

(3) 與居民生活密切相關、價格變動較頻繁的商品應至少每 5 天調查一次價格,一般性商品每月調查 2~3 次,工業品每月調查 1~3 次,對於如電、公共交通和飲用水等政府

監督商品的價格一般每月調查 1 次。

價格調查方法採用定人、定點、定時直接調查,一般用簡單的算術平均法計算代表商品的平均價格。

4.權數的確定

居民消費價格指數的權數由全國樣本的 10 萬多個城鄉居民家庭消費支出構成確定。其中,省(自治區、直轄市)城市和農村權數分別根據全省(自治區、直轄市)城鎮居民家庭生活消費支出和農村居民家庭生活消費支出的現金支出資料整理計算。全國權數根據各省(自治區、直轄市)的權數按各地人均消費支出金額和人口數加權平均計算。大類、中類和小類的權數依次分層計算。

5.指數的計算

實際計算時,權數一經確定一年內不變,因此總指數是按固定權數加權平均計算的,計算公式為:

$$I_p = \frac{\sum i_p \omega_i}{\sum \omega_i} \tag{5.24}$$

式中,i 為代表規格品個體指數或各層的類指數;ω_i 為相對應的消費支出比重。

根據表 5-2、表 5-3 給出的資料,計算居民消費價格指數如下:

(1)根據表 5-3 可以求某種商品的個體價格指數,如稻米的價格指數計算如下:

$$i_p = \frac{p_1}{p_0} = \frac{2.8}{2.24} = 125\%$$

(2)將所有個體價格指數加權平均,得小類價格指數,如粗糧小類價格指數計算如下:

$$I_p = \frac{\sum i_p \omega_i}{\sum \omega_i} = \frac{108.0\% \times 76 + 104.\%8 \times 24}{100} = 107.2\%$$

表 5-2　　　　　　居民消費價格指數中權數額的確定　　　　　　單位:元

商品類別及項目	消費支出	權數 w			
		大類	中類	小類	單項商品
總計	35,000	100			
一、食品	2,170	62	100		
1.糧食	1,931		9	100	
(1)細糧	1,203			62	100
面粉	422				35
稻米	671				56
江米	25				2
掛面	85				7
(2)粗糧	728			38	100
玉米面	552				76

表5-2(續)

商品類別及項目	消費支出	權數 w			
		大類	中類	小類	單項商品
小米	176				24
2.澱粉及薯類	650		3		
……					
3.菜類	2,778		13		
……					
二、菸酒及用品	935	2			
三、衣著	4,900	14			
四、家庭用品及服務	2,030	6			
五、醫療及個人用品	1,085	3			
六、交通和通訊	770	2			
七、文娛用品及服務	1,435	4			
八、居住	2,145	6			

(3)將各小類價格指數加權平均得出中類價格指數,如糧食類指數計算如下:

$$i_p = \frac{\sum i_p \omega_i}{\sum \omega_i} = \frac{120.5\% \times 62 + 107.2\% \times 38}{100} = 115.5\%$$

(4)將各中類價格指數加權平均得出大類價格指數,如食品類指數計算如下:

$$i_p = \frac{\sum i_p \omega_i}{\sum \omega_i} = \frac{115.5\% \times 9 + 114.8\% \times 3 + 160.2\% \times 13 + \cdots}{100} = \frac{125}{100} = 125\%$$

(5)將各大類價格指數加權平均,即可得出總價格指數。

$$I_p = \frac{\sum i_p \omega_i}{\sum \omega_i} = \frac{122.287}{100} = 122.3\%$$

表 5-3　　　　　　　　居民消費價格指數計算表

商品類別及項目	規格等級	計量單位	平均價格		權數	指數	計算列
			P_0	P_1		$K_p = p_1/p_0$	$K_p W$
總計					100	122.30%	122.287
一、食品					62	125.00%	77.5
1. 糧食					9	115.50%	10.392
(1)細糧					62	120.50%	74.714
面粉	普通粉	千克	1.72	2	35	116.30%	40.698
稻米	標二	千克	2.24	2.8	56	125.00%	70
江米	標二	千克	2.74	2.9	2	105.80%	2.117
掛麵	高強粉	千克	2.73	3	7	109.90%	7.692

表5-3(續)

商品類別及項目	規格等級	計量單位	平均價格 P_0	平均價格 P_1	權數	指數 $K_p = p_1/p_0$	計算列 $K_p W$
(2)粗糧					38	107.20%	40.698
玉米麵	一等	千克	1.5	1.62	76	108.00%	82.08
小米	一等	千克	2.29	2.4	24	104.80%	25.153
2. 澱粉及薯類					3	114.80%	3.444
……					…	…	…
3. 菜類					13	160.20%	20.826
……					…	…	…
二、菸酒及用品					3	122.60%	3.678
三、衣著					14	127.40%	17.836
四、家庭用品及服務					6	110.60%	6.636
五、醫療及個人用品					3	121.50%	3.645
六、交通和通訊					2	116.40%	2.328
七、文娛用品及服務					4	105.80%	4.232
八、居住					6	107.20%	6.432

(二) 生產者價格指數

生產者價格指數(Producer Price Index, PPI)是測量在初級市場上的生產領域內工業企業產品出廠價格變動趨勢和變動程度的一種價格指數。生產者價格指數是根據每種商品在非零售市場上首次交易中的價格計算的。其計入的產品覆蓋了原始的、經過製造的和在各加工階段上加工的貨物，也包括製造業、農業、林業、漁業以及公用事業等的各類產出。其主要的目的是衡量企業購買的一籃子物品和勞務的總費用。由於企業最終要把它們的費用以更高消費價格的形式轉移給消費者，所以生產者價格指數的變動可以用來衡量消費物價指數的變動狀況。生產者價格指數與居民消費價格指數相比，主要區別在於選取的代表性商品所屬的類別不同，但計算過程與方法相同。

第4節　指數體系與因素分析

一、指數體系的概念

前面我們介紹了加權指數編制的一般方法。在實際應用中，不僅可以利用指數反映社會經濟現象數量的變動程度，而且還能借助由幾個指數組成的指數體系，對社會經濟現象之間的相互聯繫進行更深入的分析。分析方法的基點是進行因素分解，因素分解的對象可以是總量指數，也可以是平均數指數。

指數體系是指若干聯繫的指數在數量上形成一個整體，反映客觀事物本身的內在聯

繫。這種聯繫通常表現為數量指標指數與質量指標指數的乘積。

例如,由於:
$$銷售額 = 銷售量 \times 銷售價格$$
$$總產值 = 產量 \times 產品價格$$
$$總成本 = 產量 \times 單位產品成本$$
$$銷售利潤 = 銷售量 \times 銷售價格 \times 銷售利潤率$$

由此可得:
$$銷售額指數 = 銷售量指數 \times 銷售價格指數 \quad (5.25)$$
$$總產值指數 = 產量指數 \times 產品價格指數 \quad (5.26)$$
$$總成本指數 = 產量指數 \times 單位產品成本指數 \quad (5.27)$$
$$銷售利潤指數 = 銷售量指數 \times 銷售價格指數 \times 銷售利潤率指數 \quad (5.28)$$

其中公式(5.25)、公式(5.26)和公式(5.27)是兩因素指數體系,而公式(5.28)是三因素指數體系。作為方法的介紹,這裡只介紹總量指標的量因素分析。

在指數體系中,不僅各個指數之間存在上述的數量對等關係,而且各個指數所代表的絕對額變動之間也存在一定的數量對等關係。例如:

銷售額變化額 = 銷售量變化引起的銷售額變化額 + 價格變化引起的銷售額變化額

指數體系在統計分析中有著重要的作用。一是指數體系是因素分析法的依據,利用指數體系能夠從相對數和絕對數兩方面分析各因素變動對現象總體變動的方向與程度。二是利用指數體系還可進行指數之間的相互推算。

二、指數體系的因素分析

因素分析是指利用指數體系分析或測定客觀現象總變動中各因素變動的影響方向和程度。按分析指標的種類,因素分析可分為綜合指數因素分析和平均數指數因素分析。本節只介紹兩因素的綜合指數因素分析和兩因素的平均數指數因素分析。

因素分析法的分析步驟如下:

(1)建立指數體系,即總變動指數等於各影響因素指數的乘積;

(2)計算被分析指標的總變動;

(3)計算各影響因素變動的影響程度和絕對值;

(4)影響因素的綜合分析,如相對數分析、絕對數分析和文字說明。

(一) 綜合指數的因素分析

加權綜合指數由於所用權數所屬時期不同,可以形成不同的指數體系。指數體系的一般形式有兩種:

1. 將總量動態指數分解為拉氏數量指標指數與帕氏質量指標指數的乘積

總量動態指數 = 拉氏數量指標指數 × 帕氏質量指標指數,即

$$\frac{\sum p_1 q_1}{\sum p_0 q_0} = \frac{\sum q_1 p_0}{\sum q_0 p_0} \times \frac{\sum p_1 q_1}{\sum p_0 q_1} \quad (5.29)$$

公式(5.29)是綜合指數體系的相對數分析。與相對數形式對應的絕對數形式為:

$$\sum p_1q_1 - \sum p_0q_0 = \left(\sum q_1p_0 - \sum q_0p_0\right) + \left(\sum p_1q_1 - \sum p_0q_1\right) \quad (5.30)$$

2. 將總量動態指數分解為帕氏數量指標指數與拉氏質量指標指數的乘積

相對數形式：$\dfrac{\sum p_1q_1}{\sum p_0q_0} = \dfrac{\sum q_1p_1}{\sum q_0p_1} \times \dfrac{\sum p_1q_0}{\sum p_0q_0}$ \quad (5.31)

絕對數形式：$\sum p_1q_1 - \sum p_0q_0 = \left(\sum q_1p_1 - \sum q_0p_1\right) + \left(\sum p_1q_0 - \sum p_0q_0\right)$

(5.32)

實際分析中比較常用的是第一種分析方式，即將總量動態指數分解為拉氏數量指標指數與帕氏質量指標指數的乘積。

【例 5-2】某市場上四種蔬菜的銷售資料如表 5-4 所示。

表 5-4　　　　　　　　　四種蔬菜的銷售資料

品　種	銷售量（千克）基　期	銷售量（千克）報告期	銷售價格（元/千克）基　期	銷售價格（元/千克）報告期
白　菜	550	560	1.60	1.80
黃　瓜	224	250	2.00	1.90
蘿　蔔	308	320	1.00	0.90
西紅柿	168	170	2.40	3.00
合　計	1,250	1,300	—	—

(1) 用拉氏公式編制四種蔬菜的銷售量總指數；
(2) 用帕氏公式編制四種蔬菜的價格總指數；
(3) 用指數體系對數據進行因素分析。

解：(1) 拉氏銷售量總指數：$L_q = \dfrac{\sum p_0q_1}{\sum p_0q_0} = \dfrac{1.6 \times 560 + \cdots + 2.4 \times 170}{1.6 \times 550 + \cdots + 2.4 \times 168} \approx 104.2\%$

(2) 帕氏價格總指數：$P_p = \dfrac{\sum p_1q_1}{\sum p_0q_1} = \dfrac{1.8 \times 560 + \cdots + 3 \times 170}{1.6 \times 560 + \cdots + 2.4 \times 170} \approx 107.4\%$

(3) 報告期總銷售額為 2,281 元，基期總銷售額為 2,039.2 元。

總銷售額指數：$I_{pq} = \dfrac{\sum p_1q_1}{\sum p_0q_0} = \dfrac{2,281}{2,039.2} = 111.86\%$

總銷售額變動額 $= \sum p_1q_1 - \sum p_0q_0 = 2,281 - 2,039.2 = 241.8$（元）

這說明了報告期總銷售額比基期增加 11.86%，增加 241.8 元。

$$\dfrac{\sum p_1q_1}{\sum p_0q_0} = \dfrac{\sum q_1p_0}{\sum q_0p_0} \times \dfrac{\sum p_1q_1}{\sum p_0q_1}$$

$$\dfrac{2,281}{2,039.2} = \dfrac{2,124}{2,039.2} \times \dfrac{2,281}{2,124}$$

即 $111.86\% = 104.2\% \times 107.4\%$

報告期總銷售額比基期增加 11.86%，這個結果是由銷售量上升 4.2% 和價格上升 7.4% 共同影響的結果。

$$\sum p_1q_1 - \sum p_0q_0 = \left(\sum q_1p_0 - \sum q_0p_0\right) + \left(\sum p_1q_1 - \sum p_0q_1\right)$$

$2,281 - 2,039.2 = (2,124 - 2,039.2) + (2,281 - 2,124)$

$241.8 = 84.8 + 157$

總銷售額報告期比基期增加 241.8 元，是由銷售量上升使總銷售額增加 84.8 元和價格上升使總銷售額上升 157 元造成的。

(二) 平均數指數的因素分析

平均數指數的因素分析是分析各組水平數 x_i 與各組單位數在總體中的比重 $f_i / \sum f_i$ 的變動對平均指標 $\bar{x}$ 產生的影響。同度量因素的確定參照綜合指數一般原則。

1. 平均指標分解的指數體系

$$K = \frac{\dfrac{\sum x_1 f_1}{\sum f_1}}{\dfrac{\sum x_0 f_0}{\sum f_0}} = \frac{\dfrac{\sum x_0 f_1}{\sum f_1}}{\dfrac{\sum x_0 f_0}{\sum f_0}} \times \frac{\dfrac{\sum x_1 f_1}{\sum f_1}}{\dfrac{\sum x_0 f_1}{\sum f_1}} \tag{5.33}$$

其中：

$$\frac{\sum x_1 f_1}{\sum f_1} \div \frac{\sum x_0 f_0}{\sum f_0} \tag{5.34}$$

稱為可變組成指數，它綜合反映各組平均水平和總體的單位結構兩個因素影響平均指標變動的指數。

$$\frac{\sum x_0 f_1}{\sum f_1} \div \frac{\sum x_0 f_0}{\sum f_0} \tag{5.35}$$

稱為結構影響指數，它把兩個時期的各組平均水平固定，以純粹反映單位結構變動對總平均指標變動的影響程度。

$$\frac{\sum x_1 f_1}{\sum f_1} \div \frac{\sum x_0 f_1}{\sum f_1} \tag{5.36}$$

稱為固定組成指數，它把兩個時期的總體單位結構固定起來，單純表明各組平均水平的變動對總平均指標變動的影響程度。

公式 (5.36) 表明，可變組成指數 = 結構影響指數 × 固定組成指數。

2. 各項指數的分子與分母之差的因素分析體系

$$\frac{\sum x_1 f_1}{\sum f_1} - \frac{\sum x_0 f_0}{\sum f_0} = \left(\frac{\sum x_0 f_1}{\sum f_1} - \frac{\sum x_0 f_0}{\sum f_0}\right) + \left(\frac{\sum x_1 f_1}{\sum f_1} - \frac{\sum x_0 f_1}{\sum f_1}\right) \tag{5.37}$$

其中：

$\dfrac{\sum x_1 f_1}{\sum f_1} - \dfrac{\sum x_0 f_0}{\sum f_0}$ 是平均數的增長量；

$\dfrac{\sum x_0 f_1}{\sum f_1} - \dfrac{\sum x_0 f_0}{\sum f_0}$ 是結構變動對平均數的影響額；

$\dfrac{\sum x_1 f_1}{\sum f_1} - \dfrac{\sum x_0 f_1}{\sum f_1}$ 是各組水平變動對平均數的影響額。

【例 5-3】現以表 5-5 給出的資料為例說明平均數指數因素分析法。

表 5-5　　　　　　　　　平均數指數因素分析表

車間	職工人數(人) 基期 f_0	職工人數(人) 報告期 f_1	月平均工資(元) 基期 x_0	月平均工資(元) 報告期 x_1	工資總額(元) 基期 $x_0 f_0$	工資總額(元) 報告期 $x_1 f_1$	$x_0 f_1$
甲車間	72	66	705	780	50,760	51,480	46,530
乙車間	30	74	420	465	12,600	34,410	31,080
合　計	102	140	621.18	613.5	63,360	85,890	77,610

試分析：

(1) 總平均工資的變動情況；

(2) 平均工資降低由哪些原因引起？各因素的影響程度有多大？

解：表 5-5 中甲、乙兩車間月平均工資均有不同程度的上升，對總的月平均工資起著提高的作用。總的月平均工資仍然有所降低，原因在於高工資的甲車間人數比重由 70.59% 下降至 47.14%，低工資的乙車間人數比重由 29.41% 上升至 52.86%，即職工人數總體結構變化對總平均工資的影響。採用指數因素分析如下：

可變組成指數 $= \dfrac{\sum x_1 f_1}{\sum f_1} \div \dfrac{\sum x_0 f_0}{\sum f_0} = \dfrac{\bar{x}_1}{\bar{x}_0} = \dfrac{613.5}{621.18} = 98.76\%$

從上面的計算可知，兩車間報告期的月平均工資是基期平均工資的 98.76%。

平均每個工人減少工資 $= \dfrac{\sum x_1 f_1}{\sum f_1} - \dfrac{\sum x_0 f_0}{\sum f_0} = \bar{x}_1 - \bar{x}_0 = 613.5 - 621.18 = -7.68(元)$

結構影響指數 $= \dfrac{\sum x_0 f_1}{\sum f_1} \div \dfrac{\sum x_0 f_0}{\sum f_0} = \dfrac{\dfrac{77,610}{140}}{\dfrac{63,360}{102}} = \dfrac{544.36}{621.18} = 87.63\%$

$\dfrac{\sum x_0 f_1}{\sum f_1} - \dfrac{\sum x_0 f_0}{\sum f_0} = \dfrac{77,610}{140} - \dfrac{63,360}{102} = 544.36 - 621.18 = -76.82(元)$

上面的計算表明，由於各車間工人的結構發生變動，使總平均工資報告期比基期降低了 12.37%，平均每人減少工資 76.82 元。

$$固定構成指數 = \frac{\sum x_1 f_1}{\sum f_1} \div \frac{\sum x_0 f_1}{\sum f_1} = \frac{\frac{85,890}{140}}{\frac{77,610}{140}} = \frac{613.5}{544.36} = 112.70\%$$

$$\frac{\sum x_1 f_1}{\sum f_1} - \frac{\sum x_0 f_1}{\sum f_1} = \frac{85,890}{140} - \frac{77,610}{140} = 613.5 - 544.36 = 69.14(元)$$

上面的計算表明，由於各車間平均工資的變動，使總平均工資報告期比基期增加了 12.70%，平均每人增加工資 69.14 元。

綜合以上計算結果，平均工資指數體系如下：

98.76% = 87.63%×112.70%

−7.68 = −76.82+69.14

計算結果表明該廠全體職工月平均工資報告期比基期下降 1.24%，減少了 7.68 元。該變化是由於職工總體結構變化使之下降 12.37%，減少 76.82 元；兩車間平均工資水平變化使之上升 12.70%，增加 69.14 元這兩方面綜合影響的結果。

思考與練習

一、思考題

1. 什麼是統計指數？統計指數有什麼作用？統計指數有哪些性質？
2. 什麼是數量指標指數和質量指標指數？試舉例說明。
3. 綜合指數與平均指數有何不同特點？兩者之間有什麼聯繫？
4. 什麼叫同度量因素？其作用是什麼？確定同度量因素的一般原則是什麼？試舉例說明。
5. 為什麼說同度量因素具有一定的權數作用？它與平均指數中的權數有什麼區別？
6. 拉氏指數和帕氏指數各自有什麼特點？兩者之間的區別和聯繫有哪些？
7. 試闡述拉氏銷售量指數和帕氏價格指數各自的意義。
8. 什麼是統計指數系統？它有哪些構建的基本原則？有什麼作用？
9. 如何利用統計指數體系進行因素分析？試舉例說明。
10. 中國的居民消費價格指數是用什麼方法編制的？

二、選擇題

1. 下列屬於狹義指數的是(　　)。
   A. 企業職工工資總額指數　　　　B. 企業用水量指數
   C. 企業總產值指數　　　　　　　D. 企業產品出廠價格指數
2. 統計指數按其反映的對象範圍和採用的方法的不同可分為(　　)。

A. 簡單指數和加權指數　　　　B. 綜合指數和平均指數
C. 個體指數和總指數　　　　　D. 數量指標指數和質量指標指數

3. 統計指數按其反映的指數化指標性質的不同可分為(　　)。
A. 簡單指數和加權指數　　　　B. 綜合指數和平均指數
C. 個體指數和總指數　　　　　D. 數量指標指數和質量指標指數

4. 下列現象中具有同度量性質的是(　　)。
A. 不同商品的銷售量　　　　　B. 不同商品的價格
C. 不同商品的銷售額　　　　　D. 不同商品的單位成本

5. 先綜合後對比是(　　)的編制方法。
A. 數量指標指數　B. 質量指標指數　C. 綜合指數　D. 平均數指數

6. 先對比後平均是(　　)的編制方法。
A. 數量指標指數　B. 質量指標指數　C. 綜合指數　D. 平均數指數

7. 若用帕氏公式編制商品銷售價格指數,它反映的是(　　)。
A. 在基期的銷售量的條件下,所研究商品價格的綜合變動程度
B. 在報告期的銷售量的條件下,所研究商品價格的綜合變動程度
C. 在基期的價格的條件下,所研究商品銷售量的綜合變動程度
D. 在報告期的價格的條件下,所研究商品銷售量的綜合變動程度

8. 若要說明在價格上漲的情況下,居民為維持基期消費水平所需增加的開支額,應編制的指數是(　　)。
A. 拉氏價格指數　B. 拉氏物量指數　C. 帕氏價格指數　D. 帕氏物量指數

9. 若要在維持各品種產量實際的前提下,考察單位產品成本計劃的執行情況,所應採用的指數公式是(　　)。
A. 拉氏成本指數　B. 拉氏產量指數　C. 帕氏成本指數　D. 帕氏產量指數

10. 在計算加權綜合指數時,指數中分子和分母的權數必須是(　　)。
A. 不同時期的　B. 同一時期的　C. 基期的　D. 報告期的

11. 下面屬於價格指數的是(　　)。
A. $\dfrac{\sum p_1 q_1}{\sum p_0 q_1}$　B. $\dfrac{\sum p_1 q_1}{\sum p_0 q_0}$　C. $\dfrac{\sum p_1 q_1}{\sum p_1 q_0}$　D. $\dfrac{\sum p_0 q_1}{\sum p_0 q_0}$

12. 下面屬於數量指數的是(　　)。
A. $\dfrac{\sum p_1 q_1}{\sum p_0 q_1}$　B. $\dfrac{\sum p_1 q_1}{\sum p_0 q_0}$　C. $\dfrac{\sum p_1 q_1}{\sum p_1 q_0}$　D. $\dfrac{\sum p_1 q_0}{\sum p_0 q_0}$

13. 在現實經濟生活中,一般拉氏價格指數總是(　　)帕氏價格指數。
A. 不小於　B. 小於　C. 等於　D. 不能確定

14. 一般情況下,編制質量指標綜合指數時採用(　　)形式。
A. 帕氏指數　B. 費希爾指數　C. 拉氏指數　D. 楊格指數

15. 在掌握基期產值和各種產品價格個體指數資料的條件下,計算價格總指數要採用(　　)。

A. 加權綜合指數 　　　　　　　　B. 可變構成指數
C. 加權算術平均數指數　　　　　　D. 加權調和平均數指數

16. 用加權平均指數法編制質量指標總指數，一般採用的公式是(　　)。

A. $\dfrac{\sum p_1 q_1}{\sum p_0 q_1}$　　B. $\dfrac{\sum p_1 q_1}{\sum p_0 q_0}$　　C. $\dfrac{\sum \dfrac{p_1}{p_0} q_0}{\sum p_0 q_0}$　　D. $\dfrac{\sum p_1 q_1}{\sum \dfrac{q_0}{q_1} p_1 q_1}$

17. 通過計算化簡可以得到，基期加權的算術平均數指數等於(　　)。
A. 拉氏指數　　B. 帕氏指數　　C. 理想指數　　D. 鮑萊指數

18. 在計算範圍相互適應的條件下，計算期加權的調和平均數指數等於(　　)。
A. 拉氏指數　　B. 帕氏指數　　C. 理想指數　　D. 鮑萊指數

19. 在指數體系中，總量指數與各因素指數之間的相對數形式數量關係是(　　)。
A. 總量指數等於各因素指數之和　　B. 總量指數等於各因素指數之差
C. 總量指數等於各因素指數之積　　D. 總量指數等於各因素指數之商

20. 某超市 2015 年同 2014 年相比，所有商品的價格平均提高了 15%，銷售量平均下降了 15%，則商品銷售額(　　)。
A. 上升　　　　　　　　　　　　B. 下降
C. 保持不變　　　　　　　　　　D. 可能上升也可能下降

21. 某商場 2015 年與 2014 年相比，商品銷售額增長了 16%，銷售量增長了 18%，則銷售價格變動的百分比為(　　)。
A. 1.7%　　B. -1.7%　　C. 3.7%　　D. -3.7%

22. 消費價格指數反映的是(　　)。
A. 城鄉商品零售價格的變動趨勢和程度
B. 城鄉居民購買生活消費品價格的變動趨勢和程度
C. 城鄉居民購買服務項目價格的變動趨勢和程度
D. 城鄉居民購買生活消費品和服務項目價格的變動趨勢和程度

三、計算題

1. 某商場三種商品基期和報告期的價格與銷售量數據如表 5-6 所示。

表 5-6

商品名稱	計量單位	價格(元) 基期	價格(元) 報告期	銷售量 基期	銷售量 報告期
衣服	件	50	40	3,000	2,000
帽子	頂	20	25	80	90
鞋	雙	100	90	500	600

要求：
(1) 分別計算三種商品的價格和銷售量的個體指數。
(2) 編制該商場三種商品的銷售價格總指數，並說明其意義。

(3)編制該商場三種商品的銷售量總指數,並說明其意義。

(4)結合總指數編制過程,說明同度量因素是如何起權數作用的。

(5)觀察該商場的商品銷售額報告期比基期發生了怎樣的變化,試利用統計指數體系對這種變化的原因進行分析。

2. 某企業2014年、2015年三種產品的單位成本及產量數據如表5-7所示。

表5-7

產品名稱	計量單位	單位成本(元) 2014年	單位成本(元) 2015年 計劃	單位成本(元) 2015年 實際	產量(萬件) 2014年	產量(萬件) 2015年 計劃	產量(萬件) 2015年 實際
甲	千克	18	17	16	400	500	520
乙	套	10	8	8	100	120	150
丙	臺	17	16	15	80	100	100

要求:

(1)分別編制該企業2015年產品的單位成本和產量的計劃完成總指數,並觀察該企業2015年的產品實際總成本比計劃總成本發生了什麼變化,試利用統計指數體系分析發生這種變化的原因。

(2)分別編制該企業2015年相比2014年的單位成本和產量總指數,並觀察該企業2015年的產品實際總成本比2014年的產品總成本發生了什麼變化,試利用統計指數體系分析發生這種變化的原因。

3. 某超市報告期、基期三種商品的銷售額以及各種商品的銷售價格個體指數如表5-8所示。

表5-8

商品名稱	計量單位	基期銷售額(萬元)	報告期銷售額(萬元)	個體銷售價格指數(%)
A	米	800	960	105
B	千克	1,000	990	110
C	只	400	500	98

要求:

(1)編制該商場三種商品的銷售額總指數。

(2)利用基期銷售額作為權重編制該商場三種商品的銷售價格總指數。

(3)試根據(1)(2)的結果分析商品銷售總額變動的原因。

4. 某企業2015年9月份和2014年9月份的三種產品的銷售額以及各種產品銷售量變化情況如表5-9所示。

表 5-9

商品名稱	計量單位	銷售額(萬元) 2014年9月	銷售額(萬元) 2015年9月	報告期銷售量比基期增減幅度(%)	報告期銷售價格比基期增減幅度(%)
甲	米	2,000	2,500	+10	-5
乙	千克	4,000	4,600	+20	-10
丙	只	5,500	5,100	-15	+20

要求：

(1) 以2014年9月的銷售額數據為權數編制該企業三種商品銷售量總指數,並指出三種商品的銷售量同比變化情況。

(2) 以2015年9月的銷售額數據為權數編制該企業三種商品銷售價格總指數,並指出三種商品的銷售價格同比變化情況。

5. 某企業報告期、基期的職工人數和勞動生產率數據如表5-10所示。

表 5-10

車間	職工人數(人) 基期	職工人數(人) 報告期	勞動生產率(萬元/人·年) 基期	勞動生產率(萬元/人·年) 報告期
甲	200	190	30	35
乙	180	200	40	42
丙	120	160	45	48

要求：

(1) 計算該企業平均勞動生產率指數。

(2) 編制該企業勞動生產率的固定構成指數和結構變動影響指數。

(3) 利用統計指數體系分析該企業平均勞動生產率變動的原因。

(4) 計算該企業總產值指數。

(5) 利用統計指數體系分析該企業總產值變動的原因。

6. 某企業報告期、基期的產品產量、單位產品原材料消耗量與單位原材料價格數據如表5-11所示。

表 5-11

原材料名稱	計量單位	產品產量(萬件) 基期	產品產量(萬件) 報告期	單位產品原材料消耗量 基期	單位產品原材料消耗量 報告期	單位原材料價格(元) 基期	單位原材料價格(元) 報告期
木材	千克	85	90	21	19	8	9
布料	米	80	90	22	19	8	9

要求：

(1) 分別編制該企業產品產量總指數、單位產品原材料消耗量總指數和單位原材料價格總指數。

(2) 觀察該企業原材料消耗總額的變化情況。

(3) 分析產品產量和單位原材料價格變動對兩種原材料消耗總額變化影響的相對值和增減值。

7. 根據指數體系計算下列各題：
(1) 某種商品報告期比基期銷售額增加15%，價格上升5%，那麼銷售量怎麼變化？
(2) 某種商品報告期比基期銷售量增加15%，價格上升5%，那麼銷售額怎麼變化？
(3) 某種商品產量計劃規定比基期減少10%，但單位生產成本卻增加了10%，請問生產費用能完成計劃目標嗎？

8. 某公司下屬三個廠生產某種產品的情況如表5-12所示。

表5-12

	單位產品成本(元)		產量(千克)	
	上季度	本季度	上季度	本季度
A廠	9,600	9,520	46,500	49,300
B廠	10,100	10,150	30,000	32,000
C廠	11,200	10,800	16,500	20,000

根據資料計算可變組成指數、固定組成指數和結構影響指數，並分析單位成本水平和產量結構變動對總成本的影響。

四、案例思考題

哪個部門的效益更好

廣州航空郵件處理中心國際部為了評價其管轄的甲、乙兩個物流部門的經濟效益狀況，制定了評價指標體系。該物流系統評價的指標通常分為物流成本、客戶服務、生產效率、管理水平和物流質量五種。

(一) 物流成本

物流系統評價的最直接反應是完成特定運作目標所發生的真實成本。物流成本評價的代表性指標是以總金額(元)表示的銷售量的百分比或每個單位數量的成本，代表性指標有運輸成本、倉儲費用、配送成本和管理成本。

(二) 客戶服務

物流系統評價第二組常用的指標是客戶服務，它考察了一個公司滿足客戶的相對能力。代表性的客戶服務指標有運送錯誤、客戶反饋和及時發運。

(三) 生產效率

生產效率是衡量物流系統評價的一個重要指標。生產效率是指固定投入量下，製造過程的實際產出與最大產出兩者間的比率。可反映出達到最大產出、預定目標或是最佳營運服務的程度，也可衡量經濟個體在產出量、成本、收入、利潤等目標下的績效。常用的指標有勞動生產率指標、流動資產週轉率指標以及總資產週轉率指標。

(四) 管理水平

科學的管理水平就是符合企業客觀規律的管理準則或標準，也就是能使企業持續穩定發展的管理方法或者模式。管理水平的代表性指標有業務流程、管理創新、組織結構、員工培訓、規章制度等。

(五)物流質量

物流質量指標是指向全過程評估的最主要指標,它用來確定一系列活動的效率而不是個別的活動。然而由於質量指標範圍廣泛,所以很難衡量,較為常用的指標有貨損貨差、準時送達、訂單差錯和客戶退貨等。

試設計方案以確定各評價指標的權重,收集數據對兩個部門的公司評價系統進行評價。

第 6 章　概率及抽樣分佈

學習目標：

- 掌握概率的含義以及常見隨機變量的概率分佈
- 熟練掌握正態分佈的相關性質和概念
- 理解抽樣分佈的含義及總體分佈、樣本分佈和抽樣分佈之間的關係
- 掌握常用統計量特別是樣本均值的抽樣分佈

本章重點：

- 掌握常見隨機變量特別是正態變量的概率分佈
- 掌握統計量特別是樣本均值的抽樣分佈

本章難點：

- 概率的相關計算、統計量的抽樣分佈

客觀世界中，人們必須面對成千上萬的問題（或現象），其中許多問題（或現象）都沒有確定的答案，具有不確定性。統計研究問題（或現象）時，從總體中抽取樣本，並根據樣本信息來推斷總體數量特徵，其推斷結果也具有不確定性，這都需要應用概率論的理論和方法。本章將介紹概率的基本概念、常見的概率分佈及其數字特徵、基本的抽樣組織形式、常見的抽樣分佈等。

第 1 節　隨機變量及其概率分佈概述

一、隨機變量及其概率分佈的概念

（一）隨機現象、隨機試驗及其隨機事件

客觀世界存在各種現象，其中一類現象在一定條件下可能出現這種結果，也可能出現那種結果，事前無法確定。例如，拋出一枚硬幣得到正面還是反面、擲一顆骰子出現的點數、高速公路收費站通過的車輛數、每天光臨某商場的顧客數、金融危機中陷入破產的銀行機構數等。我們將這類具有不確定性或偶然性的現象稱為隨機現象或偶然現象。

對於隨機現象，儘管有偶然性的一面，但是也有規律性的一面。為了研究隨機現象的規律性，就需要在一定條件下對隨機現象進行觀察或試驗，記錄所出現的結果，這稱之

為隨機試驗。

隨機試驗中可能出現或可能不出現的結果稱為隨機事件,簡稱事件,常用大寫英文字母 A、B、C 等來表示。就一定研究目的而言,隨機事件中不能再被分割的事件稱為基本事件或簡單事件,由若干基本事件組合而成的事件稱為複合事件。例如,擲一顆骰子觀察點數的實驗中,擲得 1 點、2 點、3 點 …… 為基本事件,而擲得一個偶數點為擲得 2 點、4 點、6 點構成的複合事件。從幾何意義上看,在一項隨機實驗中,每一個基本事件稱為樣本點,而所有基本事件的集合稱為樣本空間,常用符號 Ω 表示。例如,在上述擲骰子實驗中,樣本空間 $\Omega = \{1,2,3,4,5,6\}$。

在每次實驗中都必然發生的事件成為必然事件,而在每次實驗中都必然不發生的事件成為不可能事件。例如,在上述擲骰子實驗中,樣本空間 Ω 是一個必然事件,點數大於 6 為不可能事件。顯然,必然事件和不可能事件都不是隨機事件,但為討論方便,通常將它們包括在隨機事件內作為兩個極端看待。

(二) 隨機事件的概率

對於一項隨機實驗,隨機事件可能出現也可能不出現。雖然我們無法肯定哪一個事件會出現,但是可以瞭解事件出現的可能性大小,並加以度量。

用來度量隨機事件在隨機實驗中出現的可能性大小的數值稱為隨機事件的概率。隨機事件 A 出現可能性大小的數值 $p(A)$ 稱為事件 A 的概率。概率 $p(A)$ 越大,表示事件 A 發生的可能性就越大;反之亦然。

基於對概率的不同解釋,概率的定義主要有古典概率、統計概率和主觀概率。

1. 古典概率

研究隨機現象時,有這樣一類隨機實驗。例如,拋擲一枚質地均勻的硬幣,會出現兩個結果,即「正面」和「反面」,共有兩個基本事件,則這兩個基本事件出現的可能性是相等的。也就是說,正反面出現的概率都是 1/2。這類隨機實驗具有以下兩個特徵:

(1) 實驗結果的個數即基本事件的總數是有限的;
(2) 每個基本事件出現的可能性相等。

具有上述兩個特徵的隨機實驗稱為等可能隨機實驗或古典概型。

在古典概型中,事件 A 所包含的基本事件個數 (m) 與樣本空間中基本事件總數 (n) 的比值稱為事件 A 的概率,記為:

$$p(A) = \frac{\text{事件 A 所包含的基本事件個數}}{\text{樣本空間中基本事件總數}} = \frac{m}{n} \tag{6.1}$$

這就是古典概率或稱為先驗概率。

2. 統計概率

在許多隨機實驗中,事件出現的可能性大小需要大量的觀察才能判斷。例如,某企業生產的產品,一般是合格品,偶爾也可能是次品,故「生產的產品為合格品」是一隨機事件。現從中抽選 10 件產品,觀察其中合格品數量為 7 件,能否據此判斷這一隨機事件出現的可能性大小,即頻率為 0.7 呢?當然不行。我們只能將這個結果歸咎於偶然。只有當抽選次數相當多時,頻率穩定在一個固定值附近,才能用來描述「生產的產品為合格

品」這一隨機事件出現的可能性的大小。

由此可見，由於隨機事件的出現具有偶然性，只有試驗次數充分時，事件出現的頻率才具有穩定性。頻率所穩定的這個常數是隨機事件出現可能性大小的一個客觀的度量，這個常數稱為統計概率或后驗概率。

若在相同條件下重複進行的 n 次實驗中，事件 A 發生了 m 次，當實驗次數 n 很大時，事件 A 發生的頻率 m/n 穩定地在某一常數 p 上下波動，且波動的幅度逐漸減小。那麼，定義 p 為事件 A 發生的概率，記為：

$$p(A) = p \approx \frac{m}{n} \tag{6.2}$$

3. 主觀概率

有些隨機事件出現的可能性的大小既不能通過等可能事件個數來計算，也無法根據大量重複實驗的頻率來估計。例如，某型號客機產生某種機械故障的可能性、滬深股市股票指數明天漲跌情況如何、某公司開發的新產品能否贏利等。這些隨機事件出現的可能性大小只能依據人們的主觀感覺或見解來判定。因此，凡是依據人們的主觀判斷而估計的隨機事件出現的可能性大小稱為主觀概率。

(三) 隨機變量的概念

針對一項隨機實驗，可以發現實驗中可能出現也可能不出現的結果(事件)可以用數量加以描述。有的可以直接用數量標示，如拋擲一枚骰子，可能出現的點數為 1，2，3，4，5，6；有的不能直接用數量來標示，但可以通過人為地給不同結果賦值而轉化為用數量來標示，如在生產線上檢驗產品質量，可能出現的「合格」指定為 1，可能出現的「不合格」指定為 0，從而實現隨機事件的數量描述。

既然隨機實驗的每個可能結果(事件)都可以給予數量的標示，一個可能結果對應一個數值，那麼所有可能結果就可以用一個變量來描述。由於隨機因素的作用，這種變量的取值事先不能確定，而隨抽樣結果取不同的值，因此稱為隨機變量。隨機變量常用大寫字母 X、Y、Z 等表示，其具體取值通常用相應的小寫字母 x、y、z 等表示。

隨機變量取值的情況可以不同。如果變量的所有取值為有限或無限可列個值，稱為離散型隨機變量。例如，抽選 50 個人判定其中「左撇子」的人數、一批產品中出現次品的件數、某飯店 10 分鐘裡前來光顧的顧客人數等。離散型隨機變量通常產生於計數的實驗中。如果變量的所有取值是一定區間內任一數值，稱為連續型隨機變量。例如，一批零件加工尺寸偏差、一批電子產品的使用壽命等。連續型隨機變量通常產生於測量的實驗中。

(四) 隨機變量概率分佈的概念

通過對隨機變量的描述，我們可以看到隨機變量是建立在隨機事件基礎上的一個概念。既然隨機事件出現的可能性大小對應於一定的概率，那麼隨機變量也應對應於一定的概率取各種可能值。因此，我們可以用隨機變量取所有可能值及其對應的概率來對隨機變量的變化規律進行描述，這種隨機變量的取值的概率分佈情況，稱為隨機變量的概率分佈，簡稱分佈。分佈有兩種，即離散型隨機變量構成離散型概率分佈，連續型隨機變

量構成連續型概率分佈。

1. 離散型隨機變量的概率分佈

設 X 為一離散型隨機變量,可能取值 $x_1, x_2, x_3, \cdots$ 其相應的概率為 $p_1, p_2, p_3, \cdots$ 那麼,$P(X = x_i) = p_i, (i = 1, 2, \cdots)$。$X$ 的所有可能取值 x_i 與其概率 $p_i (i = 1, 2, 3 \cdots)$ 之間的對應關係為隨機變量 X 的概率分佈。其中,$P(X = x_i) = p_i$ 是離散型隨機變量 X 的概率函數。

若用表格形式表示,稱為分佈列,如表 6-1 所示。

表 6-1　　　　　　　　　離散隨機變量 X 的概率分佈

x	x_1	x_2	…	…	…	x_n
p_i	p_1	p_2	…	…	…	p_n

【例 6-1】一部電梯在一周內發生故障的次數 X 及相應的概率如表 6-2 所示。

表 6-2　　　　　　　一部電梯一周發生故障的次數及其概率分佈

故障次數 ($X = x_i$)	0	1	2	3	4
概率 $P(X = x_i) = p_i$	0.05	0.09	0.03	0.42	0.41

註:上表的第二行概率 P 的計算用到了概率與頻率的關係:

$$p_i \approx v_i$$

其中,p_i 是各故障次數出現的概率,v_i 是各項次數出現的周數占總周數的百分比。

【例 6-2】對於拋骰子,隨機變量 x 表示「出現標號為 i 的面」,求其概率分佈。

解:隨機變量 X 可以取 1~6 共 6 個自然數,概率都是 1/6。概率分佈表如表 6-3 所示。

表 6-3　　　　　　　　　　拋骰子的概率分佈

$X = x_i$	1	2	3	4	5	6
$P(X = x_i) = p_i$	1/6	1/6	1/6	1/6	1/6	1/6

顯然,離散型隨機變量的概率分佈具有如下性質:

(1) $p_i \geq 0 \quad (i = 1, 2, 3, \cdots)$

(2) $\sum_{i=1}^{n} p_i = 1$

離散型隨機變量概率分佈可用分佈函數 $F(x)$ 描述,定義為:

$$F(x) = P(X \leq x) = \sum_{x_i \leq x} p_i \tag{6.3}$$

2. 連續型隨機變量的概率分佈

由於連續型隨機變量的取值為某一區間的任意值,自然無法列出每一個及相應的概率,通常用數學函數的形式來描述。

用來表示連續型隨機變量概率分佈的函數 $f(x)$ 稱為概率密度函數,簡稱概率密度。

概率密度具有如下性質：

(1) $f(x) \geq 0$

(2) $\int_{-\infty}^{+\infty} f(x)dx = 1$

(3) $P(a < X < b) = \int_a^b f(x)dx$

連續型隨機變量概率分佈也可用分佈函數 $F(x)$ 描述，定義為：

$$F(x) = P(X \leq x) = \int_{-\infty}^x f(x)dx \qquad (6.4)$$

（五）隨機變量的數字特徵

對於一個隨機變量來說，概率分佈是對它最完善的描述。知道了隨機變量的概率分佈，就掌握了其取值的概率規律。在實際應用中，有些隨機變量的概率分佈是很難掌握的，有時也不必掌握隨機變量概率分佈的全貌，只需要知道其主要分佈特徵。

通過前面章節的學習，我們知道可以利用均值來反映數據的集中趨勢特徵，用方差來反映數據的離散程度。對於隨機變量也可以用類似的方法，最常用的是數學期望、方差和標準差。

1. 隨機變量的數學期望

隨機變量 X 的數學期望又稱均值，是隨機變量平均水平或集中程度的量度，常記作 $E(X)$ 或 μ。

對於離散型隨機變量 X，其數學期望計算公式為：

$$E(X) = \sum_{i=1}^n x_i p_i \qquad (6.5)$$

對於連續型隨機變量 X，其數學期望計算公式為：

$$E(X) = \int_{-\infty}^{\infty} xf(x)dx \qquad (6.6)$$

2. 隨機變量的方差和標準差

隨機變量 X 的方差是它的各個可能取值與均值的離差平方的均值，即 $E(X-\mu)^2$，是隨機變量離散程度的量度，常記作 $D(X)$ 或 σ^2。

對於離散型隨機變量 X，其方差計算公式為：

$$D(X) = \sum_{i=1}^n (x_i - \mu)^2 p_i \qquad (6.7)$$

對於連續型隨機變量 X，其方差計算公式為：

$$D(X) = \int_{-\infty}^{\infty} (x - \mu)^2 f(x)dx \qquad (6.8)$$

方差的平方根就是標準差，常記作 $\sqrt{D(X)}$ 或 σ。

二、常見離散型隨機變量的概率分佈

離散型隨機變量有許多重要的概率分佈，下面介紹幾種在實際中常見的離散型隨機變量的概率分佈。

(一) 0-1 分佈(兩點分佈)

【例 6-3】一批產品的廢品率為 5%,從中任意抽取一個進行檢驗,用隨機變量 X 來描述廢品出現的情況並寫出 X 的分佈。

解:用 X 表示抽取廢品的個數,則 X 只可能取 0 與 1 兩個值。「$X=0$」表示「產品為合格品」,$P\{X=0\}=1-5\%=95\%$;「$X=1$」表示「產品是廢品」,即 $P\{X=1\}=5\%$,概率分佈如表 6-4 所示。

表 6-4　　　　　　　　　　　廢品出現的概率分佈

$X = x_i$	0	1
$P(X = x_i) = p_i$	0.95	0.05

也可以用等式表示:
$$P\{X=x\} = (5\%)^x (1-5\%)^{1-x}, \ x=0,1$$

一般地,只有可能取兩個值的隨機變量所服從的分佈,稱為兩點分佈。其概率分佈為:
$$P\{X=x_i\} = p_i \qquad (x=1,2)$$

特別地,只取 0 和 1 兩個值的隨機變量所服從的分佈,稱為 0-1 分佈。其概率分佈為:
$$P\{X=x\} = p^x (1-p)^{1-x} \qquad x=(0,1) \tag{6.9}$$

其中,$0 \le p \le 1$。

(二) 幾何分佈

【例 6-4】定期發行的某種獎券,中獎率為 p。某人每次購買 1 張獎券,如果沒有中獎下次再繼續購買 1 張,直至中獎為止。每張獎券是否中獎是相互獨立的。求該人購買次數 X 的分佈。

解:「$X=1$」表示第一次購買的獎券中獎,依題意 $P\{X=1\}=p$;「$X=2$」表示購買兩次獎券,第一次未中獎,其概率為 $1-p$,而第二次中獎,其概率為 p,由於各期獎券中獎與否是相互獨立的,所以 $P\{X=2\}=(1-p)p$……

一般地,假設每張獎券是否中獎是相互獨立的,用「$x=i$」表示購買 i 次,前 $i-1$ 次都未中獎,而第 i 次中獎,其概率為:
$$P\{X=i\} = (1-p)^{i-1}p$$

如果 X 的概率分佈為:
$$P(X=i) = (1-p)^{i-1}p \qquad i=1,2,\cdots,n,\cdots \tag{6.10}$$

不難驗證,$\sum_{i=1}^{\infty} p(1-p)^{i-1} = 1$。

那麼,稱具有(6.10)式概率分佈的隨機變量服從幾何分佈。

(三) 二項分佈

研究隨機現象時,我們會發現許多實驗與拋擲硬幣的實驗相似,每次實驗只有兩種

可能的結果。例如,觀眾是否喜歡觀看某類電視節目、企業生產的產品是否合格、普通民眾是否認為環保重要、消費者是否滿意通信產品售後服務等。這類實驗稱為伯努利實驗。若將伯努利實驗獨立地重複進行 n 次,則該實驗稱為 n 重伯努利實驗。具體地講,n 重伯努利實驗滿足下列條件:

(1) 每次實驗只有兩種可能結果,一種稱為成功,另一種稱為失敗。通常把研究者感興趣的結果定義為成功,失敗則是成功的反面。

(2) 每次實驗的概率都相同,「成功」的概率為 P,失敗的概率為 $Q = 1 - P$。

(3) 每次實驗之間相互獨立。

那麼,以 X 表示 n 次獨立重複實驗中「成功」的次數,則 X 為離散型隨機變量,其概率分佈為:

$$P(X = x) = C_n^x P^x (1-P)^{n-x} = \frac{n!}{x!(n-x)!} P^x (1-P)^{n-x} \quad (x = 0,1,2,\cdots,n)$$

(6.11)

我們稱 X 服從參數 n, p 的二項分佈,記為 $X \sim B(n, p)$。

二項分佈的數學期望和方差分別為:

$$E(X) = np \tag{6.12}$$

$$D(X) = np(1-p) \tag{6.13}$$

【例 6-5】根據人力資源和社會保障部的研究,2008 年全國城鎮登記失業率為 4.2%。現隨機對 20 個人進行電話調查。

試求:

(1) 沒有人失業的概率。

(2) 有 1 個人失業的概率。

(3) 有 2 個或 2 個以下的人失業的概率。

解:據題意,該項調查為 20 重伯努利實驗。在 20 個人中失業人數 $X \sim B(20, 0.042)$。那麼所求概率為:

$P(X = 0) = C_{20}^0 \times 0.042^0 \times (1 - 0.042)^{20-0} = 0.423\,9$

$P(X = 1) = C_{20}^1 \times 0.042^1 \times (1 - 0.042)^{20-1} = 0.371\,7$

$P(X \leq 2) = P(X = 0) + P(X = 1) + P(X = 2)$

$\qquad\qquad = 0.423\,9 + 0.371\,7 + 0.154\,8$

$\qquad\qquad = 0.950\,4$

二項分佈的概率計算可用 Excel 的函數功能。下面以例 6-5 中 $P(X = 1)$ 的計算為例。

用 Excel 的函數功能計算二項分佈的概率的主要操作步驟(以例 6-5 為例)如下:

第一步:點擊表格界面上的粘貼函數 f_x 命令,或點擊「插入」菜單下的「f_x 函數」。

第二步:在彈出的「插入函數」對話框的「選擇類別」中點擊「統計」,在「選擇函數」中點擊「BINOMDIST」,然後確定。

第三步:在彈出的「函數參數」對話框中,第一個框 *Number-s* 鍵入 X 的值(本例為 1),第二個框 *Trials* 鍵入 n 的值(本例為 20),第三個框 *Probability-s* 鍵入 p 的值(本例為

0.042)，第四個框 *Comulative* 鍵入「0」（或「*false*」），確定后計算結果就會顯示出來。

注意：如果計算累計概率（如 $X < 5$），在第四個框鍵入「1」（或「*true*」）。

當然也可在確定的單元格中，順次輸入函數名和參數值，如輸入「= BINOMDIST(1, 20, 0.042, 0)」，確定后即可得計算結果。

（四）泊松分佈

泊松分佈是另外一種離散型分佈，是根據法國數學家丹尼斯·泊松（Poisson）的名字命名的。泊松分佈適合於描述單位時間（或空間）內隨機事件發生的次數。如某一服務設施在一定時間內到達的人數、電話交換機接到呼叫的次數、汽車站臺的候車人數、機器出現故障的次數、自然災害發生的次數、一塊產品上的缺陷數、顯微鏡下單位分區內的細菌分佈數等。

泊松分佈主要用於描述在單位時間（空間）中稀有事件的發生數，即需滿足以下四個條件：

(1)給定區域內的特定事件產生的次數，可以是根據時間、長度或面積來定義；
(2)各段相等區域內的特定事件產生的概率是一樣的；
(3)各區域內事件發生的概率是相互獨立的；
(4)當給定區域變得非常小時，兩次以上事件發生的概率趨向於 0。

設 X 為一離散型隨機變量，泊松分佈的概率分佈為：

$$P(X = x) = \frac{\lambda^x}{x!} e^{-\lambda} \qquad (x = 0, 1, 2, \cdots, \lambda > 0) \tag{6.14}$$

其中，λ 為給定時間間隔內事件的平均值。

泊松分佈的數學期望和方差分別為：

$$E(X) = \lambda \qquad D(X) = \lambda \tag{6.15}$$

【例 6-6】假設某商業銀行周一早晨平均 5 分鐘有 2 個顧客光臨。要求：
(1)計算 X 的均值和標準差。
(2)計算一周早晨 5 分鐘內恰有 3 個顧客光臨的概率是多少？

解：設 $X = $「光臨銀行的顧客人數」。根據題意，$X$ 服從泊松分佈。
(1)根據公式，X 的均值和方差均為 2，即 $E(X) = 2$，標準差 $= \sqrt{D(X)} = \sqrt{2} = 1.414$。

(2) X 的概率分佈為：

$$P(X = x) = \frac{\lambda^x}{x!} e^{-\lambda}$$

$$P(X = 3) = \frac{2^3}{3!} e^{-2} = 0.180, 4$$

在 n 重伯努利試驗中，當成功的概率很小（即 $p \to 0$），試驗次數很大時，二項分佈可近似等於泊松分佈。

$$C_n^x P^x (1 - P)^{n-x} \approx \frac{\lambda^x}{x!} e^{-\lambda}$$

在應用中,當 $p \leq 0.25, n \geq 20, np \leq 5$ 時,用泊松分佈近似二項分佈效果良好。

利用 Excel 計算泊松分佈概率的主要操作步驟(以例 6-6 為例)如下:

第一步:點擊表界面上的粘貼函數 f_x 命令,或點擊「插入」菜單下的「f_x 函數」。

第二步:在彈出的「插入函數」對話框的「選擇類別」中點擊「統計」,在「選擇函數」中點擊「POISSIN」,然后確定。

第三步:在彈出的「函數參數」對話框中,第一個框鍵入 X 的值(本例為 3),第二個框 Means 鍵入的 λ 值(本例為 2),第三個框 Cumulative 鍵入「0」(或「false」),確定后計算結果就會顯示出來。

注意:如果計算累計概率(如 $X \leq 5$),第三個框鍵入「1」(或「true」)。

也可在確定的單元格中,順次輸入函數名和參數值,如輸入「=POISSON(3,2,0)」,確定后即可得計算結果。

三、常見連續型隨機變量的概率分佈

由於連續型隨機變量可以取某一區間或整個實數軸上的任意一個值,因此我們不能像對離散型隨機變量那樣列出每一個值及其相應的概率,而必須用其他的方法,通常用數學函數的形式和分佈函數的形式來描述。當用函數 $f(x)$ 來表示連續型隨機變量時,我們將 $f(x)$ 稱為概率密度函數。

概率密度函數應滿足下列兩個條件:

(1) $f(x) \geq 0$

(2) $\int_{-\infty}^{\infty} f(x) dx = 1$

在連續分佈的情況下以曲線下面的面積表示概率,如隨機變量 X 在 a 與 b 之間的概率可以寫成:

$$P(a < X < b) = \int_a^b f(x) dx \quad (6.16)$$

即圖 6-1 中陰影部分的面積。

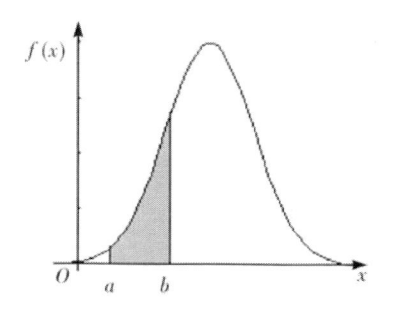

圖 6-1 概率 $P(a < X < b)$

連續型隨機變量的概率也可以用分佈函數 $F(x)$ 來表示,分佈函數定義為:

$$F(x) = P(X \leq x) = \int_{-\infty}^{x} f(t) dt, \ -\infty < x < +\infty \quad (6.17)$$

這也是建立在密度函數 $f(x)$ 的基礎之上的，因此 $P(a < X < b)$ 也可以寫成：

$$P(a < X < b) = \int_a^b f(x)dx = F(b) - F(a) \tag{6.18}$$

顯然，連續型隨機變量的概率密度函數是其分佈函數的導數，即 $f(x) = F'(x)$。

連續型隨機變量的期望值與方差分別定義為：

$$E(X) = \int_{-\infty}^{+\infty} xf(x)dx = \mu \tag{6.19}$$

$$D(X) = \int_{-\infty}^{+\infty} [x - E(x)]^2 f(x)dx = \sigma^2 \tag{6.20}$$

常見的連續型隨機變量的概率分佈主要包括均勻分佈、正態分佈、指數分佈、t 分佈、χ^2 分佈、F 分佈等。其中，最為人們所知和使用最廣泛的是正態分佈。現實世界中許多隨機現象均服從或近似服從正態分佈，如身高、體重、智商、學習成績、收入、產品使用壽命、產品產量、設備租金等。

(一) 均勻分佈

在測量實踐中，均勻分佈是經常遇到的一種分佈，其主要特點是測量值在某一範圍中各處出現的機會一樣，即均勻一致。因此，均勻分佈又稱為矩形分佈或等概率分佈。若隨機變量只在一個有限區間 $[a,b]$ 上取值，且概率密度是一個常數。在 $[a,b]$ 上均勻分佈的概率密度函數為：

$$f(x) = \begin{cases} \dfrac{1}{b-a} & a < X < b \\ 0 & 其他 \end{cases} \tag{6.21}$$

密度函數 $f(x)$ 的圖形如圖 6-2 所示。

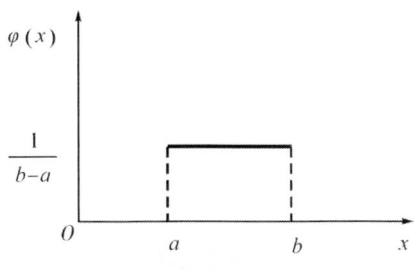

圖 6-2 均勻分佈的密度函數圖

我們可以看到在區間 $[a,b]$ 內 X 的密度函數 $f(x)$ 是一個常數 $(\dfrac{1}{b-a})$，這就可以看出 X 的確是在 $[a,b]$ 內就是均勻分佈的，因為它的密度恆定不變為 $\dfrac{1}{b-a}$。

如果 X 在區間 $[a,b]$ 上服從均勻分佈，則記為 $X \sim U[a,b]$。

(二) 指數分佈

若 X 的概率密度為：

$$f(x) = \begin{cases} \lambda e^{-\lambda x} & x > 0 \\ 0 & x \leq 0 \end{cases} \tag{6.22}$$

其中, $\lambda > 0$,則稱 X 服從參數為 λ 的指數分佈,記為 $X \sim \exp(\lambda)$。指數分佈有重要的應用,常用指數分佈來近似各種「壽命」的分佈。例如,電子元件的壽命、動物的壽命、隨機服務系統的服務時間等都常假定為服從指數分佈。

【例 6-7】 廣州市航空郵件處理中心的郵件處理傳送帶無故障工作的時間 X(單位:小時)服從參數為 0.000,1 的指數分佈。求其無故障工作 500~1,500 小時的概率為多少?

解:根據題意設 X 的密度函數 $f(x) = \begin{cases} \dfrac{1}{10,000} e^{-\frac{1}{10,000}x} & x \geq 0 \\ 0 & x < 0 \end{cases}$

於是 $P(500 \leq X \leq 1,500) = \dfrac{1}{10,000} \int_{500}^{1,500} e^{-\frac{1}{10,000}x} dx = e^{-0.05} - e^{-0.15} \approx 0.09$

(三) 正態分佈

在連續型隨機變量中,最重要的一種隨機變量是具有鐘形概率分佈的隨機變量,如圖 6-4 所示。人們稱其為正態隨機變量,相應的概率分佈稱為正態分佈(Normal Distribution)。

1. 正態分佈的圖像及圖形特點

正態分佈是指變量的頻數或頻率呈中間最多,兩端逐漸對稱地減少,表現為鐘形的一種概率分佈。

【例 6-8】 我們研究中國石化這只股票從 2003 年 10 月 30 日到 2006 年 8 月 18 日共 673 個交易日的收益率分佈情況,股票收益率分佈的頻數直方圖如圖 6-3 所示。由於篇幅所限,不能列出這 673 個交易日的數據。

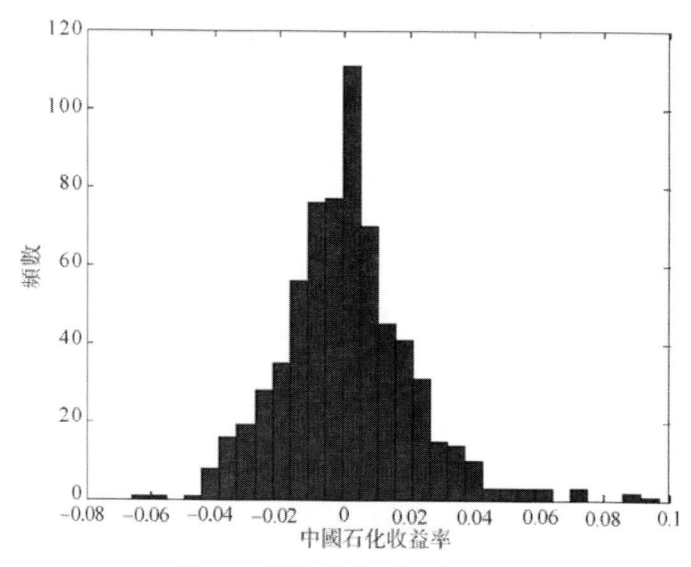

圖 6-3 中國石化收益率頻數直方圖

其中,股票收益率採用對數收益率,計算公式為:

$$r_t = \ln(P_t) - \ln(P_{t-1})$$

r_t 為第 t 個交易日的收益率，P_t 為第 t 個交易日的收盤價，P_{t-1} 為前一個交易日的收盤價。

可以看出股票收益率分佈是呈鐘形分佈，如果當收益率的個數不斷增多，分組也不斷增多，每組組距不斷變小，那股票收益率分佈的密度應該是一條光滑的呈鐘形分佈的曲線。鐘形曲線我們可以用下面的正態分佈予以刻畫。

如果隨機變量 X 概率密度為：

$$f(x) = \frac{1}{\sigma\sqrt{2\pi}}e^{-\frac{(x-\mu)^2}{2\sigma^2}} \quad (-\infty < x < \infty) \tag{6.23}$$

那麼，稱隨機變量 X 服從參數為 μ 和 σ^2 的正態分佈，記作 $X \sim N(\mu, \sigma^2)$。

正態分佈的數學期望值或期望值等於位置參數，決定了分佈的位置；正態分佈的方差的開平方或標準差等於尺度參數，決定了分佈的幅度。

正態分佈的數學期望和方差分別為：

$$E(x) = \mu \quad D(x) = \sigma^2 \tag{6.24}$$

正態分佈概率密度對應的圖形稱為正態曲線，如圖 6-4 所示。

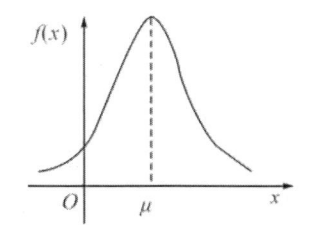

圖 6-4 正態分佈的密度函數

正態曲線具有以下特徵：

(1) 正態曲線是一條關於 $x = \mu$ 對稱的鐘形曲線。參數 μ 的不同取值決定正態曲線的中心位置（見圖 6-5）。

(2) 正態分佈的陡緩程度由 σ 決定。σ 越大，曲線越平緩；σ 越小，曲線越陡峭（見圖 6-6）。

(3) 正態曲線以 x 軸為漸近線，即 $x \to \pm\infty$ 時，$f(x) \to 0$。

(4) 正態曲線下的總面積為 1。

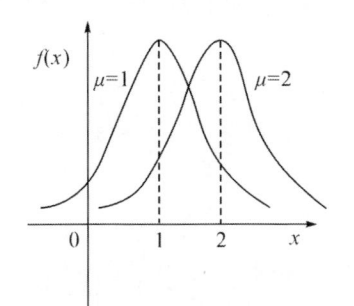

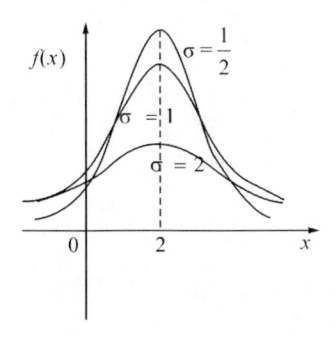

圖 6-5　σ 相同而 μ 不同的正態曲線　　　圖 6-6　μ 相同而 σ 不同的正態曲線

2. 標準正態分佈

標準正態分佈又稱 u 分佈,是以 0 為均數、以 1 為標準差的正態分佈,記為 $N(0,1)$。通常用 $\varphi(x)$ 表示標準正態分佈的概率密度函數,用 $\Phi(x)$ 表示分佈函數。

$$\varphi(x) = \frac{1}{\sqrt{2\pi}} e^{-\frac{x^2}{2}} \quad -\infty < x < \infty \tag{6.25}$$

$$\Phi(x) = \int_{-\infty}^{x} \varphi(t)\,dt = \int_{-\infty}^{x} \frac{1}{\sqrt{2\pi}} e^{-\frac{t^2}{2}} dt \quad -\infty < x < \infty \tag{6.26}$$

標準正態分佈概率密度對應的圖形稱為標準正態曲線,如圖 6-7 所示。

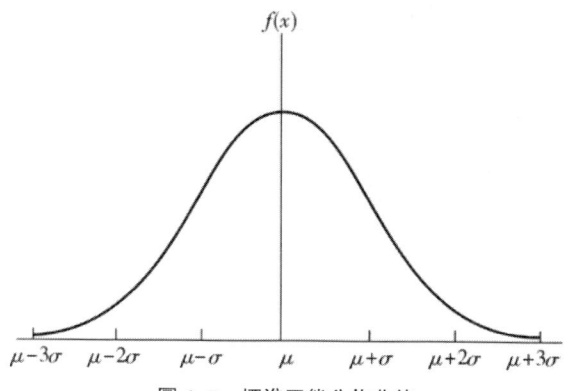

圖 6-7　標準正態分佈曲線

標準正態分佈的重要性在於對於任何一個一般的正態分佈都可以通過線性變換轉化為標準正態分佈。

$$Z = \frac{X - \mu}{\sigma} \sim N(0,1) \tag{6.27}$$

由公式(6.27)可知,計算一般的正態分佈的概率可以轉換為計算標準正態分佈的概率。統計學的教程中都給出了標準正態分佈表,通過查表,就可以解決正態分佈的概率計算問題。標準正態分佈表見本書附錄。

運用標準正態分佈表時,經常會用到 $\Phi(z)$ 的以下重要性質:

$$\Phi(-z) = 1 - \Phi(z) \tag{6.28}$$

$$p(a \leq z \leq b) = \Phi(b) - \Phi(a) \tag{6.29}$$

$$P(|Z| \leq a) = 2\Phi(a) - 1 \tag{6.30}$$

【例 6-9】設 $X \sim N(5,3^2)$,試計算以下概率:

(1) $P(X \leq 10)$;

(2) $P(2 < X < 10)$。

解:由 $X \sim N(5,3^2)$,根據公式(6.27)可知,$\frac{X-5}{3} \sim N(0,1)$。

(1) $P(X \leq 10) = P\left(\frac{X-5}{3} \leq \frac{10-5}{3}\right) = P\left(\frac{X-5}{3} \leq 1.67\right) = \Phi(1.67) = 0.952\,9$

(2) $P(2 < X < 10) = P\left(\dfrac{2-5}{3} < \dfrac{X-5}{3} < \dfrac{10-5}{3}\right) = P\left(-1 < \dfrac{X-5}{3} < 1.67\right)$

$= \Phi(1.67) - \Phi(-1) = \Phi(1.67) - [1 - \Phi(1)] = 0.794\,2$

一般地，設 $X \sim N(\mu, \sigma^2)$ 則有

$$P(a \leq X \leq b) = \Phi\left(\dfrac{b-\mu}{\sigma}\right) - \Phi\left(\dfrac{a-\mu}{\sigma}\right) \tag{6.31}$$

利用 Excel 計算正態分佈概率的主要操作步驟（以例 6-9 為例）如下：

第一步：點擊表界面上的粘貼函數 f_x 命令，或點擊「插入」菜單下的「f_x 函數」。

第二步：在彈出的「插入函數」對話框的「選擇類別」中點擊「統計」，在「選擇函數」中點擊「NORMDIST」，然後確定。

第三步：在彈出的「函數參數」對話框中，第一個框鍵入 X 的值（本例為 10），第二個框 Means 鍵入 u 的值（本例為 5），第三個框 standard_dev 鍵入 σ 的值（本例為 3），第四個框 Cumulative 鍵入「1」（或「true」），確定后計算結果就會顯示出來。

注意：或者直接在單元格中輸入「=NORMDIST(10,5,3,TRUE)」，也能得到相同的結果。

【例 6-10】某種零件的長度 X（毫米）服從正態分佈 $N(10, 0.2^2)$。試問：

(1) 從該批零件中隨機抽取一件，其長度不到 9.4 毫米的概率是多少？

(2) 為了保證產品質量，要求以 95% 的概率保證該零件的長度在 9.5~10.5 毫米，這一要求能否實現？

解：因為 $X \sim N(10, 0.2^2)$，所以 $\dfrac{X-10}{0.2} \sim N(0,1)$。

(1) $P(X < 9.4) = \Phi\left(\dfrac{9.4-10}{0.2}\right) = \Phi(-3) = 0.001\,3$

(2) $P(9.5 < X < 10.5) = \Phi\left(\dfrac{10.5-10}{0.2}\right) - \Phi\left(\dfrac{9.5-10}{0.2}\right)$

$= \Phi(2.5) - \Phi(-2.5) = 2\Phi(2.5) - 1$

$= 2 \times 0.993\,8 - 1$

$= 0.987\,6$

有 98.76% 的概率保證該批零件的長度在 9.5~10.5 毫米。也就是說，該批零件的質量要求可以實現。

第 2 節　統計量

一、統計量的定義

為了研究總體的特徵，有時需要通過利用概率論的相關知識研究樣本而獲得。為了研究或估計總體的抽樣方式叫概率抽樣，第 2 章已經介紹過常見的幾種概率抽樣方式。其中，通常講的概率抽樣大多指的是簡單隨機抽樣，這裡也只研究簡單隨機抽樣下樣本

的分佈特徵。

通過抽樣獲得的原始數據,一般是雜亂無章的,很難從中直接看出有價值的東西。因此,對獲取的原始數據一般需要加以整理,以便把我們感興趣的信息提取出來,並用簡明醒目的方式加以表述。統計學中最主要的提取信息的方式就是對原始數據進行一定的運算,以算出某些代表性的數字,足以反映出數據某些方面的特徵,這種數字稱為統計量。

定義:設 $X_1, X_2, \cdots, X_n$ 是從總體 X 中抽取的容量為 n 的一個樣本,如果由此樣本構造一個函數 $\mu(X_1, X_2, \cdots, X_n)$,不依賴於任何未知參數,則稱函數 $\mu(X_1, X_2, \cdots, X_n)$ 是一個統計量。

從定義中,我們可以看出統計量具有以下性質:

第一,要求不含未知參數;

第二,是樣本指標;

第三,本質上是隨機變量的函數。

統計量在統計學中具有極其重要的地位,是統計推斷的基礎。

二、常用的統計量

在社會經濟管理研究中,常用的統計量有:

(1) $\bar{X} = \dfrac{1}{n} \sum\limits_{i=1}^{n} X_i$ 是樣本均值,它反映出總體 X 數學期望的信息。

(2) $S^2 = \dfrac{1}{n-1} \sum\limits_{i=1}^{n} (X_i - \bar{X})^2$ 是樣本方差,它反映出總體 X 方差的信息。

(3) $p = \dfrac{n_1}{n}$ 是樣本比例,它反映出總體比例 π 的信息。

此外,兩個樣本均值之差、比例之差和方差之比也是常用的統計量。后面會介紹上述統計量的抽樣分佈。

第3節 抽樣分佈

在簡單隨機抽樣中,樣本具有隨機性,樣本統計量如 $\bar{x}$, s^2, p 等也會隨著樣本的不同而不同,因此它們是樣本的函數,記為 $g(x_1, x_2, \cdots, x_n)$。樣本統計量的概率分佈稱為抽樣分佈。下面介紹幾種常見的抽樣分佈的基本形式。

抽樣分佈包括兩種類型,一種是可以由正態分佈導出的精確的抽樣分佈;另一種是當樣本容量 n 充分大時,樣本統計量的極限分佈。

一、χ^2 分佈

χ^2 分佈是由阿貝(Abbe)於 1863 年首先提出,后來由海爾默特(Hermert)和卡·皮爾遜(K.Pearson)分別於 1875 年和 1900 年推導出來。

設 $(X_1, X_2, \cdots, X_n)$ 為取自標準正態總體 $Z \sim N(0,1)$ 的樣本，則稱 $\eta = X_1^2 + X_2^2 + \cdots + X_n^2$ 為服從 n 個自由度的 χ^2 分佈，記作 $\eta \sim \chi^2(n)$。

χ^2 分佈的概率密度為：

$$f(x) = \begin{cases} \dfrac{1}{2^{\frac{n}{2}} \Gamma(\frac{n}{2})} x^{\frac{n}{2}-1} e^{-\frac{x}{2}} & x \geq 0 \\ 0 & x < 0 \end{cases} \tag{6.32}$$

χ^2 分佈的性質如下：

(1) 與正態分佈不同，χ^2 分佈是偏斜的，即是非對稱的。

(2) χ^2 分佈的值可以是零或正數，即它們的值是非負值。

(3) 對於每個自由度 ($df = n - 1$) 的取值，χ^2 分佈是不同的，當自由度的數值增加時，χ^2 分佈趨於正態分佈。自由度 n 越大，曲線就越對稱，當 n 大於 30 時，就接近正態曲線了。實際上正態曲線也是 χ^2 曲線的一個特例。

(4) χ^2 分佈的數學期望和方差分別為：

$$E(x^2) = n \qquad D(x^2) = 2n$$

χ^2 分佈的性質如圖 6-8 所示。

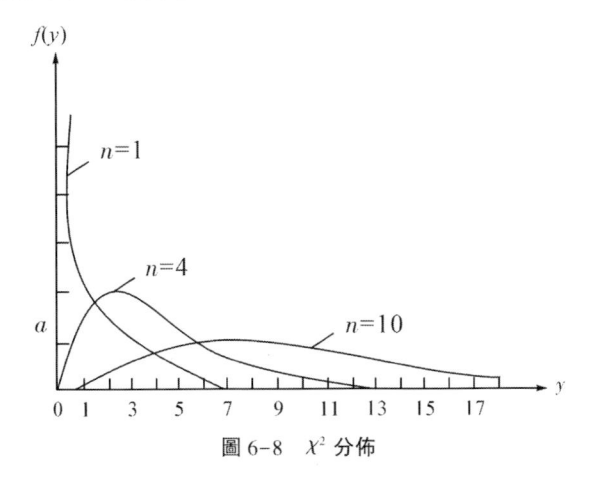

圖 6-8 χ^2 分佈

二、t 分佈

t 分佈由愛爾蘭的化學家威廉·戈塞 (William Gosset) 提出。戈塞曾是一名愛爾蘭啤酒廠的職員，他需要一個用於小樣本的分佈，並檢驗它與標準正態分佈具有很大的不同。因為愛爾蘭啤酒廠不允許員工發表研究文章，以免將釀造啤酒的秘密洩露出去，所以戈塞以「Student」(學生) 這個筆名發表了他的研究成果，因此 t 分佈有時也稱為學生 t 分佈。

設 $\xi \sim N(0,1)$，$\eta \sim \chi^2(n)$，且 ξ 與 η 相互獨立，則稱隨機變量

$$T = \dfrac{\xi}{\sqrt{\dfrac{\eta}{n}}} \tag{6.33}$$

服從 n 個自由度的 t 分佈,記作 $T \sim t(n)$。

t 分佈的概率密度函數為:

$$f(x) = \frac{\Gamma(\frac{n+1}{2})}{\sqrt{n\pi}\,\Gamma(\frac{n}{2})} \left(1 + \frac{x^2}{n}\right)^{-\frac{n+1}{2}} \quad (-\infty < x < +\infty) \tag{6.34}$$

t 分佈的性質如下:

(1)不同的樣本容量,t 分佈有所不同。

(2)t 分佈和標準正態分佈有相同的大致對稱的鐘形形狀,但對於小樣本,t 分佈顯示出更大的方差(分佈更寬)。

(3)t 分佈的均值為 $t = 0$(就像標準正態分佈有均值 $Z = 0$)。

(4)t 分佈的標準差隨樣本容量的變化而變化,但 t 分佈是大於 1 的(不像標準正態分佈中 $\sigma = 1$)。

(5)隨著樣本容量 n 的增大,t 分佈趨近於標準正態分佈。當 $n > 30$ 時,二者之間的差異就很小了。

t 分佈的性質如圖 6-9 所示。

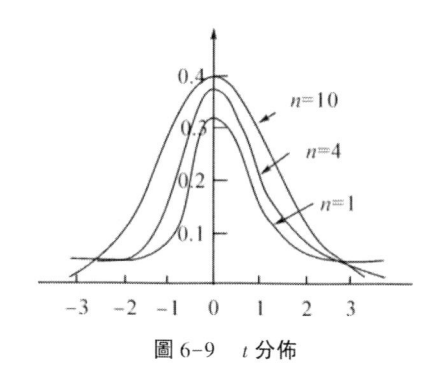

圖 6-9　t 分佈

三、F 分佈

設 $V_1 \sim \chi^2(n_1)$,$V_2 \sim \chi^2(n_2)$,且 V_1 與 V_2 相互獨立,則稱隨機變量

$$F = \frac{V_1/n_1}{V_2/n_2} \tag{6.35}$$

服從第一自由度為 n_1、第二自由度為 n_2 的 F 分佈,記作 $F \sim F(n_1, n_2)$。

F 分佈的概率密度函數為:

$$f(y) = \begin{cases} Ay^{\frac{n_1}{2}-1} \left(1 + \frac{n_1}{n_2}y\right)^{-\frac{n_1+n_2}{2}} & y \geq 0 \\ 0 & y < 0 \end{cases} \tag{6.36}$$

其中,

$$A = \frac{\Gamma(\frac{n_1+n_2}{2})}{\Gamma(\frac{n_1}{2})\Gamma(\frac{n_2}{2})} (\frac{n_1}{n_2})^{\frac{n_1}{2}} \tag{6.37}$$

F 分佈的性質如下：
(1) F 分佈是不對稱的。
(2) F 分佈與 x^2 分佈一樣, F 分佈的值也是非負的。
(3) F 分佈的準確形狀取決於兩個不同的自由度。
F 分佈的性質如圖 6-10 所示。

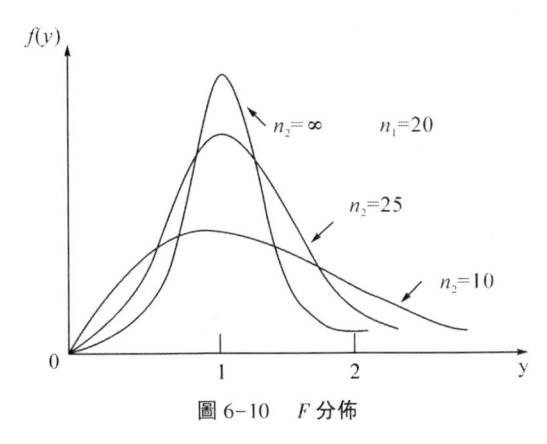

圖 6-10　F 分佈

第 4 節　幾種常見統計量的抽樣分佈

一、樣本均值 $\bar{X}$ 的抽樣分佈

樣本均值 $\bar{X}$ 是抽樣推斷中最常用的統計量，它的抽樣分佈與總體分佈、樣本容量 n 的大小以及總體標準差是否已知密切相關。下面分多種情形討論樣本均值 $\bar{X}$ 的抽樣分佈。

(一) 大樣本 ($n \geqslant 30$)、任意總體、方差已知

一個大樣本抽取自總體均值為 μ、方差為 σ^2 的總體。此時，無論總體是正態分佈還是非正態分佈，樣本均值 $\bar{X}$ 的抽樣分佈都趨近於均值為 μ、方差為 σ^2/n 的正態分佈，即

$$\bar{X} \sim N(\mu, \frac{\sigma^2}{n}) \text{ 或 } z = \frac{\bar{X}-\mu}{\sigma/\sqrt{n}} \sim N(0,1) \tag{6.38}$$

(二) 大樣本 ($n \geqslant 30$)、任意總體、方差未知

如果上述總體方差 σ^2 未知時，我們可以用樣本方差 s^2 代替總體方差 σ^2。此時，樣本均值的抽樣分佈可以表示為：

$$\bar{X} \sim N(\mu, \frac{s^2}{n}) \text{ 或 } z = \frac{\bar{X} - \mu}{s/\sqrt{n}} \sim N(0,1) \tag{6.39}$$

註：大樣本為任意總體的情況下，上述定理就是著名的中心極限定理。

(三) 小樣本 ($n < 30$)、正態總體、方差已知

當總體服從正態分佈，總體均值為 μ、總體方差為 σ^2 已知，則樣本均值 $\bar{X}$ 的抽樣分佈服從數學期望為 μ、方差為 σ^2/n 的正態分佈，即

$$\bar{X} \sim N(\mu, \frac{\sigma^2}{n}) \text{ 或 } z = \frac{\bar{X} - \mu}{\sigma/\sqrt{n}} \sim N(0,1) \tag{6.40}$$

註：第一，大樣本時，此結論亦成立，因此式(6.40)適合於正態總體、方差已知的任何情形。

第二，顯然，情形(一)和情形(三)的結論一致。為方便起見，后面章節中將情形(一)和情形(三)合併為一種情形。

(四) 小樣本 ($n < 30$)、正態總體、方差未知

若總體服從正態分佈，總體均值為 μ、總體方差 σ^2 未知，此時可以用樣本方差 s^2 代替總體方差 σ^2，則樣本均值 $\bar{X}$ 經過標準化后的隨機變量服從自由度為 ($n - 1$) 的 t 分佈，即

$$t = \frac{\bar{x} - \mu}{s/\sqrt{n}} \sim t(n - 1) \tag{6.41}$$

對於 $\bar{X}$ 的抽樣分佈，可通過計算數學期望和方差來反映其數學特徵。這兩個特徵既與總體均值和方差有關，也與抽樣方法是重複抽樣還是不重複抽樣有關。

設總體有 N 個單位，其均值為 μ、方差為 σ^2。現從中抽取容量為 n 的樣本，樣本均值 $\bar{x}$ 的數學期望 $E(\bar{X})$ 記為 $\mu_{\bar{x}}$，樣本均值的方差記為 $\sigma^2_{\bar{x}}$。無論是重複抽樣還是不重複抽樣，樣本均值 $\bar{X}$ 的數學期望等於總體均值，即

$$E(\bar{X}) = \mu \tag{6.42}$$

在重複抽樣方法下，樣本均值 $\bar{X}$ 的方差為總體方差的 $1/n$，即

$$\sigma^2_{\bar{x}} = \frac{\sigma^2}{n} \tag{6.43}$$

在不重複抽樣方法下，樣本均值 $\bar{X}$ 的方差等於總體方差 $1/n$ 與修正系數 ($\frac{N - n}{N - 1}$) 的乘積，即

$$\sigma^2_{\bar{x}} = \frac{\sigma^2}{n}(\frac{N - n}{N - 1}) \tag{6.44}$$

注意：一般情況下，如無特別說明，抽樣方法都默認為重複抽樣。

【例6-11】從一個均值 $\mu = 32$，標準差 $\sigma = 6$ 的總體中隨機抽取容量 $n = 36$ 的樣本。試問：

(1) 樣本均值 $\bar{X}$ 的數學期望和方差是多少？

(2) 樣本均值 $\bar{X}$ 小於 30 的近似概率是多少？

解：(1) 根據中心極限定理，不論總體的分佈是什麼形狀，當從總體中隨機抽取容量為 36 的樣本時，樣本均值 $\bar{X}$ 的分佈近似服從均值為 $\mu_{\bar{X}} = \mu = 32$，標準差 $\sigma_{\bar{X}} = \frac{\sigma}{\sqrt{n}} = \frac{6}{\sqrt{36}} = 1$ 的正態分佈，即 $\bar{X} \sim N(32, 1^2)$。

(2) $P(\bar{X} < 30) = P(\frac{\bar{X} - 32}{1} < \frac{30 - 32}{1}) = P(z < -2)$
$= 1 - P(z < 2) = 1 - \Phi(2) = 1 - 0.977\,2 = 0.022\,8$

【例 6-12】 某電池生產商聲稱其生產的電池具有均值為 60 個月、標準差為 6 個月的分佈。為了檢驗該廠商的說法是否正確，質監部門隨機抽查了 100 個該廠生產的電池進行壽命測驗。假定廠商聲稱是正確的，試計算 100 個樣品組成的樣本的平均壽命不超過 58 個月的概率為多少？

解：根據中心極限定理，不論總體的分佈是什麼形狀，當從總體中隨機抽取容量為 100 的樣本時，樣本均值 $\bar{X}$ 的分佈近似服從均值 $\mu_{\bar{X}} = \mu = 60$，標準差 $\sigma_{\bar{X}} = \frac{\sigma}{\sqrt{n}} = \frac{6}{\sqrt{100}} = 0.6$ 的正態分佈，即 $\bar{X} \sim N(60, 0.6^2)$。

$P(\bar{X} \leq 58) = P(\frac{\bar{X} - 60}{0.6} \leq \frac{58 - 60}{0.6}) = P(z \leq -3.33)$
$= 1 - P(z \leq 3.33) = 1 - \Phi(3.33) = 1 - 0.999\,6 = 0.000\,4$

100 個樣品組成的樣本的平均壽命不超過 58 個月的概率只有 0.04%，所以如果抽查 100 個樣品的平均使用壽命不超過 58 個月，那麼我們有足夠的理由證實該廠所聲稱的說法不正確。

樣本均值的抽樣分佈與總體分佈以及樣本容量的大小有密切的聯繫，它們之間的關係可以用表 6-5 來描述。

表 6-5　　　　　　　　不同情況下樣本均值的抽樣分佈

各種情形	樣本均值的分佈特徵
大樣本 ($n \geq 30$)、任意總體、方差已知	$\bar{X} \sim N(\mu, \frac{\sigma^2}{n})$ 或 $z = \frac{\bar{X} - \mu}{\sigma/\sqrt{n}} \sim N(0,1)$
大樣本 ($n \geq 30$)、任意總體、方差未知	$\bar{X} \sim N(\mu, \frac{s^2}{n})$ 或 $z = \frac{\bar{X} - \mu}{s/\sqrt{n}} \sim N(0,1)$
小樣本 ($n < 30$)、正態總體、方差已知	$\bar{X} \sim N(\mu, \frac{\sigma^2}{n})$ 或 $z = \frac{\bar{X} - \mu}{\sigma/\sqrt{n}} \sim N(0,1)$
小樣本 ($n < 30$)、正態總體、方差未知	$t = \frac{\bar{X} - \mu}{s/\sqrt{n}} \sim t(n-1)$

二、樣本比率 p 抽樣分佈

在推斷中，我們常常需要通過抽樣來研究總體中具有某種特徵(或屬性)的單位占總

體全部單位的比率。例如,一組產品中質量合格的比率、某品牌產品在市場上的佔有比率、某高校職工中高級職稱人員的比率等。

設總體有 N 個單位,具有某種特徵(或屬性)的單位數為 N_1,不具有該種特徵(或屬性)的單位數為 N_0。那麼總體具有某種特徵(或屬性)的單位數與總體全部單位數之比稱為總體比率,記作 π,則有 $\pi = \dfrac{N_1}{N}$,$\dfrac{N_0}{N} = 1 - \pi$。當從該總體中隨機抽取容量為 n 的樣本時,樣本中具有某種特徵(或屬性)的單位數為 n_1,不具有該種特徵(或屬性)的單位數為 n_0。那麼樣本中具有某種特徵(或屬性)的單位數與樣本全部單位數之比稱為樣本比率,記為 p,則有 $p = \dfrac{n_1}{n}$,$\dfrac{n_0}{n} = 1 - p$。

由於樣本是隨機抽取的,事先並不能確定會出現哪個結果,研究樣本比率的全部可能取值及出現的可能性大小就顯得非常必要。樣本比率 p 的所有可能取值及其概率形成的概率分佈稱為樣本比率 p 的抽樣分佈。

根據前面介紹的隨機變量概率分佈,我們可以證明樣本比率分佈 p 服從二項分佈,即 $p \sim B(n,p)$。但在大樣本下,若 $np \geq 5$ 和 $n(1-p) \geq 5$,則可將二項分佈問題轉化為正態分佈問題近似地求解。也就是說,當樣本容量 n 很大時,樣本比率 p 近似服從數學期望為 π、方差為 $\dfrac{\pi(1-\pi)}{N}$ 的正態分佈,即 $p \sim N(\pi, \dfrac{\pi(1-\pi)}{n})$。

樣本比率也可進行標準化變換,成為一個數學期望為 0、方差為 1 的標準正態變量,記作 z,即

$$z = \frac{p - \pi}{\sqrt{\pi(1-\pi)/n}} \sim N(0,1) \tag{6.45}$$

同樣地,對於樣本比率 p 的抽樣分佈,可計算數學期望和方差來反映其數學特徵。設樣本比率 p 的數學期望 $E(p)$ 為 μ_p、方差為 σ_p^2,可以證明樣本比率 p 的數學期望 $E(p)$ 等於總體比率,即

$$E(p) = \pi \tag{6.46}$$

樣本比率 p 的方差也與抽樣方法有關。

在重複抽樣方法下,樣本比率 p 的方差等於總體方差的 n 分之一,即

$$\sigma_p^2 = \frac{\pi(1-\pi)}{n} \tag{6.47}$$

在不重複抽樣方法下,樣本比率 p 的方差等於總體方差 n 分之一乘以修正系數 $(\dfrac{N-n}{N-1})$,即

$$\sigma_p^2 = \frac{\pi(1-\pi)}{n}\left(\frac{N-n}{N-1}\right) \tag{6.48}$$

【例 6-14】假設某刊物校對人員在對刊物刊出的材料進行文字校對,根據他的經驗判斷可知,每本刊物頁面中的 2% 至少會有一處文字錯誤,如果檢查一個由 600 頁頁面組成的隨機樣本,其中至少有一處錯誤的頁面所占的比例超過 0.025 的概率有多大?

解：設 600 頁頁面中至少有一處錯誤的頁面所占的比例為 p，由題意可知：

$\mu_p = \pi = 0.02$

$\sigma_p = \sqrt{\dfrac{\pi(1-\pi)}{n}} = \sqrt{\dfrac{0.02 \times 0.98}{600}} = 0.005,7$

因為 $np = 600 \times 0.02 = 12 > 5, n(1-p) = 600 \times 0.98 = 588 > 5$，所以有 $p \sim N(\pi, \dfrac{\pi(1-\pi)}{n})$，即 $p \sim N(0.02, 0.005,7^2)$。

所求的概率為：

$P(p > 0.025) = P(\dfrac{p - 0.02}{0.005,7} > \dfrac{0.025 - 0.02}{0.005,7}) = 1 - P(z < 0.88)$

$\qquad\qquad\qquad = 1 - 0.810,6 = 0.189,4$

其中至少有一處錯誤的報表所占的比例超過 0.025 的概率為 18.94%。

三、樣本方差 s^2 的抽樣分佈

在統計推斷中，利用樣本方差 s^2 去估計總體方差 σ^2，一般是在正態分佈總體中應用。因此，關於樣本方差的抽樣分佈只在正態分佈總體條件下討論。

在重複選取容量為 n 的樣本時，由樣本方差的所有可能取值及其出現的概率對應形成的概率分佈，稱為樣本方差 s^2 的抽樣分佈。

統計證明，對來自正態分佈總體的容量為 n 的簡單隨機樣本，其比值 $\dfrac{(n-1)s^2}{\sigma^2}$ 服從自由度為 $(n-1)$ 的 s^2 分佈，即

$$x^2 = \dfrac{(n-1)s^2}{\sigma^2} \sim x^2(n-1) \tag{6.49}$$

四、兩個樣本統計量的抽樣分佈

在實際工作有時會遇到這樣的問題，如新產品或新技術的出現，是不是對原有產品和技術的更新和提高，這就需要對新舊產品和技術的特徵進行比較研究，獲取所需結果。也就數說，當我們研究的是兩個總體，關心的是它們總體參數是否存在差異，即總體均值之差 $(\mu_1 - \mu_2)$、總體比率之差 $(P_1 - P_2)$、總體方差之比 (σ_1^2/σ_2^2)，那麼在抽樣推斷中需要運用樣本均值之差 $(\bar{X}_1 - \bar{X}_2)$、樣本比率之差 $(p_1 - p_2)$、樣本方差之比 (s_1^2/s_2^2)。因此，就要研究兩個樣本統計量的抽樣分佈。

（一）兩個樣本均值之差的抽樣分佈

設 X_1、X_2 為兩個相互獨立的正態總體，即 $X_1 \sim N(\bar{X}_1, \sigma_1^2)$，$X_2 \sim N(\bar{X}_2, \sigma_2^2)$。現從兩個總體中分別抽取容量為 n_1 和 n_2 的簡單隨機樣本，則兩個樣本均值之差 $(\bar{X}_1 - \bar{X}_2)$ 的抽樣分佈服從正態分佈。其分佈的數學期望為：

$$E(\bar{X}_1 - \bar{X}_2) = \mu_1 - \mu_2 \tag{6.50}$$

分佈的方差為：

$$D(\bar{X}_1 - \bar{X}_2) = \frac{\sigma_1^2}{n_1} + \frac{\sigma_2^2}{n_2} \qquad (6.51)$$

$$\bar{X}_1 - \bar{X}_2 \sim N(\mu_1 - \mu_2, \frac{\sigma_1^2}{n_1} + \frac{\sigma_2^2}{n_2}) \qquad (6.52)$$

若 X_1、X_2 為非正態總體，一般在 $n_1 \geq 30, n_2 \geq 30$ 時，兩個樣本均值之差 $\bar{X}_1 - \bar{X}_2$ 仍可近似地服從正態分佈。

【例6-15】 在工商管理專業的一次期末統計學測試中，1班的平均分為80分，且服從正態分佈，標準差為1分；2班的平均分為79分，也服從正態分佈，標準差為1.2分。現從1班和2班各隨機抽取8名學生計算其平均分數，出現1班比2班平均分低的可能性有多大？

解：因為兩個總體均為正態分佈，所以8名學生的平均成績 $\bar{X}_1$、$\bar{X}_2$ 也分別為正態分佈，$\bar{X}_1 - \bar{X}_2$ 也為正態分佈，且

$$\bar{X}_1 - \bar{X}_2 \sim N(\mu_1 - \mu_2, \frac{\sigma_1^2}{n_1} + \frac{\sigma_2^2}{n_2})$$

1班的平均分低於2班的平均分，即 $\bar{X}_1 - \bar{X}_2 \leq 0$，故

$$P(\bar{X}_1 - \bar{X}_2 \leq 0) = P\left(\frac{\bar{X}_1 - \bar{X}_2 - (\mu_1 - \mu_2)}{\sqrt{\frac{\sigma_1^2}{n_1} + \frac{\sigma_2^2}{n_2}}} \leq \frac{0 - (80 - 79)}{\sqrt{\frac{1^2}{8} + \frac{1.2^2}{8}}}\right) = P(z \leq -1.81)$$

$$= 0.035, 1$$

在對抽出的樣本進行比較時，出現1班比2班平均分低的可能性很小。

(二) 兩個樣本比率之差的抽樣分佈

設兩個總體服從二項分佈，π_1 和 π_2 分別為總體中具有某種特徵的單位所占比率。現從兩個總體中分別抽取容量為 n_1 和 n_2 的兩個簡單隨機樣本，當樣本容量 n_1 和 n_2 足夠大時，兩個樣本比率之差 $p_1 - p_2$ 漸近地服從正態分佈。其分佈的數學期望為：

$$E(p_1 - p_2) = \pi_1 - \pi_2 \qquad (6.53)$$

分佈的方差為：

$$D(p_1 - p_2) = \frac{\pi_1(1 - \pi_2)}{n_1} + \frac{\pi_2(1 - \pi_2)}{n_2} \qquad (6.54)$$

$$(p - p_2) \sim N(\pi_1 - \pi_2, \frac{\pi_1(1 - \pi_2)}{n_1} + \frac{\pi_2(1 - \pi_2)}{n_2}) \qquad (6.55)$$

【例6-16】 在某年級的一次統計學期末測試中，工商管理專業的及格率達到89%，而物流管理專業的及格率為88%。如果這些數據是真實的，那麼當我們從工商管理專業抽取120人，從物流管理專業抽取100人組成兩個獨立隨機樣本時，樣本比例 $p_1 - p_2$ 不超過0.02的概率有多大？

解：根據題意，$\pi_1 = 0.89, \pi_2 = 0.88, n_1 = 120, n_2 = 100$，$p_1 - p_2$ 漸近地服從正態分佈，即

$$(p_1-p_2) \sim N(\pi_1 - \pi_2, \frac{\pi_1(1-\pi_2)}{n_1} + \frac{\pi_2(1-\pi_2)}{n_2})$$

$(p_1 - p_2) \sim N(0.01, 0.001,872)$，從而所求概率為：

$$P(p_1 - p_2 \le 0.02) = P\left(\frac{p_1 - p_2 - 0.01}{\sqrt{0.001,872}} \le \frac{0.02 - 0.01}{\sqrt{0.001,872}}\right) = P(z \le 0.231) = 0.591$$

樣本比例 $p_1 - p_2$ 不超過 0.02 的概率為 59.1%。

(三) 兩個樣本方差之比的抽樣分佈

這裡我們只介紹兩個總體分佈均為正態分佈時，分別來自這兩個總體的兩個樣本方差之比的分佈。

設兩個總體服從正態分佈，即 $X_1 \sim N(\mu_1, \sigma_1^2)$，$X_2 \sim N(\mu_2, \sigma_2^2)$。

現從兩個總體分佈分別抽取容量分別為 n_1 和 n_2 的兩個簡單隨機樣本，且這兩個樣本直接相互獨立，則兩個樣本方差之比 s_1^2/s_2^2 服從 F 分佈，即

$$\frac{s_1^2/\sigma_1^2}{s_2^2/\sigma_2^2} \sim F(n_1 - 1, n_2 - 1) \tag{6.56}$$

式中，$F(n_1 - 1, n_2 - 1)$ 指的是第一自由度（分子自由度）為 $n_1 - 1$，第二自由度（分母自由度）為 $n_2 - 1$ 的 F 分佈。

思考與練習

一、思考題

1. 什麼是隨機變量？隨機變量一般來說分為哪兩大類？
2. 離散型隨機變量與連續型隨機變量的區別是什麼？
3. 離散型隨機變量和連續性隨機變量的概率分佈的描述有哪些不同？
4. 分佈函數與密度函數的區別是什麼？
5. 試闡述二項分佈和泊松分佈的適用場合。
6. 正態分佈與標準正態分佈之間的聯繫與區別是什麼？
7. 正態分佈所描述的隨機現象有什麼特點？為什麼許多隨機現象服從或近似服從正態分佈？
8. 什麼是統計量？統計量有哪些特徵？
9. 解釋抽樣分佈的含義。
10. 解釋中心極限定理的含義。
11. 試闡述重複抽樣下，樣本均值和樣本比例的抽樣分佈。
12. 樣本統計量的分佈與總體分佈的關係是什麼？

二、選擇題

1. 下列事件中不屬於嚴格意義上的隨機事件的是（　　）。

　　A. 從一大批合格率為90%的產品中任意抽出的一件產品是不合格品

B. 從一大批合格率為90%的產品中任意抽出的20件產品都是不合格品

C. 從一大批優質品率為15%的產品中任意抽出的20件產品都是優質品

D. 從一大批合格率為100%的產品中任意抽出的一件產品是合格品

2. 下列關於隨機事件與概率的表述中,錯誤的是(　　)。

　A. 若事件永遠不可能發生,其概率為0

　B. 若事件在每次試驗中都必定發生,其概率為1

　C. 若概率為0.01,表示時間平均在100次試驗中才發生一次,而在一次試驗中不會發生

　D. 若概率為0.55,表示事件發生的機會比不發生的機會大

3. 下列隨機試驗中,概率測度遵循古典概型的是(　　)。

　A. 觀察一家超市某日的營業額

　B. 擲兩個骰子,記錄它們各自出現的點數

　C. 隨機抽5個學生來回答某個問題,觀察回答正確的學生人數

　D. 觀察一射擊選手射靶10次的中靶次數

4. 根據概率的古典概型,某一隨機事件的概率就是(　　)。

　A. 大量重複隨機試驗中該隨機事件出現的次數佔試驗總次數的比重

　B. 該隨機事件包含的基本事件數佔樣本空間中基本事件總數的比重

　C. 大量重複隨機試驗中該隨機事件出現的次數

　D. 專家估計該隨機事件出現的可能性大小

5. 若將同學們在統計學測試中的成績分別用字母來代表,A代表優秀,[90,100];B代表良好,[80,90];C代表中等,[70,80];D代表及格,[60,70];P代表通過,[60,100];F代表未通過,[0,60)。那麼,下列說法中,錯誤的是(　　)。

　A. A、B、C、D、F為兩兩互不相容事件

　B. P與F為對立事件

　C. 事件P為A、B、C、D四個事件的交集

　D. $P(A+B+C+D)+P(F)=1$

6. 假設A、B為兩個互斥事件,則下列關係中,不一定正確的是(　　)。

　A. $P(A+B)=P(A)+P(B)$　　　　B. $P(AB)=0$

　C. $P(A)=1-P(B)$　　　　D. $P(A|B)=0$

7. 如果A、B是兩個相互獨立的事件,則有(　　)。

　A. $P(A+B)=P(A)+P(B)$　　　　B. $P(AB)=P(A)P(B)$

　C. $P(A)=1-P(B)$　　　　D. $P(A|B)=P(A)/P(B)$

8. 設事件A和B的概率$P(A)=P(B)=0.4$,且$P(AB)=0.2$。則事件A和B至少一個發生的概率為(　　)。

　A. 0.8　　　　B. 0.4　　　　C. 0.2　　　　D. 0.6

9. 若要從包含2件次品的10件產品中隨機抽取2次,每次抽取1件(有放回抽樣),那麼2次都抽到次品的概率是(　　)。

　A. 1/5　　　　B. 1/10　　　　C. 1/25　　　　D. 1/45

10. 設兩個事件 A 和 B 的概率分別為 P(A) = 0.5, P(B) = 0.6, 且 P(AB) = 0.4, 則 P(B|A) 為(　　)。

  A. 0.8　　　　B. 0.67　　　　C. 0.2　　　　D. 0.1

11. 甲、乙兩人同時向某一目標射擊一次, 若甲命中目標的概率是 0.4, 乙命中目標的概率是 0.6, 那麼目標被命中的概率為(　　)。

  A. 0.24　　　B. 0.6　　　　C. 0.76　　　D. 1.0

12. 設一隨機變量 X 的概率分佈如表 6-6 所示。

表 6-6

$X = x$	-1	0	1	2
概率 $P(X = x)$	0.2	0.1	0.4	0.3

則 $P(X^2 \geq 1)$ 等於(　　)。

  A. 1.0　　　　B. 0.9　　　　C. 0.8　　　　D. 0.4

13. 設一隨機變量 X 的分佈函數為

$$F(x) = \begin{cases} 0.1 & x \leq 1 \\ 0.3 & 1 < x \leq 2 \\ 0.8 & 2 < x \leq 3 \\ 1.0 & 3 < x \leq 4 \end{cases}$$

則 $P\{1 < X \leq 3\}$ 等於(　　)。

  A. 0.3　　　　B. 0.4　　　　C. 0.5　　　　D. 0.7

14. 下列關於與隨機變量的數學期望的表述中不正確的是(　　)。

  A. 它又稱為隨機變量的均值

  B. 它表示該隨機變量所有可能取值的平均水平

  C. 任意隨機變量都存在一個有限的數學期望

  D. 它與加權算術平均數的不同之一是它以概率或分佈密度為權數

15. 下列數字特徵中, 度量隨機變量取值的波動程度的是(　　)。

  A. 數學期望　　B. 方差　　　C. 協方差　　　D. 相關係數

16. 隨機變量 X 若服從標準正態分佈, 其方差為(　　)。

  A. 0　　　　　B. 1　　　　　C. $p(1-p)$　　　D. $np(1-p)$

17. 若隨機變量 $X \sim N(\mu, \sigma^2)$, $Z \sim N(0,1)$, 則(　　)。

  A. $X = \dfrac{Z-\mu}{\sigma}$　　B. $Z = \dfrac{X-\mu}{\sigma}$　　C. $Z = \dfrac{X-\sigma}{\mu}$　　D. $X = \dfrac{Z-\sigma}{\mu}$

18. 隨機變量 $X \sim N(\mu, \sigma^2)$, 若 σ 越大, 則其概率分佈曲線就越(　　)。

  A. 陡峭　　　　B. 扁平　　　　C. 對稱　　　　D. 不對稱

19. 某地區六年級男生身高服從均值為 164 厘米、標準差為 4 厘米的正態分佈, 若從該地區任選一個男生, 其身高在 160 厘米以下的概率為(　　)。

  A. 0.5　　　　B. 0.317　　　C. 0.158,5　　D. 0.025

20. 樣本統計量的概率分佈稱為(　　)。

　　A. 抽樣分佈　　　B. 樣本分佈　　　C. 總體分佈　　　D. 正態分佈

21. 某班級的統計學成績服從均值為90,標準差為16的正態分佈。從該總體中抽取一個容量為n的樣本,樣本均值的標準差2,樣本容量為(　　)。

　　A. 16　　　　　　B. 64　　　　　　C. 8　　　　　　　D. 無法確定

22. 某產品的重量服從正態分佈,已知該總體容量為N,均值為μ,方差為σ^2。採用重複簡單隨機抽樣的方式從該總體中抽取容量為n的樣本,則樣本均值$\bar{X}$的分佈為(　　)。

　　A. $N(\mu, \sigma^2)$　　B. $N(\mu, \dfrac{\sigma^2}{n})$　　C. $N(\bar{X}, \dfrac{\sigma^2}{n})$　　D. $N(\dfrac{\sigma^2}{n} \cdot \dfrac{N-n}{N-1})$

23. 根據中心極限定理,在研究樣本均值的抽樣分佈時,可以忽略的信息是(　　)。

　　A. 總體均值

　　B. 總體的分佈形狀

　　C. 總體的標準差

　　D. 在應用中心極限定理時,所有的信息都可以忽略

24. 總體的均值為5,000,標準差為300,從該總體中抽取一個容量為36的樣本,則樣本均值的標準差為(　　)。

　　A. 8.33　　　　　B. 50　　　　　　C. 300　　　　　　D. 833.33

25. 從均值為50,標準差為5的無限總體中抽取容量為30的樣本,則抽樣分佈樣本均值超過51的概率為(　　)。

　　A. 0.098,7　　　　B. 0.901,3　　　C. 0.325,6　　　　D. 0.135,7

26. 根據中心極限定理可知,當樣本容量充分大時,樣本均值的抽樣分佈服從正態分佈,其分佈的均值和標準差分別為(　　)。

　　A. $\mu, \dfrac{\sigma}{\sqrt{n}}$　　B. $\bar{X}, \dfrac{\sigma}{\sqrt{n}}$　　C. μ, σ^2　　D. $\bar{X}, \dfrac{\sigma}{\sqrt{n}}$

27. 假設總體分佈未知,從此總體中抽取容量為200的樣本,則樣本均值的抽樣分佈(　　)。

　　A. 服從非正態分佈　　　　　　B. 近似正態分佈

　　C. 服從均勻分佈　　　　　　　D. 服從卡方分佈

28. 某廠家生產的燈泡使用壽命的均值為6,000小時,標準差為4小時。如果從中隨機抽取50只進行檢測,則樣本均值(　　)。

　　A. 抽樣分佈的標準差為4小時

　　B. 抽樣分佈近似等同於總體分佈

　　C. 抽樣分佈的中位數為6,000小時

　　D. 抽樣分佈近似等同於正態分佈,均值為6,000小時

29. 來自正態總體的樣本方差服從的分佈是(　　)。

　　A. 正態分佈　　　B. t分佈　　　C. χ^2分佈　　　D. F分佈

30. 為了對兩個正態總體的均值之差進行估計,研究人員各從兩個總體中獨立隨機

的抽取了容量為 50 的樣本,試問這兩個樣本均值之差服從(　　)。

　　A. 正態分佈　　　B. t 分佈　　　C. X^2 分佈　　　D. F 分佈

31. 為了對兩個正態總體的均值之差進行估計,研究人員各從兩個總體中獨立隨機地抽取了容量為 25 的樣本,試問這兩個樣本均值之差服從(　　)。

　　A. 正態分佈　　　B. t 分佈　　　C. X^2 分佈　　　D. F 分佈

32. 為了檢驗某廠家生產燈泡的廢品率,研究人員從中隨機抽取了 40 只燈泡進行檢驗,計算得出樣本的廢品率為 5%,則樣本比例的(　　)。

　　A. 抽樣分佈不服從正態分佈

　　B. 抽樣分佈近似等同於總體分佈

　　C. 抽樣分佈的方差為 0.047,5

　　D. 抽樣分佈近似等同於正態分佈,均值為 5%

三、計算題

1. 一批產品中,一、二、三等品率分別為 0.8、0.16、0.04,若規定一、二等品為合格品,求產品的合格率。

2. 某項飛碟射擊比賽規定一個碟靶有兩次命中機會(即允許在第一次脫靶後進行第二次射擊)。某射擊選手第一發命中的可能性是 80%,第二發命中的可能性為 50%,求該選手兩發都脫靶的概率。

3. 有兩批同類產品,其合格率分別是 0.9 和 0.8,在每批中各隨機抽取一件,求至少有一件是合格品的概率及恰好有一件是合格品的概率。

4. 設隨機事件 A 發生的概率為 0.5,事件 B 發生的概率為 0.6,在事件 A 發生的條件下 B 發生的概率為 0.8。試求:

(1) A 發生或 B 發生這一隨機事件的概率;

(2) 在 B 事件發生的條件下 A 發生的概率。

5. 某交通路口有大量汽車通過,設每輛汽車在一天的某段時間內出事故的概率為 0.000,4,在某天的該段時間內有 1,000 輛汽車通過。試問出事故的次數不小於 2 次的概率是多少?

6. 商店訂購 1,000 瓶汽水,在運輸中被打破的概率是 0.004,求商店收到汽水瓶中:

(1) 恰有 2 瓶被打破的概率;

(2) 多於 2 瓶被打破的概率;

(3) 至少有 1 瓶被打破的概率。

7. 設 $X \sim N(1, 2^2)$,試求:

(1) $P(-1 < X < 2)$,$P(|X| < 2)$;

(2) 求常數 a,使 $P(X > a) = 0.894,4$。

8. 在某一銀行等待時間 X(分鐘)近似地服從正態分佈 $X \sim N(10, 2^2)$。試求:

(1) 必須等待小於 2 分鐘的概率;

(2) 等待大於 6 分鐘的概率。

9. 在總體 $N(50, 6^2)$ 中隨機抽取一容量為 36 的樣本,求樣本均值 $\bar{X}$ 落在 49.8~50.8 之間的概率。

10. 在一個具有 $n = 100$ 個觀察值的隨機樣本抽自於均值等於 25、標準差等於 10 的總體。

(1) 給出 $\bar{X}$ 的抽樣分佈 (重複抽樣) 的均值和標準差。

(2) 描述 $\bar{X}$ 的抽樣分佈的形狀。你的回答依賴於樣本容量嗎？

(3) 計算 $\bar{X} \leq 24$ 的概率。

11. 一個具有 $n = 100$ 個觀察值的隨機樣本選自於均值為 29、標準差為 15 的總體。試求下列概率的近似值：

(1) $P(\bar{X} < 28)$；

(2) $P(26 \leq \bar{X} \leq 30.5)$。

12. 技術人員對食鹽裝袋過程進行了質量檢驗。每袋的平均重量標準 $\mu = 405$ 克，標準差 $\sigma = 10$ 克。監控這一過程的技術人員每天隨機地抽取 100 袋，並對每袋重量進行測量。現考慮這 100 袋食鹽所組成樣本的平均重量 $\bar{x}$。

(1) 描述 $\bar{x}$ 的抽樣分佈，並給出 $\mu_{\bar{x}}$ 和 $\sigma_{\bar{x}}$ 的值，以及概率分佈的形狀。

(2) 計算 $\bar{x}$ 小於 402 的概率。

(3) 假設某一天技術人員觀察到 $\bar{x} = 400$，這是否意味著裝袋過程出現問題了，為什麼？

13. 假定某統計人員在其填寫的報表中有 3% 至少會有一處錯誤，如果我們檢查一個由 1,000 份報表組成的隨機樣本，試求其中至少有一處錯誤的報表所占的比例小於 3.5% 的概率。

14. 甲、乙兩個班級參加了一次數學模擬測試，甲班的平均分為 95 分，且服從正態分佈，標準差為 10 分；乙班的平均分為 100 分，也服從正態分佈，標準差為 12 分。現分別從甲、乙兩班各隨機抽取 10 名學生計算其平均分，出現甲班比乙班平均分高的可能性有多大？

四、案例思考題

廣州航空郵件處理中心郵件裝袋出錯率的估算

廣州航空郵件處理中心作為中國郵政的重要航空樞紐，是中國郵政的三個主要國際郵件互換局之一的主要處理場地，承擔著廣州地區、廣東全省和廣州通關區 11 個省的航空郵件集散任務，具有航空總包轉運、特快專遞郵件、國際郵件和航空物流處理四大功能。

廣州航空郵件處理中心在對傳送帶上郵件進行分區、分揀和裝袋過程中，為了避免因為郵件發送錯誤而產生損失，檢查人員經常要對整個過程進行檢查，並將裝袋好的郵件進行抽樣調查。為了估算郵件在裝袋過程中的出錯率，廣州航空郵件處理中心技術人員對某段時間裝袋好的 500 袋郵件進行抽樣調查，調查結果顯示 500 袋袋裝郵件中有 2 袋出現裝袋錯誤。由此技術人員估計所有郵件裝袋過程的出錯率為 0.004。

請問：

(1) 試闡述此次調查的總體和樣本。

(2) 以 500 袋袋裝郵件的出錯率信息作為所有郵件裝袋過程的出錯率的估計的依據，這樣的估計可靠性如何？

(3) 此次估計依據的統計理論是什麼？

第 7 章　參數估計

學習目標：
- 掌握參數估計的相關概念和基本方法
- 理解置信區間
- 能用樣本量來構造一個或兩個總體參數的置信區間

本章重點：
- 掌握參數估計的基本方法
- 掌握一個總體和兩個總體參數置信區間的構造方法

本章難點：
- 置信區間的理解和兩個總體參數置信區間的構造

　　參數估計是推斷統計的重要內容之一，它是在抽樣以及抽樣分佈的基礎上，根據樣本統計量來推斷我們所關心的總體參數。本章主要介紹參數估計的基本原理和方法，將以上一章所學的抽樣分佈為基礎，討論參數估計的基本方法，內容包括：一個總體參數的估計，如總體均值的估計、總體比率的估計、總體方差的估計；兩個總體參數的估計，如兩個總體均值之差的估計、兩個總體比率之差的估計、兩個總體方差比的估計等；參數估計時必要的樣本容量的確定。

第 1 節　參數估計的基本問題

　　有時需要對總體的數量特徵進行描述和測定，但在很多情況下，總體的參數是不知道的。為了對總體參數進行估計，我們可以抽取總體中的部分個體構成一個樣本，然后利用樣本信息去估計總體參數。在一些實際問題中，研究對象的總體分佈類型可以從理論或實際經驗得到，但總體參數常常是未知的，需要利用樣本提供的信息對未知參數做出估計，其分佈才能完全確定。所有的這些都需要利用到一種專業的統計方法，那就是參數估計。

　　所謂參數估計，就是用樣本統計量來估計總體未知參數的過程。例如，用樣本的均值 $\bar{x}$ 估計總體的均值 μ，用樣本的比例 p 估計總體的比例 π，用樣本方差 s^2 估計總體方差 σ^2。其中，用來估計總體參數 θ 的統計量稱為估計量，用符號 $\hat{\theta}$ 表示。樣本均值、樣本比

例、樣本方差就是最常見的估計量。根據一個具體的樣本而計算出來的統計量的數值稱為估計值。

參數估計有兩種基本形式:點估計和區間估計。

第2節　點估計

一、點估計的含義

點估計(Point Estimation)就是用樣本統計量的值直接作為對應總體參數的估計值。例如,用樣本的均值 x 直接作為總體的均值 μ 的估計值,用樣本的比例 p 直接作為總體的比例 π 的估計值等。假定要估計全校 10,000 名學生的平均身高,根據抽出的一個隨機樣本計算的平均身高為 171 厘米,用 171 厘米作為全校學生平均身高的一個估計值。

做出這種估計是有一定的理論根據的。儘管我們沒有掌握全校 10,000 名學生總體的身高分佈狀況,但所獲取的樣本均值是近似服從正態分佈的隨機變量的一個取值,而且此正態分佈以總體均值為數學期望。因此,我們有理由認為,用作估計量的樣本均值,更大可能會在總體均值的附近取值。當然,由於樣本的隨機性,儘管可能性很小,但根據已經抽取出來的樣本所得到的均值也是有可能遠離總體均值的。

二、評價估計量的標準

對應一個總體參數,往往可能會有許多備選的估計量。例如,除了樣本均值外,樣本中位數、樣本眾數也可以作為總體均值的一個估計量。因此,在對總體參數進行估計的時候,首先需要選擇一個合適的統計量。那麼,究竟用樣本的哪種估計量作為總體參數的估計呢?什麼樣的估計量才算是一個好的估計量呢?這就需要有一定的評價標準。統計學家在評價估計量的優劣時,給出了三個標準:無偏性、有效性、一致性。

(一) 無偏性

無偏性(Unbiasedness),即要求估計統計量的數學期望值等於被估計參數的真實值。也就是說,雖然每一次的樣本指標值不一定等於總體參數的真實值,但是在所有可能的樣本中,各個樣本指標值的平均值應該等於被估計的總體參數的真實值。用數學語言表示是:設總體參數為 θ,所選擇的估計量為 $\hat{\theta}$,如果 $E(\hat{\theta}) = \theta$,則稱 $\hat{\theta}$ 為 θ 的無偏估計量。

(二) 有效性

在無偏估計的前提下,可能有很多統計量符合條件。那麼要選其中的哪一個最好呢?要說明的是,一個無偏的估計量並不意味著它就非常接近被估計的參數,它還必須與總體參數的離散程度比較小,這就是有效性。有效性(Efficiency)指的是在對同一總體參數的多個無偏估計量進行選擇時,具有更小標準差的估計量更為有效。

(三) 一致性

一致性(Consistency),即以樣本統計量估計總體參數時,要求當樣本的單位數充分大

時,點估計量的值越來越接近被估計總體的參數。這就可以解釋為什麼「一個大樣本給出的估計量要比一個小樣本給出的估計量更接近總體的參數」。

點估計方法簡便易行、原理直觀,經常在實際工作中被採用如估計魚塘中魚的數量、估計新生兒的平均體重、估計產品的廢品率等。但點估計也有不足之處,即點估計無法給出點估計值的可靠性。也就是說,必須能說出點估計值與總體參數的真實值接近的程度。但一個點估計的可靠性是由它的抽樣標準誤差來衡量的,這表明一個具體的點估計值無法給出估計的可靠性的度量,因此就不能完全依賴於一個點估計值,而是圍繞點估計值構造總體參數的一個區間,這就是區間估計。

第 3 節　區間估計

區間估計(Interval Estimate)是在點估計的基礎上,以一定的可靠程度推斷總體參數所在的區間範圍,這個區間通常是由樣本統計量加減抽樣誤差而得到。這種方法不僅以樣本統計量為依據,而且考慮了統計量的分佈。該估計方法給出了估計的精度,也說明了估計的把握程度。

由樣本的均值抽樣分佈可知,在重複抽樣或無限總體抽樣的情況下,樣本均值的數學期望值等於總體均值,即 $E(\bar{x}) = \mu$。樣本均值的標準誤差為 $\sigma_x = \sigma/\sqrt{n}$,由此可知,樣本均值 $\bar{x}$ 落在總體均值 μ 的兩側各一個抽樣標準差範圍內的概率為 0.682,7,落在兩個標準差範圍內的概率為 0.954,5,落在三個標準範圍內的概率為 0.997,3 等。

一、置信區間和置信水平

設總體參數為 θ,θ_L 和 θ_U 是由樣本確定的兩個統計量,對於給定的 $\alpha(0 < \alpha < 1)$,有 $P(\theta_L < \theta < \theta_U) = 1 - \alpha$,則稱 (θ_L, θ_U) 為參數 θ 的置信度為 $1 - \alpha$ 的置信區間。該區間的兩個端點 θ_L 和 θ_U 分別稱為置信下限和置信上限。其中,$1 - \alpha$ 稱為置信度或置信水平或置信系數。有關置信水平的詳細定義,下面將進一步詳細闡述。

如果我們根據特定樣本,採用上述辦法構造總體參數的一個估計區間,那麼這個區間到底包不包含總體真值呢?我們不得而知,我們只是寄希望於由這個特定樣本構造的估計區間是包含總體真值的區間中的一個。但是由於統計學家在某種程度上確信這個區間會包含真正的總體參數,所以給它取名為置信區間,這就是置信的由來。統計學家的這個信息不是沒有理由的,他們相信的原因是:如果我們抽取了許多不同的樣本,比如說抽取 100 個樣本,根據每一個樣本構造一個置信區間,這樣由 100 個樣本構造的總體參數的 100 個置信區間中,有 95% 的區間包含了總體參數的真值,5% 沒有包含,則 95% 這個值稱為置信水平。確切地說,如果我們將構造置信區間的步驟重複多次,置信區間中包含總體參數真值的次數所占的比率稱為置信水平或置信系數(Confidence Coefficient)或置信度。

二、對置信區間的理解

對置信區間的理解,有以下幾點需要注意:

第一,置信區間的正確表述方法是:如果用某種方法構造的所有區間中有90%的區間包含總體參數的真值,10%的區間不包含總體參數的真值,那麼用該方法構造的區間稱為置信水平為90%的置信區間。

第二,在估計時,總體參數是真實存在的,是固定且是未知的。用隨機樣本構造的區間則是不固定的,隨樣本的不同而不同。

第三,需要強調的是,如果我們根據一個特定的樣本構造總體參數估計的置信水平為95%的置信區間,由於該樣本所構造的區間是一個特定的區間,而不再是隨機區間,所以無法知道這個樣本所產生的區間是否包含總體參數的真值。我們只希望這個區間是大量包含總體參數真值的區間中的一個,但它也可能是少數幾個不包含參數真值的區間中的一個。因此,表述「如果用95%的置信水平得到某班學生統計學考試成績的置信區間為70~88分,那麼全班學生的平均考試成績以95%的概率落在70~88分」就是不準確的。

三、一個總體參數的區間估計

在研究一個總體時,一般主要研究總體均值μ、總體比例π和總體方差σ^2的區間估計。下面介紹這幾個總體參數置信區間的構造方法。

(一) 總體均值的區間估計

在對總體均值進行區間估計時,需要考慮總體是否為正態分佈,總體方差是否已知,用於構造估計量的樣本是大樣本($n \geq 30$)還是小樣本($n < 30$)等幾種情況。

1. 方差已知(正態總體、任意樣本或非正態總體、大樣本)

當σ^2已知(總體服從正態分佈或者總體不是正態分佈但為大樣本)時,樣本均值$\bar{x}$的抽樣分佈均為正態分佈。根據第六章的知識可知,樣本均值服從均值為總體均值μ,方差為σ^2/n的正態分佈。樣本均值經過標準化以后的隨機變量則服從標準正態分佈,即

$$z = \frac{\bar{x} - \mu}{\sigma/\sqrt{n}} \sim N(0,1) \tag{7.1}$$

對於給定的置信度$1-\alpha$,可以查標準正態分佈臨界值表得到相應的臨界值$z_{\alpha/2}$($z_{\alpha/2}$是標準正態分佈的雙側α分位點,有關分位點的介紹詳見本章附錄,這裡不再解釋),使得

$$P(-z_{\alpha/2} < \frac{\bar{x} - \mu}{\sigma/\sqrt{n}} < z_{\alpha/2}) = 1 - \alpha \tag{7.2}$$

這樣就能得到

$$P(\bar{x} - z_{\alpha/2}\frac{\sigma}{\sqrt{n}} < \mu < \bar{x} + z_{\alpha/2}\frac{\sigma}{\sqrt{n}}) = 1 - \alpha \tag{7.3}$$

從而可以得出總體的均值μ在$1-\alpha$置信水平下的置信區間為:

$$(\bar{x} - z_{\alpha/2}\frac{\sigma}{\sqrt{n}}, \bar{x} + z_{\alpha/2}\frac{\sigma}{\sqrt{n}}) \tag{7.4}$$

式中,$\bar{x} - z_{\alpha/2}\frac{\sigma}{\sqrt{n}}$稱為置信下限,$\bar{x} + z_{\alpha/2}\frac{\sigma}{\sqrt{n}}$稱為置信上限;$1-\alpha$稱為置信水平(可靠

度);$z_{a/2}\frac{\sigma}{\sqrt{n}}$是估計總體均值時的允許誤差或邊際誤差,用 Δ 表示,其意義是在給定的置信水平下對總體參數進行區間估計所允許的最大誤差。從公式(7.4)可知,總體均值的置信區間由點估計值和允許誤差兩部分組成。

【例7-1】某化妝品市場企業以生產某品牌的 BB 霜為主,其生產的產品質量服從正態分佈,總體方差為 25。按規定,每支的重量不低於 100 克。為對產品質量進行監測,公司質量檢驗科經常要進行抽檢,以分析每支重量是否符合要求。現從某天生產的一批 BB 霜中隨機抽取了 25 支進行測量,測得每支重量如表 7-1 所示。

表 7-1　　　　　　　　　　　25 支 BB 霜的重量　　　　　　　　　　　單位:克

112.5	101.0	103.0	102.0	100.5
102.6	107.5	95.0	108.8	115.6
100.0	123.5	102.0	101.6	102.2
116.6	95.4	97.8	108.6	105.0
136.8	102.8	101.5	98.4	93.3

試估計該天生產的 BB 霜平均重量的置信區間,置信水平為 90%。

解:已知 $\sigma = 5$,置信水平 $1 - \alpha = 90\%$,則 $\alpha = 0.1$。查標準正態分佈表得 $z_{a/2} = z_{0.05} = 1.645$。根據表 7-1 的樣本數據計算的樣本均值 $\bar{x} = 105.36$。

根據公式(7.4)得

$$(\bar{x} - z_{a/2}\frac{\sigma}{\sqrt{n}}, \bar{x} + z_{a/2}\frac{\sigma}{\sqrt{n}})$$

$$= (105.36 - 1.645 \times \frac{5}{\sqrt{25}}, 105.36 + 1.645 \times \frac{5}{\sqrt{25}})$$

$$= (103.715, 107.005)$$

因此,該批 BB 霜平均重量 90% 的置信區間為 103.715~107.005 克,即有 90% 的可靠度估計這批產品的重量在 103.715~107.005 克之間。

2. 大樣本($n \geq 30$)、方差未知

如果總體 σ^2 未知時,只要是在大樣本的條件下,公式(7.4)中的總體方差 σ^2 就可以用樣本方差 s^2 代替,這時總體的均值 μ 在 $1 - \alpha$ 置信水平下的置信區間可以寫成:

$$(\bar{x} - z_{a/2}\frac{s}{\sqrt{n}}, \bar{x} + z_{a/2}\frac{s}{\sqrt{n}}) \tag{7.5}$$

【例7-2】廣州航空郵件處理中心是一家大型的航空郵件處理機構。為了提高工作效率,該公司技術部設計了一套較為科學的分揀郵件的方法。現欲對該方法的實施效果展開調查,為此該公司隨機對 36 人開展了暗中觀察,記錄了他們一個小時內分揀郵件的數量,從而得到樣本均值為 100 件,樣本標準差為 6 件,試以 95% 的置信水平估計所有員工採用新方法后一個小時內分揀郵件的平均數量的置信區間。

解:總體方差未知,作為大樣本,可用樣本方差來代替總體方差。已知 $s = 6$,置信水

平 $1-\alpha = 0.95$，則 $\alpha = 0.05$。查標準正態分佈表得 $z_{\alpha/2} = z_{0.025} = 1.96$。又有 $\bar{x} = 100$，根據公式(7.5)得

$$(\bar{x} - z_{\alpha/2}\frac{s}{\sqrt{n}}, \bar{x} + z_{\alpha/2}\frac{s}{\sqrt{n}}) = (100 - 1.96 \times \frac{6}{\sqrt{36}}, 100 + 1.96 \times \frac{6}{\sqrt{36}})$$
$$= (98.04, 101.96)$$

因此，該公司所有員工採用新方法后一個小時內分揀郵件的平均數量 95% 的置信區間為 $98.04 \sim 101.96$ 件。

3. 小樣本（$n < 30$）、正態總體、方差未知

如果總體服從正態分佈，則無論樣本量如何，樣本均值 $\bar{x}$ 的抽樣分佈都服從正態分佈。這時如果總體方差 σ^2 已知，即使是在小樣本的情況下，也可以按公式(7.4)建立總體均值的置信區間。但是如果總體方差 σ^2 未知，則需要樣本方差 s^2 代替 σ^2，而在小樣本的情況下，樣本均值經過標準化以後則服從自由度為（$n-1$）的 t 分佈，即

$$t = \frac{\bar{x} - \mu}{s/\sqrt{n}} \sim t(n-1)$$

有關 t 分佈的講解，請見第六章。如果給定置信水平 $1-\alpha$，則按照公式(7.4)的推導過程可得正態總體、方差未知、小樣本時的置信水平為 $1-\alpha$ 的置信區間。

根據 t 分佈建立的總體均值 μ 在 $1-\alpha$ 置信水平的置信區間為：

$$(\bar{x} - t_{\alpha/2}(n-1) \cdot \frac{s}{\sqrt{n}}, \bar{x} + t_{\alpha/2}(n-1) \cdot \frac{s}{\sqrt{n}}) \tag{7.6}$$

式中，$t_{\alpha/2}(n-1)$ 是自由度為 $n-1$ 時 t 分佈的雙側 α 分位點，該值可通過書后所附的 t 分佈表查得。

【例7-3】已知某種的電池的使用壽命服從正態分佈，為了對這批電池進行檢測，質檢人員從一批電池中隨機抽取 16 只進行測量，測得其使用壽命（單位：小時）如下：

1,510　　1,450　　1,480　　1,460　　1,520　　1,480　　1,490　　1,460
1,480　　1,510　　1,530　　1,470　　1,500　　1,520　　1,510　　1,470

試建立該批電池平均使用壽命 90% 的置信區間。

解：根據抽樣結果計算得：

$$\bar{x} = \frac{\sum_{i=1}^{n} x_i}{n} = \frac{23,840}{16} = 1,490$$

$$s = \sqrt{\frac{\sum_{i=1}^{n}(x_i - \bar{x})^2}{n-1}} = \sqrt{\frac{9,200}{16-1}} = 24.77$$

根據 $\alpha = 0.1$ 查 t 分佈表得 $t_{\alpha/2}(n-1) = t_{0.05}(15) = 1.753,1$，由公式(7.6)得平均使用壽命的置信區間為：

$$(\bar{x} - t_{\alpha/2}(n-1) \cdot \frac{s}{\sqrt{n}}, \bar{x} + t_{\alpha/2}(n-1) \cdot \frac{s}{\sqrt{n}})$$

$$= (1,490 - 1.753, 1 \times \frac{24.77}{\sqrt{16}}, 1,490 + 1.753, 1 \times \frac{24.77}{\sqrt{16}})$$

$$= (1,479.144, 1,500.856)$$

該批電池平均使用壽命90%的置信區間為1,479.144~1,500.856小時。

這裡對總體均值的區間估計進行了總結,如表7-2所示。

表7-2　　　　　　　　　不同情況下樣本均值的抽樣分佈

各種情形	總體均值的置信區間
方差已知(正態總體,任意樣本或者大樣本($n \geq 30$)、任意總體)	$\left(\bar{x} - z_{a/2}\frac{\sigma}{\sqrt{n}}, \bar{x} + z_{a/2}\frac{\sigma}{\sqrt{n}}\right)$
大樣本($n \geq 30$)、方差未知	$\left(\bar{x} - z_{a/2}\frac{s}{\sqrt{n}}, \bar{x} + z_{a/2}\frac{s}{\sqrt{n}}\right)$
小樣本($n < 30$)、($n < 30$)正態總體,方差未知	$(\bar{x} - t_{a/2}(n-1) \cdot \frac{s}{\sqrt{n}}, \bar{x} + t_{a/2}(n-1) \cdot \frac{s}{\sqrt{n}})$

(二) 總體比例的區間估計

對於總體比例的區間估計,如果樣本容量很小,此時樣本比例 p 服從二項分佈,比較複雜,這裡不再討論。這裡只討論大樣本情況下總體比率 π 的估計。根據第六章有關樣本比例的抽樣分佈可知,當樣本容量足夠大時,樣本比率 p 近似服從正態分佈,且有

$$E(p) = \pi, \sigma_p^2 = \frac{\pi(1-\pi)}{n}$$

所以有

$$z = \frac{p - \pi}{\sqrt{\frac{\pi(1-\pi)}{n}}} \sim N(0,1) \tag{7.7}$$

與總體均值的區間估計的討論方法類似,給定置信水平 $1-\alpha$,則總體比例 π 的置信區間為:

$$(p - z_{a/2}\sqrt{\frac{p(1-p)}{n}}, p + z_{a/2}\sqrt{\frac{p(1-p)}{n}}) \tag{7.8}$$

【例7-4】學校教務處想要估計學生上課出勤率情況,隨機抽取了100名學生進行調查,其中65人有過曠課記錄。試以95%的置信水平估計該校學生中有曠課記錄的學生比例的置信區間。

解:已知 $n = 100, z_{a/2} = 1.96$,根據抽樣結果計算的樣本比率為 $p = \frac{65}{100} = 65\%$。

根據公式(7.8)得

$$(p - z_{a/2}\sqrt{\frac{p(1-p)}{n}}, p + z_{a/2}\sqrt{\frac{p(1-p)}{n}})$$

$$= (0.65 - 1.96 \times \sqrt{\frac{0.65 \times (1 - 0.65)}{100}}, 0.65 + 1.96 \times \sqrt{\frac{0.65 \times (1 - 0.65)}{100}})$$

= (55.65%, 74.35%)

該校學生中有曠課記錄的學生比例95%的置信區間為55.65%~74.35%。

(三) 總體方差的區間估計

這裡只討論正態總體方差的估計問題。根據樣本方差的抽樣分佈理論可知，樣本方差服從自由度為 $n-1$ 的 χ^2 分佈，即

$$\chi^2 = \frac{(n-1)s^2}{\sigma^2} \sim \chi^2(n-1) \qquad (7.9)$$

給定一個置信水平 $1-\alpha$，根據用 χ^2 分佈的性質可知

$$P(\chi^2_{1-\alpha/2} < \frac{(n-1)s^2}{\sigma^2} < \chi^2_{\alpha/2}) = 1-\alpha \qquad (7.10)$$

式中，$\chi^2_{1-\alpha/2}$ 和 $\chi^2_{\alpha/2}$ 是 χ^2 分佈的上側面積為 $\alpha/2$ 和 $1-\alpha/2$ 的分位數。同總體均值置信區間的構造過程類似，對公式(7.10)進行推導可得，總體方差 σ^2 置信水平 $1-\alpha$ 下的置信區間為：

$$\left(\frac{(n-1)s^2}{\chi^2_{\alpha/2}}, \frac{(n-1)s^2}{\chi^2_{1-\alpha/2}} \right) \qquad (7.11)$$

【例7-5】為考察某班考試中統計學成績的差異，隨機抽取20名同學的成績，計算得出其樣本方差為 $s^2 = 20$。試以95%的置信水平建立該班同學統計學成績總體方差的置信區間。

解：由題可知，$s^2 = 20, n = 20, 1-\alpha = 95\%$，根據顯著性水平 $\alpha = 0.05$ 和自由度 $n-1 = 19$，查 χ^2 分佈表得 $\chi^2_{1-\alpha/2}(n-1) = \chi^2_{0.975}(19) = 8.91$，$\chi^2_{\alpha/2}(n-1) = \chi^2_{0.025}(19) = 32.85$。因此，總體方差 σ^2 的置信區間為：

$$\left(\frac{19 \times 20}{32.85}, \frac{19 \times 20}{8.91} \right) = (11.57, 42.65)$$

該班同學統計學成績總體方差95%置信水平的置信區間11.57~42.65。

圖7-1總結了一個總體參數估計的不同情形及其使用的分佈。

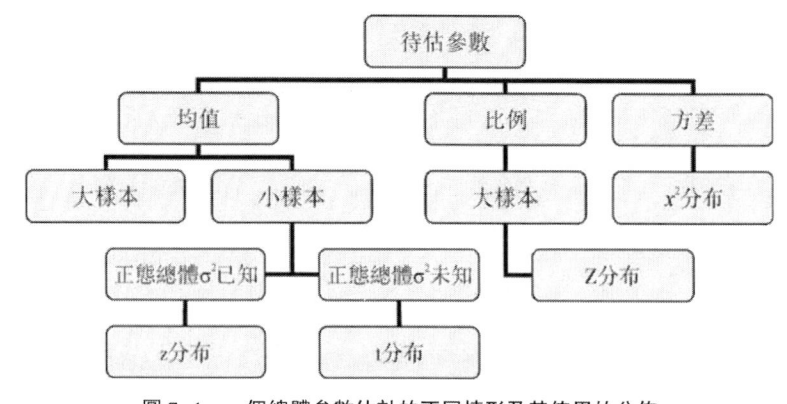

圖7-1 一個總體參數估計的不同情形及其使用的分佈

四、兩個總體參數的區間估計

上一節介紹了一個總體參數的區間估計,主要包括總體均值、總體比例、總體方差的區間估計。這裡開始介紹兩個總體參數的區間估計,對於兩個總體,我們所關心的參數主要有兩個總體的均值之差 $\mu_1 - \mu_2$、兩個總體的比例之差 $\pi_1 - \pi_2$、兩個總體的方差比 σ_1^2/σ_2^2 等。下面將分別介紹這三種類型的兩總體參數的區間估計。

(一)兩個總體均值之差的區間估計

與單個總體均值的區間估計相似,兩個總體均值之差的區間估計所構造的估計量也根據樣本容量、總體是否服從正態分佈以及方差是否一致而存在差異。但是研究兩個總體均值之差的區間估計時,要區分獨立樣本和匹配樣本兩種情況。有關匹配樣本下兩總體均值差的區間估計較為複雜,這裡不再介紹,如要瞭解可查閱其他書籍。

設兩個樣本是從兩個總體中獨立抽取的,即一個樣本中的元素與另一個樣本中的元素相互獨立,則稱為獨立樣本。設兩總體的均值分別為 μ_1 和 μ_2,從兩個總體中分別抽取樣本量為 n_1 和 n_2 的兩個隨機樣本,其樣本均值分別為 $\bar{x}_1$ 和 $\bar{x}_2$。兩個總體均值之差 $\mu_1 - \mu_2$ 的估計量顯然是兩個樣本的均值之差 $\bar{x}_1 - \bar{x}_2$。下面分不同情況討論兩個總體均值之差的區間估計。

1. 大樣本

(1)方差 σ^2 已知。如果兩個樣本都是大樣本即 $n_1 \geq 30$ 和 $n_2 \geq 30$,則無論總體服從什麼分佈,根據中心極限定理,兩個樣本均值之差都服從或近似服從均值為 $(\mu_1 - \mu_2)$、方差為 $(\dfrac{\sigma_1^2}{n_1} + \dfrac{\sigma_2^2}{n_2})$ 的正態分佈,則有

$$z = \frac{\bar{x}_1 - \bar{x}_2}{\sqrt{\dfrac{\sigma_1^2}{n_1} + \dfrac{\sigma_2^2}{n_2}}} \sim N(0,1) \tag{7.12}$$

給定置信度 $1-\alpha$,根據標準正態分佈的性質,類似於公式(7.2)和公式(7.3)的推導過程,有總體的均值之差 $(\mu_1 - \mu_2)$ 在 $1-\alpha$ 置信水平下的置信區間為:

$$\left((\bar{x}_1 - \bar{x}_2) - z_{\alpha/2}\sqrt{\dfrac{\sigma_1^2}{n_1} + \dfrac{\sigma_2^2}{n_2}}, (\bar{x}_1 - \bar{x}_2) + z_{\alpha/2}\sqrt{\dfrac{\sigma_1^2}{n_1} + \dfrac{\sigma_2^2}{n_2}}\right) \tag{7.13}$$

(2)方差 σ^2 未知。當兩個總體的方差 σ_1^2 和 σ_2^2 都未知時,可用兩個樣本方差 s_1^2 和 s_2^2 來代替,這時兩個總體均值之差 $(\mu_1 - \mu_2)$ 在 $1-\alpha$ 置信水平下的置信區間為:

$$\left((\bar{x}_1 - \bar{x}_2) - z_{\alpha/2}\sqrt{\dfrac{s_1^2}{n_1} + \dfrac{s_2^2}{n_2}}, (\bar{x}_1 - \bar{x}_2) + z_{\alpha/2}\sqrt{\dfrac{s_1^2}{n_1} + \dfrac{s_2^2}{n_2}}\right) \tag{7.14}$$

【例7-6】為評估甲、乙兩個車間工人日處理郵件平均數量的差異,廣航郵件處理中心分別從甲、乙兩車間抽取一定數量的樣本。其中,在甲車間抽取46人,乙車間抽取33人。利用樣本數據計算得出兩車間的樣本均值分別是86袋和78袋。已知兩車間工人日處理郵件的樣本方差分別為 $s_甲 = 5.8, s_乙 = 7.2$。試建立兩車間工人日處理郵件平均數量差異95%的置信區間。

解：根據公式(7.14)得

$$\left((\bar{x}_1 - \bar{x}_2) - z_{\alpha/2}\sqrt{\frac{s_1^2}{n_1} + \frac{s_2^2}{n_2}}, (\bar{x}_1 - \bar{x}_2) + z_{\alpha/2}\sqrt{\frac{s_1^2}{n_1} + \frac{s_2^2}{n_2}} \right)$$

$$= \left((86 - 78) - 1.96 \times \sqrt{\frac{5.8^2}{46} + \frac{7.2^2}{33}}, (86 - 78) + 1.96 \times \sqrt{\frac{5.8^2}{46} + \frac{7.2^2}{33}} \right)$$

$$= (5.03, 10.97)$$

因此，兩車間工人日處理郵件平均數量差異95%的置信區間為5.03～10.97袋。

2. 小樣本

在兩個樣本都為小樣本的情況下，為估計兩個總體的均值之差，需要作出以下假定：

第一，兩個總體都服從正態分佈。

第二，兩個隨機樣本獨立地分別抽自兩個總體。

在上述假定下，無論樣本量的大小，兩個樣本均值之差都服從正態分佈。當兩個總體方差 σ_1^2 和 σ_2^2 已知時，可用公式(7.13)建立兩個總體均值之差的置信區間。當 σ_1^2 和 σ_2^2 未知時，情況比較複雜，我們分以下兩種情況介紹兩個總體均值之差的區間估計：

(1)當兩個總體的方差 σ_1^2 和 σ_2^2 未知且不相等時，即 $\sigma_1^2 \neq \sigma_2^2$。兩個總體的方差 σ_1^2 和 σ_2^2 都未知時，可用兩個樣本方差 s_1^2 和 s_2^2 來代替。若 $\sigma_1^2 \neq \sigma_2^2$，或者沒有理由判定 σ_1^2 和 σ_2^2 相等時，兩個樣本均值之差在進行標準化處理之後近似服從自由度為 ν 的 t 分佈，ν 的計算公式如下：

$$\nu = \frac{(s_1^2/n_1 + s_2^2/n_2)^2}{\dfrac{(s_1^2/n_1)^2}{n_1 - 1} + \dfrac{(s_2^2/n_2)^2}{n_2 - 1}} \tag{7.15}$$

於是當 $n_1^2 \neq n_2^2$ 時，兩總體均值之差在 $1-\alpha$ 置信水平下的置信區間為：

$$\left((\bar{x}_1 - \bar{x}_2) - t_{\alpha/2}(\nu)\sqrt{\frac{s_1^2}{n_1} + \frac{s_2^2}{n_2}}, (\bar{x}_1 - \bar{x}_2) + t_{\alpha/2}(\nu)\sqrt{\frac{s_1^2}{n_1} + \frac{s_2^2}{n_2}} \right) \tag{7.16}$$

【例7-7】 廣航郵件處理中心技術研究部為了估計兩種不同的處理郵件的方法所需時間的差異，分別對兩種不同的方法各隨機安排一些員工進行實驗。假定第一種方法隨機安排12個工人，第二種方法隨機安排8個工人，即 $n_1 = 12, n_2 = 8$，所得的有關數據如表7-3所示。

表7-3　　　　　　　　兩種方法組裝產品所需的時間　　　　　　　　單位：分鐘

方法1	方法2	方法1	方法2
28.3	27.6	36.0	31.7
30.1	22.2	37.2	26.5
29.0	31.0	38.5	
37.6	33.8	34.4	
32.1	20.0	28.0	
28.8	30.2	30.0	

同時假定兩個總體的方差不相等,且兩個總體均服從正態分佈,試以 95% 的置信水平建立兩種方法組裝產品所需要的時間差值的置信區間。

解:由於 $n_1^2 \neq n_2^2$,所以應採用公式(7.17)進行計算,根據表 7-3 的數據計算如下:

方法 1:$\bar{x}_1 = 32.5$

$\quad\quad s_1^2 = 15.996$

方法 2:$\bar{x}_2 = 27.875$

$\quad\quad s_2^2 = 23.014$

計算的自由度為 $\nu = \dfrac{(\dfrac{15.996}{12} + \dfrac{23.014}{8})^2}{\dfrac{(15.996/12)^2}{12-1} + \dfrac{(23.014/8)^2}{8-1}} = 13.188 \approx 13$

根據自由度 13 查 t 分佈表得 $t_{0.05/2}(13) = 2.160\,4$。兩個總體均值之差 $\mu_1 - \mu_2$ 在 $1-\alpha$ 置信水平下的置信區間為:

$$\left((\bar{x}_1 - \bar{x}_2) - t_{\alpha/2}(\nu)\sqrt{\dfrac{s_1^2}{n_1} + \dfrac{s_2^2}{n_2}}, (\bar{x}_1 - \bar{x}_2) + t_{\alpha/2}(\nu)\sqrt{\dfrac{s_1^2}{n_1} + \dfrac{s_2^2}{n_2}}\right)$$

$$= \left((32.5 - 27.875) - 2.160\,4\sqrt{\dfrac{15.996}{12} + \dfrac{23.014}{8}},\right.$$

$$\left. (32.5 - 27.875) + 2.160\,4\sqrt{\dfrac{15.996}{12} + \dfrac{23.014}{8}}\right)$$

$= (0.192, 9.058)$

因此,兩種方法處理郵件所需平均時間之差的 95% 的置信區間為 0.192 ~ 9.058 分鐘。

(2) 當兩個總體的方差 σ_1^2 和 σ_2^2 未知但相等時,即 $\sigma_1^2 = \sigma_2^2$。當兩個總體的方差 σ_1^2 和 σ_2^2 未知但相等時,這時需要用兩個樣本方差 s_1^2 和 s_2^2 來估計總體方差,並將兩個樣本的數據組合在一起,估計出總體方差的合併估計量 s_m^2。計算公式為:

$$s_m^2 = \dfrac{(n_1-1)s_1^2 + (n_2-1)s_2^2}{n_1 + n_2 - 2} \qquad (7.17)$$

將兩個樣本均值之差進行標準化處理后就服從自由度為 $(n_1 + n_2 - 2)$ 的 t 分佈,此時兩總體均值之差在 $1-\alpha$ 置信水平下的置信區間為:

$$\left((\bar{x}_1 - \bar{x}_2) - t_{\alpha/2}\sqrt{s_m^2(\dfrac{1}{n_1} + \dfrac{1}{n_2})}, (\bar{x}_1 - \bar{x}_2) + t_{\alpha/2}\sqrt{s_m^2(\dfrac{1}{n_1} + \dfrac{1}{n_2})}\right) \qquad (7.18)$$

【例 7-8】如果在例 7-7 中,為估計兩種方法處理郵件所需要時間的差異,分別對兩種不同的處理方法各隨機安排 12 個工人進行操作,記錄每個工人處理一袋郵件所需的時間,並得出兩個樣本均值和樣本方差如下:

方法 1:$\bar{x}_1 = 60$,$s_1^2 = 15.996$

方法 2:$\bar{x}_2 = 58$,$s_2^2 = 19.358$

假定兩種方法處理郵件的時間均服從正態分佈,且方差相等,試以 0.05 的顯著性水

平的置信水平建立兩種方法處理郵件所需平均時間差值的置信區間。

解：根據樣本數據計算得到總體方差的合併估計量為：

$$s_m^2 = \frac{(n_1-1)s_1^2 + (n_2-1)s_2^2}{n_1+n_2-2} = \frac{(12-1) \times 15.996 + (12-1) \times 19.358}{12+12-2} = 17.677$$

根據 $\alpha = 0.05$，自由度 $(12+12-2) = 22$ 查 t 分佈表得 $t_{0.05/2}(22) = 2.073,9$。

總體均值之差 $\mu_1 - \mu_2$ 在 95% 置信水平下的置信區間為：

$$\left((\bar{x}_1 - \bar{x}_2) - t_{\alpha/2}\sqrt{s_m^2(\frac{1}{n_1} + \frac{1}{n_2})}, (\bar{x}_1 - \bar{x}_2) + t_{\alpha/2}\sqrt{s_m^2(\frac{1}{n_1} + \frac{1}{n_2})} \right)$$

$$= \left((60-58) - 2.073,9 \times \sqrt{17.677 \times (\frac{1}{12} + \frac{1}{12})}, \right.$$

$$\left. (60-58) + 2.073,9 \times \sqrt{17.677 \times (\frac{1}{12} + \frac{1}{12})} \right)$$

$$= (-1.56, 5.56)$$

兩種方法處理郵件所需平均時間之差的 95% 的置信區間為 $-1.56 \sim 5.56$ 分鐘。

（二）兩個總體比例之差的區間估計

前面研究了兩總體均值之差的區間估計，這裡將繼續研究兩總體比例之差的區間估計。由第六章有關兩樣本比例之差的抽樣分佈可知，當兩個樣本容量足夠大時，即 n_1p_1、$n_1(1-p_1)$、n_2p_2、$n_2(1-p_2)$ 都大於 5 時，樣本比例分別服從正態分佈，如果從兩個總體中抽出兩個獨立的樣本，則兩個樣本比例之差服從均值為 $\pi_1 - \pi_2$，方差為 $\frac{\pi_1(1-\pi_1)}{n_1} + \frac{\pi_2(1-\pi_2)}{n_2}$ 的正態分佈。

對兩個樣本均值之差作標準化處理之後，就有

$$z = \frac{(p_1-p_2) - (\pi_1-\pi_2)}{\sqrt{\frac{\pi_1(1-\pi_1)}{n_1} + \frac{\pi_2(1-\pi_2)}{n_2}}} \sim N(0,1) \tag{7.19}$$

由於兩個總體比例是未知的，因此方差中的 π_1 和 π_2 可用 p_1 和 p_2 來代替。根據標準正態分佈的特徵，計算得出兩個總體比例之差 $\pi_1 - \pi_2$ 在 $1-\alpha$ 置信水平下的置信區間為：

$$\left((p_1-p_2) - z_{\alpha/2}\sqrt{\frac{p_1(1-p_1)}{n_1} + \frac{p_2(1-p_2)}{n_2}}, \right.$$

$$\left. (p_1-p_2) + z_{\alpha/2}\sqrt{\frac{p_1(1-p_1)}{n_1} + \frac{p_2(1-p_2)}{n_2}} \right) \tag{7.20}$$

【例 7-9】 在某年級的一次統計學期末測試中，為了研究該年級物流管理專業和工商管理專業及格率的差異，分別從工商管理專業抽取 120 人，物流管理專業抽取 100 人組成兩個獨立隨機樣本。對樣本的研究發現：工商管理專業的及格率達到 89%，物流管理專業的及格率為 88%。試以 95% 的置信水平估計兩個專業及格率差別的置信區間。

解：根據題意，$n_1 = 120, n_2 = 100, p_1 - p_2$ 漸近地服從正態分佈。當 $\alpha = 0.05$ 時，$z_{\alpha/2} =$

1.96。因此,置信區間為:

$$\left((p_1-p_2)-z_{\alpha/2}\sqrt{\frac{p_1(1-p_1)}{n_1}+\frac{p_2(1-p_2)}{n_2}},(p_1-p_2)+z_{\alpha/2}\sqrt{\frac{p_1(1-p_1)}{n_1}+\frac{p_2(1-p_2)}{n_2}}\right)$$

$$=\left(0.1-1.96\times\sqrt{\frac{0.89\times0.11}{120}+\frac{0.88\times0.12}{100}},0.1+1.96\times\sqrt{\frac{0.89\times0.11}{120}+\frac{0.88\times0.12}{100}}\right)$$

$$=(0.015,0.185)$$

因此,兩個專業及格率差別在95%的置信區間為 $0.015\sim0.185$。

(三) 兩個總體方差比的區間估計

在實際問題中,經常會遇到兩個總體的方差問題。例如,我們經常要比較兩個金融產品的風險大小、比較兩種不同方法生產的產品性能的穩定性等。

由抽樣分佈的理論可知,來自兩個獨立正態總體的樣本的樣本方差比服從第一自由度為 $n_1 - 1$,第二自由度為 $n_2 - 1$ 的 F 分佈,即 $F(n_1 - 1, n_2 - 1)$ 分佈。

$$F = \frac{s_1^2/\sigma_1^2}{s_2^2/\sigma_2^2} \sim F(n_1 - 1, n_2 - 1) \tag{7.21}$$

因此,可用 F 分佈來構造兩個總體方差比 σ_1^2/σ_2^2 的置信區間。給定一個置信水平 $1-\alpha$,根據 F 分佈的性質可知

$$P\left(F_{1-\alpha/2} < \frac{s_1^2/\sigma_1^2}{s_2^2/\sigma_2^2} < F_{\alpha/2}\right) = 1 - \alpha \tag{7.22}$$

式中,$F_{1-\alpha/2}$ 和 $F_{\alpha/2}$ 是 F 分佈的上側面積為 $\alpha/2$ 和 $1-\alpha/2$ 的分位數。$F_{1-\alpha/2}$ 和 $F_{\alpha/2}$ 的關係是:$F_{1-\alpha/2}(n_1,n_2) = \frac{1}{F_{\alpha/2}(n_2,n_1)}$。同總體均值置信區間的構造過程類似,對公式(7.21)進行推導可得,總體方差之比的置信水平 $1-\alpha$ 下的置信區間為:

$$\left(\frac{s_1^2/s_2^2}{F_{\alpha/2}}, \frac{s_1^2/s_2^2}{F_{1-\alpha/2}}\right) \tag{7.23}$$

【例7-10】為研究甲、乙兩種金融產品的風險差異,在某時間段內隨機抽取了25天進行觀察,得出甲、乙兩個產品的價格信息,並得到下面的結果:

甲產品:$\bar{x}_1 = 20$

$s_1^2 = 2$

乙產品:$\bar{x}_2 = 48$

$s_2^2 = 5$

試以95%的置信水平估計甲、乙兩個產品價格方差比的置信區間。

解:根據自由度 $n_1 = 25 - 1 = 24$ 和 $n_2 = 25 - 1 = 24$ 查 F 分佈表,得 $F_{\alpha/2}(24,24) = F_{0.025}(24,24) = 2.27$ 且 $F_{1-\alpha/2}(24,24) = F_{0.975}(24,24) = \frac{1}{2.27} \approx 0.44$

根據公式(7.22)得總體方差之比的置信水平 $1-\alpha$ 下的置信區間為:

$$\left(\frac{2/5}{2.27}, \frac{2/5}{0.44}\right) = (0.176, 0.909)$$

因此,甲、乙兩個產品價格方差比在95%置信水平的置信區間為 0.176~0.909。

圖 7-2 總結了兩個總體參數估計的不同情形及所使用的分佈。

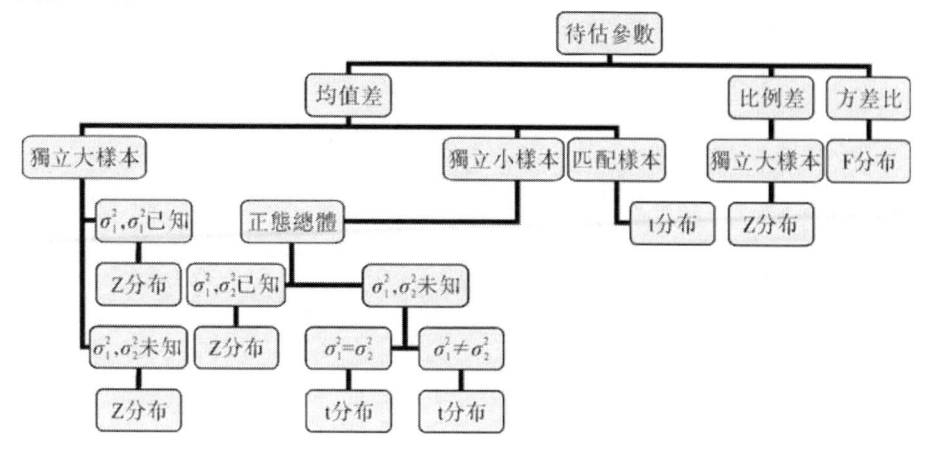

圖 7-2　兩個總體參數的估計及所使用的分佈

注意:實際應用中,區間估計一般通過 SPSS 來求解,有關採用 SPSS 進行區間估計的方法詳見第八章的第四節。

第 4 節　樣本容量的確定

通過上一節的學習我們知道,在保證置信水平(或稱可靠度)一定的情況下,估計總體均值和總體比例的置信區間的寬度與樣本容量成反比。換句話說就是總體參數估計的精度越高,即估計的區間寬度越窄,在保持置信水平一定的情況下,我們只能通過增加樣本容量來實現,這勢必將耗費更多的人力、物力和財力,並且有的時候是很難實現的。如果一味地通過提高樣本容量來提高估計的精度,這樣就失去了抽樣原本的意義。那麼該如何應對既要保證估計的可靠度,又要提高估計的精度,還不可盲目增加樣本容量這個問題呢？通常,樣本容量的確定與人們願意接受的估計精度有一定關係。因此,一般在抽樣前由確定的估計精度計算得出必要的樣本容量。

一、估計總體均值時樣本容量的確定

上一節已經研究了總體均值的區間估計,總體均值的置信區間是由樣本均值 $\bar{x}$ 和允許誤差兩部分組成。在重複抽樣的情況下,允許誤差為 $z_{\alpha/2}\dfrac{\sigma}{\sqrt{n}}$,置信區間的寬度為 $2z_{\alpha/2}\dfrac{\sigma}{\sqrt{n}}$。式中,$z_{\alpha/2}$ 的值完全由置信水平 $1-\alpha$ 確定。因此,一般只要確定了允許誤差、置信水平和總體方差,樣本容量 n 就確定了。令 △ 代表所希望達到的允許誤差,即 $\triangle = z_{\alpha/2}$

$\frac{\sigma}{\sqrt{n}}$，由此可以推導出確定樣本容量的公式如下：

$$n = \frac{(z_{a/2})^2 \sigma^2}{\triangle^2} \qquad (7.24)$$

在應用時，如果能得到或求出 σ 的具體值，就可以用公式(7.24)直接計算所需的樣本容量；如果 σ 的值不知道，則可用樣本標準差來代替。

研究公式(7.24)我們發現：在其他條件不變的情況下，樣本容量與置信水平成正比；樣本容量與總體方差成正比；樣本容量與允許誤差 $\triangle$ 成反比。因此，樣本容量的確定由置信水平、總體方差和允許誤差綜合決定。

在實際計算中，往往根據公式(7.24)計算出的結果不是整數，但是樣本容量一定為整數。通常的做法是：為了提高精度，將樣本容量取成較大的整數，即取不超過 n 的最大整數。數學表達式為 $n^* = [n] + 1$。例如，當計算結果 $n = 38.43$ 時，取 $n = [38.43] + 1 = 39$。

【例 7-11】 一家食品生產企業以生產袋裝食品為主。已知該袋裝食品的標準差大約為 10 克，假定想要估計該批袋裝食品在 95% 的置信區間，希望允許誤差為 2 克，應抽取多大的樣本容量？

解：已知 $\sigma = 10$ 克，$\triangle = 2$ 克，$z_{a/2} = 1.96$。

根據式(7.24)得

$$n = \frac{(z_{a/2})^2 \sigma^2}{\triangle^2} = \frac{1.96^2 \times 10^2}{2^2} = 96.04 \approx 97$$

因此，為了保證允許誤差為 2g，應抽取 97 件袋裝食品作為樣本。

二、估計總體比例時樣本量的確定

與前面估計總體均值時樣本量的確定方法類似，在重複抽樣條件下，估計總體比例置信區間的估計誤差為 $z_{a/2}\sqrt{\frac{\pi(1-\pi)}{n}}$。式中，$z_{a/2}$ 的值完全由置信水平 $1-\alpha$ 確定。因此，一般只要確定了允許誤差、置信水平和總體比例，樣本容量 n 就確定了。令 $\triangle$ 代表所希望達到的允許誤差，即 $\triangle = z_{a/2}\sqrt{\frac{\pi(1-\pi)}{n}}$，由此可以推導出確定樣本容量的公式如下：

$$n = \frac{(z_{a/2})^2 \pi(1-\pi)}{\triangle^2} \qquad (7.25)$$

在應用時，如果能得到或求出 π 的具體值，就可以用公式(7.25)直接計算所需的樣本容量。如果 π 的值不知道，則可用樣本比例來代替。當 π 的值無法知道時，通常取 $\pi = 0.5$。

在實際計算中，往往根據公式(7.25)計算出的結果不是整數，但是樣本容量一定為整數。通常的做法與前面介紹的方法一致。

思考與練習

一、思考題

1. 什麼是參數估計？參數估計的方法有哪些？
2. 簡述點估計與區間估計的聯繫與區別？
3. 簡述評價估計量好壞的標準有哪些？
4. $z_{\alpha/2} \dfrac{\sigma}{\sqrt{n}}$ 的含義是什麼？
5. 解釋置信水平的含義。
6. 解釋置信水平95%的置信區間的含義。
7. 簡述樣本容量與置信水平、總體方差、允許誤差的關係。
8. 簡述總體均值的置信區間的構造方法。
9. 影響總體均值置信區間寬度的因素有哪些？
10. 確定樣本容量有何意義？在估計總體均值時，影響樣本容量的因素有哪些？

二、選擇題

1. 在大樣本的情況下對總體均值進行區間估計時，如下說法正確的是(　　)。
   A. 99%的置信區間比95%的置信區間寬
   B. 樣本容量較小的置信區間寬度較小
   C. 相同置信水平下，樣本量大的區間寬度較大
   D. 樣本均值越小，區間寬度越大

2. 點估計非常方便易行，但也有其不足，其不足是(　　)。
   A. 無法給出總體參數的準確估計
   B. 不能給出總體參數的精確估計
   C. 不能給出點估計值估計總體參數的可靠程度信息
   D. 不能給出總體參數的估計區間

3. 根據置信區間的含義，95%的置信區間是指(　　)。
   A. 總體參數落在一個特定的樣本所構造的區間內的概率為95%
   B. 在用同樣方法構造的總體參數的多個區間中，包含總體參數的區間比率為95%
   C. 總體參數落在一個特定的樣本所構造的區間內的概率為5%
   D. 在用同樣方法構造的總體參數的多個區間中，包含總體參數的區間比率為5%

4. 如果我們根據一個具體的樣本構造出總體均值95%的置信區間，則有(　　)。
   A. 這區間95%的可能包含總體均值的真值
   B. 這區間5%的可能包含總體參數的真值
   C. 這區間一定包含總體均值的真值
   D. 這區間要麼包含總體均值，要麼不包含

5. 總體參數的置信區間是由兩個部分構成的，它們分別是樣本統計量的點估計值和(　　)。

A. 樣本統計量的抽樣標準差　　　　B. 總體方差
　　　C. 允許誤差　　　　　　　　　　　D. 總體標準差
　6. 在正態總體、方差已知的情況下構造總體均值的置信區間的時候,當樣本容量和總體標準差一定時,置信區間的寬度(　　　)。
　　　A. 與置信系數成反比　　　　　　　B. 與置信系數成正比
　　　C. 與置信系數大小無關　　　　　　D. 與置信系數的平方成反比
　7. 在正態總體、方差已知的情況下構造總體均值的置信區間時,當置信水平和總體方差一定時,置信區間的寬度(　　　)。
　　　A. 隨著樣本容量的增大而減小　　　B. 隨著樣本容量的增大而增大
　　　C. 與樣本容量的大小無關　　　　　D. 與樣本容量大小的平方根成正比
　8. 當正態總體、方差已知時,估計總體均值的置信區間使用的分佈是(　　　)。
　　　A. 正態分佈　　B. t 分佈　　C. 卡方分佈　　D. F 分佈
　9. 估計總體方差的置信區間所使用的分佈是(　　　)。
　　　A. 正態分佈　　B. t 分佈　　C. 卡方分佈　　D. F 分佈
　10. 下面說法正確的是(　　　)。
　　　A. 一個大樣本給出的估計量比一個小樣本給出的估計量更接近總體參數
　　　B. 一個小樣本給出的估計量比一個大樣本給出的估計量更接近總體參數
　　　C. 一個大樣本給出的總體參數的估計區間一定包含總體參數
　　　D. 一個小樣本給出的總體參數的估計區間一定包含總體參數
　11. 置信系數表達的是置信區間的(　　　)。
　　　A. 準確性　　B. 精確性　　C. 顯著性　　D. 可靠度
　12. 當正態總體、方差未知時,小樣本條件下,估計總體均值使用的分佈是(　　　)。
　　　A. 正態分佈　　B. t 分佈　　C. χ^2 分佈　　D. F 分佈
　13. 當正態總體、方差已知時,小樣本條件下,估計總體均值使用的分佈是(　　　)。
　　　A. 正態分佈　　B. t 分佈　　C. χ^2 分佈　　D. F 分佈
　14. 在非正態總體、大樣本條件下,估計總體均值使用的分佈是(　　　)。
　　　A. 正態分佈　　B. t 分佈　　C. χ^2 分佈　　D. F 分佈
　15. 由來自兩個獨立正態總體的小樣本估計兩個總體均值之差時,當兩個總體的方差未知但相等時,使用的分佈是(　　　)。
　　　A. 正態分佈　　B. t 分佈　　C. χ^2 分佈　　D. F 分佈
　16. 在用正態分佈進行置信區間估計時,臨界值1.96所對應的置信水平是(　　　)。
　　　A. 85%　　B. 90%　　C. 95%　　D. 99%
　17. 若邊際誤差 $\Delta = 2, \sigma = 20$,要估計總體均值 μ 在95%的置信區間下所需的樣本量為(　　　)。
　　　A. 385　　B. 285　　C. 485　　D. 585
　18. 抽取一個容量為100 的隨機樣本,其均值 $\bar{x} = 81$,標準差 $s = 12$,總體均值 μ 的95%的置信區間為(　　　)。
　　　A. 81±1.97　　B. 81±2.35　　C. 81±3.10　　D. 81±3.52
　19. 對正態總體的方差進行區間估計應採用的統計量是(　　　)

A. 正態分佈　　　　B. t 分佈　　　　C. χ^2 分佈　　　　D. F 分佈

20. 為了對正態總體的方差進行區間估計,研究人員從總體中隨機抽取了樣本容量為 40 的樣本,試問此時採用的卡方統計量的自由度是(　　)

A. 40　　　　B. 39　　　　C. 41　　　　D. 無自由度

21. 為了對兩個正態總體的均值之差進行區間估計,研究人員各從兩個總體中獨立隨機的抽取了容量為 50 的樣本,此時應採用的統計量是(　　)

A. 正態分佈　　　　B. t 分佈　　　　C. χ^2 分佈　　　　D. F 分佈

22. 為了對兩個正態總體的均值之差進行區間估計,研究人員各從兩個總體中獨立隨機的抽取了容量為 25 的樣本,此時應採用的統計量是(　　)

A. 正態分佈　　　　B. t 分佈　　　　C. χ^2 分佈　　　　D. F 分佈

三、計算題

1. 從一個標準差為 10 的正態總體中抽出一個容量為 16 的樣本,樣本均值為 200。
(1) 樣本均值的抽樣標準差 σ_x 等於多少?
(2) 在 95% 的置信水平下,允許誤差是多少?
(3) 試求總體均值置信水平為 95% 的置信區間。

2. 從一批零件中隨機抽取 121 個,測得其平均長度為 100 厘米,標準差為 0.98 厘米。試確定該種零件平均長度 90% 的置信區間。

3. 一家食品生產企業以生產袋裝食品為主,為對產量質量進行監測,企業質檢部門經常要進行抽檢,以分析每袋重量是否符合要求。現從某天生產的一批食品中隨機抽取了 25 袋,測得每袋重量如表 7-4 所示。已知產品重量的分佈服從正態分佈,試估計該批產品平均重量的置信區間,置信水平為 95%。

表 7-4　　　　　　　　　　　　　　　　　　　　　　　　　　　　　　　　單位:千克

112.5	101.0	103.0	102.0	100.5
102.6	107.5	95.0	108.8	115.6
100.0	123.5	102.0	101.6	102.2
116.6	95.4	97.8	108.6	105.0
136.8	102.8	101.5	98.4	93.3

4. 某百貨公司連續 49 天的商品銷售額如表 7-5 所示。已知總體標準差為 10 克,試估計該批產品平均重量的置信區間,置信水平為 90%。

表 7-5　　　　　　　　　　　　　　　　　　　　　　　　　　　　　　　　單位:萬元

41	25	29	47	38	34	30	38	43	40
46	36	45	37	37	36	45	43	33	44
35	28	46	34	30	37	44	26	38	44
42	36	37	37	49	39	42	32	36	35
44	38	45	40	43	36	41	37	32	

5. 某大學為瞭解學生每天去圖書館看書的時間,在全校 15,000 名學生中採取重複抽樣方法隨機抽取 36 人,調查他們每天去圖書館的時間,得到如表 7-6 所示的數據。

表 7-6　　　　　　　　　　　　　　　　　　　　　　　　　　　　　　　　　　　單位:小時

3.3	3.1	6.2	5.8	2.3	4.1	5.4	4.5	3.2
4.4	2.0	5.4	2.6	6.4	1.8	3.5	5.7	2.3
2.1	1.9	1.2	5.1	4.3	4.2	3.6	0.8	1.5
4.7	1.4	1.2	2.9	3.5	2.4	0.5	3.6	2.5

求該校大學生平均去圖書館看書的時間的置信區間,置信水平分別為 95%。

6. 在一項家電市場調查中,隨機抽取了 100 個居民戶,調查他們是否擁有某一品牌的電視機。其中,擁有該品牌電視機的家庭占 25%。求總體比例的置信區間,置信水平為 95%。

7. 已知一批零件的尺寸滿足正態分佈,為了對該批零件的方差進行估計,研究人員從該批零件中隨機抽取 100 個,測得其平均長度為 100 厘米,標準差為 0.98 厘米。試確定該種零件尺寸方差 95% 的置信區間。

8. 從兩個正態總體中分別抽取兩個獨立的隨機樣本,它們的均值和方差分別為:
$\bar{x}_1 = 25, s_1^2 = 4; \bar{x}_2 = 28, s_2^2 = 5$。
(1) 設 $n_1 = n_2 = 64$,求 $\mu_1 - \mu_2$ 95% 的置信區間。
(2) 設 $n_1 = n_2 = 16$,$\sigma_1^2 = \sigma_2^2$,求 $\mu_1 - \mu_2$ 95% 的置信區間。
(3) 設 $n_1 = n_2 = 16$,$\sigma_1^2 \neq \sigma_2^2$,求 $\mu_1 - \mu_2$ 90% 的置信區間。

9. 從兩個總體中各抽取一個 $n_1 = n_2 = 100$ 的獨立隨機樣本,其中來自總體 1 的樣本比例 $p_1 = 50\%$,來自總體 2 的樣本比例 $p_2 = 45\%$,試構造 $\pi_1 - \pi_2$ 95% 的置信區間。

10. 某學校想要估計每個學生在校每天的平均生活費開支。根據過去的經驗,標準差大約為 10 元,現要求以 95% 的置信水平估計每個學生每天平均生活費開支的置信區間,並要求邊際誤差不超過 2 元,應抽取多少個學生作為樣本?

四、案例思考題

廣州航空郵件處理中心員工生活費調查研究

廣州航空郵件處理中心作為中國郵政的重要航空樞紐,是中國郵政的三個主要國際郵件互換局之一的主要處理場地。

為了瞭解廣州航空郵件處理中心員工日常生活費支出情況。2015 年 1 月,廣州航空郵件處理中心人力資源部的研究人員對在職員工的月生活費支出情況進行了抽樣調查。本次問卷調查向在職員工共發放問卷 200 份,回收問卷 190 份,其中有效問卷 185 份。調查數據經整理後,得到全部 185 名員工和按性別劃分的男女職工生活費支出數據,如表 7-7 所示。

表 7-7

按支出分組(元)	男員工數(人)	女員工數(人)
500 以下	5	10
500~600	20	36
600~700	35	28
700~800	23	15
800 以上	8	5
合計	91	94

試根據抽樣結果估計以下問題：

(1) 廣州航空郵件處理中心男、女職工月平均生活費支出置信水平95%的置信區間。

(2) 廣州航空郵件處理中心男、女職工月平均生活費支出之差信水平95%的置信區間。

(3) 廣州航空郵件處理中心男、女職工月生活費支出超出800元的比例置信水平95%的置信區間。

(4) 從上述估計的結果能說明什麼現象？試解釋該現象產生的原因。

本章附錄：分位點簡介

一、標準正態分佈

設 $X \sim N(0,1)$，對給定的 $\alpha(0 < \alpha < 1)$，稱滿足條件

$$P\{X > z_\alpha\} = \alpha \text{ 或 } P\{X \leq z_\alpha\} = 1 - \alpha \tag{7.25}$$

的點 z_α（有些教材上，z_α 也可用 U_α 來表示）為標準正態分佈的上 α 分位點或上側臨界值，簡稱上 α 點，其幾何意義如圖 7-3 所示。

稱滿足條件

$$P\{|X| > z_{\frac{\alpha}{2}}\} = \alpha \tag{7.26}$$

的點 $z_{\alpha/2}$ 為標準正態分佈的雙側 α 分位點或雙側臨界值，簡稱雙 α 點，其幾何意義如圖 7-4 所示。

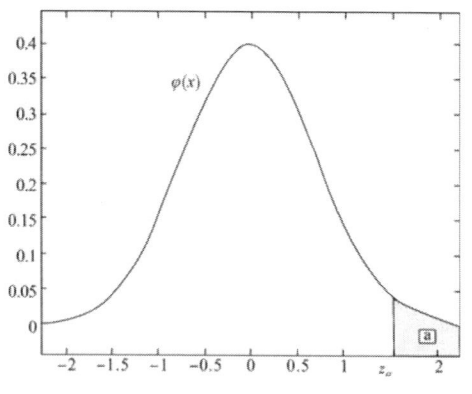

圖 7-3 正態分佈上側分位點 α 示意圖

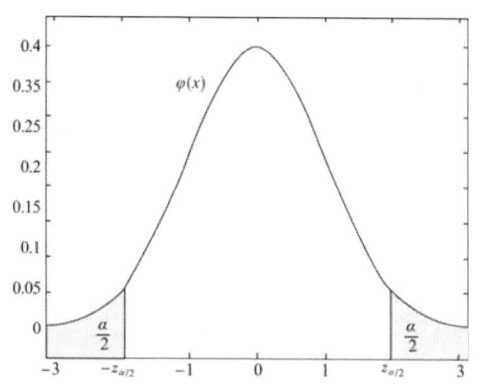

圖 7-4 正態分佈雙側分位點 $\alpha/2$ 示意圖

z_α 和 $z_{\alpha/2}$ 可直接查標準正態分佈分位數表或者用 Excel 函數直接計算得到。例如,對於上 $\alpha = 0.05$ 分位點,查表得 $z_{0.05} = 1.645$。對於雙側 $\alpha = 0.05$ 分位點,如求 $z_{0.05/2}$,查表得 $z_{0.025} = 1.96$。

二、χ^2 分佈

由於用 χ^2 分佈的概率密度計算較為困難,對不同的自由度 n 及不同的數 $\alpha(0 < \alpha < 1)$,書后附了 χ^2 分佈臨界值表。類似於標準正態分佈,我們稱滿足

$$P\{\chi^2(n) > \chi_\alpha^2(n)\} = \int_{\chi_\alpha^2(n)}^{+\infty} f(y)dy = \alpha \tag{7.27}$$

的點 $\chi_\alpha^2(n)$ 為 χ^2 分佈的上 α 分位點或上側臨界值,簡稱上 α 點,其幾何意義如圖 7-5 所示。這裡 $f(y)$ 是 χ^2 分佈的概率密度。同理,我們稱滿足

$$P\{\chi^2(n) \leq \chi_{1-\alpha}^2(n)\} = \alpha \tag{7.28}$$

的點 $\chi_{1-\alpha}^2(n)$ 為 χ^2 分佈的下 α 分位點或上側臨界值,簡稱下 α 點,其幾何意義如圖 7-6 所示。顯然,在自由度 n 取定以後,$\chi_\alpha^2(n)$ 的值只與 α 有關。

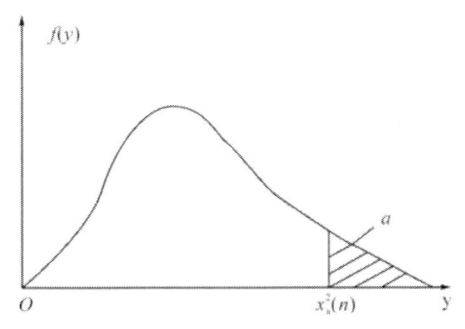

圖 7-5 χ^2 分佈的上 α 分位點 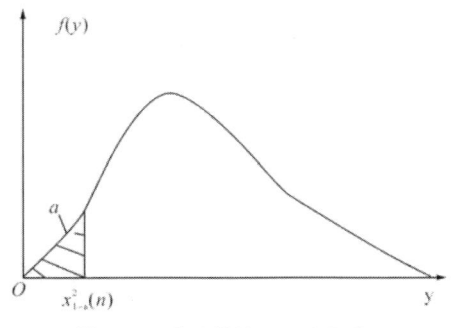   圖 7-6 χ^2 分佈的下 α 分位點

$\chi_\alpha^2(n)$ 和 $\chi_{1-\alpha}^2(n)$ 的值可以通過查閱 χ^2 分佈臨界值表或用 Excel 函數計算得到。例如,當 $n = 21, \alpha = 0.05$ 時,查 χ^2 分佈臨界值表得 $\chi_\alpha^2(n) = \chi_{0.05}^2(21) = 32.671, \chi_{1-\alpha}^2(n) = \chi_{0.95}^2(21) = 11.591, 3$。

三、t 分佈

對於給定的 $\alpha(0 < \alpha < 1)$,稱滿足條件

$$P\{t(n) > t_\alpha(n)\} = \int_{t_\alpha(n)}^{+\infty} f(t)dt = \alpha \tag{7.28}$$

的點 $t_\alpha(n)$ 為 t 分佈的上 α 分位點或上側臨界值,簡稱上 α 點,其幾何意義如圖 7-7 所示。

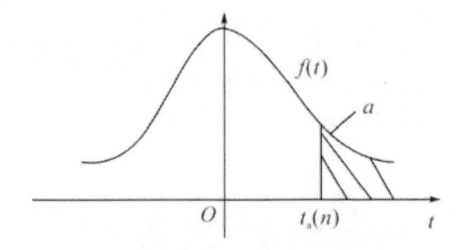

圖 7-7 t 分佈的上側分位點 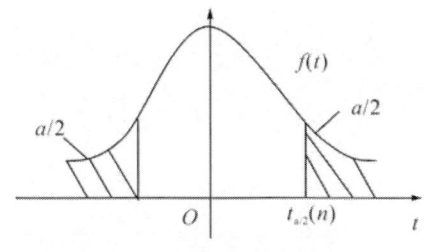   圖 7-8 t 分佈的雙側分位點

由 t 分佈的對稱性,也稱滿足條件:
$$P\{|t(n)| > t_{\alpha/2}(n)\} = \alpha \tag{7.29}$$
的點 $t_{\alpha/2}(n)$ 為 t 分佈的雙側 α 分位點或雙側臨界值,簡稱雙 α 點,其幾何意義如圖 7-8 所示。

$t_\alpha(n)$ 和 $t_{\alpha/2}(n)$ 的值均可以通過查閱 t 分佈臨界值表或用 Excel 函數計算得到。例如,當 $n = 15, \alpha = 0.05$ 時,查 t 分佈表可得 $t_{0.05}(15) = 1.753,1$,$t_{0.05/2}(15) = 2.131,5$。

註:當 $n > 45$ 時,可以用標準正態分佈代替 t 分佈查 $t_\alpha(n)$ 的值,$t_\alpha(n) \approx z_\alpha$。

四、F 分佈

類似於 χ^2 分佈與 t 分佈,F 分佈的上 α 分位點或上側臨界值簡稱上 α 點是指滿足條件:
$$P\{F(n_1, n_2) > F_\alpha(n_1, n_2)\} = \int_{F_\alpha(n_1, n_2)}^{+\infty} f(y) dy = \alpha \tag{7.30}$$
$(0 < \alpha < 1)$ 的點 $F_\alpha(n_1, n_2)$,其幾何意義如圖 7-9 所示。其中,$f(y)$ 為 F 分佈的概率密度。

同理,我們稱滿足
$$P\{F^2(n_1, n_2) \leq F^2_{1-\alpha}(n_1, n_2)\} = \alpha \tag{7.28}$$
的點 $F^2_{1-\alpha}(n_1, n_2)$ 為 F 分佈的下 α 分位點或上側臨界值,簡稱下 α 點,其幾何意義如圖 7-10 所示。

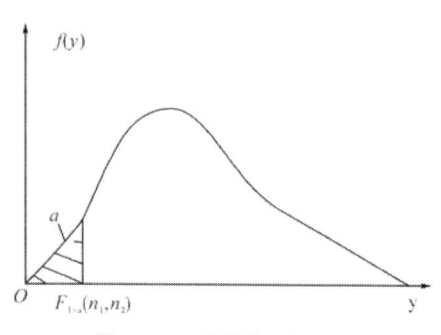

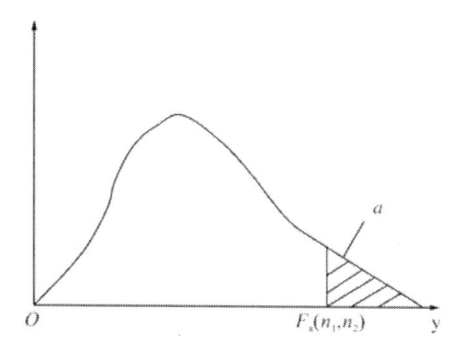

圖 7-9　F 分佈的上側分位點　　　圖 7-10　F 分佈的下側分位點

$F_\alpha(n_1, n_2)$ 和 $F_{1-\alpha}(n_1, n_2)$ 的值可以通過查閱 F 分佈臨界值表或用 Excel 函數計算得到。例如,當 $n_1 = 10, n_2 = 15, \alpha = 0.01$ 時,有 $F_{0.01}(10, 15) = 3.80$。

$F_{1-\alpha}(n_1, n_2)$ 的值利用 $F_{1-\alpha/2}$ 和 $F_{\alpha/2}$ 的關係得到:

$$F_{1-\alpha}(n_1, n_2) = \frac{1}{F_\alpha(n_2, n_1)}$$

因此,$F_{0.99}(15, 10) = \dfrac{1}{F_{0.01}(10, 15)} = \dfrac{1}{3.80} \approx 0.263$。

第 8 章　假設檢驗

學習目標：

- 熟練掌握假設檢驗的基本思想和原理
- 掌握假設檢驗的步驟
- 掌握一個總體參數特別是總體均值的檢驗
- 掌握用 SPSS 進行參數估計和假設檢驗
- 瞭解兩個總體參數的檢驗

本章重點：

- 假設檢驗的基本思想和原理
- 一個總體均值的檢驗
- 熟練掌握用 SPSS 進行一個總體參數和兩個總體參數的參數估計和假設檢驗

本章難點：

- 把握假設檢驗的基本思想和原理
- 兩個總體參數的假設檢驗

參數估計和假設檢驗是統計推斷的兩個組成部分,都是利用樣本信息對總體進行某種推斷。但是兩者研究的角度卻有所不同,參數估計是在總體參數未知的情況下,利用樣本統計量去推斷總體參數;假設檢驗則是事先對總體參數作出一個假設,然後利用那個樣本信息去檢驗這個假設是否成立,並利用檢驗的結果作出某種決策。

第 1 節　假設檢驗的基本原理

一、假設檢驗的基本概念

假設檢驗就是事先對總體的參數或總體分佈形式提出一個假設,然後利用抽取的樣本信息來判斷這個假設(原假設)是否合理,即判斷總體的真實情況與假設是否存在顯著的系統性差異,因此假設檢驗又稱為顯著性檢驗。假設檢驗根據檢驗的對象又分為參數檢驗和非參數檢驗,這裡只研究參數檢驗。

【例 8-1】某廠生產一種產品,原產品的平均重量為 245 克,現採用了新工藝,為了驗

證現產品與原產品的平均重量有無顯著差異，質檢人員隨機抽取容量為 100 的樣本，測得其平均重量為 233 克。試判斷該廠現產品平均重量與原產品平均重量是否有顯著差異？

解：從調查結果看，原產品的平均重量為 245 克，比現品的平均重量 233 克多 12 克。一種情況是現產品的平均重量與原產品的平均重量相比沒有什麼差別，12 克的差異是由於抽樣的隨機性造成的；另一種情況是抽樣的隨機性不可能造成 12 克這樣大的差異，現產品的平均重量與原產品相比有顯著差異。

現在問題的關鍵在於討論這 12 克差異產生的原因，這個差異是否可以用抽樣的隨機性來解釋呢？為了回答這個問題，需要事先對產品的平均重量提出假設，然后用推斷統計方法檢驗假設的準確性。假設廠家聲稱屬實，即產品的平均重量為 245 克，如果用 μ_0 表示該廠生產的原產品的平均重量，μ 表示抽取的現產品的平均重量，我們的假設可以表示為 $\mu = \mu_0$，用樣本的信息去檢驗假設是否成立。如果假設成立，就說明有差異，現產品的平均重量與原產品的平均重量沒有顯著差異，該 12 克的差異來源於抽樣的隨機性；如果假設不成立，就說明現產品的平均重量與原產品的平均重量有顯著差異。

二、原假設與備擇假設的建立

要進行假設檢驗，必須設立原假設和備擇假設。原假設也稱零假設或稻草人假設，是研究者對總體參數值事先提出的假設，是被檢驗的假設，是研究者想要通過檢驗收集證據予以反對的假設。備擇假設也稱對立假設，是研究者通過檢驗希望能成立的假設。一般情況下，記原假設為 H_0，備擇假設為 H_1。設總體參數 μ 的假設值為 μ_0，總體參數的假設有以下三種情況：

$$H_0 : \mu = \mu_0 ;\quad H_1 : \mu \neq \mu_0 \tag{8.1}$$

$$H_0 : \mu \geq \mu_0 ;\quad H_1 : \mu < \mu_0 \tag{8.2}$$

$$H_0 : \mu \leq \mu_0 ;\quad H_1 : \mu > \mu_0 \tag{8.3}$$

其中，公式(8.1)稱為雙側檢驗，其目的是觀察在規定的顯著性水平下所抽取的樣本統計量是否顯著地高於或低於假設的總體參數。公式(8.2)和公式(8.3)稱為單側檢驗，公式(8.2)是左(下)單側檢驗，其目的是觀察在規定的顯著性水平下所抽取的樣本統計量是否顯著地低於假設的總體參數；公式(8.3)是右(上)單側檢驗，其目的是觀察在規定的顯著性水平下所抽取的樣本統計量是否顯著地高於假設的總體參數

在例 8-1 中，兩個假設可以寫為：

$$H_0 : \mu = 245 \text{ 克}$$
$$H_1 : \mu \neq 245 \text{ 克}$$

原假設和備擇假設互斥，並且有且只有一個成立。肯定了原假設就意味著拒絕備擇假設；否定原假設就意味著接受備擇假設。對於一個具體問題，如何確定原假設和備擇假設有時比較困難。但一般情況下，「＝」號總放在原假設上。

為了更好地掌握好兩類假設，下面看幾個例題。

【例 8-2】一種零件的生產標準是直徑應為 10 厘米，為對生產過程進行控制，質量監測人員定期對一臺加工機床檢查，確定這臺機床生產的零件是否符合標準要求。如果零

件的平均直徑大於或小於 10 厘米，則表明生產過程不正常，必須進行調整。試陳述用來檢驗生產過程是否正常的原假設和備擇假設。

解：研究者想收集證據予以證明的假設應該是「生產過程不正常」。建立的原假設和備擇假設如下：

$$H_0: \mu = 10 \text{ 厘米}$$
$$H_1: \mu \neq 10 \text{ 厘米}$$

【例8-3】某品牌飲料在它的產品說明書中聲稱：平均淨含量不少於 450 克。從消費者的利益出發，質檢人員要通過抽檢其中的一批產品來驗證該產品製造商的說明是否屬實。試陳述用於檢驗的原假設與備擇假設。

解：研究者抽檢的意圖是傾向於證實這種飲料的平均淨含量並不符合說明書中的陳述。建立的原假設和備擇假設如下：

$$H_0: \mu \geq 450 \text{ 克}$$
$$H_1: \mu < 450 \text{ 克}$$

【例8-4】一家研究機構估計，某城市中反對機動車單雙號限行的家庭比率超過 30%。為驗證這一估計是否正確，該研究機構隨機抽取了一個樣本進行檢驗。試陳述用於檢驗的原假設與備擇假設。

解：研究者想收集證據予以支持的假設是「反對機動車單雙號限行的家庭比率超過 30%」。建立的原假設和備擇假設如下：

$$H_0: \mu \leq 30\%$$
$$H_1: \mu > 30\%$$

三、兩類錯誤與顯著性水平

理想的假設檢驗過程應該是當 H_0 為真時，接受 H_0；當 H_1 為真時，拒絕 H_0。但是現實中往往沒有這麼理想，由於假設檢驗是基於樣本信息得到的，所以我們必須考慮發生判斷誤差的概率。因此，在判別時，就可能出現如表 8-1 所示的四種結果。

表 8-1　　　　　　　　假設檢驗中各種可能判斷的結果

結論	總體參數的實際狀況	
	H_0 為真	H_0 為假
拒絕 H_0	拒真錯誤	正確判斷
接受 H_0	正確判斷	受偽錯誤

從表 8-1 我們可以看出，利用樣本對總體參數進行檢驗時會犯兩類錯誤。一類錯誤是當原假設 H_0 為真，但檢驗后作出了拒絕 H_0 的判斷，這種錯誤稱為第一類錯誤。一般情況下，我們用 α 表示犯第一類錯誤的概率，所以這一類錯誤也稱 α 錯誤或拒真錯誤。另一類錯誤是原假設 H_0 是不正確的，但檢驗后作出了接受 H_0 的判斷，這種錯誤稱為第二類錯誤，也稱受偽錯誤。一般情況下，我們用 β 表示犯第二類錯誤的概率，這個概率是由真正的總體參數的分佈決定的。對於給定的一對 H_0 和 H_1，總可以找出許多臨界域，我們希望

找到這種臨界域 W,從而使得犯兩類錯誤的概率都很小。

假設檢驗中,犯兩類錯誤都很難避免。我們應盡量減少犯這兩類錯誤的可能性,使檢驗的可靠度更高。但實際情況是,對於一個具體的樣本而言,犯兩類錯誤的概率存在著此消彼長的關係,如圖8-1 所示。

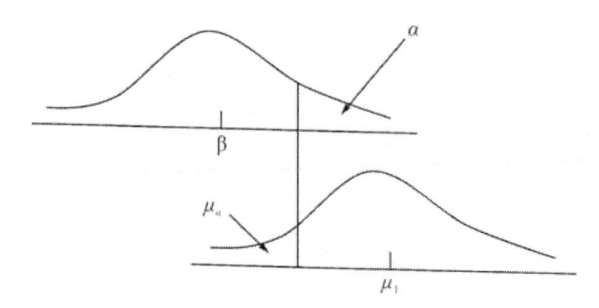

圖 8-1　拒真錯誤與受偽錯誤的概率關係

由圖8-1 可知,當 α 增大,β 就會減小;當 α 減小,β 就會增大。因此,在樣本容量 n 固定時,要使 α 與 β 都很小是不可能的。那麼在實際計算中,我們該如何取捨 α 和 β 呢?唯一的辦法就是無限增大樣本容量 n,但這是不切實際的且有悖於抽樣的本質意義。基於這種情況,奈曼與皮爾提出一個原則,即在控製犯第一類錯誤的概率 α 的條件下,盡量使犯第二類錯誤的概率 β 小,因為人們常常把拒絕 H_0 比錯誤地接受 H_0 看得更重要些。同時,我們稱犯第一類錯誤的概率 α 為顯著性水平。

四、假設檢驗的基本步驟

根據分析,假設檢驗通常包括以下幾個步驟:

(一) 確定原假設與備擇假設

原假設是假設總體參數等於(或大於等於、或小於等於)某一數值,而備擇假設是根據研究的目的來確定。根據具體情況既可採取雙側檢驗,也可採用單側檢驗。假設選取的不同,檢驗的結果也可能不同,所以根據研究者的意圖正確地確定假設至關重要。

(二) 確定適當的檢驗統計量及其對應的分佈

假設確定之後,要對假設進行判定,就必須根據統計量及其分佈確定接受域和拒絕域,再從概率的意義上利用小概率原理進行判斷。因此,恰當正確地選擇統計量對假設檢驗的成功與否至關重要。確定統計量的方法在第七章參數估計中已經介紹,比如在大樣本、總體方差已知的情況下,選擇的檢驗統計量為 $z = \dfrac{\bar{x} - \mu}{\sigma / \sqrt{n}}$ 等。實際應用中應根據具體問題選擇不同的統計量。

(三) 規定顯著性水平 α,確定臨界值從而確定拒絕域

假設檢驗是圍繞對原假設內容的審定而展開。如果原假設正確我們接受了或原假設錯誤我們拒絕了,就作出了正確的決定。但由於假設檢驗是根據樣本的信息進行推斷的,

也有犯錯誤的可能。如原假設正確，但被我們拒絕了，犯這種錯誤的概率用 α 表示，把它稱為假設檢驗中的顯著性水平，也就是決策中面臨的風險。α 到底取多大合適取決於犯第一類錯誤和第二類錯誤后產生的后果和人們所需付出的代價。如果 α 值定的太小，就要冒較大的犯第二類錯誤的風險；反之如果 α 定的很大，則又要冒較大的犯第一類錯誤的風險。

在實際問題中，α 應在抽樣之前就確定下來。通常取 $\alpha = 0.05$ 或 0.01，表明接受原假設的決定時，其正確的可能性為 95% 或 99%。在給定 α 后，根據雙側或單側檢驗，以及統計量的分佈，查相應分佈表，確定臨界值，即確定接受域和拒絕域的區間範圍。

（四）根據樣本計算統計量的值並作出統計決策

根據原假設和備擇假設，確定統計量和顯著性水平 α 后，根據樣本觀測值計算統計量的值，與臨界值進行比較，可以作出接受原假設或拒絕原假設的決策。

注意：假設檢驗的步驟和計算較為複雜。實際應用中，一般可以借助 SPSS 軟件來完成。有關 SPSS 軟件的操作，詳見本章第 4 節。

五、拒絕域和接受域

根據前面的學習我們知道，檢驗統計量是通過樣本數據計算得到的，不同的樣本數據計算出來的檢驗統計量的值是不同的，因此檢驗統計量是隨機變量。為了對原假設和備擇假設進行選擇，檢驗統計量必須服從某種已知的分佈，即第 7 章參數估計中介紹的統計量的分佈。根據這種已知的分佈，我們可以得到小概率事件的集合，即拒絕原假設的集合，這種集合稱為拒絕域。拒絕域以外的部分我們稱之為接受域。下面就以 z 統計量及其分佈為例，介紹拒絕域和接受域。其他類型的統計量和分佈類似，不再一一介紹。

（一）雙側檢驗的拒絕域和接受域

對於雙側檢驗（見圖 8-2），檢驗的拒絕域在兩側，接受域在中間。拒絕域可表示為 $\{z | z < -z_{\alpha/2}$ 或 $z > z_{\alpha/2}\}$；接受域可表示為 $\{z | -z_{\alpha/2} \leq z \leq z_{\alpha/2}\}$。因此，根據樣本計算出來的檢驗統計量的值如果落在拒絕域，我們就拒絕原假設 H_0，否則接受原假設 H_0。

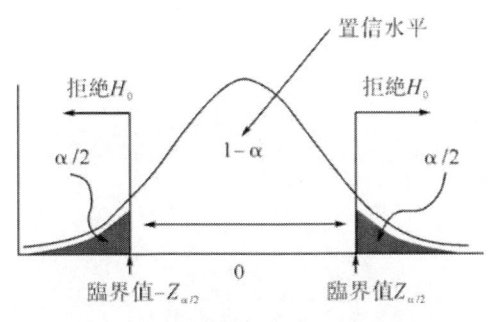

圖 8-2　雙側檢驗的拒絕域和接受域

（二）左單側檢驗的拒絕域和接受域

對於左單側檢驗（見圖 8-3），檢驗的拒絕域在左側，接受域在右側。拒絕域可表示為 $\{z | z < -z_{\alpha}\}$；接受域可表示為 $\{z | z \geq -z_{\alpha}\}$。因此，根據樣本計算出來的檢驗統計量

的值如果落在拒絕域,我們就拒絕原假設 H_0,否則接受原假設 H_0。

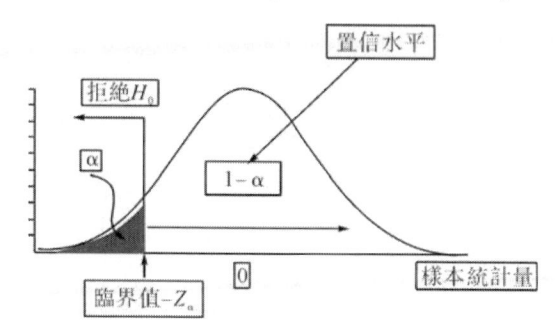

圖 8-3　左單側檢驗的拒絕域和接受域

(三) 右單側檢驗的拒絕域和接受域

對於右單側檢驗(見圖 8-4),檢驗的拒絕域在右側,接受域在左側。拒絕域可表示為 $\{z \mid z > z_\alpha\}$;接受域可表示為 $\{z \mid z \leq z_\alpha\}$。因此,根據樣本計算出來的檢驗統計量的值如果落在拒絕域,我們就拒絕原假設 H_0,否則接受原假設 H_0。

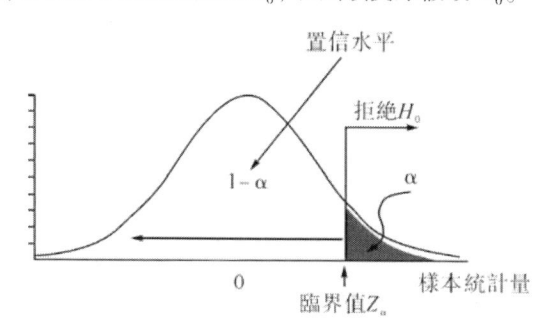

圖 8-4　右單側檢驗的拒絕域和接受域

第 2 節　單個總體參數的檢驗

單個總體的參數檢驗可以分為總體均值的檢驗、總體比例的檢驗和總體方差的檢驗。

一、單個總體均值的假設檢驗

對總體均值進行檢驗時,關鍵是要確定檢驗統計量。統計量確定后,就可以根據統計量的分佈,再結合對應的拒絕域對原假設進行選擇和判斷。那麼該如何確定統計量呢?與參數估計類似,在對總體均值進行檢驗時,要分幾種情況確定檢驗統計量。

(一) 方差已知(正態總體、任意樣本或非正態總體、大樣本)

根據第 7 章的知識可知,當 σ^2 已知(總體服從正態分佈或者總體不是正態分佈但為

大樣本)時,樣本均值 $\bar{x}$ 服從均值為總體均值 μ,方差為 σ^2/n 的正態分佈。對總體均值進行檢驗採用的統計量為:

$$z = \frac{\bar{x} - \mu}{\sigma/\sqrt{n}} \sim N(0,1) \qquad (8.4)$$

注意:這裡採用 z 統計量進行檢驗,所以也稱此檢驗為 z 檢驗。下面還有些情況採用的是 t 統計量,所以稱那些檢驗為 t 檢驗。但在 SPSS 操作中,一般將兩種檢驗都統稱為 t 檢驗。

(二) 大樣本 ($n \geq 30$)、方差未知

如果總體方差 σ^2 未知時,只要是在大樣本的條件下,公式(8.4)中的總體方差 σ^2 就可以用樣本方差 s^2 代替。這時對總體均值進行檢驗採用的統計量為:

$$z = \frac{\bar{X} - \mu}{s/\sqrt{n}} \sim N(0,1) \qquad (8.5)$$

(三) 小樣本 ($n < 30$)、正態總體、方差未知

如果總體服從正態分佈,則無論樣本量如何,樣本均值 $\bar{x}$ 的抽樣分佈都服從正態分佈。這時如果總體方差 σ^2 已知,即使是在小樣本的情況下,也可以採用公式(8.4)的統計量進行假設檢驗。但是如果總體方差 σ^2 未知,則需要樣本方差 s^2 代替總體方差 σ^2,而在小樣本的情況下,樣本均值經過標準化以後則服從自由度為 $(n-1)$ 的 t 分佈。因此,此時進行假設檢驗採用的統計量為:

$$t = \frac{\bar{X} - \mu}{s/\sqrt{n}} \sim t(n-1) \qquad (8.6)$$

【例 8-5】洗衣粉包裝量服從正態分佈,$\sigma = 2$ 已知,隨機抽取 10 袋,測得平均包裝量為 498 克,能否認為洗衣粉包裝量的均值為 500 克(顯著性水平為 0.05)?

解:根據前面介紹的假設檢驗的步驟對本案例中的洗衣粉包裝量的均值進行檢驗。

第一,確定原假設和備擇假設。

$H_0: \mu = 500$ 克

$H_1: \mu \neq 500$ 克

第二,確定統計量並計算統計量的值。

由於總體服從正態分佈,總體方差已知,所以根據公式(8.4)可知,這裡採用的統計量為:

$$Z = \frac{\bar{X} - \mu_0}{\sigma/\sqrt{n}}$$

代入本案例中的數值為:

$$Z = \frac{\bar{X} - \mu_0}{\sigma/\sqrt{n}} = \frac{498 - 500}{2/\sqrt{10}} = -3.162$$

第三,確定顯著性水平,確定臨界值從而確定拒絕域。

根據顯著性水平 $\alpha = 0.05$ 查臨界值得 $Z_{\alpha/2} = 1.96$。根據圖 8-2,確定拒絕域為 $\{z \mid z$

< -1.96 或 $z > 1.96\}$。

第四,根據統計量的值進行統計決策。

因為統計量的值為-3.162,落在拒絕域中,根據小概率原理,故拒絕原假設 H_0,即不能認為洗衣粉的重量為 500 克。

【例8-6】健康成年男子脈搏平均為 72 次/分。高考體檢時,某校參加體檢的 26 名男生的脈搏平均為 73.2 次/分,標準差為 6.2 次/分。請問:這 26 名男生每分鐘脈搏次數與一般成年男子有無顯著差異($\alpha = 0.05$)?

解:由題意可知,總體方差未知、小樣本,所以根據公式(8.6)可知,這裡將採用 t 檢驗。

提出假設:

$H_0:\mu = \mu_0 = 72$

$H_1:\mu \neq \mu_0$

計算統計量:

$$t = \frac{\bar{X} - \mu_0}{S/\sqrt{n}} = \frac{73.2 - 72}{6.2}\sqrt{26} = 0.986,9$$

根據 $\alpha = 0.05$ 查表,得到臨界值為 $t_{\frac{\alpha}{2}}(25) = 2.059,6$

因為 $T < t_{\frac{\alpha}{2}}(25) = 2.059,6$,故接受原假設,認為該校參加體檢的男生每分鐘脈搏次數與一般成年男子沒有區別。

這裡對單個總體均值的假設檢驗統計量的選取進行了總結,如表 8-2 所示。

表 8-2   不同情況下樣本均值的抽樣分佈

各種情形	統計量
方差已知(正態總體、任意樣本或者大樣本($n \geq 30$)、任意總體)	$z = \dfrac{\bar{X} - \mu}{\sigma/\sqrt{n}} \sim N(0,1)$
大樣本($n \geq 30$)、方差未知	$z = \dfrac{\bar{X} - \mu}{s/\sqrt{n}} \sim N(0,1)$
小樣本($n < 30$)、($n < 30$)正態總體、方差未知	$t = \dfrac{\bar{x} - \mu}{s/\sqrt{n}} \sim t(n-1)$

二、單個總體比例的假設檢驗

在實際問題中,經常需要檢驗總體比例是否為某個假設值 π_0。例如,一批產品中合格品的比例、贊成某項規定的人的比例等。根據前面的介紹,我們知道,當樣本容量 n 足夠大,滿足 $np > 5, n(1-p) > 5$ 時,樣本比例服從正態分佈,可以用下面的統計量進行檢驗:

$$z = \frac{p - \pi}{\sqrt{\dfrac{\pi(1-\pi)}{n}}} \sim N(0,1) \tag{8.7}$$

下面介紹不同類型檢驗假設的提法和拒絕域的確定：

(1)對於雙側檢驗,假設檢驗為「$H_0:\pi = \pi_0, H_1:\pi \neq \pi_0$」：

拒絕域為 $W = \{z > Z_{\frac{\alpha}{2}} \text{ 或 } z < -Z_{\frac{\alpha}{2}}\}$。

(2)對於右側檢驗,假設檢驗為「$H_0:\pi = \pi_0, H_1:\pi > \pi_0$」：

拒絕域為 $W = \{z > Z_\alpha\}$。

(3)對於左側檢驗,假設檢驗為「$H_0:\pi = \pi_0, H_1:\pi < \pi_0$」：

拒絕域為 $W = \{z < -Z_\alpha\}$。

【例 8-7】 某研究者估計本市居民家庭的電腦擁有率為 30%。現隨機抽查了 200 個家庭,其中 68 個家庭擁有電腦。試問研究者的估計是否可信（$\alpha = 0.05$）？

解：設立原假設和備擇假設如下：

$H_0: = 0.3$

$H_1: \neq 0.3$

計算統計量得：

$$z = \frac{p - \pi}{\sqrt{\frac{\pi(1-\pi)}{n}}} = \frac{0.34 - 0.3}{\sqrt{\frac{0.3(1-0.3)}{200}}} = 1.23$$

根據 $\alpha = 0.05$ 查臨界值 $Z_{\frac{\alpha}{2}} = 1.96, z < Z_{\frac{\alpha}{2}} = 1.96$,則接受原假設,認為研究者的估計是可信的。

三、單個正態總體方差的假設檢驗

在假設檢驗中,有時不僅需要檢驗正態總體的均值、比例,還需要檢驗正態總體的方差。例如,要檢驗一個總體的穩定程度和風險水平是否為某一特定水平等。

對總體方差進行檢驗的步驟與均值檢驗、比例檢驗是一樣的,它們之間的主要區別是所採用的統計量不同。由前面介紹樣本方差的抽樣分佈理論可知,樣本方差服從自由度為 $n-1$ 的 χ^2 分佈,即

$$\chi^2 = \frac{(n-1)s^2}{\sigma^2} \sim \chi^2(n-1) \tag{8.8}$$

對給定的顯著性水平 α,下面介紹不同類型檢驗假設的提法和拒絕域的確定：

(1)對於雙側檢驗,假設檢驗為「$H_0:\sigma^2 = \sigma_0^2; H_1:\sigma^2 \neq \sigma_0^2$」：

拒絕域為 $W = \{\chi^2 > \chi^2_{\alpha/2}(n-1) \text{ 或 } \chi^2 < \chi^2_{1-\alpha/2}(n-1)\}$。

(2)對於右側檢驗,假設檢驗為「$H_0:\sigma^2 \leq \sigma_0^2; H_1:\sigma^2 > \sigma_0^2$」：

拒絕域為 $W = \{\chi^2 > \chi^2_\alpha(n-1)\}$。

(3)對於左側檢驗,假設檢驗為「$H_0:\sigma^2 \geq \sigma_0^2; H_1:\sigma^2 < \sigma_0^2$」：

拒絕域為 $W = \{\chi^2 < \chi^2_{1-\alpha}(n-1)\}$。

【例 8-8】 一自動車床加工的零件長度服從正態分佈 $N(\mu, \sigma^2)$。原來加工精度 $\sigma_0^2 = 0.18$,經過一段時間生產后,為了檢驗這臺機床是否運行正常,抽取這車床所加工的 41 個零件,測得樣本方差 $s^2 = 0.20$。

請問:這一車床是否保持原來的加工精度?

解:由題意知,這裡應採用雙側檢驗,要檢驗的假設如下:

$H_0 : \sigma^2 = 0.18$

$H_1 : \sigma^2 \neq 0.18$

由題中所給的數據計算得:

$$\chi^2 = \frac{(n-1)s^2}{\sigma^2} = \frac{(41-1) \times 0.20}{0.18} \approx 44.44$$

對於給定的 $\alpha = 0.05$ 查自由度為 $n - 1 = 40$ 的 χ^2 分佈分位數表得臨界值 $\chi^2_{0.975}(40) = 24.433,0$。由於 $24.433,0 < \chi^2 < 59.341,7$,在接受域範圍之內,因此接受原假設 H_0,這說明自動車床工作一段時間后精度不變。

第 3 節　兩個總體的假設檢驗

實際研究中常常需要對兩個總參數進行比較,看兩者之間是否有顯著差異。例如,在一次考試中,男生和女生的成績有無顯著差異;不同專業的學生畢業后的收入是否有顯著差異;等等。這種情況實際上就是兩個總體參數的假設檢驗問題,包括均值差的檢驗、比例差的檢驗和方差比的檢驗。

一、兩總體均值差的假設檢驗

(一) 大樣本

1. 方差 σ^2 已知

如果兩個樣本都是大樣本,即 $n_1 \geq 30$ 和 $n_2 \geq 30$,則無論總體服從什麼分佈,根據中心極限定理,兩個樣本均值之差都服從或近似服從均值為 $(\mu_1 - \mu_2)$、方差為 $\left(\frac{\sigma_1^2}{n_1} + \frac{\sigma_2^2}{n_2}\right)$ 的正態分佈。此時,作為檢驗統計量 z 的計算公式為:

$$z = \frac{(\bar{x}_1 - \bar{x}_2) - (\mu_1 - \mu_2)}{\sqrt{\frac{\sigma_1^2}{n_1} + \frac{\sigma_2^2}{n_2}}} \qquad (8.9)$$

2. 方差 σ^2 未知

當兩個總體的方差 σ_1^2 和 σ_2^2 都未知時,可用兩個樣本方差 s_1^2 和 s_2^2 來代替。此時,作為檢驗統計量 z 的計算公式為:

$$z = \frac{(\bar{x}_1 - \bar{x}_2) - (\mu_1 - \mu_2)}{\sqrt{\frac{s_1^2}{n_1} + \frac{s_2^2}{n_2}}} \qquad (8.10)$$

根據給出的條件確定好統計量之后,就可以進行檢驗了。對於雙側檢驗,假設檢驗為 $H_0 : \mu_1 = \mu_2, H_1 : \mu_1 \neq \mu_2$。當給定顯著性水平 α,該檢驗的拒絕域應取為 $W = \{Z > Z_{\alpha/2}$

或 $Z < -Z_{\alpha/2}$}。如果在研究中需要檢驗一個總體均值是否大於或小於另一總體的均值，就涉及單側檢驗。如果是右側檢驗，假設檢驗為 $H_0:\mu_1 \leq \mu_2, H_1:\mu_1 > \mu_2$，拒絕域在抽樣分佈的右側，因此對於給定的顯著性水平 α，該檢驗的拒絕域應取為 $W = \{Z > Z_\alpha\}$，即 $W = \{Z > Z_\alpha\}$，拒絕原假設 H_0，接受備擇假設 H_1；若 $W = \{Z \leq Z_\alpha\}$，接受原假設 H_0，拒絕備擇假設 H_1。如果是左側檢驗，假設為 $H_0:\mu_1 = \mu_2, H_1:\mu_1 < \mu_2$，對給定的顯著性水平 α，該檢驗的拒絕域應取為 $W = \{Z < -Z_\alpha\}$，即 $W = \{Z < -Z_\alpha\}$，拒絕原假設 H_0，接受備擇假設 H_1；若 $W = \{Z > -Z_\alpha\}$，接受原假設 H_0，拒絕備擇假設 H_1。

【例 8-9】 某研究機構計劃開展一項有關「性別對 8 歲兒童身高影響」的調查研究，結果如表 8-3 所示。能否說明性別對 8 歲兒童的身高有顯著影響（$\alpha = 0.05$）？

表 8-3　　　　　　　　　　　8 歲兒童身高調查結果

性別	人數（人,n）	平均身高（厘米,$\bar{x}$）	標準差（厘米）
男	384	118.64	4.53
女	377	117.86	4.86

解：建立假設：

$H_0:\mu_1 = \mu_2$

$H_1:\mu_1 \neq \mu_2$

由題意知，可以選取統計量如下：

$$z = \frac{(\bar{x}_1 - \bar{x}_2) - (\mu_1 - \mu_2)}{\sqrt{\frac{s_1^2}{n_1} + \frac{s_2^2}{n_2}}}$$

計算統計量 z 的值。由表 8-3 得知，$\bar{x}_1 = 118.64, \bar{x}_2 = 117.86, s_1^2 = 4.53, s_2^2 = 4.86$ 代入上述統計量，得到：

$$z = \frac{(\bar{x}_1 - \bar{x}_2) - (\mu_1 - \mu_2)}{\sqrt{\frac{s_1^2}{n_1} + \frac{s_2^2}{n_2}}} = \frac{118.64 - 117.86}{\sqrt{\frac{4.53}{384} + \frac{4.86}{377}}} = 2.289,3$$

顯著性水平 $\alpha = 0.05$，得臨界值 $Z_{0.025} = 1.96$。

由於 $|Z| = 2.39 > Z_{0.025}$，故拒絕 H_0，即可以認為 μ_1 和 μ_2 有顯著差異，即認為性別對 8 歲兒童的身高有顯著影響。

（二）小樣本

在兩個樣本都為小樣本的情況下，為檢驗兩個總體的均值之差，需要作出以下假定：

第一，兩個總體都服從正態分佈。

第二，兩個隨機樣本獨立地分別抽自兩個總體。

在上述假定下，無論樣本量的大小，兩個樣本均值之差都服從正態分佈。當兩個總體方差 σ_1^2 和 σ_2^2 已知時，可用採用統計量公式（8.9）進行檢驗。當兩個總體的方差 σ_1^2 和 σ_2^2 都未知時，可用兩個樣本方差 s_1^2 和 s_2^2 來代替。如果是大樣本，則可採用統計量公式

(8.9)和公式(8.10)進行檢驗。若為小樣本,進行兩個總體均值之差的檢驗則需要使用 t 統計量。小樣本的情形又有兩種情況:一種是總體的方差 σ_1^2 和 σ_2^2 未知且不相等時,即 $\sigma_1^2 \neq \sigma_2^2$;另一種是總體的方差 σ_1^2 和 σ_2^2 未知但相等時,即 $\sigma_1^2 = \sigma_2^2$。

1. 當兩個總體的方差 σ_1^2 和 σ_2^2 未知且不相等時,即 $\sigma_1^2 \neq \sigma_2^2$

此時,兩個樣本均值之差在進行標準化處理之後近似服從自由度為 ν 的 t 分佈,ν 的計算公式如下:

$$\nu = \frac{(s_1^2/n_1 + s_2^2/n_2)^2}{\frac{(s_1^2/n_1)^2}{n_1 - 1} + \frac{(s_2^2/n_2)^2}{n_2 - 1}} \tag{8.11}$$

這時,檢驗統計量 t 的計算公式為:

$$t = \frac{(\bar{x}_1 - \bar{x}_2) - (\mu_1 - \mu_2)}{\sqrt{\frac{s_1^2}{n_1} + \frac{s_2^2}{n_2}}} \tag{8.12}$$

2. 當兩個總體的方差 σ_1^2 和 σ_2^2 未知但相等時,即 $\sigma_1^2 = \sigma_2^2$

這種情況是雖然兩個總體的方差 σ_1^2 和 σ_2^2 未知,但知道有 $\sigma_1^2 = \sigma_2^2$。這個條件的成立往往是從已有的大量經驗中得到的,或者事先進行了關於兩個方差相等的檢驗,並得到肯定的結論。這時需要用兩個樣本方差 s_1^2 和 s_2^2 組合在一起,估計出總體方差的合併估計量 s_m^2,計算公式為:

$$s_m^2 = \frac{(n_1 - 1)s_1^2 + (n_2 - 1)s_2^2}{n_1 + n_2 - 2} \tag{8.13}$$

於是檢驗統計量的計算公式為:

$$t = \frac{(\bar{x}_1 - \bar{x}_2) - (\mu_1 - \mu_2)}{s_m \cdot \sqrt{\frac{1}{n_1} + \frac{1}{n_2}}} \tag{8.14}$$

t 分佈的自由度為 $n_1 + n_2 - 2$。

【例 8-10】 為檢驗兩種處理郵件方法的效率,廣州航空郵件處理中心的技術人員各隨機安排了 12 個工人分別用兩種不同的處理方法進行操作實驗,記錄每個工人處理一袋郵件所需的時間,並得出如下結果:

方法 1:$\bar{x}_1 = 60, s_1^2 = 15.996$。

方法 2:$\bar{x}_2 = 58, s_2^2 = 19.358$。

假定兩種方法處理郵件的時間均服從正態分佈,且方差相等,試以 0.05 的顯著性水平檢驗兩種處理郵件的方法是否有顯著差異。

解:此案例中,總體方差未知,方差相等,為小樣本。因此,應採用公式(8.14)的檢驗統計量進行檢驗,即建立假設:

$H_0: \mu_1 = \mu_2$

$H_1: \mu_1 \neq \mu_2$

選取統計量:

$$t = \frac{(\bar{x}_1 - \bar{x}_2) - (\mu_1 - \mu_2)}{s_m \sqrt{\frac{1}{n_1} + \frac{1}{n_2}}}$$

根據樣本數據計算得到總體方差的合併估計量為：

$$s_m^2 = \frac{(n_1 - 1)s_1^2 + (n_2 - 1)s_2^2}{n_1 + n_2 - 2} \frac{(12 - 1) \times 15.996 + (12 - 1) \times 19.358}{12 + 12 - 2} = 17.677$$

代入上述統計量為：

$$t = \frac{(\bar{x}_1 - \bar{x}_2) - (\mu_1 - \mu_2)}{s_m \cdot \sqrt{\frac{1}{n_1} + \frac{1}{n_2}}} = \frac{60 - 58}{17.677 \times \sqrt{\frac{1}{12} + \frac{1}{12}}} \approx 0.277$$

根據 $\alpha = 0.05$，自由度 $(12+12-2) = 22$ 查 t 分佈表得 $t_{0.05/2}(22) = 2.073,9$。

由於 $|t| < t_{0.025} = 2.073,9$，所以調查結果支持原假設 H_0，說明這兩種處理郵件的方法無顯著差異。

二、兩個總體比例之差的檢驗

兩個總體比例之差的假設檢驗包括兩個方面：檢驗兩個總體比例是否相等和檢驗兩個總體比例之差是否為某一個不為零的常數。

（一）檢驗兩個總體比例是否相等

由於兩個總體比例 π_1 和 π_2 是未知的，因此需要用樣本比例 p_1 和 p_2 來代替，並且方差中的 π_1 和 π_2 也要用 p_1 和 p_2 來代替。

檢驗兩個總體均值是否相等的假設表達式為：

$H_0: \pi_1 - \pi_2 = 0$（或 $\pi_1 = \pi_2$）
$H_1: \pi_1 - \pi_2 \neq 0$（或 $\pi_1 \neq \pi_2$）

當兩個樣本容量 n_1 和 n_2 足夠大，即 $n_1 p_1$、$n_1(1-p_1)$、$n_2 p_2$、$n_2(1-p_2)$ 都大於 5 時，進行檢驗所採用的檢驗統計量為：

$$z = \frac{p_1 - p_2}{\sqrt{\frac{p_1 n_1 + p_2 n_2}{n_1 + n_2}(1 - \frac{p_1 n_1 + p_2 n_2}{n_1 + n_2})(\frac{1}{n_1} + \frac{1}{n_2})}} \tag{8.15}$$

【例 8-11】一家住房研究機構正在開展一項有關「甲、乙區域居民住房滿意度」的市場調查研究。他們分別從甲、乙兩個區域隨機抽查了 100 戶居民。其中，甲區的 100 戶受調查者中有 76 戶對現有住房較為滿意；乙區的 100 戶受調查者中有 69 戶對現有住房較為滿意。

試以 0.05 的顯著性水平檢驗甲、乙兩個區域住房滿意度有無顯著差異。

解：設甲區的住戶住房滿意比例為 π_1，乙區的住戶住房滿意比例為 π_2。
現建立假設如下：

$H_0: \pi_1 - \pi_2 = 0$（或 $\pi_1 = \pi_2$）
$H_1: \pi_1 - \pi_2 \neq 0$（或 $\pi_1 \neq \pi_2$）

根據題意，$n_1 = 100, n_2 = 100, p_1 = 0.76, p_2 = 0.69$。

將上述數據代入公式(8.15)得：

$$z = \frac{p_1 - p_2}{\sqrt{\frac{p_1 n_1 + p_2 n_2}{n_1 + n_2}(1 - \frac{p_1 n_1 + p_2 n_2}{n_1 + n_2})(\frac{1}{n_1} + \frac{1}{n_2})}}$$

$$= \frac{0.76 - 0.69}{\sqrt{\frac{76 + 69}{100 + 100} \times (1 - \frac{76 + 69}{100 + 100}) \times (\frac{1}{100} + \frac{1}{100})}}$$

$$\approx 1.11$$

當 $\alpha = 0.05$ 時，$z_{\alpha/2} = 1.96$。顯然有 $|z| < z_{0.025} = 1.96$。因此，調查結果支持原假設，即說明甲、乙兩個區域住房滿意度無顯著差異。

(二) 檢驗兩個總體比例之差是否為某一個不為零的常數

檢驗的假設表達式為：

$H_0: \pi_1 - \pi_2 = d_0 (d_0 \neq 0)$

$H_1: \pi_1 - \pi_2 \neq d_0 (d_0 \neq 0)$

如果從兩個總體中抽出兩個獨立的樣本，當兩個樣本容量 n_1 和 n_2 足夠大，則兩個樣本比例之差 $p_1 - p_2$ 服從均值為 $\pi_1 - \pi_2$，方差為 $\frac{p_1(1 - p_1)}{n_1} + \frac{p_2(1 - p_2)}{n_2}$ 的正態分佈。因此，檢驗統計量為：

$$z = \frac{(p_1 - p_2) - d_0}{\sqrt{\frac{p_1(1 - p_1)}{n_1} + \frac{p_2(1 - p_2)}{n_2}}} \tag{8.16}$$

【例8-12】隨機調查了359名50歲以上的男性。其中：在205名吸菸者中，有43人患慢性氣管炎；在154名不吸菸者中，有15人患慢性氣管炎。試以顯著性水平 $\alpha = 0.05$ 檢驗吸菸者患此病的比例與不吸菸者患此病的比例之差是否明顯不低於10%。

解：根據題意建立假設：

$H_0: \pi_1 - \pi_2 \geq 10\%$

$H_1: \pi_1 - \pi_2 < 10\%$

$n_1 = 205, n_2 = 154$（大樣本）

$p_1 = 43/205 \approx 0.209, 8, p_2 = 15/154 \approx 0.097, 4$

計算統計量 z：

$$z = \frac{(p_1 - p_2) - d_0}{\sqrt{\frac{p_1(1 - p_1)}{n_1} + \frac{p_2(1 - p_2)}{n_2}}} \approx 0.333, 85$$

由題意知，顯然這裡是一個左側檢驗。由 $\alpha = 0.05$ 查臨界值表得 $-z_{0.05} = -1.645$，$z > -z_{0.05} = -1.645$，落在接受域，所以調查結果支持原假設，即認為吸菸者患慢性氣管炎的比例與不吸菸者患此病的比例之差明顯不低於10%。

三、兩個正態總體方差之比的假設檢驗

我們前面在介紹兩個總體的均值差的假設檢驗中,在介紹小樣本、總體方差未知時,需要討論兩個總體方差是否相等。由於兩個總體的方差未知,所以不知道它們否相等,這時就必須進行方差是否相等的檢驗。

設 $(X_1, X_2, \cdots, X_{n_1})$ 是取自正態總體 $X \sim N(\mu_1, \sigma_1^2)$ 的樣本,$(Y_1, Y_2, \cdots, Y_{n_1})$ 是取自正態總體 $Y \sim N(\mu_2, \sigma_2^2)$ 的樣本,並且 $(X_1, X_2, \cdots, X_{n_1})$ 與 $(Y_1, Y_2, \cdots, Y_{n_1})$ 相互獨立。考慮假設 $H_0: \sigma_1^2 = \sigma_2^2; H_1: \sigma_1^2 \neq \sigma_2^2$。

由第 7 章的知識可選取統計量如下:

$$F = \frac{S_1^2}{S_2^2} \cdot \frac{\sigma_2^2}{\sigma_1^2} \sim F(n_1 - 1, n_2 - 1) \tag{8.17}$$

若 H_0 成立,由抽樣分佈定理知 $F \sim F(n_1 - 1, n_2 - 1)$,則此時的拒絕域為:
$W = \{F < F_{1-\alpha/2}(n_1 - 1, n_2 - 1) \text{ 或 } F > F_{\alpha/2}(n_1 - 1, n_2 - 1)\}$

【例 8-13】甲、乙兩車床生產同一型號的螺絲,根據以往的經驗可以假設這兩臺車床生產的螺絲直徑分別服從正態分佈 $N(\mu_1, \sigma_1^2)$ 和 $N(\mu_2, \sigma_2^2)$。為了對這兩臺車床生產的螺絲精度進行比較,研究人員現從這兩臺車床生產的螺絲中分別抽取 8 個和 9 個進行測量,經計算得 $\bar{X}_甲 = 1.99$ 厘米,$\bar{X}_乙 = 2.01$ 厘米,$S_甲^2 = 0.098, S_乙^2 = 0.025$。試問:在顯著性水平 $\alpha = 0.05$ 下,乙車床生產的螺絲直徑的方差是否比甲車床的小。

解:由題意知,要驗證 $\sigma_甲^2 < \sigma_乙^2$ 是否成立,故此題可假設為:

$H_0: \sigma_甲^2 \leq \sigma_乙^2$
$H_1: \sigma_甲^2 > \sigma_乙^2$

選取統計量:

$F = \dfrac{S_甲^2}{S_乙^2} \sim F(7,8)$

計算得到:

$F = \dfrac{S_甲^2}{S_乙^2} = \dfrac{0.098}{0.025} = 3.92$。

由 $\alpha = 0.05$,知臨界值 $F_{0.05}(7,8) = 3.50, F > F_{0.05}(7,8) = 3.50$,故抽查結果拒絕原假設 H_0,即乙車床生產的螺絲直徑的方差顯著小於甲車床。

第 4 節　運用 SPSS 進行假設檢驗

一、單樣本 t 檢驗的應用舉例

【例 8-14】根據一份公共交通調查報告顯示,在人數總量為 100 萬~300 萬人的城市裡,對於那些在一個城市乘車上下班的人來說,平均通勤時間為 19 分鐘。假設一個研究者居住在一個人口為 240 萬的城市裡,想通過驗證以確定通勤時間是否和其他城市平均

水平是否一致。他隨機選取了 26 名通勤者作為樣本,收集的數據如下所示(單位:分鐘)。假設通勤時間服從正態分佈,這位研究者能得到什麼結論?

    19 16 20 23 24 13 19 23 16 17 15 14
    27 17 23 18 18 20 18 18 18 23 19 19 28

(一) 分析

此例是單個總體均值的假設檢驗,並且是一個雙側檢驗。檢驗假設為:

$H_0: \mu = 19$

$H_1: \mu \neq 19$

屬於正態總體、總體方差未知、小樣本。這裡選取顯著性水平 $\alpha = 0.05$。

(二) SPSS 操作和結果分析

1. 實現步驟

第 1 步,打開數據文件「通勤時間.sav」,執行【分析】→【比較均值】→【單樣本 T 檢驗】命令,如圖 8-5 所示。打開如圖 8-6 所示的對話框,在對話框中將變量「通勤時間」移入「檢驗變量」框。在「檢驗值」編輯框中輸入總體均值通勤時間「19」。

第 2 步,單擊「選項」按鈕,彈出如圖 8-7 所示的「單樣本 T 檢驗:選項」對話框。保留默認設置,單擊「繼續」按鈕,返回「單樣本 T 檢驗」對話框。

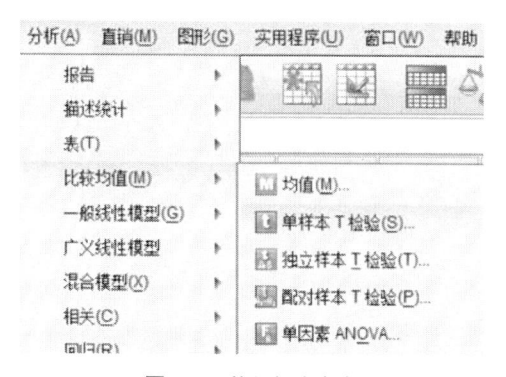

圖 8-5 執行相應命令

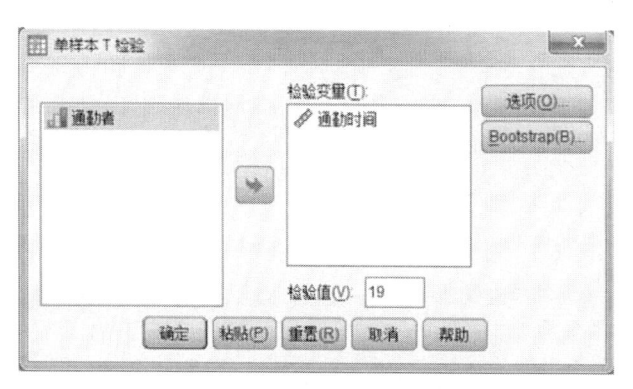

圖 8-6 「單樣本 T 檢驗」對話框 圖 8-7 「單樣本 T 檢驗:選項」對話框

第 3 步,單擊「確定」按鈕,得到的輸出結果如圖 8-8 和圖 8-9 所示。

2. 結果與討論

(1)圖 8-8 給出了通勤時間系數的樣本個數為 26 個,均值為 19.54,標準差為 3.755,均值標準誤差為 0.736。樣本均值 19.54 與總體均值 19 比較接近。

One-Sample Statistics

	N	Mean	Std. Deviation	Std. Error Mean
通勤時間	26	19.54	3.755	.736

圖 8-8　輸出結果(1)

(2)圖 8-9 給出了總體均值為 19,檢驗統計量為 0.731,自由度為 25,雙側檢驗的置信水平為 0.471,樣本均值與總體均值之差為 0.538,均值差的置信區間為(-0.98, 2.06)。t 值對應的顯著性水平 0.471 大於設置的 0.05,所以接受原假設 H_0。檢驗結果表明,該城市的通勤時間系數與給定值 19 相比沒有顯著差異,說明該城市的通勤時間和其他城市平均水平一致。

One-Sample Test

	\multicolumn{6}{c}{Test Value = 19}
	t	df	Sig. (2-tailed)	Mean Difference	95% Confidence Interval of the Difference Lower	Upper
通勤時間	.731	25	.471	.538	-.98	2.06

圖 8-9　輸出結果(2)

注意:參數的置信區間也可以通過圖 8-9 得知。由圖 8-9 可知,該城市通勤時間的置信區間為[19-0.98,19+2.06]=[18.02,21.06]。

二、獨立兩樣本 t 檢驗的應用舉例

【例 8-15】國際航空運輸協會對商務旅遊人員進行了一項調查,以便確定多個國際機場的等級分數。最高可能分數是 10 分,分數越高說明其等級也越高。假設有一個由 50 名商務旅行人員組成的簡單隨機樣本,要求這些人給邁阿密機場打分。另外有一個由 50 名商務旅行人員組成的樣本,要求這些人給洛杉磯機場打分。這兩個組人員打出的等級分數如表 8-4 所示。請你判斷邁阿密機場和洛杉磯機場的等級評分是否相同。

表 8-4　　　　　　　　　　　兩組人員的打分

城市	等級分數
邁阿密	6 4 6 8 7 7 6 3 3 8 10 4 8 7 8 7 5 9 5 8 4 3 8 5 5 4 4 4 5 8 4 5 6 2 5 9 9 8 4 8 9 9 5 9 7 8 3 10 8 9 6
洛杉磯	10 9 6 7 7 9 8 10 7 8 5 7 3 5 6 8 7 10 8 4 7 8 6 9 9 5 3 1 8 9 6 5 4 6 10 9 8 3 2 7 9 5 3 10 3 5 10 8

（一）分析

此案例是一個兩個總體均值差的假設檢驗，並且是一個雙側檢驗。檢驗假設為：

$H_0: \mu_1 = \mu_2$

$H_1: \mu_1 \neq \mu_2$

屬於大樣本，方差未知。這裡選取顯著性水平 $\alpha = 0.05$。

（二）SPSS 操作和結果分析

1. 操作步驟

第 1 步，打開數據文件「機場等級.sav」，執行【分析】→【比較均值】→【獨立樣本 T 檢驗】命令，如圖 8-10 所示。在圖 8-11 中把變量「等級分數」移入「檢驗變量」框，把類別移入「分組變量」。

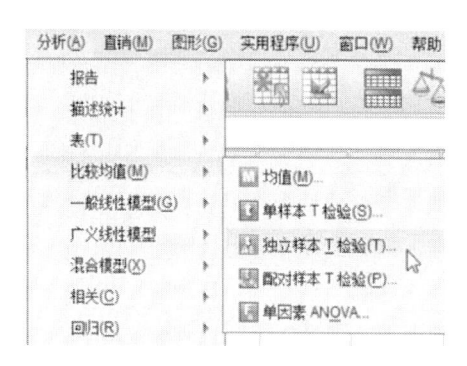

圖 8-10　執行相應命令　　　圖 8-11　「獨立樣本 T 檢驗」對話框

第 2 步，單擊「定義組」按鈕，彈出如圖 8-12 所示的對話框，指定變量的分組方法。由於此時數據文件中已經將洛杉磯機場的等級分數變量值定義為 1，將邁阿密機場的等級分數變量值定義為 2，所以在第一個「組 1」編輯框中輸入「1」，在第二個「組 2」編輯框中輸入「2」。單擊「繼續」按鈕，返回「獨立樣本 T 檢驗」對話框。

第 3 步，單擊「選項」按鈕，彈出如圖 8-13 所示的「獨立樣本 T 檢驗:選項」對話框。採用默認設置。單擊「繼續」按鈕，返回「獨立樣本 T 檢驗」對話框。

圖 8-12　「定義組」對話框　　　圖 8-13　「獨立樣本 T 檢驗:選項」對話框

第 4 步，單擊「確定」按鈕，得到的輸出結果如圖 8-14 和圖 8-15 所示。

2. 結果與討論

(1)圖 8-14 分別給出了兩組的樣本數、均值、標準差、標準誤差。從均值看,邁阿密機場的等級分數要高一些。

Group Statistics

	機場	N	Mean	Std. Deviation	Std. Error Mean
等級分數	洛杉磯	50	6.34	2.163	.306
	邁阿密	50	6.76	2.378	.336

圖 8-14　輸出結果(1)

(2)圖 8-15 給出了兩種 t 檢驗結果,即等方差的 t 檢驗和不等方差的 t 檢驗。根據 F 檢驗結果,顯著性水平 0.770 大於 0.05,接受原假設。因此,認為兩樣本的方差是相等的。

選取一般 t 檢驗方法的結果,自由度 $df=98$,計算的統計量 $t=0.924$,對應的顯著性水平為 0.358,大於 0.05,因此接受原假設 H_0。這表明邁阿密機場和洛杉磯機場的分數無顯著差異。

Independent Samples Test

		Levene's Test for Equality of Variances		t-test for Equality of Means					95% Confidence Interval of the Difference	
		F	Sig.	t	df	Sig. (2-tailed)	Mean Difference	Std. Error Difference	Lower	Upper
等級分數	Equal variances assumed	.086	.770	-.924	98	.358	-.420	.455	-1.322	.482
	Equal variances not assumed			-.924	97.131	.358	-.420	.455	-1.322	.482

圖 8-15　輸出結果(2)

思考與練習

一、思考題

1. 假設檢驗和參數估計有何不同?
2. 什麼是原假設與備擇假設?怎樣建立原假設和備擇假設?原假設和備擇假設之間的關係是什麼?
3. 何謂假設檢驗中的第一類錯誤和第二類錯誤?它們之間有什麼關係?
4. 如何理解假設檢驗中的顯著性水平 α?確定顯著性水平 α 的原則是什麼?
5. 什麼是檢驗統計量?檢驗統計量對於假設檢驗有何意義?
6. 假設檢驗依據的基本原理是什麼?
7. 簡述假設檢驗的一般步驟。

二、選擇題

1. 某廠生產的產品尺寸服從正態分佈,標準均值為 1.30。某天測得 36 個產品的尺寸的均值 $\bar{X}=1.13$,檢驗與原來設計的標準均值相比是否有所變化,要求的顯著性水平為 $\alpha=0.05$,則下列正確的假設形式是(　　)。

A. $H_0: \mu = 1.30, H_1: \mu \neq 1.30$ B. $H_0: \mu \leq 1.30, H_1: \mu > 1.30$
C. $H_0: \mu < 1.30, H_1: \mu \geq 1.30$ D. $H_0: \mu \geq 1.30, H_1: \mu < 1.30$

2. 環保部門想檢驗某飯店 1 個月所使用的一次性快餐盒平均數是否超過 20,000 個，建立該檢驗的原假設和備擇假設應為(　　)。

A. $H_0: \mu = 20,000, H_1: \mu \neq 20,000$ B. $H_0: \mu \neq 20,000, H_1: \mu = 20,000$
C. $H_0: \mu \leq 20,000, H_1: \mu > 20,000$ D. $H_0: \mu \geq 20,000, H_1: \mu < 20,000$

3. 在假設檢驗中，抽查結果支持原假設意味著(　　)。

A. 原假設肯定是正確的   B. 原假設肯定是錯誤的
C. 沒有證據證明原假設是正確的   D. 沒有證據證明原假設是錯誤的

4. 在假設檢驗中，原假設和備擇假設的關係是(　　)。

A. 兩個可能都成立   B. 兩個可能都不成立
C. 只有一個成立而且必有一個成立   D. 沒有確定的關係

5. 在假設檢驗中，第一類錯誤或稱拒真錯誤指的是(　　)。

A. 當原假設為真時拒絕原假設
B. 當原假設為假時拒絕原假設
C. 當備擇假設為真時拒絕備擇假設
D. 當備擇假設為假時未拒絕備擇假設

6. 在假設檢驗中，第二類錯誤或稱受偽錯誤指的是(　　)。

A. 當原假設為真時拒絕原假設
B. 當原假設為假時沒有拒絕原假設
C. 當備擇假設為真時未拒絕備擇假設
D. 當備擇假設為假時拒絕備擇假設

7. 指出下列假設檢驗哪一個屬於雙側檢驗(　　)。

A. $H_0: \mu = \mu_0, H_1: \mu \neq \mu_0$ B. $H_0: \mu \geq \mu_0, H_1: \mu < \mu_0$
C. $H_0: \mu \leq \mu_0, H_1: \mu > \mu_0$ D. $H_0: \mu > \mu_0, H_1: \mu \leq \mu_0$

8. 指出下列假設檢驗形式的寫法哪一個是正確的(　　)。

A. $H_0: \mu = \mu_0, H_1: \mu \neq \mu_0$ B. $H_0: \mu > \mu_0, H_1: \mu \leq \mu_0$
C. $H_0: \mu < \mu_0, H_1: \mu \geq \mu_0$ D. $H_0: \mu \neq \mu_0, H_1: \mu = \mu_0$

9. 大樣本、總體標準差未知時，檢驗單個總體均值所使用的統計量是(　　)。

A. $z = \dfrac{\bar{X} - \mu_0}{\sigma/n}$ B. $z = \dfrac{\bar{X} - \mu_0}{\sigma^2/\sqrt{n}}$ C. $t = \dfrac{\bar{X} - \mu_0}{s/\sqrt{n}}$ D. $z = \dfrac{\bar{X} - \mu_0}{s/\sqrt{n}}$

10. 在正態總體、小樣本、總體方差未知情況下，檢驗單個總體均值所使用的統計量是(　　)。

A. $z = \dfrac{\bar{X} - \mu_0}{\sigma/n}$ B. $z = \dfrac{\bar{X} - \mu_0}{\sigma^2/\sqrt{n}}$ C. $t = \dfrac{\bar{X} - \mu_0}{s/\sqrt{n}}$ D. $z = \dfrac{\bar{X} - \mu_0}{s/\sqrt{n}}$

11. 在正態總體、小樣本情況下，當總體方差已知時，檢驗總體均值所使用的統計量是(　　)。

A. $z = \dfrac{\bar{X} - \mu_0}{\sigma/n}$　　B. $z = \dfrac{\bar{X} - \mu_0}{\sigma/\sqrt{n}}$　　C. $t = \dfrac{\bar{X} - \mu_0}{s/\sqrt{n}}$　　D. $z = \dfrac{\bar{X} - \mu_0}{s/\sqrt{n}}$

12. 一種零件的標準長度 5 厘米，要檢驗某天生產的零件是否符合標準要求，建立的原假設和備擇假設應為(　　)。

　　A. $H_0 : \mu = 5, H_1 : \mu \neq 5$　　　　B. $H_0 : \mu \neq 5, H_1 : \mu = 5$
　　C. $H_0 : \mu \leqslant 5, H_1 : \mu > 5$　　　　D. $H_0 : \mu \geqslant 5, H_1 : \mu < 5$

13. 檢驗單個總體方差時，所採用的統計量是(　　)。

　　A. 正態統計量　　B. t 統計量　　C. 卡方統計量　　D. F 統計量

14. 若檢驗假設為 $H_0 : \mu = \mu_0, H_1 : \mu \neq \mu_0$，則拒絕域為(　　)。

　　A. $Z > Z_\alpha$　　　　　　　　　　B. $Z < -Z_\alpha$
　　C. $Z > Z_{\alpha/2}$ 或 $Z < -Z_{\alpha/2}$　　D. $Z > Z_\alpha$ 或 $Z < -Z_\alpha$

15. 若檢驗假設為 $H_0 : \mu \geqslant \mu_0, H_1 : \mu < \mu_0$，則拒絕域為(　　)。

　　A. $Z > Z_\alpha$　　　　　　　　　　B. $Z < -Z_\alpha$
　　C. $Z > Z_{\alpha/2}$ 或 $Z < -Z_{\alpha/2}$　　D. $Z > Z_\alpha$ 或 $Z < -Z_\alpha$

三、計算題

1. 某農業研究機構聲稱其開發的新品種農作物的畝(1 畝約等於 666.67 平方米，下同)產量為 500 千克。現向某市推廣試種，據抽樣取得的 100 個數據得出，平均畝產量為 480 千克，標準差為 20 千克。試以 0.05 的顯著性水平判斷該研究機構的說法是否屬實？

2. 一採購商向某燈泡生產廠家採購一批燈泡，採購合同要求燈泡的使用壽命不得低於 40,000 小時。為了檢驗產品是否符合合同要求，該採購商從該批燈泡中隨機抽取了 16 個進行檢測，測得其平均壽命為 38,000 小時。已知該燈泡的壽命服從正態分佈，$\sigma = 20$ 小時。試以 0.05 的顯著性水平確定採購商是否應該採購這批燈泡。

3. 一家食品生產企業以生產瓶裝熟食為主，每瓶的標準重量應該是 100 克。為了對裝瓶過程進行監測，企業質檢部門經常要進行抽檢，以分析每瓶重量是否符合要求。現從某天生產的一批食品中隨機抽取了 28 瓶，測得每瓶重量如表 8-5 所示。已知產品重量的分佈服從正態分佈。試以 5% 的顯著性水平檢驗裝瓶過程是否正常。

表 8-5　　　　　　　　　　　　　　　　　　　　　　　　　　　　　　　　　　單位：克

112.5	101.0	103.0	102.0	100.5
102.6	107.5	95.0	108.8	115.6
100.0	123.5	102.0	101.6	102.2
116.6	95.4	97.8	108.6	105.0
136.8	102.8	101.5	98.4	93.3
100.1	98.8	97.9		

4. 某廠採用自動裝袋機進行裝袋，每袋重量是 100 千克。為了檢驗裝袋機性能的好壞，某天質檢人員隨機抽取了 9 袋進行檢測，測得平均重量為 101 千克，標準差為 9 克。已知每袋重量服從正態分佈，試以 0.1 的顯著性水平檢驗該自動裝袋機是否正常。

5. 某廠聲稱自己生產的食品每袋不低於 500 克。為了檢驗該廠家聲稱是否屬實，從

消費者利益出發，質檢人員從該廠生產的袋裝產品中隨機抽取了 36 袋進行檢測。檢測結果顯示：該樣本的平均重量為 498 克，標準差為 10 克。試以 0.05 的顯著性水平檢驗該廠聲稱是否屬實。

6. 一家電生產企業聲稱其生產的家電在某市的市場佔有率超過 25%。為了驗證自己的結論，該生產企業在該市隨機抽取了 100 戶居民，調查他們是否擁有該廠生產的家電。調查發現接受調查的 100 戶居民家庭，有 78 戶家庭沒有該企業生產的家電。請問該企業聲稱是否屬實（$\alpha = 0.05$）。

7. 從一個正態總體中隨機抽取 9 個單位，測得其結果如下：
100　96　80　120　88　112　78　98　101
試以 0.05 的顯著性水平檢驗該總體的方差是否不小於 100。

8. 從兩個正態總體中分別抽取兩個獨立的隨機樣本，它們的樣本容量、均值和標準差分別為 $n_1 = 81, \bar{x}_1 = 25, s_1^2 = 4; n_2 = 64, \bar{x}_2 = 28, s_1^2 = 5$。
根據上述調查結果，能否認為兩個總體的均值相同（$\alpha = 0.05$）。

9. 有專家稱女生外語學習能力比男生強。為了尋找證據予以支持自己的觀點，該專家隨機抽取了 20 名男生和 25 名女生，經過一小時若干種外語強化訓練后，該專家對這 45 名同學進行了簡單的測試。測得女生平均分為 68 分，男生平均分為 65 分，全部測試學生成績的標準差為 5 分。請問在 0.05 的顯著性水平下，你能認為專家的說法正確嗎？

10. 有報導認為吸菸者容易患慢性支氣管炎。為了檢驗這個結論，某調查機構隨機調查了 400 名 50 歲以上的男性。其中：在 230 名吸菸者中，有 45 人患有慢性支氣管炎；在 170 名不吸菸者中，有 20 人患有慢性支氣管炎。請問調查數據是否支持報導中的觀點（$\alpha = 0.05$）？

11. 從某高校一年級和二年級的學生中分別隨機抽取 10 名一年級男生和 12 名二年級男生。實驗得出 10 名一年級男生體重的方差為 50 千克，12 名二年級男生體重的方差為 48 平方千克。已知一年級男生和二年級男生的體重均服從正態分佈。請問在 0.05 的顯著性水平下，兩個年級男生體重方差是否有差異？

四、案例思考題

廣州航空郵件處理中心員工培訓效果調查研究

廣州航空郵件處理中心作為中國郵政的重要航空樞紐，是中國郵政的三個主要國際郵件互換局之一的主要處理場地。

為了提高公司一線員工的工作效率，廣州航空郵件處理中心計劃於近期開展一次員工技能培訓。為了調查員工受訓后的效果情況，請設計實驗檢驗以下內容：

(1) 員工的單位時間平均工作數量是否有顯著提升？
(2) 員工處理產品所用時間的精度是否有顯著提升？
(3) 男、女職工受訓后，誰的效果更好？
(4) 從上述估計的結果能說明什麼現象？試解釋該現象產生的原因。

第 9 章　方差分析

學習目標：

- 掌握方差分析的相關概念和基本思想原理
- 能解決單因素方差分析相關問題
- 瞭解雙因素方差分析的方法
- 會利用 SPSS 軟件解決方差分析相關問題並應用於實踐

本章重點：

- 掌握方差分析的基本思想從而理解方差分析的實踐方法
- 學會利用 SPSS 軟件進行方差分析

本章難點：

- 方差分析的基本思想
- 雙因素方差分析的基本方法

　　方差分析是由英國統計學家費希爾(Ronald Aylmer Fisher)在進行試驗設計時為解釋試驗數據而率先引入的。目前，方差分析方法主要應用於研究醫學、化工、心理學、生物學、管理學等的試驗數據。

　　在推斷統計中，經常要研究各種類型變量之間的關係。變量的類型包括分類型變量和數值型變量，在研究不同類型變量之間的關係時所採用的方法又有所不同。如果要研究分類型自變量與分類型因變量之間的關係，一般採用「列聯分析」(本教材沒有介紹有關「列聯分析」的內容，如需瞭解，可參考其他教材)；如果要研究一個或多個分類型自變量與一個數值型因變量之間的關係時，一般採用「方差分析」；如果要研究一個或多個數值型自變量與一個數值型因變量之間的關係時，一般採用「迴歸分析」。

　　本章將要介紹的內容包括單因素方差分析、雙因素方差分析以及應用 SPSS 進行方差分析的基本原理和方法。

　　事實上，方差分析手工計算較為複雜。實際中，一般採用統計軟件，如 Excel、SPSS 等進行方差分析，大大簡化了工作量。因此，本章的基本要求是掌握方差分析的基本知識和原理，並學會用 SPSS 軟件進行方差分析。

第1節　方差分析引論

一、方差分析及其有關術語

第 8 章介紹的假設檢驗方法只能檢驗一個或兩個總體，相比之下，方差分析可以檢驗多個總體均值是否相等，從而大大提高檢驗的效率。由於方差分析將所有的樣本信息結合在一起，也增加了分析的可靠性。

表面上看，方差分析是檢驗多個總體的統計方法，但本質上它所研究的是分類型自變量對數值型因變量的影響。例如，變量之間有沒有關係、關係的強度如何等。通過檢驗各總體的均值是否相等來判斷分類型自變量對數值型因變量是否有顯著影響稱為方差分析(ANOVA)。方差分析是通過檢驗多個樣本均值的差異是否顯著來達到檢驗目標的。

下面通過一個例子來說明方差分析的有關概念以及方差分析所要解決的問題。

【例 9-1】 某公司為了研究四種不同的藥劑類型處理的種子苗高值之間是否有顯著差異，為此實驗者進行了調查統計，獲得數據如表 9-1 所示。試問：四種藥劑類型之間有顯著差異嗎？進一步解釋藥劑類型對苗高值是否有顯著影響。

表 9-1　　　　　　　　　水稻不同藥劑處理的苗高　　　　　　　　單位：厘米

觀測值	藥劑類型			
	A	B	C	D
1	18	20	10	28
2	21	24	15	27
3	20	26	17	29
4	13	22	14	32

一般而言，苗高值直接關係著農作物日后的生產狀況進而直接影響農作物的產量，因此需要研究四種藥劑類型對苗高值是否有影響。實際上，就是要判斷藥劑類型對苗高值是否有顯著影響。然而這種判斷最終要通過檢驗這四種藥劑類型培養出的四組農作物的苗高值的均值是否相等來實現。如果四組苗高值均值顯著相等，則說明藥劑類型對苗高值無顯著影響；否則便有顯著影響。

在方差分析中，所要檢驗的對象稱為因素或因子。因素所處的不同表現稱為水平或處理。每個因子水平下得到的樣本數據稱為觀測值。例如，在例 9-1 中，藥劑類型是檢驗的對象，稱為因素或因子；A、B、C、D 是藥劑類型這一因素的具體表現，稱為水平或處理；在每一藥劑類型下得到的樣本數據(苗高值)稱為觀測值。這裡只涉及一個因素，因此試驗稱為單因素 4 水平試驗。

二、方差分析的基本思想和假設

(一) 方差分析的基本思想

如何判斷藥劑類型對苗高值的影響,或者說藥劑類型與苗高值是否有顯著的關係。直觀起見,我們先畫出它們的散點圖,如圖9-1所示。

通過觀察散點圖,我們發現不同藥劑類型的苗高值確有明顯差異,而且同一藥劑類型中的苗高值也不盡相同。這表明藥劑類型與苗高值之間有一定的關係。如果它們之間沒有關係的話,不同藥劑類型的苗高值應該相差不多,在散點圖上就會呈現出很接近的模式。

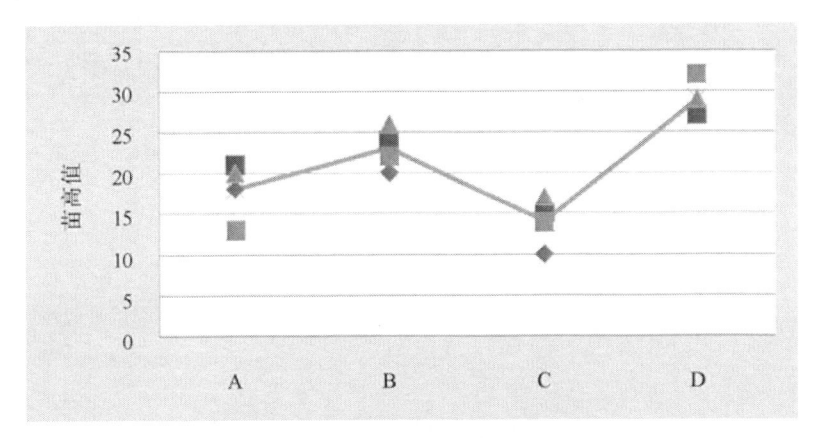

圖9-1　不同藥劑類型的苗高值散點圖

從散點圖可以看出,不同藥劑類型培養下的苗高值有明顯差異(圖9-1中的折線圖),而且同一種藥劑類型培養出的苗高值也有顯著差異。如果由上述圖中結論就說明四種藥劑類型之間有顯著差異,即藥劑類型對苗高值有直接影響是很片面的,因為這種差異可能是由隨機因素或系統因素造成的。為了檢驗這種差異是否顯著,我們需要更準確的研究方法,這就是方差分析。具體來說,我們需要把總的方差分成有意義的兩部分,通過比較這兩部分來進行顯著性檢驗。下面我們還是根據表9-1的數據來介紹如何進行分解。

下面來分析組間和組內誤差產生的原因:

第一,在同一藥劑(即同一水平)下,各觀測值是不同的。例如,在藥劑B我們抽取了4個苗高值作為樣本,它們之間的值是有差異的,由於苗高值是被隨機抽取的,因此它們之間的差異是由隨機因素的影響造成的,我們稱之為隨機誤差。這種同一水平內部的數據誤差,稱為組內誤差。從前面的分析可以看出,組內誤差主要是由於隨機誤差所造成的。

第二,我們發現不同藥劑類型(即不同水平)之間(可見圖9-1中的折線圖)的觀測值也是不同的。分析差異的來源,我們發現:這種差異可能源於抽樣的隨機性,也可能源於藥劑類型本身的差異。其中,藥劑類型本身差異造成的誤差是系統性因素造成的,所

以這種誤差稱為系統誤差。來自不同水平之間的數據誤差,稱為組間誤差。從前面分析可以看出,組間誤差主要是系統誤差造成的。

那麼我們用什麼指標來精確度量數據的誤差呢?在方差分析中,通常用誤差平方和來表示。

反映全部數據誤差大小的平方和稱為總平方和,記作 SST。例如,所調查的全部苗高值之間的誤差平方和就是總誤差平方和,它反映了全部觀測值的離散程度。

反映組內(水平內)數據誤差大小的平方和,稱為組內平方和,也稱為誤差項平方和,記作 SSE。例如,每個藥劑產生的苗高值的平方和加總就是組內平方和,它反映了每個水平內各觀測值的總離散狀況。

反映組間(水平之間)數據誤差大小的平方和,稱為組間平方和,也稱為水平項平方和,記作 SSA。例如,4 種藥劑類型的苗高值之間的誤差平方和就是組間平方和,它反映了樣本均值之間的差異程度。

圖 9-2 給出了數據誤差的分解過程。

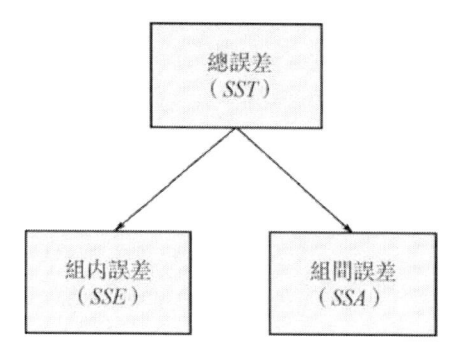

圖 9-2　誤差分解圖

如果不同藥劑類型對苗高值沒有影響,那麼組間誤差中就不包含系統誤差而只包含隨機誤差。這時如果我們將組間誤差和組內誤差進行平均後再作比得到的指標 (F 值)應該接近 1;反之,F 值應該會顯著的大於 1,並且 F 值越大就說明藥劑類型對苗高值影響越顯著。但是由於抽樣的隨機性,即使不同藥劑類型對苗高值沒有影響,F 值也可能大於 1,那麼 F 值達到多少才能說明藥劑類型對苗高值有顯著影響呢?

通過統計研究發現,組間(水平間)誤差與組內(水平內)誤差之比,服從 F 分佈。公式為:

$$F = \frac{組間均方差}{組內均方差} \tag{9.1}$$

下面可以通過利用 F 分佈的特徵,再根據題目給出的顯著性要求對具體問題進行檢驗,這種充分利用樣本誤差分析的結果並結合 F 分佈特徵進行差異分析的方法就是方差分析。

(二) 方差分析的基本假定或應用條件

在使用方差分析時,必須滿足一定的條件,被稱作方差分析的基本假定。基本假定

如下：

第一，正態性。每個總體都應服從正態分佈。也就是說，對於因素的每一個水平，其觀測值是來自正態分佈總體的簡單隨機樣本。

第二，方差齊性。每個總體的方差 σ^2 必須相同。也就是說，各組觀察數據是從具有相同方差的正態總體中抽取的。

第三，獨立性。N 個總體之間是相互獨立的。

在上述假定成立的前提下，要分析自變量對因變量是否有影響，就會在形式上轉化為檢驗自變量的各個水平（總體）的均值是否相等。

當然實際應用還需注意，給定的各組資料的均值本身要具有可比性，否則不能進行相關分析。

由上可知，方差分析是建立在正態性假設、方差齊性假設和獨立性假設基礎之上的。樣本數據違背其中的任何一個理論假設，分析結果都將是無效的。

其中，獨立性假設可在設計樣本數據收集方案時加以考慮和保證。例如，在例 9-1 中，農村技術人員首先確定了 16 個大小和土壤條件完全相同地塊，其次是同時以相同的方式播種，唯一的不同就是處理所用的藥劑類型不同，而且哪一塊種哪種藥劑類型處理的種子是隨機指定的。這樣做的目的就是要消除其餘一切無關因素的影響，從而保證由此所獲得的樣本數據具有充分的獨立性。

正態性假設一般可以根據研究人員的專業知識加以判別。通常情況下，像零件誤差尺寸、糧食產量、身高、體重等變量都可視為正態分佈。

方差齊性假設一般需要就樣本數據通過專門的方法進行檢驗和證實。一般常見的方差齊性檢驗方法包括 Barlett 檢驗和 Levene 檢驗。

1. Barlett 檢驗

Barlett 檢驗是一種比較常用的方差相等性檢驗方法，稱作 Barlett 方差齊性檢驗。

設有獨立取自 r 個總體的 r 個隨機樣本，其樣本容量為 n_j、樣本均值為 $\bar{x}_j$、樣本方差為 $s_j^2, j = 1, 2, \cdots, r$。Barlett 方差齊性檢驗的檢驗假設為：

$H_0: \sigma_1^2 = \sigma_2^2 = \cdots = \sigma_r^2$

$H_1: \sigma_i^2 (i = 1, 2, \cdots, r)$ 不全相等

Barlett 方差齊性檢驗統計量是自由度為 $r - 1$ 的 χ^2 統計量：

$$\chi^2 = \sum_{j=1}^{r} (n_j - 1) \ln \frac{s_c^2}{s_j^2}$$

其中，χ^2 代表總體方差的組內方差 MSE，此處稱合併方差，是樣本方差的加權平均，公式為：

$$s_c^2 = \sum_{j=1}^{r} (n_j - 1) s_j^2 \bigg/ \sum_{j=1}^{r} (n_j - 1)$$

給定顯著性水平 α 后，就可以通過查 χ^2 分佈臨界值表得到 χ_α^2。如果 $\chi^2 > \chi_\alpha^2$，則拒絕 H_0，即總體方差具有差異性，否則說明方差滿足齊性。

需要特別強調的是，Barlett 檢驗結果只在樣本數據具有正態性時有效。

2. *Levene* 檢驗

與 *Barlett* 檢驗相比，*Levene* 方差齊性檢驗對樣本數據的正態性要求不是很嚴格。

設有獨立取自 r 個總體的 r 個隨機樣本，其樣本容量為 n_j、第 i 個觀測值為 x_{ij}。樣本均值為 $\bar{x}_j$、樣本方差為 s_j^2，$j = 1, 2, \cdots, r$。*Levene* 方差齊性檢驗的檢驗假設為：

$H_0 : \sigma_1^2 = \sigma_2^2 = \cdots = \sigma_r^2$

$H_1 : \sigma_i^2 (i = 1, 2, \cdots, r)$ 不全相等

Levene 方差齊性檢驗統計量為：

$$W = \frac{(n_T - r) \sum_{j=1}^{r} (\bar{Z}_j - \bar{Z})^2}{(r - 1) \sum_{j=1}^{r} \sum_{i=1}^{n_j} (Z_{ij} - \bar{Z})^2}$$

式中：$n_T = n_1 + n_2 + \cdots + n_r$；$Z_{ij} = |x_{ij} - \bar{x}_j|$ 或 $Z_{ij} = |x_{ij} - M_{ej}|$ 或 $Z_{ij} = |x_{ij} - \bar{x}'_j|$。其中，$M_{ej}$ 為第 j 個水平下的樣本中位數，$\bar{x}'_j$ 為第 j 個水平下的樣本中截除樣本容量 10% 后的均值。

給定顯著性水平 α 后，就可以通過查 F 分佈臨界值表得到 $F_\alpha(r-1, n_T - r)$。如果 $W > F_\alpha$，則拒絕 H_0，即總體方差具有差異性，否則說明方差滿足齊性。

上面兩種方差齊性檢驗計算量都很繁雜，一般是借助於統計軟件來完成。SPSS 統計軟件中，在進行方差分析檢驗時應注意，由於小樣本情況下假設檢驗的功效並不是很高，不容易獲得顯著性的結論，不少場合仍需結合專業知識和工作經驗來判斷。有關利用 SPSS 進行方差齊性檢驗的詳細介紹請見本章第 4 節。這裡採用 *Levene* 方差齊性檢驗方法並利用 SPSS 對例題 9-1 進行方差齊性檢驗，結果如表 9-2 所示。

表 9-2　　　　　　　　　方差齊性檢驗表
Test of Homogeneity of Variances

苗高值

Levene Statistic	df1	df2	Sig.
.250	3	12	.860

第 2 節　單因素方差分析

根據所分析的分類型自變量的多少，方差分析可分為單因素方差分析和雙因素方差分析。

當方差分析中只涉及一個分類型自變量時稱為單因素方差分析。可見單因素方差分析研究的是一個分類型自變量對一個數值型因變量的影響。例如，要檢驗不同藥劑類型的苗高值的均值是否相等，這裡只涉及藥劑類型一個因素，因而屬於單因素方差分析。

一、單因素方差分析步驟

為檢驗自變量對因變量是否有顯著影響，首先需要提出兩個變量在總體中沒有關係

的原假設,然后構造一個用於檢驗的統計量來檢驗這一假設是否成立。具體來說,方差分析包括原假設、構造檢驗的統計量、統計決策等步驟。

(一) 確定原假設和備擇假設

在方差分析中,原假設描述的是在按照自變量的取值分成的類中,因變量的均值相等。

原假設 $H_0: \mu_1 = \mu_2 = \cdots = \mu_k$,即自變量對因變量沒有顯著影響。

備擇假設 $H_1: \mu_i (i = 1, 2, \cdots, k)$ 不全相等,即自變量對因變量有顯著影響。

其中,μ_i 為第 i 個總體的均值。如果拒絕原假設 H_0,則意味著自變量對因變量有顯著影響,也就是自變量與因變量之間有顯著關係;反之則沒有證據表明自變量對因變量有顯著影響,也就是說不能認為自變量與因變量之間有顯著關係。

(二) 根據檢驗統計量計算檢驗統計值

方差分析的核心是具有相同方差的多個正態總體的均值是否相等的檢驗問題。根據上面有關方差分析的基本思想的介紹,我們可以構造檢驗的統計量。在方差分析中,需要計算三個誤差平方和,它們是總誤差平方和、組間誤差平方和(因素平方和)、組內誤差平方和(誤差平方和或殘差平方和)。為了計算這三種誤差平方和,結合表 9-1 的數據,計算如表 9-3 所示。

表 9-3　　　　　　　　單因素方差分析的數據結構　　　　　　　單位:厘米

觀測值	水平				合計
	A	B	C	D	
1	18	20	10	28	
2	21	24	15	27	
3	20	26	17	29	
4	13	22	14	32	
合計	72	92	56	116	336
水平均值	$\bar{x}_1 = 18$	$\bar{x}_2 = 23$	$\bar{x}_3 = 14$	$\bar{x}_4 = 29$	
觀察值個數	$n_1 = 4$	$n_2 = 4$	$n_3 = 4$	$n_4 = 4$	16
總均值	$\bar{\bar{x}} = \dfrac{\sum_{i=1}^{k}\sum_{j=1}^{n_i} x_{ij}}{n} = \dfrac{\sum_{i=1}^{k} n_i \bar{x}_i}{n} = \dfrac{18 + 23 + 14 + 29}{4} = 21$				

下面就利用表 9-3 計算相關指標。

1. 計算誤差平方和

(1) 總誤差平方和(Sum of Squares for Total),簡記為 SST,是全部觀察值 x_{ij} 與總均值 $\bar{\bar{x}}$ 的誤差平方和,其計算公式為:

$$SST = \sum_{i=1}^{k}\sum_{j=1}^{n_i}(x_{ij} - \bar{\bar{x}})^2 \tag{9.2}$$

其中,k 表示因素水平的個數,如例 9-1 中的 $k = 4$;n_i 表示第 i 個水平下觀察值的個

數,如例 9-1 中的 $n_1 = n_2 = n_3 = n_4 = 4$。

例如,根據表 9-3 計算出的總平方和為:

$$SST = \sum_{i=1}^{4} \sum_{j=1}^{n_i} (x_{ij} - \bar{x})^2 = (18 - 21)^2 + (21 - 21)^2 + \cdots + (32 - 21)^2 = 602$$

(2)組間誤差平方和(Sum of Squares for Factor A),簡記為 SSA,是各組均值與總均值的誤差平方和,反映各樣本均值之間的差異程度,其中既包括隨機誤差,又包括系統性誤差,因此又稱為因素平方和。其計算公式為:

$$SSA = \sum_{i=1}^{k} n_i (\bar{x}_i - \bar{x})^2 \qquad (9.3)$$

例如,根據表 9-3 計算組間平方和為:

$$SSA = \sum_{i=1}^{k} n_i (\bar{x}_i - \bar{x})^2 = 4 \times (18 - 21)^2 + \cdots + 4 \times (29 - 21)^2 = 504$$

(3)組內誤差平方和(Sum of Squares for Error),簡記為 SSE,是每個水平或組內的各樣本數據與其組均值的誤差平方和,反映了每個樣本各觀測值的離散狀況,因此稱為組內平方和。該平方和反映了隨機誤差的大小,其計算公式為:

$$SSE = \sum_{i=1}^{k} \sum_{j=1}^{n_i} (x_{ij} - \bar{x}_i)^2 \qquad (9.4)$$

例如,根據表 9-3 的有關結果,計算誤差平方和分別為:

$$SSE_A = \sum_{j=1}^{4} (x_{1j} - \bar{x}_1)^2 = (18 - 18)^2 + (21 - 18)^2 + (20 - 18)^2 + (13 - 18)^2 = 38$$

$$SSE_B = \sum_{j=1}^{4} (x_{2j} - \bar{x}_2)^2 = (20 - 23)^2 + (24 - 23)^2 + (26 - 23)^2 + (22 - 23)^2 = 20$$

$$SSE_C = \sum_{j=1}^{4} (x_{3j} - \bar{x}_3)^2 = (10 - 14)^2 + (15 - 14)^2 + (17 - 14)^2 + (14 - 14)^2 = 26$$

$$SSE_D = \sum_{j=1}^{4} (x_{4j} - \bar{x}_4)^2 = (28 - 29)^2 + (27 - 29)^2 + (29 - 29)^2 + (32 - 29)^2 = 14$$

則 $SSE = 38 + 20 + 26 + 14 = 98$

SST、SSA、SSE 之間存在著一定的聯繫,這種聯繫表現為:

$$SST = SSA + SSE \qquad (9.5)$$

從上述三個誤差平方和可以看出,SSA 是對隨機誤差和系統誤差大小的度量,反映了自變量對因變量的影響,也稱為自變量效應或因子效應。SSE 是對隨機誤差大小的度量,反映了除自變量對因變量的影響之外,其他因素(可以理解為隨機因素)對因變量的總影響,因此 SSE 也被稱為殘差變量,其引起的誤差也稱為殘差效應。SST 是對全部數據總誤差程度的度量,反映了自變量和殘差變量的共同影響,因此等於自變量效應加殘差效應。

2. 計算均方差

由於各誤差平方和的大小與觀測值的多少有關,為了消除觀測值多少對誤差平方和大小的影響,需要將其平均,也就是用各平方和除以其對應的自由度,這一結果稱為均方差。

SST 的自由度為 $n-1$，其中 n 為全部觀測值的個數；SSA 的自由度為 $k-1$，其中 k 為因素水平的個數；SSE 的自由度為 $n-k$。因此，有：

SSA 的均方，即組間方差 MSA 為：

$$MSA = \frac{SSA}{k-1} \tag{9.6}$$

SSE 的均方，即組內方差 MSE 為：

$$MSE = \frac{SSE}{n-k} \tag{9.7}$$

例如，根據表 9.2 的有關結果，計算 MSA、MSE 分別為：

$MSA = \frac{SSA}{k-1} = \frac{504}{3} = 168$

$MSE = \frac{SSE}{n-k} = \frac{98}{16-4} \approx 8.167$

3. 計算 F 統計量

將上述 MSA 和 MSE 進行對比，即得到所需要的檢驗統計量 F。

$$F = \frac{MSA}{MSE} = \frac{168}{8.167} \approx 20.57 \tag{9.8}$$

4. 編制方差分析表

上面詳細介紹了方差分析的計算步驟和過程。為使計算過程更加清晰，通常將上述過程的內容列在一張表內，這就是方差分析表。方差分析表形式如表 9-4 所示。

表 9-4　　　　　　　　　　單因素方差分析表

方差來源	平方和 SS	自由度 df	均方 MS	F 值
組間(因素影響)	SSA	$k-1$	MSA	$F = \frac{MSA}{MSE}$
組內(誤差)	SSE	$n-k$	MSE	
總和	SST	$n-1$		

(三) 統計決策(判斷顯著性)

方差分析的最後一步是統計決策，即利用檢驗統計量對假設作出判斷。

通過前面的分析知道，為了檢驗原假設 $H_0 : \mu_1 = \mu_2 = \cdots = \mu_k$ 是否成立，則只需將統計量 F 的值與給定的顯著性水平 α 的臨界值 F_α 進行比較，從而作出對原假設 H_0 的決策。

根據給定的顯著性水平 α，在 F 分佈表中查找與分子自由度 $df = k-1$、分母自由度 $df = n-k$ 相應的臨界值 $F_\alpha(k-1, n-k)$。根據假設檢驗的知識可知，若 $F > F_\alpha$，則拒絕原假設 H_0，表明 $\mu_i (i=1,2,\cdots,k)$ 之間的差異是顯著的。也就是說，所檢驗的因素(藥劑類型)對觀測值(苗高值)有顯著影響。若 $F < F_\alpha$，則不拒絕原假設 H_0，沒有證據表明 $\mu_i (i=1,2,\cdots,k)$ 之間有顯著性差異。也就是說，這時還不能認為所檢驗的因素(藥劑類型)對觀測值(苗高值)有顯著影響。

例如,在例9-1中,若選取 $\alpha = 0.05$,查 F 分佈表得 $F_\alpha(k-1, n-k) = F_{0.05}(3,12) = 3.490$,而 $F = 20.57$ 顯著的大於 F_α,所以檢驗的結果為 $\mu_i (i = 1,2,3,4)$ 之間的差異是顯著的,即四種藥劑類型培養出的種子苗高值之間差異顯著。

從上面的分析過程可以看到,方差分析的計算工作量很繁重,手工計算十分繁瑣。不過,這些繁重的工作可以由統計軟件來完成。有關 SPSS 進行方差分析的詳細操作請見本章第4節。利用 SPSS 軟件進行單因素方差分析,輸出結果如表9-5所示。

表9-5　　　　　　　　　方差分析表(SPSS 輸出結果)

ANOVA

苗高值

	Sum of Squares	df	Mean Square	F	Sig.
Between Groups	504.000	3	168.000	20.571	.000
Within Groups	98.000	12	8.167		
Total	602.000	15			

要進一步分析不同藥劑類型水平之間的差異效果,需要進行多重比較。

二、方差分析中的多重比較

到現在,我們可以很好地利用方差分析來判斷不同總體的均值是否相同。在例9-1中我們得出不同藥劑類型的苗高值的均值不相等的結論。但是究竟是哪些均值之間不相等呢?或者說這些差異到底出現在哪些藥劑類型中呢?為此我們需要兩兩配對進行比較,共需要兩兩比較 $C_4^2 = 6$ 次。這種比較方法就是多重比較。因此,多重比較法就是通過對總體均值之間的配對比較進一步檢驗到底哪些均值之間存在差異的方法。

多重比較的方法有很多(總體方差相等和總體方差不等的情況各有相應的多重比較),這裡介紹由費希爾提出的最小顯著差異方法,縮寫為 LSD。通過該方法檢驗的具體步驟如下:

第1步,提出假設: $H_0: \mu_i = \mu_j; H_1: \mu_i \neq \mu_j$。

第2步,計算檢驗統計量 $|\bar{x}_i - \bar{x}_j|$。

第3步,計算 LSD 值,計算公式為:

$$LSD = t_{\alpha/2} \sqrt{MSE\left(\frac{1}{n_i} + \frac{1}{n_j}\right)} \tag{9.9}$$

式中, $t_{\alpha/2}$ 是自由度為 $n-k$ 的 t 分佈的臨界值,我們可以通過查 t 分佈表得到; SSE 是組內均方差; n_i 和 n_j 分別為第 i 個樣本和第 j 個樣本的樣本容量。

第4步,作出決策。在決策時要根據顯著性水平 α,若 $|\bar{x}_i - \bar{x}_j| < LSD$,則接受 H_0,否則拒絕 H_0。

多重比較的計算較為繁瑣,這裡就不採用實例進行計算了。下面採用 SPSS 軟件對例題9-1進行多重比較分析,得到如表9-6所示的結果。

表 9-6　　　　　　　　　　方差分析多重比較表

Multiple Comparisons

Dependent Variable: 苗高值
LSD

(I) 藥劑類型	(J) 藥劑類型	Mean Difference (I-J)	Std. Error	Sig.	95% Confidence Interval Lower Bound	95% Confidence Interval Upper Bound
1	2	-5.0000000*	2.0207259	.029	-9.402784	-.597216
	3	4.0000000	2.0207259	.071	-.402784	8.402784
	4	-11.000000*	2.0207259	.000	-15.402784	-6.597216
2	1	5.0000000*	2.0207259	.029	.597216	9.402784
	3	9.0000000*	2.0207259	.001	4.597216	13.402784
	4	-6.0000000*	2.0207259	.012	-10.402784	-1.597216
3	1	-4.0000000	2.0207259	.071	-8.402784	.402784
	2	-9.0000000*	2.0207259	.001	-13.402784	-4.597216
	4	-15.000000*	2.0207259	.000	-19.402784	-10.597216
4	1	11.0000000*	2.0207259	.000	6.597216	15.402784
	2	6.0000000*	2.0207259	.012	1.597216	10.402784
	3	15.0000000*	2.0207259	.000	10.597216	19.402784

*. The mean difference is significant at the .05 level.

從表 9-6 中可以看出除了藥劑類型為 A 與類型 C 均值顯著相等以外，其他類型的均值之間都存在顯著差異。

第 3 節　雙因素方差分析

一、雙因素方差分析及其類型

單因素方差分析只考慮一個分類型自變量對數值型因變量的影響。在對實際問題的研究中，有時需要考慮幾個因素對試驗結果的影響。例如，分析影響植物收穫量的因素時，需要考慮品種、土壤、施肥方案等多個因素的影響。當方差分析中涉及兩個不同分類型自變量時，稱為雙因素方差分析（Two-way Analysis of Variance）。

在雙因素方差分析中，由於有兩個影響因素，所以在分析中需要考慮這兩個因素之間是否獨立。因此，雙因素方差分析有兩種類型：一種類型是無交互作用的雙因素方差分析，也稱無重複雙因素方差分析，假定因素 A 和因素 B 的效應之間是相互獨立的，不存在相互關係；另一種類型是有交互作用的雙因素方差分析也稱可重複雙因素方差分析，假定因素 A 和因素 B 的結合會產生出一種新的效應。例如，若假定不同地區的消費者對某種品牌有與其他地區消費者不同的特殊偏愛，這就是兩個因素結合后產生的新效應，屬於有交互作用的背景；否則，就是無交互作用的背景。這裡介紹無交互作用的雙因素方差分析。

【例9-2】 有 3 種不同品種的種子和 4 種不同的施肥方案,在 12 塊同樣面積的土地上,分別採用 3 種種子和 4 種施肥方案搭配進行試驗,取得的收穫量數據如表 9-7 所示(單位略)。試分析品種和施肥方案對收穫量是否有顯著影響 ($\alpha = 0.5$)?

表 9-7　　　　　　　3 種種子在 4 種不同施肥方案下的收穫量數據

品種	施肥方案			
	1	2	3	4
1	13.5	11.5	12.4	9.6
2	12	9.5	10.4	9.5
3	14	12	12.5	12

在上面的例子中,品種和施肥方案是兩個分類型自變量,收穫量是一個數值型因變量。品種和施肥方案對收穫量是否有影響? 是一個因素在起作用,還是兩個因素都起作用,抑或是兩個因素都不起作用呢? 這就是雙因素方差分析所要解決的問題。

二、無交互作用的雙因素方差分析步驟

如果一個試驗的結果受到 A(行因素)和 B(列因素)兩個因素影響,假設這兩個因素分別可取 k 和 r 個水平。在假定兩個因素無交互作用影響的情形下,通常採用不重複試驗,即對兩個因素每一種水平的組合進行一次試驗,這樣總共就進行 $k \times r$ 次試驗。

與單因素方差分析類似,雙因素方差分析也包括提出假設、構造檢驗的統計量、統計決策等步驟。

(一) 提出假設

由於兩個因素相互獨立,因此可以分別對每一個因素進行檢驗,為了檢驗兩個因素的影響,需要對兩個因素分別提出假設。

對行因素提出的假設為:

$H_0: \mu_1 = \mu_2 = \cdots = \mu_k$,即行因素(自變量)對因變量沒有顯著影響。

$H_1: \mu_i (i = 1, 2, \cdots, k)$ 不全相等,即行因素(自變量)對因變量有顯著影響。

式中,μ_i 為行因素的第 i 個水平的均值。

對列因素提出的假設為:

$H_0: \mu_1 = \mu_2 = \cdots = \mu_r$,即列因素(自變量)對因變量沒有顯著影響。

$H_1: \mu_j (j = 1, 2, \cdots, r)$ 不全相等,即列因素(自變量)對因變量有顯著影響。

式中,μ_j 為列因素的第 j 個水平的均值。

在例 9-2 中,可提出如下假設:

對行因素(品種)提出的假設為:

$H_0: \mu_1 = \mu_2 = \mu_3$,即品種對收穫量沒有顯著影響。

$H_1: \mu_i (i = 1, 2, 3)$ 不全相等,即品種對收穫量有顯著影響。

對列因素(施肥方案)提出的假設為:

$H_0: \mu_1 = \mu_2 = \mu_4 = \mu_4$，即施肥方案對收穫量沒有顯著影響。

$H_1: \mu_j (j = 1, 2, 3, 4)$ 不全相等，即施肥方案對收穫量有顯著影響。

(二) 構造檢驗的統計量

1. 離差平方和分解

為檢驗 H_0 是否成立，需要分別確定檢驗行因素和列因素的統計量。與單因素方差分析構造統計量的方法一樣，也需要從總平方和的分解入手。總平方和全部樣本觀察值與總的樣本觀察值的誤差平方和記為 SST，即

$$SST = \sum_{i=1}^{k} \sum_{j=1}^{r} (x_{ij} - \bar{\bar{x}})^2 \qquad (9.10)$$

其中，分解后的等式右邊的第一項是行因素所產生的誤差平方和，記為 SSR，即

$$SSR = \sum_{i=1}^{k} \sum_{j=1}^{r} (\bar{x}_{i.} - \bar{\bar{x}})^2 \qquad (9.11)$$

第二項是列因素所產生的誤差平方和，記為 SSC，即

$$SSC = \sum_{i=1}^{k} \sum_{j=1}^{r} (\bar{x}_{.j} - \bar{\bar{x}})^2 \qquad (9.12)$$

第三項是除了行因素和列因素之外的剩餘因素影響產生的誤差平方和，稱為隨機誤差平方和，記為 SSE，即

$$SSE = \sum_{i=1}^{k} \sum_{j=1}^{r} (x_{ij} - \bar{x}_{i.} - \bar{x}_{.j} + \bar{\bar{x}})^2 \qquad (9.13)$$

上述的各平方和的關係為：

$$SST = SSR + SSC + SSE \qquad (9.14)$$

在例9-2中，根據表9.7可得：

$SST = 25.563$

$SSR = 10.535$

$SSC = 13.083$

$SSE = 1.945$

2. 確定自由度

在上述誤差平方和的基礎上，計算均方，也就是將各平方和除以相應的自由度。與各誤差平方和相對應的自由度分別是：

總平方和 SST 的自由度為 $kr - 1$；

行因素的誤差平方和 SSR 的自由度為 $k - 1$；

列因素的誤差平方和 SSC 的自由度為 $r - 1$；

隨機誤差平方和 SSE 的自由度為 $(k - 1)(r - 1)$。

3. 構造 F 統計量

為構造檢驗統計量，需要計算下列各均方：

行因素的均方，記為 MSR，即

$$MSR = \frac{SSR}{k-1} \tag{9.15}$$

列因素的均方,記為 MSC,即

$$MSC = \frac{SSC}{r-1} \tag{9.16}$$

隨機誤差的均方,記為 MSE,即

$$MSE = \frac{SSE}{(k-1)(r-1)} \tag{9.17}$$

在例 9-2 中,根據表 9-7 可得:

$$MSR = \frac{SSR}{k-1} = \frac{10.535}{3-1} = 5.268$$

$$MSC = \frac{SSC}{r-1} = \frac{13.083}{4-1} = 4.361$$

$$MSE = \frac{SSE}{(k-1)(r-1)} = \frac{1.945}{(3-1)(4-1)} = 0.324$$

為檢驗行因素對因變量的影響是否有顯著,採用下面的統計量:

$$F_R = \frac{MSR}{MSE} \sim F(k-1,(k-1)(r-1)) \tag{9.18}$$

為檢驗列因素對因變量的影響是否有顯著,採用下面的統計量:

$$F_C = \frac{MSC}{MSE} \sim F(r-1,(k-1)(r-1)) \tag{9.19}$$

在例 9-2 中,根據表 9-7 可得:

$$F_R = \frac{MSR}{MSE} = \frac{5.268}{0.324} = 16.249$$

$$F_C = \frac{MSC}{MSE} = \frac{4.361}{0.324} = 13.452$$

(三) 統計決策

由 F 統計量的值,再根據給定的顯著性水平 α 和兩個自由度,查 F 分佈表得到相應的臨界值 F_α,然后將 F_R 和 F_C 與 F_α 進行比較。

若 $F_R > F_\alpha$,則拒絕原假設 $H_0: \mu_1 = \mu_2 = \cdots \mu_i = \cdots = \mu_k$,表明 μ_i (i=1,2,⋯k) 之間的差異是顯著的。也就是說,所檢驗的行因素對觀測值有顯著影響。

若 $F_C > F_\alpha$,則拒絕原假設 $H_0: \mu_1 = \mu_2 = \cdots \mu_j = \cdots = \mu_r$,表明 μ_j (j=1,2,⋯r) 之間的差異是顯著的。也就是說,所檢驗的列因素對觀測值有顯著影響。

在例 9-2 中,查表可得 $F_\alpha(2,6) = 5.143, F_\alpha(3,6) = 4.757$,可見 $F_R > F_\alpha$ 且 $F_C > F_\alpha$,所以品種和施肥方案對收穫量都無顯著影響。

為使計算過程更加清晰,通常將上述過程的內容列成方差分析表,其一般形式如表 9-8 所示。

表 9-8　　　　　　　　無交互作用(無重複)雙因素方差分析表

	A	B	C	D	E	F	G
1	誤差來源	誤差平方和 SS	自由度 df	均方 MS	F 值	P 值	F 臨界值
2	行因素	SSR	$k-1$	MSR	F_R		
3	列因素	SSC	$r-1$	MSC	F_C		
4	誤差	SSE	$(k-1)\times(r-1)$	MSE			
5	總和	SST	$kr-1$				

無重複雙因素方差分析計算非常繁瑣,實際中可以採用統計軟件如 SPSS 進行處理,有關 SPSS 進行無重複方差分析的介紹詳見本章第 4 節。採用 SPSS 分析例 9-2 的數據,可以得到表 9-9 所示的方差分析表。

表 9-9　　　　　例 9-2 的分析結果:無重複雙因素方差分析表

Tests of Between-Subjects Effects

Dependent Variable:收穫量

Source	Type II Sum of Squares	df	Mean Square	F	Sig.
Corrected Model	23.618[a]	5	4.724	14.571	.003
	1,607.767	1	1,607.767	4,959.694	.000
品種	10.535	2	5.267	16.249	.004
施肥方案	13.083	3	4.361	13.452	.005
Error	1.945	6	.324		
Total	1,633.330	12			
Corrected Total	25.563	11			

a. R Squared = .924 (Adjusted R Squared = .861)。

從表 9-9 中我們可以看出各品種和各施肥方案之間存在顯著差異。

三、有交互作用的雙因素方差分析

假定因素 A(行因素)和因素 B(列因素)兩個因素之間相互獨立,但有時兩個因素會產生交互作用,從而使因素 A 和因素 B 的另一些水平相結合時對結果產生更大的影響。如果兩個因素搭配在一起會對因變量產生一種新的效應,就需要考慮交互作用對因變量的影響,這就是有交互作用的雙因素方差分析。

對於有交互作用的兩因素之間的方差分析的步驟與前面相同,不同的是當兩因素之間存在交互作用時,先要剔除交互作用的影響,因此計算比較複雜。同時,在有交互作用的影響時對於每一種試驗條件要進行多次重複試驗以便將因素間的交互作用的平方和從誤差平方和中分離出來。由於重複試驗,數據量會大大增加。

與無交互作用的方法類似,有交互作用的雙因素方差分析也是需要提出假設、構造檢驗的統計量、統計決策等步驟。提出假設時,需要對行變量、列變量和交互作用變量分

別提出假設,方法與上述類似,這裡不再累贅。有交互作用的雙因素方差分析的一般形式如表9-10所示。

假設如下:

x_{ijl} 為對應於行因素的第 i 個水平和列因素的第 j 個水平的第 l 行的觀察值;

$\bar{x}_{i.}$ 為行因素的第 i 個水平的樣本均值;

$\bar{x}_{.j}$ 為列因素的第 j 個水平的樣本均值;

$\bar{x}_{ij}$ 為對應於行因素的第 i 個水平和列因素的第 j 個水平組合的樣本均值;

$\bar{\bar{x}}$ 為全部 n 個觀察值的總均值。

表 9-10　　　　　　　　有交互作用的雙因素方差分析表的結構

	A	B	C	D	E	F	G
1	誤差來源	平方和 SS	自由度 df	均方 MS	F 值	P 值	F 臨界值
2	行因素	SSR	$k-1$	$MSR = \dfrac{SSR}{k-1}$	$F_R = \dfrac{MSR}{MSE}$		
3	列因素	SSC	$r-1$	$MSC = \dfrac{SSC}{r-1}$	$F_C = \dfrac{MSC}{MSE}$		
4	交互作用	$SSRC$	$(k-1)(r-1)$	$MSRC = \dfrac{SSRC}{(k-1)(r-1)}$	$F_{RC} = \dfrac{MSRC}{MSE}$		
5	誤差	SSE	$kr(m-1)$	$MSE = \dfrac{SSE}{kr(m-1)}$			
6	總和	SST	$n-1$				

各平方和的計算公式如下:

總平方和:

$$SST = \sum_{i=1}^{k} \sum_{j=1}^{r} \sum_{l=1}^{m} (x_{ijl} - \bar{\bar{x}})^2 \tag{9.20}$$

行變量平方和:

$$SSR = rm \sum_{i=1}^{k} (\bar{x}_{i.} - \bar{\bar{x}})^2 \tag{9.21}$$

列變量平方和:

$$SSC = km \sum_{i=1}^{r} (\bar{x}_{.j} - \bar{\bar{x}})^2 \tag{9.22}$$

交互作用平方和:

$$SSRC = m \sum_{i=1}^{k} \sum_{j=1}^{r} (\bar{x}_{ij} - \bar{x}_{i.} - \bar{x}_{.j} + \bar{\bar{x}})^2 \tag{9.23}$$

誤差平方和:

$$SSE = SST - SSR - SSC - SSRC \tag{9.24}$$

從前面的分析可以看出,可重複雙因素方差分析的計算量非常繁雜,在實際應用中一般借用統計軟件如 SPSS 來進行雙因素方差分析。有關利用 SPSS 進行雙因素方差分析的內容詳見本章第 4 節。

第 4 節　運用 SPSS 進行方差分析

一、運用 SPSS 對單因素進行方差分析

下面我們利用例 9-1 的數據，通過 SPSS 統計軟件進行方差分析。

我們把表 9-1 的數據錄入到 SPSS 統計軟件中，如圖 9-3 所示。

設置苗高值和藥劑類型兩個變量。分別錄入 4 個不同因素水平下的具體的苗高值。其中，藥劑類型用 1 代表 A 類型，2 代表 B 類型，3 代表 C 類型，4 代表 D 類型。

圖 9-3　數據錄入

SPSS 操作和結果分析如下：

（一）操作步驟

第 1 步，打開數據文件「藥劑.sav」，執行【分析】→【比較均值】→【單因素 ANOVA】命令，如圖 9-4 所示。彈出對話框如圖 9-5 所示。

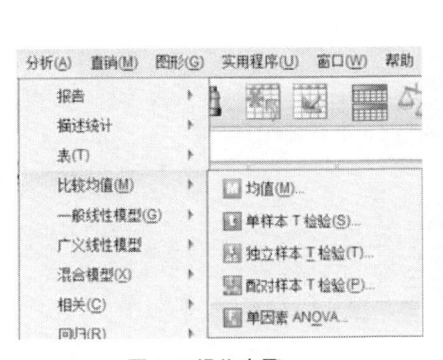

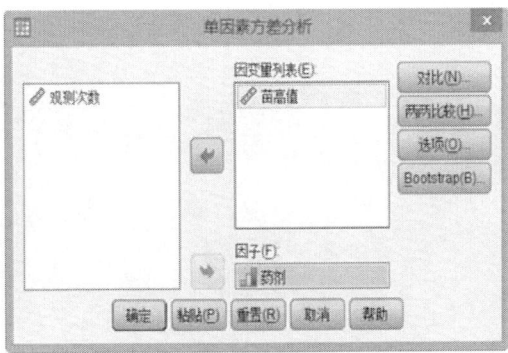

圖 9-4 操作步驟　　　　　圖 9-5「單因素方差分析」對話框

第 2 步，在圖 9-5 所示的對話框中，從左側的變量列表中選擇「苗高值」，添加到「因變量列表」框中；選擇「藥劑」，添加到「因子」框中。

第 3 步,單擊「選項」按鈕,出現「單因素 ANOVA:選項」對話框,如圖 9-6 所示。

圖 9-6 「單因素 ANOVA:選項」對話框

由於方差分析的前提是各個水平下(在這裡為藥劑變量不同取值)的總體服從方差相等的正態分佈。其中,正態分佈的要求並不是很嚴格,但對於方差相等的要求是比較嚴格。

在這裡方差相等檢驗方法是方差同質性檢驗方法。該方法也是統計推斷的方法,其零假設是各水平下總體方差沒有顯著差異。選中該方法,在 SPSS 的運行結果中就會出現關於方差是否相等的檢驗結果和相伴概率值。如果相伴概率值小於或等於顯著性水平,則拒絕零假設,認為各水平下總體方差不等;相反,如果伴隨概率值大於顯著性水平,則拒絕零假設的理由不充分,認為各水平下總體方差相等。

第 4 步,通過上面的步驟,只能夠判斷控制變量的不同水平是否對觀測變量產生了顯著影響。如果想進一步瞭解究竟是哪個組(或哪些組)和其他組有顯著的均值差別,就需要在多個樣本均數間兩兩比較。單擊圖 9-5 所示對話框中的「兩兩比較」按鈕,打開「單因素 ANOVA:兩兩比較」對話框,如圖 9-7 所示。在此可以選擇一種或幾種比較分析的方法。

圖 9-7 「單因素 ANOVA:兩兩比較」對話框

本例中選擇 LSD 和 S-N-K 顯著性檢驗法。單擊「繼續」按鈕返回「單因素方差分析」對話框。

第 5 步,將組間平方和分解為線性、二次、三次或更高次的多項式。這樣在方差分析結果中,就不僅可以輸出組間平方和的各個分解結果以及 F 統計量和相伴概率。這也就是單因素方差分析的多項式檢驗。單擊圖 9-5 所示對話框中的「對比」按鈕,打開「單因素 ANOVA:對比」對話框,如圖 9-8 所示。

圖 9-8 「單因素 ANOVA:對比」對話框

本例選中「多項式」選項,在其后的「度」下拉框中指定「線性」,進行線性分解,也可以進行二次、三次等分解。

第 6 步,在主對話框中,單擊「確定」按鈕,提交 SPSS 運行。運行結果如表 9-11、表 9-12、表 9-13 所示。

(二) 結果與討論

下面對本例中各個結果分別解釋。

(1) 單因素方差分析的前提檢驗結果,即方差齊次性檢驗方法的計算結果,如表 9-11 所示。

表 9-11　　　　　　　　　　方差齊次性檢驗表

Test of Homogeneity of Variances

苗高值

Levene Statistic	$df1$	$df2$	Sig.
.250	3	12	.860

從表 9-11 可以看出,相伴概率為 0.860,大於顯著性水平 0.05,因此可以認為各個組總體方差是相等的,滿足方差檢驗的前提條件。

(2) 輸出的結果文件中第 2 個表格是方差分析表,如表 9-12 所示。

表 9-12 方差分析表
ANOVA

苗高值

			Sum of Squares	df	Mean Square	F	Sig.
Between Groups	(Combined)		504.000	3	168.000	20.571	.000
	Linear Term	Contrast	115.200	1	115.200	14.106	.003
		Deviation	388.800	2	194.400	23.804	.000
Within Groups			98.000	12	8.167		
Total			602.000	15			

從表 9-12 可以看出，方差檢驗的相伴概率為 0.000，小於顯著性水平 0.05，因此拒絕零假設，即 4 種藥劑類型不完全相等。

另外，還可以看出 4 種藥劑總的離差平方和為 602.000，其中控製變量不同造成的組間平方和為 504.000，隨機變量造成的組內平方和為 98.000。組間平方和中，被控製變量線性解釋的平方和為 115.200，不能線性解釋的平方和為 388.800。

(3) 輸出的結果文件中第三個表格為通過 LSD 法得出的「多重比較檢驗表」，如表 9-13 所示。

表 9-13 多重比較檢驗表
Multiple Comparisons

Dependent Variable: 苗高值

	(I) 藥劑	(J) 藥劑		Mean Difference (I − J)	Std. Error	Sig.	95% Confidence Interval	
							Lower Bound	Upper Bound
LSD	dimension2	1	dimension3	2	−5.000*	2.021	.029	−9.40	−.60
				3	4.000	2.021	.071	−.40	8.40
				4	−11.000*	2.021	.000	−15.40	−6.60
		2	dimension3	1	5.000*	2.021	.029	.60	9.40
				3	9.000*	2.021	.001	4.60	13.40
				4	−6.000*	2.021	.012	−10.40	−1.60
		3	dimension3	1	−4.000	2.021	.071	−8.40	.40
				2	−9.000*	2.021	.001	−13.40	−4.60
				4	−15.000*	2.021	.000	−19.40	−10.60
		4	dimension3	1	11.000*	2.021	.000	6.60	15.40
				2	6.000*	2.021	.012	1.60	10.40
				3	15.000*	2.021	.000	10.60	19.40

* The mean difference is significant at the 0.05 level.

從表 9-13 可以看出，藥劑類型 1 與藥劑類型 2、藥劑類型 1 與藥劑類型 4、藥劑類型 2 與藥劑類型 3、藥劑類型 2 與藥劑類型 4、藥劑類型 3 和藥劑類型 4 之間有顯著差異。樣本數據顯示藥劑類型 1 和藥劑類型 3 之間無顯著差異。

二、運用 SPSS 對雙因素進行方差分析

下面我們利用例 9-2 的數據，通過 SPSS 統計軟件進行方差分析。

我們把表 9-7 的數據錄入到 SPSS 統計軟件中，如圖 9-9 所示。

其中，設置三個變量：品種、施肥方案和收穫量。「X」列下輸入收穫量數據；「varieties」列輸入對應品種 1、2、3；「plan」輸入對應施肥方案 1、2、3、4，如圖 9-9 所示。

x	varieties	plan
13.5	1	1
11.5	1	2
12.4	1	3
9.6	1	4
12.0	2	1
9.5	2	2
10.4	2	3
9.5	2	4
14.0	3	1
12.0	3	2
12.5	3	3
12.0	3	4

圖 9-9　數據錄入

SPSS 操作和結果分析如下：

(一) 操作步驟

第 1 步，如圖 9-10 所示，執行【分析】→【一般線性模型】→【單變量】命令，彈出如圖 9-11 所示對話框。本例將「收穫量」選入「因變量」框中，將「品種」和「施肥方案」選入「固定因子」框中。

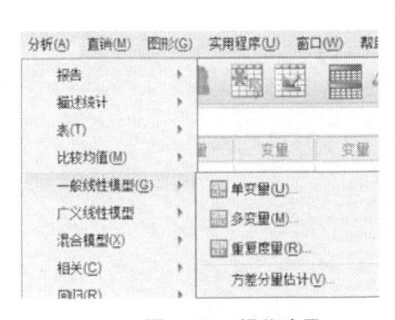

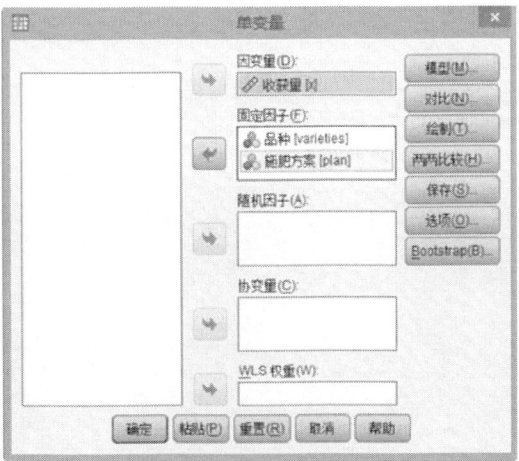

圖 9-10　操作步驟　　圖 9-11　「單變量」對話框

第 2 步，在主對話框中，單擊「繪製」按鈕，進入「單變量：輪廓圖」對話框，如圖 9-12 所示。在此對話框中，將「varieties」放入「水平軸」欄，把「plan」放入「單圖」欄，單擊「添

加」按鈕將上述設置添加到「圖」框中。單擊「繼續」按鈕回到「單變量」主對話框。

第3步，在主對話框中，單擊「兩兩比較」按鈕，進入到「單變量:觀測均值的兩兩比較」對話框，如圖9-13所示。該對話框主要用於定義各因素多重比較的檢驗方法，與單因素方差分析中該對話框類似。

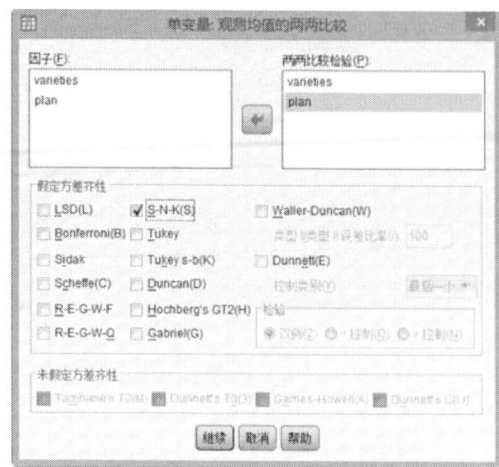

圖9-12 「單變量:輪廓圖」對話框　　　　　圖9-13 「兩兩比較」對話框

本例對「varieties」和「plan」都進行檢驗，因此將這兩個因素都選入到「兩兩比較檢驗」框中。檢驗方法選擇S-N-K。選擇完成，單擊「繼續」按鈕回到主對話框。

第4步，在主對話框中，單擊「選項」按鈕，進入到「單變量:選項」對話框。把「因子與因子交互」欄的「OVERALL」「varieties」「plan」和「varieties * plan」放入「顯示均值」欄，選擇「描述統計」，單擊「繼續」按鈕回到主對話框，如圖9-14所示。

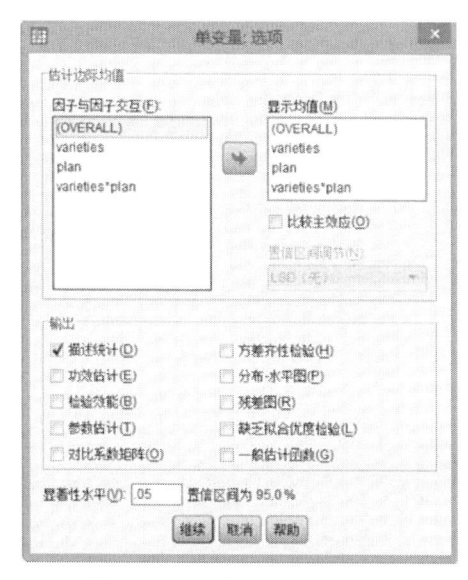

圖9-14 「單變量:選項」對話框

第 5 步，單擊圖 9-11 中的「模型」按鈕，進入到如圖 9-15 所示的「單變量:模型」對話框。本例選擇「設定」選項，將影響因素「varieties」和「plan」選入到「模型」框內，效應選項中選擇「主效應」。完成后單擊「繼續」按鈕返回到「單變量」主對話框。

圖 9-15 「單變量:模型」對話框

第 6 步，在主對話框中，單擊「確定」按鈕，提交 SPSS 運行。運行結果如表 9-14～表 9-19 和圖 9-16 所示。

(二) 結果與討論

下面對本例中各個結果進行說明。

(1) 表 9-14 給出了各因素在各水平下的樣本個數。從表 9-14 中的數據可知：品種有 3 個水平，每個水平有 4 個樣本；施肥方案有 4 個水平，每個水平有 3 個樣本。

表 9-14　　　　　　　　　　樣本個數統計表

Between-Subjects Factors

	N	
品種	1	4
	2	4
	3	4
施肥方案	1	3
	2	3
	3	3
	4	3

(2) 表 9-15 顯示的是描述統計量的計算結果、各格子單元的總平均數、標準差和樣本數。

表 9-15　　　　　　　　　　　描述統計量結果表

Descriptive Statistics

Dependent Variable:收穫量

品種	施肥方案		Mean	Std. Deviation	N
1	dimension2	1	13.500	.	1
		2	11.500	.	1
		3	12.400	.	1
		4	9.600	.	1
		Total	11.750	1.650,3	4
2	dimension2	1	12.000	.	1
		2	9.500	.	1
		3	10.400	.	1
		4	9.500	.	1
		Total	10.350	1.179,0	4
3	dimension2	1	14.000	.	1
		2	12.000	.	1
		3	12.500	.	1
		4	12.000	.	1
		Total	12.625	.9,465	4
Total	dimension2	1	13.167	1.040,8	3
		2	11.000	1.322,9	3
		3	11.767	1.184,6	3
		4	10.367	1.415,4	3
		Total	11.575	1.524,4	12

（3）表 9-16 是雙因素方差分析表。表 9-16 的第 1 行 Corrected Model 代表對方差分析模型的檢驗，其 Sig.取值為 0.003，小於 0.05，說明模型是適用的。第 3 行是品種因素對指標的影響，其 Sig.取值為 0.004，按 0.05 檢驗標準，拒絕原假設，可認為品種之間差異顯著，各品種間的收穫量不全相等。第 4 行是施肥方案因素對指標的影響，其 Sig.取值為 0.005，按 0.05 檢驗標準，拒絕原假設，可認為施肥方案之間差異顯著，各施肥方案的收穫量不全相等。

表 9-16　　　　　　　　　　　雙因素方差分析表

Tests of Between-Subjects Effects

Dependent Variable:收穫量

Source	Type III Sum of Squares	df	Mean Square	F	Sig.
Corrected Model	23.618[a]	5	4.724	14.571	.003
Intercept	1,607.768	1	1,607.768	4,959.694	.000

表9-16(續)

Source	Type III Sum of Squares	df	Mean Square	F	Sig.
varieties	10.535	2	5.267	16.249	.004
plan	13.082	3	4.361	13.452	.005
Error	1.945	6	.324		
Total	1,633.330	12			
Corrected Total	25.563	11			

a. R Squared = .924 (Adjusted R Squared = .861)

(4) 表9-17是估計邊際均值表,顯示各水平和各格子和總的均數、標準誤差和95%可信區間。

表9-17　　　　　　　　　　估計邊際均值表
1. Grand Mean

Dependent Variable:收穫量

Mean	Std. Error	95% Confidence Interval	
		Lower Bound	Upper Bound
11.575	.164	11.173	11.977

2. 品種

Dependent Variable:收穫量

品種	Mean	Std. Error	95% Confidence Interval	
			Lower Bound	Upper Bound
1	11.750	.285	11.053	12.447
2	10.350	.285	9.653	11.047
3	12.625	.285	11.928	13.322

3. 施肥方案

Dependent Variable:收穫量

施肥方案		Mean	Std. Error	95% Confidence Interval	
				Lower Bound	Upper Bound
dimension1	1	13.167	.329	12.362	13.971
	2	11.000	.329	10.196	11.804
	3	11.767	.329	10.962	12.571
	4	10.367	.329	9.562	11.171

4. 品種×施肥方案

Dependent Variable:收穫量

品種	施肥方案	Mean	Std. Error	95% Confidence Interval	
				Lower Bound	Upper Bound
1	dimension2 1	13.342	.403	12.357	14.327
	2	11.175	.403	10.190	12.160
	3	11.942	.403	10.957	12.927
	4	10.542	.403	9.557	11.527
2	dimension2 1	11.942	.403	10.957	12.927
	2	9.775	.403	8.790	10.760
	3	10.542	.403	9.557	11.527
	4	9.142	.403	8.157	10.127
3	dimension2 1	14.217	.403	13.232	15.202
	2	12.050	.403	11.065	13.035
	3	12.817	.403	11.832	13.802
	4	11.417	.403	10.432	12.402

(5)表9-18是選擇S-N-K法進行均數之間的兩兩比較的結果。在均衡子集表中，第二均衡子集(Subset=2欄)包含第1組(品種=1)和第3組(品種=3)，兩組的均數分別為11.75和12.625，兩均數比較的概率是0.073，按0.05檢驗標準，通過原假設，可認為品種1和品種3收穫量的均數之間無明顯差異，而品種2與它們的差異較顯著。

表9-18　　　　　　　品種的多重比較檢驗結果

收穫量

Student-Newman-Keuls[a,b]

品種	N	Subset	
		1	2
2	4	10.350	
1	4		11.750
3	4		12.625
Sig.		1.000	.073

Means for groups in homogeneous subsets are displayed.

Based on observed means.

The error term is Mean Square(Error) = .324.

a. Uses Harmonic Mean Sample Size = 4.000.

b. Alpha = .05.

(6)表9-19顯示第一均衡子集(Subset=1)欄中包含第4組(施肥方案=4)、第2組(施肥方案=2)、第3組(施肥方案=3)，它們的均數分別為10.367、11.00、11.767，3組均數比較的概率為0.054，按0.05檢驗標準，通過原假設，可認為施肥方案2、施肥方案3和施肥方案4收穫量的均數之間無明顯差異；第1組(施肥方案=1)和第2組、第3組、第4

組(施肥方案=2、3、4)未列在均衡子集表的同一格子中,可以認為它們均數並非均衡,而是存在顯著差異。

表 9-19　　　　　　　　　施肥方案的多重比較檢驗結果
收穫量

Student-Newman-Keuls[a,b]

施肥方案		N	Subset	
			1	2
dimension1	4	3	10.367	
	2	3	11.000	
	3	3	11.767	
	1	3		13.167
	Sig.		.054	1.000

Means for groups in homogeneous subsets are displayed.
Based on observed means.
The error term is Mean Square(Error) = .324.
a. Uses Harmonic Mean Sample Size = 3.000.
b. Alpha = .05.

(7)圖 9-16 是對收穫量的估計邊際均值圖。這幅圖也較好地說明了(5)和(6)的結論,但沒有反應出品種與施肥方案間的交互效應。

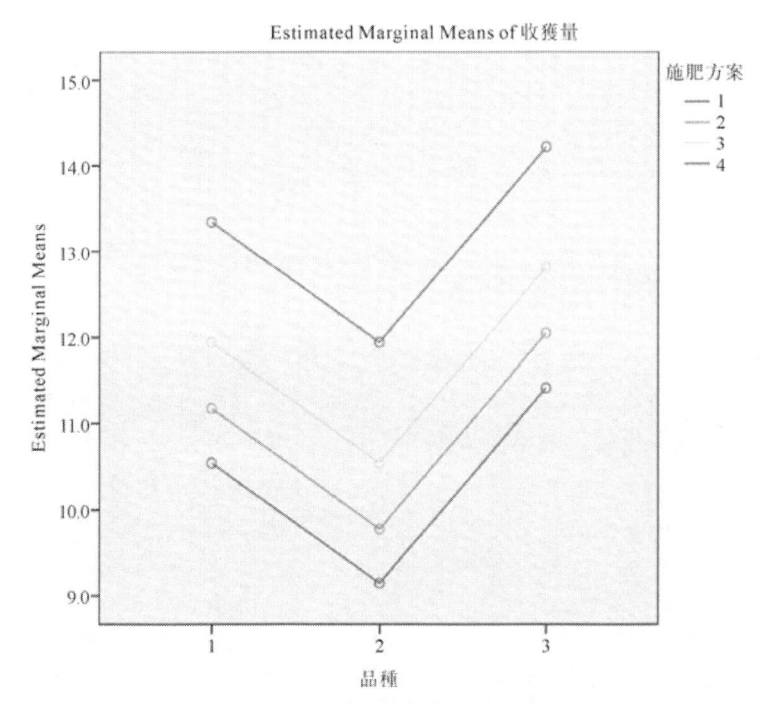

圖 9-16　對收穫量的估計邊際均值圖

可重複雙因素的操作過於複雜,這裡不做介紹。

思考與練習

一、思考題

1. 什麼是方差分析?方差分析研究的是什麼?
2. 為什麼在檢驗多個總體均值是否相等時不進行兩兩比較,而用方差分析方法?
3. 方差分析包括哪些基本假定?
4. 試說明方差分析的基本思想。
5. 解釋方差分析組內誤差平方和、組間誤差平方和的含義。
6. 簡述方差分析的基本步驟。
7. 方差分析中多重比較的作用是什麼?
8. 什麼是交互作用?試解釋無交互作用和有交互作用的雙因素方差分析。

二、單項選擇題

1. 方差分析的主要任務是判斷(　　)。
   A. 各總體是否存在方差
   B. 各樣本數據之間是否有顯著差異
   C. 分類型自變量對數值型因變量的影響是否顯著
   D. 分類型因變量對數值型自變量的影響是否顯著

2. 組間誤差是衡量不同水平下各樣本數據之間的誤差,它(　　)。
   A. 只包括隨機誤差　　　　　　　B. 只包括系統誤差
   C. 既包括隨機誤差,又包括系統誤差　D. 包括隨機誤差,有可能包括系統誤差

3. 組內誤差是衡量某一水平下樣本數據之間的誤差,它(　　)。
   A. 只包括隨機誤差　　　　　　　B. 只包括系統誤差
   C. 既包括隨機誤差,又包括系統誤差　D. 包括隨機誤差,有時包括系統誤差

4. 在下面的假定中,(　　)不屬於方差分析中的假定。
   A. 每個總體都服從正態分佈　　　B. 各總體的方差相等
   C. 觀測值是獨立的　　　　　　　D. 各總體的方差等於0

5. 在方差分析中,所提出的原假設是 $H_0: \mu_1 = \mu_2 = \cdots = \mu_k$,備擇假設是(　　)。
   A. $H_1: \mu_1 \neq \mu_2 \neq \cdots \neq \mu_k$
   B. $H_1: \mu_1 > \mu_2 > \cdots > \mu_k$
   C. $H_1: \mu_1 < \mu_2 < \cdots < \mu_k$
   D. $H_1: \mu_1, \mu_2, \cdots, \mu_k$ 不全相等

6. 單因素方差分析是指只涉及(　　)。
   A. 一個分類型自變量　　　B. 一個數值型自變量
   C. 兩個分類型自變量　　　D. 兩個數值型因變量

7. 雙因素方差分析涉及(　　)。
   A. 兩個分類型自變量　　　B. 兩個數值型自變量
   C. 兩個分類型因變量　　　D. 兩個數值型因變量

8. 在方差分析中，用於檢驗的統計量是（　　）。

   A. 組間平方和／組內平方和

   B. 組間平方和／總平方和

   C. 組間方差／組內方差

   D. 組間方差／總方差

9. 在方差分析中，進行多重比較的前提是（　　）。

   A. 原假設被拒絕

   B. 沒有拒絕原假設

   C. 可以拒絕原假設也可以不拒絕原假設

   D. 兩個假設都被拒絕

10. 在方差分析中，多重比較的目的是通過配對比較來進一步檢驗（　　）。

    A. 哪兩個總體均值之間有差異　　B. 哪兩個總體方差之間有差異

    C. 哪兩個樣本均值之間有差異　　D. 哪兩個樣本方差之間有差異

11. 下列方差分析表（表9-20）中「A」和「B」單元格內的結果是（　　）。

表9-20

差異源	SS	df	MS	F	P-value	F crit
組間	A	3	75.933,3	B	0.010,081,4	3.238,872
組內	234.4	16	14.65			
總計	462.2	19				

　　A. 227.8,5.183　　B. 217.8,4.183　　C. 696.6,5.183　　D. 227.8,4.183

12. 經計算得到如表9-21所示的方差分析表。

表9-21

差異源	SS	df	MS	F	P-value	F crit
組間	A	3	75.933,3	B	0.010,081,4	3.238,872
組內	234.4	16	14.65			
總計	462.2	19				

用 $\alpha = 0.05$ 的顯著性水平檢驗假設 $H_0:\mu_1 = \mu_2$；$H_1:\mu_1$ 和 μ_2 不相等，得到的結論是（　　）。

   A. 拒絕 H_0　　　　　　　　　　B. 不拒絕 H_0

   C. 可以拒絕 H_0 也可以不拒絕 H_0　　D. 可能拒絕 H_0 也可能不拒絕 H_0

三、計算題

1. 化妝品公司要分析一種新產品是否受到普遍歡迎，市場部在上海、香港、東京三地針對目標人群進行了抽樣調查，消費者的評分如表9-22所示。

表 9-22 單位:分

樣本\城市	上海	香港	東京
組編號 1	66	87	79
組編號 2	74	59	65
組編號 3	75	69	70
組編號 4	79	70	60
組編號 5	84	78	49
組編號 6	56	88	45
組編號 7	55	80	51
組編號 8	68	72	68
組編號 9	74	84	59
組編號 10	88	77	49

用方差分析來分析三地目標人群對該產品的看法是否相同。

2. 沿海某港口集裝箱碼頭每周工作 6 天,每天分早、中、晚三班工作,表 9-23 給出了一周的各班裝卸效率的統計數據(單位略)。請說明三班裝卸效率是否存在著顯著差異。

表 9-23

早班	中班	晚班
24	39	30
27	37	29
25	41	32
23	38	31
23	40	30
25	41	32

3. 某 SARS 研究所對 31 名志願者進行某項生理指標測試,結果如表 9-24 所示。請問:

(1)這三類人的該項生理指標有差別嗎 ($\alpha = 0.05$)?

(2)如果有差別,請進行多重比較分析 ($\alpha = 0.05$)。

表 9-24

SARS 患者	1.8	1.4	1.5	2.1	1.9	1.7	1.8	1.9	1.8	1.8	2.0
疑似者	2.3	2.1	2.1	2.1	2.6	2.5	2.3	2.4	2.4		
非患者	2.9	3.2	2.7	2.8	2.7	3.0	3.4	3.0	3.4	3.3	3.5

四、案例思考題

廣州航空郵件處理中心的「企業之星」評選案例

　　廣州航空郵件處理中心作為中國郵政的重要航空樞紐，是中國郵政的三個主要國際郵件互換局之一的主要處理場地，承擔著廣州地區、廣東全省和廣州通關區 11 個省份的航空郵件集散任務，具有航空總包轉運、特快專遞郵件、國際郵件和航空物流處理四大功能。

　　廣州航空郵件處理中心每年都會對員工的績效進行考核，並評比出「企業之星」。2015 年，廣州航空郵件處理中心欲從郵件包裹處理一線的各流程，如分揀、包裝、裝袋、掃描、裝車等環節中評選出本年度的「企業之星」。

　　請你為廣州航空郵件處理中心管理層設計考核方案，通過對員工實際工作的數據進行實證分析，採用方差分析方法評選出在一線各環節中表現最為出色的優秀員工。試寫出具體研究步驟並撰寫實驗研究報告。

第10章 相關迴歸分析

學習目標：
- 掌握相關分析及迴歸分析的相關概念和思想
- 會計算相關係數
- 能解決簡單的一元迴歸分析問題
- 會利用 SPSS 軟件計算相關係數和求解一元迴歸問題

本章重點：
- 會應用相關迴歸分析知識解決和分析實際問題

本章難點：
- 相關係數和迴歸的計算
- 迴歸方程的檢驗

在方差分析一章中，介紹了分類型自變量與數值型因變量之間關係的分析方法。本章則主要介紹數值型自變量和數值型因變量之間關係的分析方法，這就是相關分析和迴歸分析。從所處理的變量多少來看，處理兩個變量之間的關係，稱為簡單(一元)相關與簡單(一元)迴歸分析；如果研究多個(3個以上)變量之間的關係，稱為多元相關與多元迴歸。從變量之間的關係形態來看，變量之間的關係又可分為線性相關與線性迴歸分析及非線性相關與非線性迴歸分析。由於篇幅的限制並結合本教材使用對象的特徵，本章主要討論簡單(一元)線性相關和簡單(一元)線性迴歸的基本原理和方法。對於多元線性相關和迴歸分析，本章只進行 SPSS 軟件操作方法的介紹，不具體涉及理論部分。

第1節 相關分析

一、變量間的關係

在經濟活動中，經常需要分析變量之間的相關關係，如對個人收入和個人消費支出之間的關係進行分析，以掌握個人收入對個人支出的影響；對產量與生產費用之間的關係進行分析，以達到控制生產費用的目的；對銷售額和廣告費用支出之間的關係進行分析，以便通過廣告費用支出來預測銷售額；等等。

各種經濟變量之間的關係,簡單扼要地分為函數關係和相關關係兩類。函數關係是嚴格確定的數量依存關係,即當給出一個變量取某個數值時,根據對應法則,另一變量有確定的值與之對應。函數關係一般可用解析式 $y = f(x)$ 來表示。例如,圓面積 (S) 和它的半徑 (R) 之間就是存在著嚴格的函數關係,即 $S = \pi R^2$。

函數關係是一種確定性關係。在實際問題中,變量之間的關係往往不那麼確定和簡單,變量之間既存在著密切的關係,又不能由一個(或幾個)變量數值通過精確的函數關係式求出另一個變量的值。例如,銷售額和廣告費用支出之間就存在不確定的關係。我們知道一般規律是廣告費用投入越多,則銷售額就會越高。但是相同的廣告費用支出的年份銷售額未必相同;反之,相同銷售額的年份,廣告費用支出也可能不同。因為銷售額不完全由廣告投入多少來確定,很多因素如物價水平、國內生產總值水平等因素對銷售額也有影響。我們將變量間存在的不確定的數量關係稱為相關關係,可見相關關係是客觀存在的非確定性的數量對應關係。

二、相關關係的描述和測度

在進行相關分析時,首先需要繪制散點圖來判斷變量之間的關係形態。如果變量之間存在線性關係,則可以利用相關係數進一步測定變量之間的關係強度。然後對相關係數進行顯著性檢驗,以斷定是否可以利用樣本數據所反映的關係來代表兩變量總體上的關係。

(一) 散點圖

為了能更清楚地顯示兩個相關變量之間的關係,我們可以繪制散點圖。對於需進行相關分析的兩個變量 x 和 y,可以通過觀察和實驗得到若干組數據,記為 $(x_i, y_i)(i = 1, 2, \cdots, n)$。令其中一個為變量如 x 作為橫坐標,另一個變量如 y 作為縱坐標,然後在平面直角坐標系中繪出各點 (x_i, y_i),由這些點及其坐標形成的相關圖稱為散點圖。

從散點圖可以很直觀地反映變量之間的關係,從而可以從大體上看出變量之間的關係形態和關係強度。

按研究變量的多少,相關關係可分為簡單相關、復相關和偏相關。這裡只介紹研究兩個變量之間關係的簡單相關,同時結合圖 10-1 簡單地闡述相關關係的類型。

1. 按變量間相關關係的表現形式不同,相關關係可以分為線性相關和非線性相關

當變量之間相關關係的散點圖的點接近於一條直線,稱為線性相關,如圖 10-1 所示;當變量之間的相關關係的散點圖的點接近於一條曲線,稱為非線性相關或曲線相關,如圖 10-2 所示。

統計學

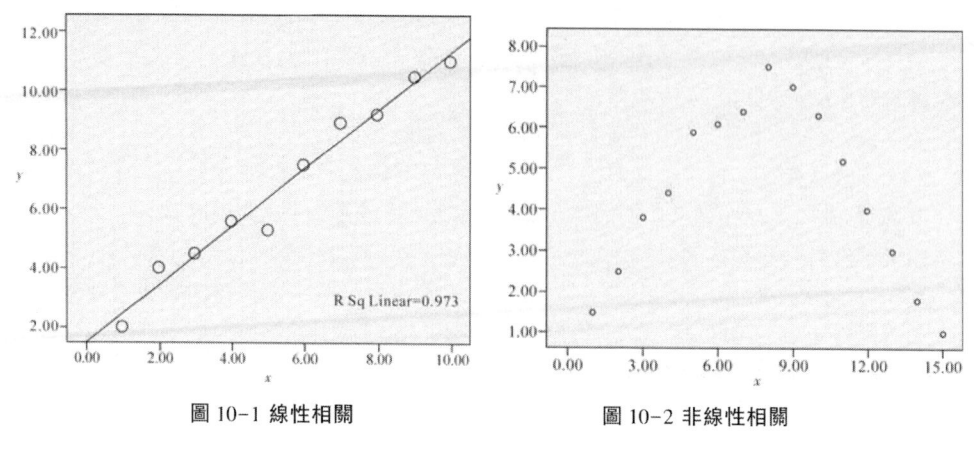

圖 10-1 線性相關　　　　　　　　　圖 10-2 非線性相關

2. 按變量間相關關係變化的方向不同，相關關係可分為正相關和負相關

在線性關係中，如果兩變量的變動方向相同，一個變量的數量增加(或減少)，另一個變量的數量隨之增加(或減少)時，稱兩變量之間存在正相關，如圖 10-3 所示；如果兩變量的變動方向相反，一個變量的數量增加(或減少)，另一個變量的數量隨之減少(或增加)時，稱兩變量之間存在負相關，如圖 10-4 所示。

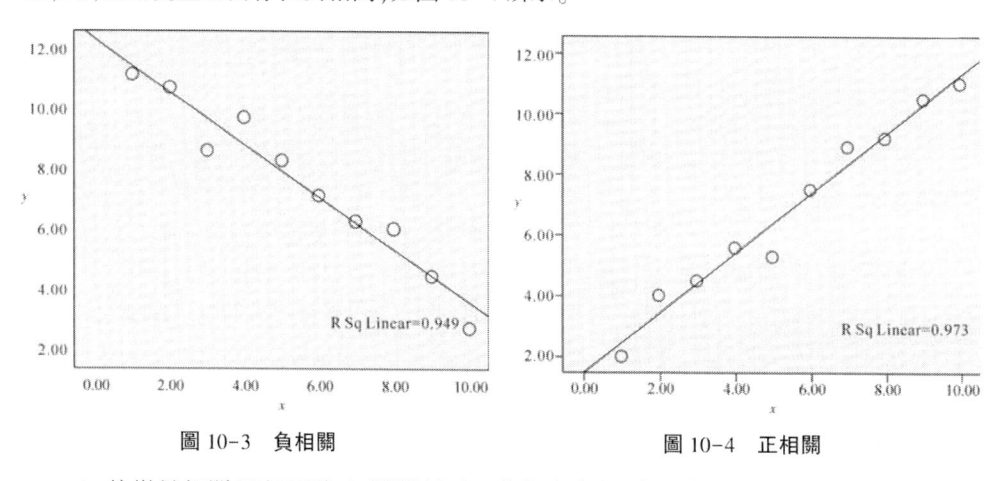

圖 10-3　負相關　　　　　　　　　圖 10-4　正相關

3. 按變量相關程度不同，相關關係可以分為完全相關、不完全相關、不相關

當一個變量的變化完全由另一個變量的變化確定時，稱為變量之間完全相關。例如在價格不變的情況下，某種商品的銷售總額與其銷售量總是成正比例關係，其散點圖如圖 10-5 所示。在這種場合，相關關係便成為函數關係。因此，函數關係可以說是相關關係的一個特例。當兩個變量彼此互不影響，其數量變化各自獨立時，稱為兩者不相關。例如，通常認為股票價格與氣溫的高低是不相關的，其散點圖如圖 10-7 所示。當兩個現象之間的關係介於完全相關和不相關之間時，稱為不完全相關，如圖 10-3 和圖 10-4 反映的是變量和變量之間的不完全相關關係。一般的相關關係都是指不完全相關。

第 10 章 相關迴歸分析

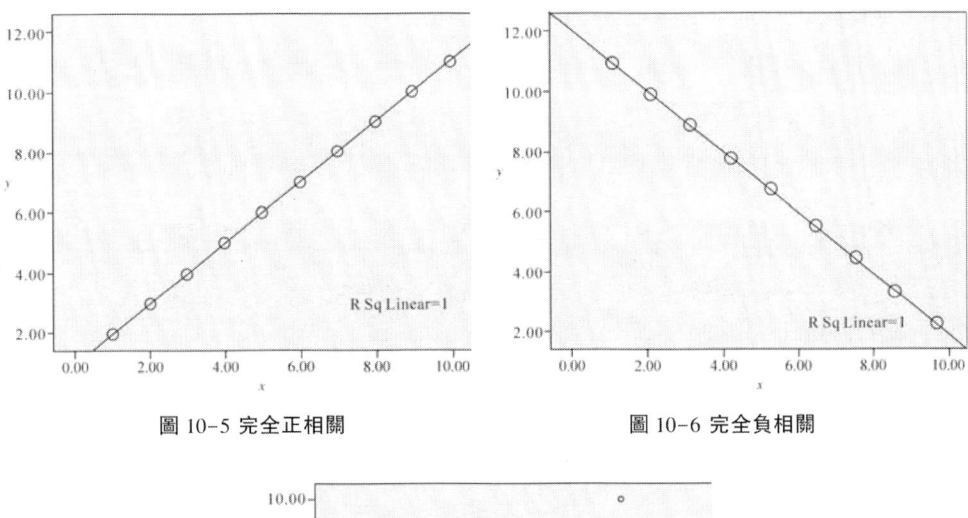

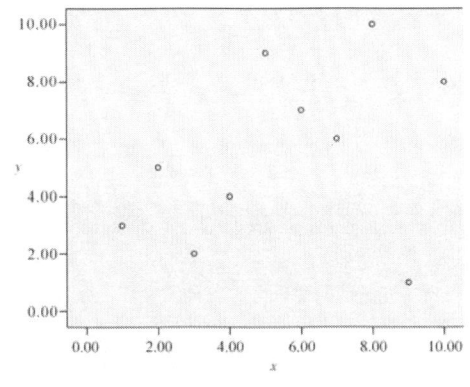

圖 10-5 完全正相關　　　　　　圖 10-6 完全負相關

圖 10-7 不相關

下面舉例介紹如何利用散點圖進行相關分析。

【例 10-1】股市作為國家經濟的「晴雨表」，一定程度上可以預見未來本國經濟的走向。影響股票價格變動的因素很多，主要的可能因素是：國內生產總值、廣義貨幣供應量、消費者物價指數、標準・普爾 500 股票價格指數和企業景氣指數。上述因素有些對股票影響很明顯，有些卻不那麼明顯。為了弄清楚影響股票價格最主要的原因，以更好地預測未來股票走勢指導投資，需要對上述變量的有關數據進行定量分析。表 10-1 就是 2005—2012 年影響中國股票價格的相關經濟數據。

表 10-1　　　　　　　　影響中國股票價格相關數據

年份	上證指數	國內生產總值（萬億元）	廣義貨幣供應量（萬億元）	消費者物價指數	企業景氣指數	標準・普爾 500 股票價格指數
2005	1,161	19	30	102	132	1,248
2006	2,676	22	35	101	136	1,418
2007	5,262	27	40	105	144	1,468
2008	1,822	31	48	106	127	903

表10-1(續)

年份	上證指數	國內生產總值（萬億元）	廣義貨幣供應量（萬億元）	消費者物價指數	企業景氣指數	標準·普爾500股票價格指數
2009	3,277	34	61	99	119	1,115
2010	2,808	40	73	103	136	1,258
2011	2,199	47	85	103	133	1,259
2012	2,269	52	97	105	125	1,426

現欲初步掌握上證指數與國內生產總值、廣義貨幣供應量等五個因素之間的關係，需製作散點圖。用SPSS繪製的散點圖如圖10-8～圖10-12所示。

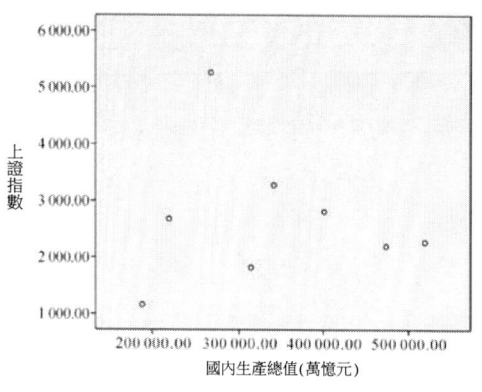

圖10-8　上證指數與內生產總值的散點圖

圖10-9　上證指數與廣義貨幣供應量的散點圖

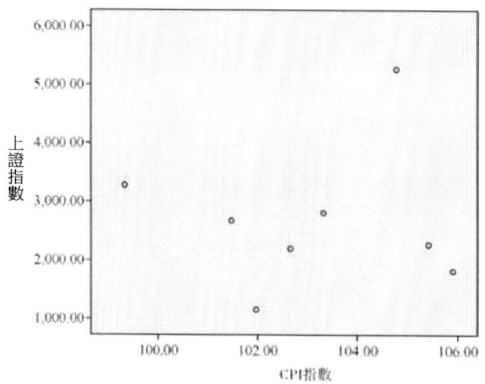

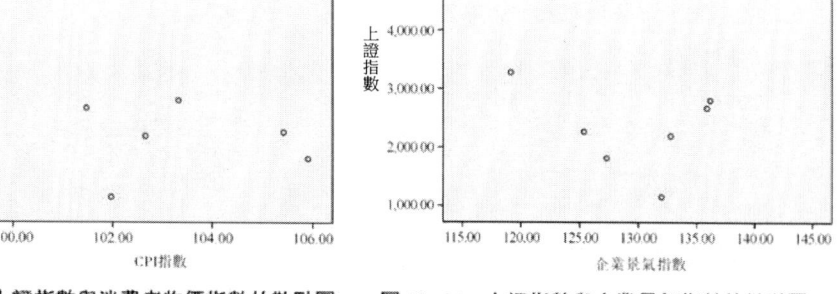

圖10-10　上證指數與消費者物價指數的散點圖

圖10-11　上證指數與企業景氣指數的散點圖

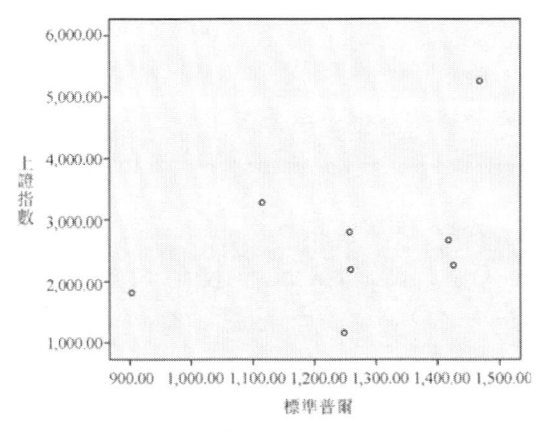

圖 10-12　上證指數與標準・普爾 500 股票價格指數的散點圖

可以看出，上證指數與企業景氣指數以及標準・普爾 500 股票價格指數的線性關係最強，與其他三個因素的線性關係較弱，但都呈一定的正相關。

進一步製作內生產總值與廣義貨幣供應量的散點圖，我們會發現，內生產總值與廣義貨幣供應量之間的線性關係非常強，也就是說要提高內生產總值水平，增加廣義貨幣供應量是一種有效措施。

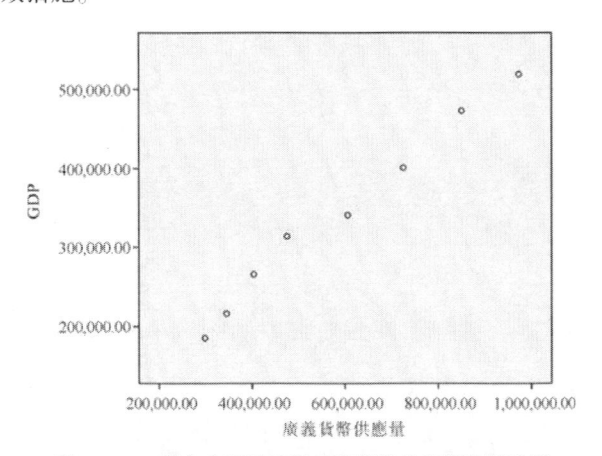

圖 10-13　國內生產總值與廣義貨幣供應量的散點圖

(二) 相關係數

雖然我們可以通過散點圖定性地判斷兩個變量之間有無相關關係，並對變量間的關係形態進行大致描述，但是散點圖無法度量變量間相關關係的具體密切程度。要準確度量兩變量之間的相關程度，需要計算相關係數，可以定量地研究兩個變量之間的相關關係。

相關係數是根據樣本數據計算的用以度量兩變量之間線性關係強度的統計量。若相關係數是根據總體的全部數據計算得出的，稱為總體相關係數，記作 ρ；若相關係數是根據樣本數據計算得出的，稱為樣本相關係數或稱 Pearson 相關係數，記作 r。

$$r = \frac{n\sum xy - \sum x \sum y}{\sqrt{n\sum x^2 - (\sum x)^2}\sqrt{n\sum y^2 - (\sum y)^2}} \qquad (10.1)$$

關於 r 值的說明如下：

（1）r 的取值範圍為[-1, 1]，即 r 值在-1 和 1 之間。|r| 越大，表明變量間相關關係越強。

（2）具有對稱性。x 與 y 間的相關係數和 y 與 x 間的相關係數相等。

（3）r 的數值大小與 x 和 y 的原點及尺度無關。

（4）|r| = 1，說明兩變量是完全線性相關，即存在常數 a 和 b，使得 y = a + bx。

（5）如果 r = 0，說明兩變量間完全沒有線性關係。

（6）當 r > 0，表明變量間正相關；r < 0 表明變量間負相關。

對於一個具體 r 的取值，根據經驗可將相關程度分為以下幾種情況：|r| < 0.3 稱為微弱相關，0.3 ≤ |r| < 0.5 稱為低度相關，0.5 ≤ |r| < 0.8 稱為顯著相關，0.8 ≤ |r| < 1 稱為高度相關，|r| = 1 稱為完全相關。

【例 10-2】根據前面的分析得知，國內生產總值與廣義貨幣供應量之間相關性較強。由表 10-1 中的數據，計算國內生產總值與廣義貨幣供應量的相關係數（見表 10-2）。

表 10-2　　　　　　　　　　　　相關係數計算表

年份	國內生產總值 y（萬億元）	廣義貨幣供應量 x（萬億元）	x^2	y^2	xy
2005	19	30	900	361	570
2006	22	35	1,225	484	770
2007	27	40	1,600	729	1,080
2008	31	48	2,304	961	1,488
2009	34	61	3,721	1,156	2,074
2010	40	73	5,329	1,600	2,920
2011	47	85	7,225	2,209	3,995
2012	52	97	9,409	2,704	5,044
合計	272	469	31,713	10,204	17,941

解：由表 10-2 可知，$\sum x = 469$，$\sum y = 272$，$\sum x^2 = 31,713$，$\sum y^2 = 10,204$，$\sum xy = 17,941$。

將上述數據代入公式（10.1）可得

$$r = \frac{n\sum xy - \sum x \sum y}{\sqrt{n\sum x^2 - (\sum x)^2}\sqrt{n\sum y^2 - (\sum y)^2}}$$

$$= \frac{8 \times 17,941 - 469 \times 272}{\sqrt{8 \times 31,713 - (469)^2}\sqrt{8 \times 10,204 - (272)^2}}$$

$$= 0.99$$

由此可以看出國內生產總值與廣義貨幣供應量之間接近完全正相關關係。

注意：相關係數的計算較為繁瑣，一般採用統計軟件如 Excel、SPSS 等計算。有關 SPSS 操作的講解請見本章第 5 節。

三、相關關係的顯著性檢驗

一般情況下，總體相關係數 ρ 是未知的，需要將樣本相關係數 r 作為 ρ 的近似估計。但由於 r 是根據樣本數據計算的，會受抽樣波動的影響。由於抽取的樣本不同，計算得到的 r 也不同，因此 r 是一個隨機變量。能否根據樣本相關係數說明總體的相關程度呢？這需要考察樣本相關係數的可靠性，即需要進行顯著性檢驗。

檢驗分為兩種類型：一是對總體相關係數是否等於 0 進行檢驗；二是對總體相關係數是否等於某一給定非 0 常數進行檢驗。現在只介紹第一種。

對總體相關係數是否等於 0 進行檢驗的步驟如下：

第 1 步，提出假設 $H_0:\rho = 0; H_0:\rho \neq 0$。

第 2 步，求檢驗統計量 $t = \dfrac{|r|\sqrt{n-2}}{\sqrt{1-r^2}} \sim t(n-2)$。

第 3 步，確定顯著性水平 α，通過 t 分佈表查臨界值 $t_{\alpha/2}(n-2)$。

第 4 步，進行判斷：當 $|t| > t_{\alpha/2}(n-2)$ 時，拒絕 H_0，即認為 r 在統計上顯著，表示兩變量之間存在顯著的線性相關關係。

【例 10-3】 根據表 10-2 的資料，通過相關係數檢驗國內生產總值與廣義貨幣供應量之間的相關係數是否顯著（$\alpha = 0.05$）。

解：第 1 步：提出假設 $H_0:\rho = 0; H_1:\rho \neq 0$。

第 2 步：計算檢驗統計量 $t = \dfrac{|r|\sqrt{n-2}}{\sqrt{1-r^2}} = \dfrac{0.99 \times \sqrt{6}}{\sqrt{1-0.99^2}} = 17.19$。

第 3 步：查表得 $t_{\alpha/2}(n-2) = t_{0.025}(6) = 2.446,9$。

第 4 步：進行判斷。顯然 $|t| > t_{\alpha/2}(n-2)$，拒絕原假設 H_0，即說明國內生產總值與廣義貨幣供應量之間的相關係數顯著。

第 2 節　一元線性迴歸分析

計算相關係數只能說明兩個變量之間的相關方向和密切程度，不能說明兩個變量之間的數量變化規律，即當一個變量發生數量上的變化時，另一個與之有聯繫的變量會發生怎樣的數量上的變化。這就需要在相關分析的基礎上，進一步地進行迴歸分析。迴歸分析主要目的是考察變量之間的數量關係，並通過一定的數學表達式將這種關係描述出來，進而確定一個或幾個變量（自變量）的變化對另一個變量（應變量）的影響程度。

一、迴歸分析相關概念

所謂迴歸分析,是指對具有相關關係的變量,根據其相關形式,選擇一個合適的數序模型(稱為迴歸方程式),用來近似地描述變量間的平均變化關係的一種統計方法。

迴歸分析實際上是將變量間具有不確定關係的相關關係轉化成函數關係來研究其數量變化的規律性。迴歸分析採用的方法就是配合變量的數量變化規律,建立直線或曲線方程式,用這條直線或曲線來代表變量之間的數量關係。

迴歸分析按變量相關的形式可分為線性迴歸分析和非線性迴歸分析。其中,線性迴歸分析是指變量之間的相關形式是直線相關,可建立直線迴歸方程式來研究變量變化規律;非線性迴歸分析是指變量之間的相關形式是曲線相關,可建立曲線迴歸方程式來研究其數量變化規律。

迴歸分析按自變量個數可分為一元迴歸分析和多元迴歸分析。其中,一元迴歸分析是指一個自變量和一個因變量之間的數量關係分析;多元迴歸分析是指兩個或兩個以上的自變量和一個因變量之間的數量關係分析。一元迴歸分析是基礎,多元迴歸分析是一元迴歸分析的拓展。本節主要討論一元迴歸分析。

二、一元線性迴歸模型

(一) 一元線性迴歸模型的概念與形式

進行迴歸分析時,首先需要確定哪個變量是因變量,哪個變量是自變量。在迴歸分析中,被預測或被解釋的變量稱為因變量,用 y 表示;用來預測或解釋因變量的一個或多個變量稱為自變量,用 x 表示。例如,在分析廣義貨幣供應量對國內生產總值的影響時,目的是要預測一定的廣義貨幣供應量條件下的國內生產總值是多少。因此,國內生產總值是被預測的變量,稱為因變量;用來預測國內生產總值的廣義貨幣供應量就是自變量。

對於具有線性關係的兩個變量,可以用一個線性方程來表示它們之間的關係。描述因變量 y 如何依賴於自變量 x 和誤差項 ε 的方程稱為迴歸模型。一元線性迴歸模型可表示為:

$$y = \beta_0 + \beta_1 x + \varepsilon \qquad (10.2)$$

在一元線性迴歸模型中,y 是 x 的線性函數加上誤差項 ε。$\beta_0 + \beta_1 x$ 反映了由於 x 的變化而引起的 y 的線性變化;ε 是被稱為誤差項的隨機變量,反映了除 x 和 y 之間的線性關係之外的隨機因素對 y 的影響,是不能由 x 和 y 之間的線性關係所解釋的變異性。公式(10.2)中的 β_0 和 β_1 稱為模型的參數。

對於 x 的某一確定值,其對應的 y 值雖有波動,但隨機誤差的期望值為 0,即 $E(\varepsilon) = 0$。從平均意義上說,總體線性迴歸方程為:

$$E(y) = \beta_0 + \beta_1 x \qquad (10.3)$$

如果迴歸方程中的參數 β_0 和 β_1 已知,對於一個給定的 x 的值,利用公式(10.3)就能計算出 y 的期望值。但總體迴歸參數 β_0 和 β_1 是未知的,必須利用樣本數據去估計它們。

用樣本統計量 $\hat{\beta}_0$ 和 $\hat{\beta}_1$ 代替迴歸方程中的未知參數 β_0 和 β_1，這時就得到了估計的迴歸方程。它是根據樣本數據求得的迴歸方程的估計。對於一元線性迴歸，估計的迴歸方程形式為：

$$\hat{y} = \hat{\beta}_0 + \hat{\beta}_1 x \tag{10.4}$$

其中，$\hat{\beta}_0$ 表示迴歸直線在 y 軸上的截距，$\hat{\beta}_1$ 表示迴歸直線的斜率，即表示 x 每變動一個單位，y 的平均變動值。

(二) 一元線性迴歸模型的估計

對於第 i 個 x 值，估計的迴歸方程可表示為：

$$\hat{y}_i = \hat{\beta}_0 + \hat{\beta}_1 x_i \tag{10.5}$$

對於 x 和 y 的 n 對觀測值，用於描述其關係的直線有很多，究竟用哪條直線來代表兩個變量之間的關係，需要有一個明確的原則。當然，用距離各觀測點最近的直線來代表 x 和 y 之間的關係與實際數據的誤差比其他任何直線都小。

對於每一個自變量 x_i，如果沒有隨機因素的影響，因變量 y 通過迴歸函數 $\hat{y}_i = \hat{\beta}_0 + \hat{\beta}_1 x_i$ 的作用，會取預測值 $\hat{y}_i = \hat{\beta}_0 + \hat{\beta}_1 x$。但是由於隨機因素的影響，因變量 y 的真實值 y_i 會偏離預測值 $\hat{y}_i$，其偏離程度可以用殘差 $\varepsilon_i = y_i - \hat{y}_i = y_i - (a + bx_i)$ 來度量，殘差 ε_i 代表的是隨機因素的影響。

迴歸分析示意圖如圖 10-14 所示。

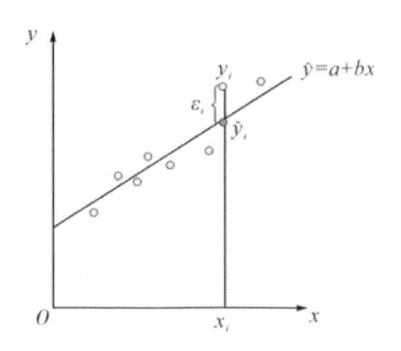

圖 10-14 迴歸分析的示意圖

迴歸分析的主要任務就是確定迴歸方程的參數 β_0 和 β_1，並判定迴歸函數，即公式 (10.4) 是否合理。

怎樣確定擬合直線的參數 β_0 和 β_1 才算好呢？擬合的標準是所有點的真實值與預測值之間偏離程度累加起來要最小，那我們自然會猜想要使 $\sum_{i=1}^{n} \varepsilon_i$ 取最小。但是可以證明 $\sum_{i=1}^{n} \varepsilon_i = 0$，因為 ε_i 既有正殘差又有負殘差，所有的殘差加起來，正負殘差會互相抵消，最終使得 $\sum_{i=1}^{n} \varepsilon_i = 0$。那我們可以用 $|\varepsilon_i|$ 代表真實值與預測值之間的偏離程度，使

$\sum_{i=1}^{n}|\varepsilon_i|$ 最小。但是由於絕對值在數學上處理不方便,因此我們用 $\sum_{i=1}^{n}(\varepsilon_i)^2$ 去替代 $\sum_{i=1}^{n}|\varepsilon_i|$。那麼擬合的標準為:選擇參數 β_0 和 β_1,使得殘差平方和,即 $\sum \varepsilon_i^2 = \sum [y_i - (a + bx_i)]^2$ 最小。這個方法我們稱為最小二乘法。求出參數 β_0 和 β_1 的過程我們稱為參數估計。

記殘差平方和為 $Q = \sum \varepsilon_i^2 = \sum [y_i - (\beta_0 + \beta_1 x_i)]^2$,顯然 Q 是 β_0 和 β_1 的二元函數,根據微積分求二元函數極值的原理,可知欲使 Q 達到最小,β_0 和 β_1 應滿足:

$$\frac{\partial Q}{\partial \beta_0} = -2\sum(y_i - \beta_0 - \beta_1 x_i) = 0 \tag{10.6}$$

$$\frac{\partial Q}{\partial \beta_1} = -2\sum(y_i - \beta_0 - \beta_1 x_i)x_i = 0 \tag{10.7}$$

經過數學推導可得:

$$\begin{cases} \beta_1 = \dfrac{n\sum x_i y_i - \sum x_i \sum y_i}{n\sum x_i^2 - (\sum x_i)^2} \\ \beta_0 = \dfrac{\sum y_i}{n} - \beta_1 \dfrac{\sum x_i}{n} \end{cases} \tag{10.8}$$

計算時應先求 β_1 再求 β_0。用最小二乘法擬合的迴歸方程有下列性質:

(1) $\sum \varepsilon_i = 0$,即迴歸誤差可以相互抵消。

(2) 所擬合的迴歸線通過均值點 $(\bar{x}, \bar{y})$,即通過散點圖的重心,預測值 $\hat{y}_i$ 的均值等於實際值 y_i 的均值。

(3) 殘差 ε_i 和 x_i、y_i 之間無相關關係。

【例 10-4】根據表 10-2 的數據,計算廣義貨幣供應量對國內生產總值的估計方程。

解:根據公式(10.8)可得:

$$\begin{cases} \hat{\beta}_1 = \dfrac{n\sum x_i y_i - \sum x_i \sum y_i}{n\sum x_i^2 - (\sum x_i)^2} = \dfrac{8 \times 17,941 - 469 \times 272}{8 \times 31,713 - (469)^2} = 0.472,987 \\ \hat{\beta}_0 = \dfrac{\sum y_i}{n} - \beta_1 \dfrac{\sum x_i}{n} = \dfrac{272}{8} - 0.472,987 \times \dfrac{469}{8} = 6.271,138 \end{cases}$$

廣義貨幣供應量對國內生產總值的估計方程為 $\hat{y} = 6.271,138 + 0.472,987x$。迴歸系數 $\hat{\beta}_1 = 0.472,987$ 表示廣義貨幣供應量每增加 1 萬億元,國內生產總值平均增加 0.472,987 萬億元。對於截距 β_0 常常不能賦予任何真實意義。一般在迴歸分析中,對截距 β_0 通常不做實際意義的解釋。

下面給出擬合的迴歸直線圖(見圖 10-15)。

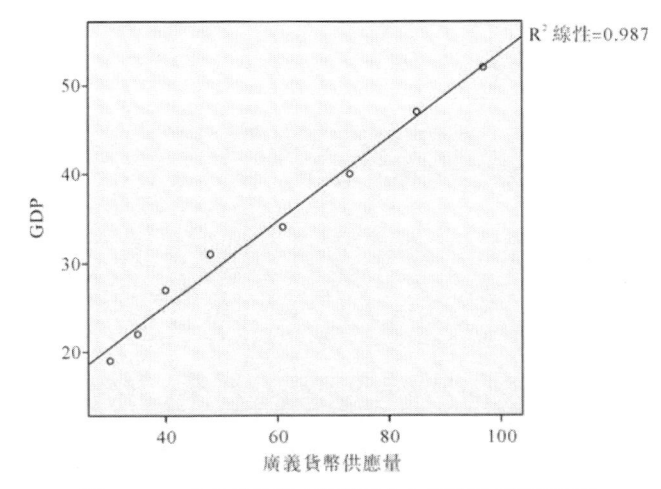

圖 10-15　廣義貨幣供應量對國內生產總值的迴歸直線

將 x_i 的各個取值代入上述估計方程，可以得到國內生產總值的各個估計值 $\hat{y}_i$。圖 10-15 展示了用最小二乘法得到的迴歸直線與散點的擬合情況。

注意：迴歸分析的計算較為繁瑣，一般採用統計軟件如 Excel、SPSS 等計算。有關 SPSS 操作的講解請見本章第 5 節。

三、一元線性迴歸模型的檢驗

迴歸模型中的參數估計出來之后，還需要對其進行檢驗。如果通過檢驗發現模型有缺陷，則必須回到模型的設定階段或參數估計階段。重新選擇因變量和自變量及其函數形式，或者對數據進行加工整理之後再次估計參數。

迴歸模型的檢驗包括理論檢驗、一級檢驗和二級檢驗。理論檢驗主要涉及參數估計值的符號和取值區間。如果它們與實質性科學的理論以及人們的實踐經驗不相符，這就說明模型不能很好地解釋現實的現象。一級檢驗又稱統計學檢驗，是利用統計學中的抽樣理論來檢驗樣本迴歸方程的可靠性，具體又可分為擬合優度檢驗和顯著性檢驗。一級檢驗是對所有現象進行迴歸分析時都必須通過的檢驗。二級檢驗又稱統計量學檢驗，是對標準線性迴歸模型的假定條件能否得到滿足進行的檢驗，具體包括序列相關檢驗、異方差檢驗、多重共線性檢驗等。二級檢驗對於社會經濟現象的定量分析具有特別重要的意義。關於二級檢驗的問題在計量經濟學教科書中有詳細介紹，本書只討論一級檢驗。

（一）迴歸直線的擬合優度檢驗

擬合優度檢驗，顧名思義，就是檢驗迴歸模型對樣本觀測值的擬合程度。檢驗的方法是構造一個可以表徵擬合程度的統計量，從樣本計算出該統計量的數值，然后與某一標準進行比較，得出檢驗的結論。

被解釋變量的實際觀測值與樣本觀測值的均值的離差，即總離差 $y_i - \bar{y}$ 可以分解為兩部分：一部分是被解釋變量的估計值與樣本觀測值的均值的離差 $\hat{y}_i - \bar{y}$，可以看成是能

夠由迴歸直線解釋的部分,稱為可解釋離差;另一部分是被解釋變量的實際觀測值與被解釋變量的估計值的離差 $y_i - \hat{y}_i$,是不能由迴歸直線加以解釋的殘差 e_i。對任一個實際觀測值 y_i,總有:

$$(y_i - \bar{y}) = (\hat{y}_i - \bar{y}) + (y_i - \hat{y}_i) \tag{10.9}$$

對上式兩邊取平方並求和,得到:

$$\sum (y_i - \bar{y})^2 = \sum (\hat{y}_i - \bar{y})^2 + \sum (y_i - \hat{y}_i)^2$$

即

$$SST = SSR + SSE \tag{10.10}$$

式中:總體平方和 SST 反映了樣本觀察值總體離差的大小;迴歸平方和 SSR 反映了模型中解釋變量所解釋的那部分的大小;殘差平方和 SSE 反映了樣本觀察值與估計值偏離的大小。這三者的關係如圖 10-16 所示。

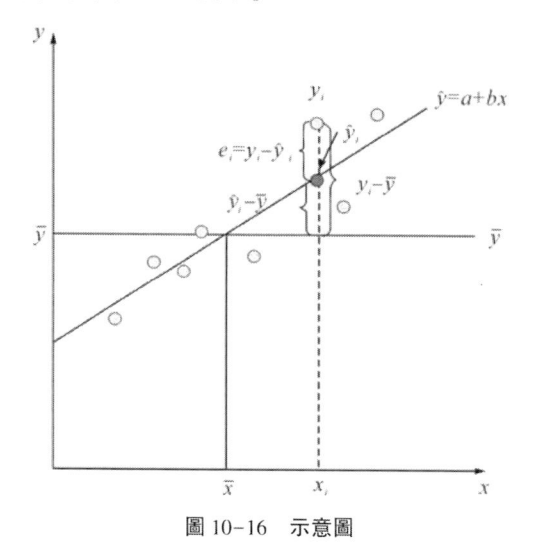

圖 10-16 示意圖

顯然,對於一個擬合得很好的模型,總體平方和與迴歸平方和應該比較接近。或者說,可以選擇總體平方和與迴歸平方和的接近程度作為一個評判模型擬合優度的標準。

根據上述關係,可以用

$$r^2 = \frac{SSR}{SST} = 1 - \frac{SSE}{SST} = \frac{\sum (\hat{y}_i - \bar{y})^2}{\sum (y_i - \bar{y})^2} = 1 - \frac{\sum (y_i - \hat{y}_i)^2}{\sum (y_i - \bar{y})^2} \tag{10.11}$$

來檢驗模型的擬合優度。可定義這一比例為可決系數。如果模型與樣本觀察值完全擬合,即:

$$y_i - \hat{y}_i = 0 \quad i = 1, 2, \cdots, n$$

此時,

$$r^2 = 1$$

一般地,

$$0 \leqslant r^2 \leqslant 1$$

r^2 越接近於 1,則模型的擬合優度就越高。

當模型參數估計值已經得到后,可以很方便地計算 r^2。在實際應用中,如果在模型中增加一個解釋變量,模型的解釋功能就增強了,迴歸平方和既然增大了,r^2 就增大。這就給人一個錯覺:要使得模型擬合得好,就必須增加解釋變量。但是在樣本容量一定的情況下,增加解釋變量必定使得自由度減少。因此,用於檢驗擬合優度的統計量必須能夠防止這種傾向。於是實踐中應用統計量是在對 r^2 進行調整后的 R^2。具體表達式為:

$$R^2 = 1 - \frac{S_e}{S_t} \tag{10.12}$$

對於一元迴歸模型,$S_e = \frac{1}{n-2} SSE$,$S_t = \frac{1}{n-1} SST$,其中 $(n-2)$ 為殘差平方和的自由度,$(n-1)$ 為總體平方和的自由度。

在實際中,R^2 達到多大才能算模型通過檢驗,沒有絕對的標準,要看具體的情況而定。模型的擬合優度並不是判定模型質量的唯一標準,有時甚至為了追求模型的經濟意義,可以犧牲一點擬合優度。

在一元線性迴歸模型中,可決系數等於相關係數。

【例 10-5】利用例 10-4 的結果並根據表 10-2 的數據,計算例 10-4 所擬合的樣本迴歸方程的可決系數。

解:根據公式(10.11)可得:

$$r^2 = \frac{SSR}{SST} = 1 - \frac{SSE}{SST} = 1 - \frac{\sum(y_i - \hat{y}_i)^2}{\sum(y_i - \bar{y})^2} = 1 - \frac{12.390,96}{956} = 0.987,039 = 98.703,9\%$$

可決系數的實際意義是:在國內生產總值的變差中,有 98.703,9% 可以由國內生產總值與廣義貨幣供應量之間的線性關係來解釋。可見,國內生產總值與 廣義貨幣供應量之間有較強的線性關係。

(二) 顯著性檢驗

迴歸分析的主要目的是根據所建立的估計方程用自變量 x 來估計或預測因變量 y 的取值。建立了估計方程後,還不能馬上進行估計或預測,因為該估計方程是根據樣本數據取得的,它是否能真實地反映變量 x 和 y 之間的關係,則需要通過檢驗後才能證實,這就是迴歸分析中的顯著性檢驗。迴歸分析中的顯著性檢驗包括線性關係的顯著性檢驗和迴歸系數的顯著性檢驗兩方面的內容。

1. 線性關係的顯著性檢驗

線性關係的顯著性檢驗是檢驗變量 x 和 y 之間的線性關係是否顯著,即檢驗變量 x 和 y 之間是否能用一個線性模型來表示。由前面總離差平方和 SST 的分解公式可知,迴歸模型的總離差平方和等於迴歸平方和 SSR 與殘差平方和 SSE 的總和。迴歸模型總體函數的線性關係是否顯著,其實質就是判斷迴歸平方和與殘差平方和之比值的大小問題。為了消除迴歸平方和與殘差平方和隨觀測值的樣本容量和自變量個數的影響,要將 SSR 和 SSE 分別進行平均。將 SSR 除以相應的自由度(自變量的個數 k,一元線性迴歸中自由度為 1)后的結果稱為均方迴歸,記為 MSR;將 SSE 除以其相應的自由度 $n-k-1$

(一元線性迴歸中自由度為 $n-2$) 后的結果稱為均方殘差,記為 MSE。 如果兩變量之間的線性關係不顯著,即原假設 $H_0:\beta_1=0$ 成立的話,則比值 MSR/MSE 的抽樣分佈服從第一自由度為 1,第二自由度為 $n-2$ 的 F 分佈,即

$$F=\frac{SSR/1}{SSE/(n-2)}=\frac{MSR}{MSE} \sim F(1,n-2)$$

由前面的分析不難看出,F 值越大,線性關係越顯著。因此,當原假設 $H_0:\beta_1=0$ 成立時,F 值越接近 1;如果原假設 $H_0:\beta_1=0$ 不成立,F 值將變得很大。由此可見,F 值的大小是反映線性關係是否顯著的一個重要尺度。F 值究竟達到什麼程度才能認為線性關係是顯著的呢?

由於比值 F 是統計量,服從自由度為 $(1,n-2)$ 的 F 分佈,因此可以按照顯著性水平 α(一般取 0.05)在 F 分佈表上查得臨界值 F_α,而后將計算的實際值 F 與臨界值 F_α 進行比較,若 $F>F_\alpha$,則拒絕 H_0,即線性關係顯著;反之則接受 H_0,即線性關係不顯著。

綜上所述,線性關係的顯著性檢驗具體步驟如下:

第 1 步,提出如下假設:

$H_0:\beta_1=0$

$H_1:\beta_1 \neq 0$

第 2 步,根據樣本觀測數據計算統計量 F:

$$F=\frac{SSR/1}{SSE/(n-2)}=\frac{MSR}{MSE}$$

第 3 步,作出決策。根據顯著性水平 α,並查 F 分佈表,找出相應的臨界值 F_α。若 $F>F_\alpha$,則拒絕 H_0,即兩個變量之間線性關係顯著;反之則接受 H_0,即線性關係不顯著。

【例 10-6】利用例 10-4 的結果並根據表 10-2 的數據,檢驗國內生產總值與廣義貨幣供應量之間的線性關係的顯著性($\alpha=0.05$)。

解:第 1 步,提出如下假設:

$H_0:\beta_1=0$

$H_1:\beta_1 \neq 0$

第 2 步,根據樣本觀測數據計算統計量 F:

$$F=\frac{SSR/1}{SSE/(n-2)}=\frac{MSR}{MSE}=\frac{943.609,04/1}{12.390,96/(8-2)}=456.918,31$$

第 3 步,作出決策。根據顯著性水平 $\alpha=0.05$,查自由度為 $(1,6)$ 的 F 分佈表,找出相應的臨界值 $F_\alpha=5.987$。由於 $F>F_\alpha$,則拒絕 H_0,即國內生產總值與廣義貨幣供應量之間的線性關係顯著。

2. 迴歸系數的顯著性檢驗

迴歸系數的顯著性檢驗是要檢驗自變量對因變量的影響是否顯著,即檢驗迴歸系數 β_1 是否顯著等於 0。為了檢驗原假設 $H_0:\beta_1=0$ 是否成立,需要構造用於檢驗的統計量。這裡可以構造用於檢驗迴歸系數 β_1 的統計量 t,即

$$t=\frac{\hat{\beta}_1-\beta_1}{s_{\hat{\beta}_1}}$$

其中，$s_{\hat{\beta}_1} = \sqrt{\dfrac{MSE}{\sum x_i^2 - \dfrac{1}{n}(\sum x_i)^2}}$。

如果原假設 $H_0:\beta_1 = 0$ 成立，檢驗統計量就變為：

$$t = \dfrac{\hat{\beta}_1}{s_{\hat{\beta}_1}}$$

由概率論的相關知識可知，如果該自變量對因變量的影響不顯著，即原假設 $H_0:\beta_1 = 0$ 成立的話，該統計量服從自由度為 $n-2$ 的 t 分佈。

迴歸系數的顯著性檢驗的具體步驟如下：

第 1 步，提出如下假設：

$H_0:\beta_1 = 0$

$H_1:\beta_1 \neq 0$

第 2 步，根據樣本觀測數據計算統計量 t，即

$$t = \dfrac{\hat{\beta}_1}{s_{\hat{\beta}_1}}$$

第 3 步，作出決策。根據顯著性水平 α，並查自由度為 $n-2$ 的 t 分佈表，找出相應的臨界值 t_α。若 $|t| > t_\alpha$，則拒絕 H_0，即自變量對因變量的影響是顯著的；反之則接受 H_0，沒有證據說明自變量對因變量的影響顯著，或者說兩變量之間尚不存在顯著的線性關係。

【例 10-7】利用例 10-4 的結果並根據表 10-2 的數據，檢驗國內生產總值與廣義貨幣供應量之間的迴歸系數的顯著性（$\alpha = 0.05$）。

解：第 1 步，提出如下假設：

$H_0:\beta_1 = 0$

$H_1:\beta_1 \neq 0$

第 2 步，根據樣本觀測數據計算統計量 t，即

$$t = \dfrac{\hat{\beta}_1}{s_{\hat{\beta}_1}} = \dfrac{0.472,987}{0.022,127} = 21.375,65$$

第 3 步，作出決策。根據顯著性水平 $\alpha = 0.05$，查自由度為 6 的 t 分佈表，找出相應的臨界值 $t_\alpha = 1.943,2$。由於 $t > t_\alpha$，則拒絕 H_0，即自變量廣義貨幣供應量對因變量國內生產總值影響顯著，或者說自變量廣義貨幣供應量與因變量國內生產總值之間的線性關係的顯著。

注意：在一元線性迴歸模型中，由於只有一個解釋變量，對迴歸系數的檢驗與對線性關係的顯著性檢驗是等價的，因此在實際應用中只需要檢驗其一。迴歸系數檢驗和線性關係檢驗的計算較為繁瑣，一般採用統計軟件如 Excel、SPSS 等計算。有關 SPSS 操作的講解請見本章第 5 節。

第3節　多元線性迴歸分析

前面介紹的是簡單一元線性迴歸,是指一個自變量 x 與一個因變量 y 之間的線性迴歸。實際上,在複雜的經濟現象中,對因變量產生影響的自變量往往不止一個,而是多個。因此,僅僅以一個自變量來解釋因變量往往是不全面的,需要建立一個因變量與多個自變量的聯繫模型來進行分析,才能獲得較為全面、準確的分析結果。例如,產品的銷售價格不僅取決於購進價格,還取決於銷售費用;股票價格不僅取決於該公司的盈利水平,還受股票市場資金量的多少和國家經濟發展水平的影響。因此,在對一些複雜經濟現象進行分析時,就涉及多元迴歸問題。

多元迴歸分析是對一元迴歸分析的拓展,其步驟、方法和一元線性迴歸分析基本類似,只是計算上相對複雜些。為了便於理解,這裡先介紹二元線性迴歸模型,即兩個自變量 x_1 和 x_2 對一個因變量 y 的線性迴歸,其方程表達式為:

$$\hat{y} = \hat{\beta}_0 + \hat{\beta}_1 x_1 + \hat{\beta}_2 x_2 \qquad (10.13)$$

其中,$\hat{\beta}_0$ 是截距,$\hat{\beta}_1$ 和 $\hat{\beta}_2$ 是兩個自變量各自的迴歸系數,也稱偏迴歸系數。

三個參數的確定,也可通過最小二乘法來求解,使 $\sum(y_i - \hat{y}_i)^2$ 為最小值。通過對三個參數分別求偏導,並使偏導都為 0,從而得到如下聯立方程組:

$$\begin{cases} \sum y = n\hat{\beta}_0 + \hat{\beta}_1 \sum x_1 + \hat{\beta}_2 \sum x_2 \\ \sum x_1 y = \hat{\beta}_0 \sum x_1 + \hat{\beta}_1 \sum x_1^2 + \hat{\beta}_2 \sum x_1 x_2 \\ \sum x_2 y = \hat{\beta}_0 \sum x_2 + \hat{\beta}_1 \sum x_1 x_2 + \hat{\beta}_2 \sum x_2^2 \end{cases} \qquad (10.14)$$

根據樣本數據,由以上三個方程式就可以解出三個參數,最終得到二元迴歸方程。

【例 10-8】國內生產總值是宏觀經濟中最受關注的經濟統計數字,因為它被認為是衡量國民經濟發展情況最重要的一個指標。國內生產總值的增長對一個國家有著十分重要的意義,它衡量一國在過去的一年裡所創造的勞動成果。影響國內生產總值的增長的因素很多,這裡僅考慮貨幣供應量和消費者物價指數對國內生產總值的影響。表 10-3 就是 2005—2005 年中國國內生產總值、廣義貨幣供應量和消費者物價指數的相關數據。試建立國內生產總值 (y) 與廣義貨幣供應量 (x_1) 和消費者物價指數 (x_2) 的線性迴歸方程,並解釋各迴歸系數的含義。

表 10-3　2005—2012 年國內生產總值、廣義貨幣供應量、消費者物價指數表

年份	國內生產總值(萬億元)	廣義貨幣供應量(萬億元)	消費者物價指數
2005	19	30	102
2006	22	35	101
2007	27	40	105
2008	31	48	106

表10-3(續)

年份	國內生產總值(萬億元)	廣義貨幣供應量(萬億元)	消費者物價指數
2009	34	61	99
2010	40	73	103
2011	47	85	103
2012	52	97	105

解：由 SPSS 輸出的多元迴歸結果如表 10-4 所示。

表 10-4　　　　　　　　　迴歸系數表

Model		Unstandardized Coefficients		Standardized Coefficients	t	Sig.
		B	Std. Error	Beta		
1	(Constant)	-40.959	16.026		-2.556	.051
	廣義貨幣供應量	.465	.015	.976	31.214	.000
	消費者物價指數	.463	.157	.092	2.952	.032

a. Dependent Variable: GDP

根據表 10-4 的結果，得到國內生產總值（y）與廣義貨幣供應量（x_1）和消費者物價指數（x_2）的線性迴歸方程為：

$$\hat{y} = -40.959 + 0.465x_1 + 0.463x_2$$

各迴歸系數的實際意義為：

$\hat{\beta}_1 = 0.465$ 表示，在消費者物價指數不變的條件下，廣義貨幣供應量每增加 1 萬億元，國內生產總值平均增加 0.465 萬億元。

$\hat{\beta}_2 = 0.463$ 表示，在廣義貨幣供應量不變的條件下，消費者物價每增加 1，國內生產總值平均增加 0.463 萬億元。

由二元線性迴歸容易推廣到三個自變量以上的多元線性迴歸。多元線性迴歸的方程式為：

$$\hat{y} = \hat{\beta}_0 + \hat{\beta}_1 x_1 + \hat{\beta}_2 x_2 + \cdots + \hat{\beta}_n x_n \tag{10.15}$$

式中，$\hat{\beta}_0, \hat{\beta}_1, \cdots, \hat{\beta}_n$ 仍然是根據最小二乘法求得，也就是使得

$$Q = \sum (y_i - \hat{y}_i)^2 = \sum (y_i - \hat{\beta}_0 - \hat{\beta}_1 x_1 - \hat{\beta}_2 x_2 - \cdots - \hat{\beta}_n x_n)^2 \tag{10.16}$$

為最小值。由此可以得到求解 $\hat{\beta}_0, \hat{\beta}_1, \cdots, \hat{\beta}_n$ 的標準方程組為：

$$\begin{cases} \left.\dfrac{\partial Q}{\partial \beta_0}\right|_{\beta_0 = \hat{\beta}_0} = 0 \\ \left.\dfrac{\partial Q}{\partial \beta_i}\right|_{\beta_i = \hat{\beta}_i} = 0, i = 1, 2, \cdots, n \end{cases} \tag{10.17}$$

求解上述方程組需要借助計算機，可直接由 Excel 或者 SPSS 給出迴歸結果。

第4節　非線性迴歸分析

實踐中，經常遇到的問題是經濟變量之間的關係並非線性關係，而是呈現出某種曲線關係。此時就必須根據具體數據情況為兩個變量配合一個恰當的曲線迴歸模型。

對於非線性迴歸，通常採用變量代換法將非線性模型線性化，從而將曲線迴歸問題轉化為線性迴歸問題，再按照線性模型的方法處理。常見轉換模型如表 10-5 所示。

表 10-5　　　　　　　　　　常見非線性模型線性化

曲線形式	原方程式	轉換函數	新方程式
冪函數	$y = ax^b$	$y' = \ln y, x' = \ln x$	$y' = \ln a + bx'$
雙曲線函數	$y = a + \dfrac{b}{x}$	$x' = \dfrac{1}{x}$	$y = a + bx'$
指數函數	$y = ab^x$	$y' = \ln y$	$y' = \ln a + x \ln b$
對數函數	$y = a + b \ln x$	$x' = \ln x$	$y' = a + bx'$
S 曲線函數	$y = \dfrac{1}{a + be^{-x}}$	$y' = \dfrac{1}{y}, x' = e^{-x}$	$y' = a + bx'$
拋物線函數	$y = a + bx + cx^2$	$x_1 = x, x_2 = x^2$	$y = a + bx_1 + cx_2$

【例 10-9】研究青春發育與遠視率(對數視力)的變化關係，測得結果如表 10-6 所示。

表 10-6　　　　　　　年齡與遠視率關係對照表

年齡(歲) x	遠視率(%) y
6	0.636,4
7	0.610,6
8	0.388,4
9	0.137,5
10	0.145,0
11	0.080,7
12	0.044,1
13	0.022,7
14	0.020,9
15	0.010,2
16	0.025,1
17	0.031,2
18	0.029,8

試建立曲線迴歸方程。

解:繪制年齡與遠視率的散點圖如圖 10-17 所示。

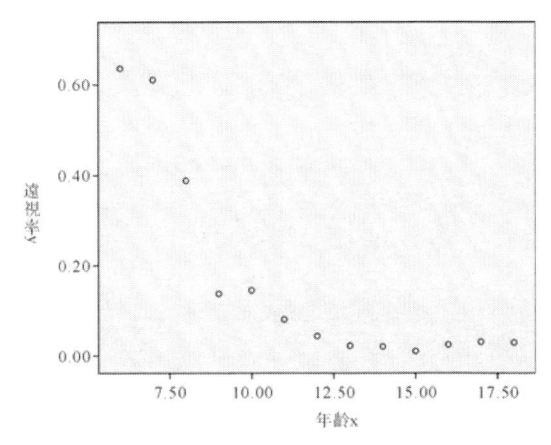

圖 10-17　年齡與遠視率的散點圖

由散點圖可以看出,年齡與遠視率呈指數相關。迴歸方程為:

$$y = ab^x$$

兩邊取對數變形為:

$$y' = \ln a + x\ln b$$

年齡與遠視率對數關係對照表如表 10-7 所示。

表 10-7　　　　　　　　年齡與遠視率對數關係對照表

年齡(歲) x	遠視率(%) y	lny
6	0.636,4	−0.451,93
7	0.610,6	−0.493,31
8	0.388,4	−0.945,72
9	0.137,5	−1.984,13
10	0.145,0	−1.931,02
11	0.080,7	−2.517,02
12	0.044,1	−3.121,3
13	0.022,7	−3.785,39
14	0.020,9	−3.868,01
15	0.010,2	−4.585,37
16	0.025,1	−3.684,89
17	0.031,2	−3.467,34
18	0.029,8	−3.513,25

利用最小二乘法求解線性迴歸方程可得

$$y' = 1.125 - 0.314x$$

所以可得

$b' = \ln b = -0.314$,

$a' = \ln a = 1.125$,

求反對數可得 $b = 0.731, a = 3.081$。

相應的曲線關係為:

$y = 3.081 \times 0.931^x$

第 5 節　運用 SPSS 進行相關迴歸分析

一、相關分析應用舉例

【例 10-10】利用表 10-2 的數據,試運用 SPSS 軟件分析國內生產總值(GDP,下同)與廣義貨幣供應量之間的相關性(數據文件名為「GDP.sav」)。

(一)實現步驟

第 1 步,打開數據文件 GDP.sav,執行【圖形】→【圖表構建程序】→【散點圖/點圖】→【簡單散點圖】命令。將 GDP 輸入 x 軸,廣義貨幣供應量輸入 y 軸,如圖 10-18 所示。這樣就能在「Output 文件」中得到散點圖,如圖 10-19 所示。

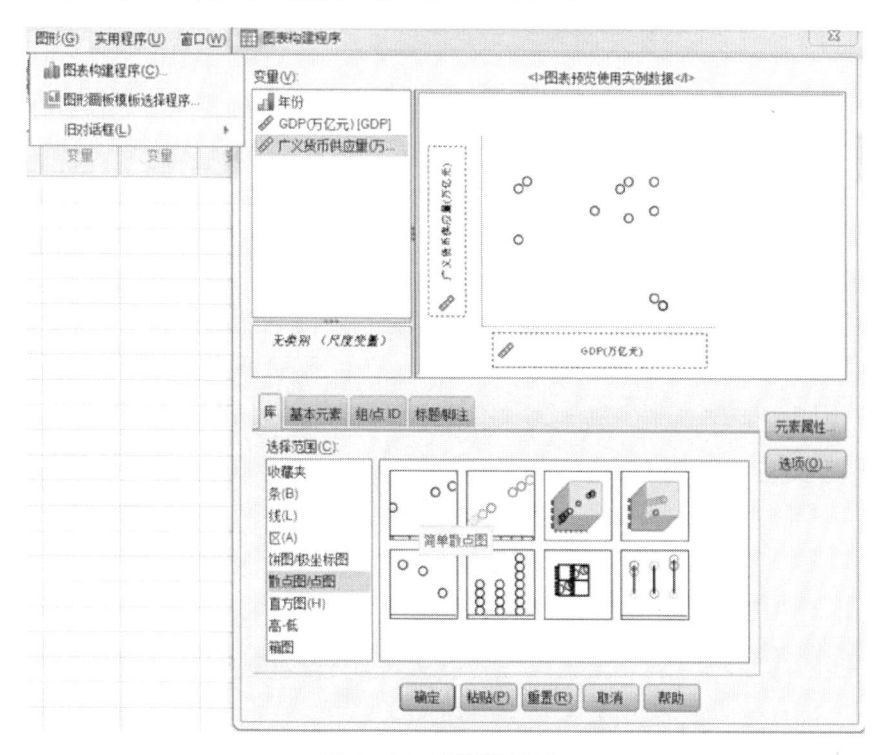

圖 10-18　散點圖的製作

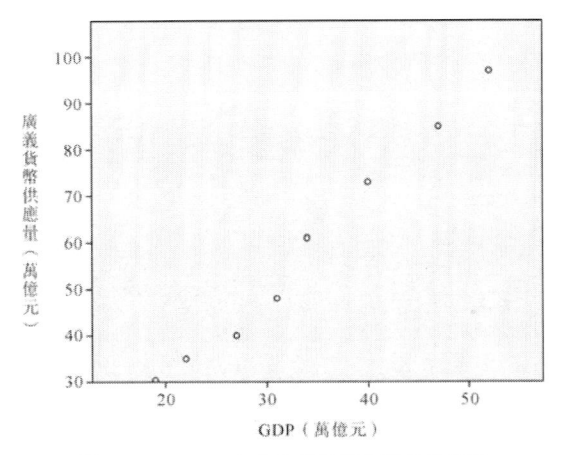

圖 10-19 GDP 與廣義貨幣供應量的散點圖

從散點圖看，兩點存在線性相關關係，可以進行線性分析。

第 2 步，執行【分析】→【相關分析】→【雙變量相關】命令，打開「雙變量相關」對話框，在左側的列表中選擇變量「GDP」和「廣義貨幣供應量」，使之進入「變量」框。參數選擇系統默認值，如圖 10-20 所示。

第 3 步，單擊「選項」按鈕，打開如圖 10-21 所示的「雙變量相關性:選項」對話框，參數選擇如圖 10-21 所示。單擊「繼續」按鈕，返回「雙變量相關」對話框。

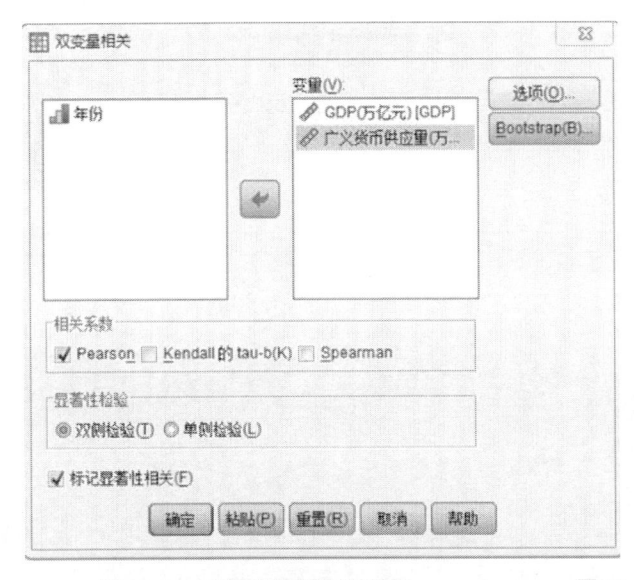

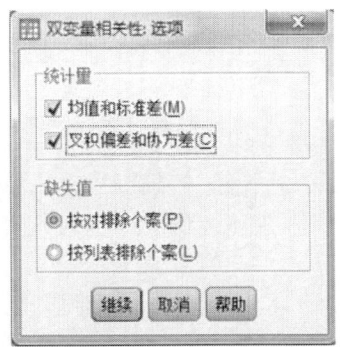

圖 10-20 「雙變量相關」對話框　　　圖 10-21 「雙變量相關性:選項」對話框

第 4 步，單擊「確定」按鈕，得到相關分析結果如表 10-8 和表 10-9 所示。

(二) 結果與討論

(1) 表 10-8 給出了兩變量的描述統計量。從表 10-8 中可知，參與分析的兩個變量

樣本數都為8,GDP的平均數為34萬億元,標準差為11.686;廣義貨幣供應量的平均數為58.63萬億元,標準差為24.547。

表10-8　　　　　　　　　　　　Descriptive Statistics

	Mean	Std. Deviation	N
GDP(萬億元)	34.00	11.686	8
廣義貨幣供應量(萬億元)	58.63	24.547	8

(2)表10-9是Pearson相關係數大小及其顯著性檢驗結果。從表10-9中可知,GDP和廣義貨幣供應量的相關係數 $r = 0.993$,顯著性水平為0.000(Sig.(2-tailed)),小於0.01,所以相關係數用「**」標註,說明GDP和廣義貨幣供應量的相關性是高度顯著的,而且可以建立直線方程對廣義貨幣供應量進行預測。

表10-9　　　　　　　　　　　　Correlations

		GDP(萬億元)	廣義貨幣供應量(萬億元)
GDP(萬億元)	Pearson Correlation	1	.993**
	Sig. (2-tailed)		.000
	Sum of Squares and Cross-products	956.000	1,995.000
	Covariance	136.571	285.000
	N	8	8
廣義貨幣供應量(萬億元)	Pearson Correlation	.993**	1
	Sig. (2-tailed)	.000	
	Sum of Squares and Cross-products	1,995.000	4,217.875
	Covariance	285.000	602.554
	N	8	8

**. Correlation is significant at the 0.01 level (2-tailed).

二、線性迴歸分析應用舉例

【例10-11】用例10-2的數據,試採用一元迴歸分析的方法,根據GDP的情況來分析廣義貨幣供應量的變化情況。

(一)實現步驟

第1步,打開數據文件GDP.sav,執行【分析】→【迴歸】→【線性】命令,如圖10-22所示。打開「線性迴歸」對話框,並從左側的列表中選擇變量「GDP」,使之進入「因變量」框;選擇變量「廣義貨幣供應量」,使之進入「自變量」框;其他選項框為默認值,如圖10-23所示。

第2步,單擊「統計量」按鈕,彈出「線性迴歸:統計量」對話框,如圖10-24所示。選用默認值,單擊「繼續」按鈕返回「線性迴歸」對話框。

第 10 章　相關迴歸分析

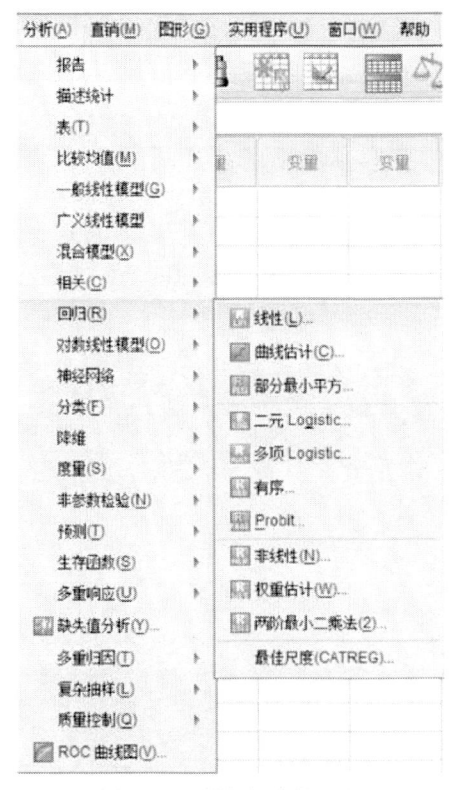

圖 10-22　選單—線性迴歸

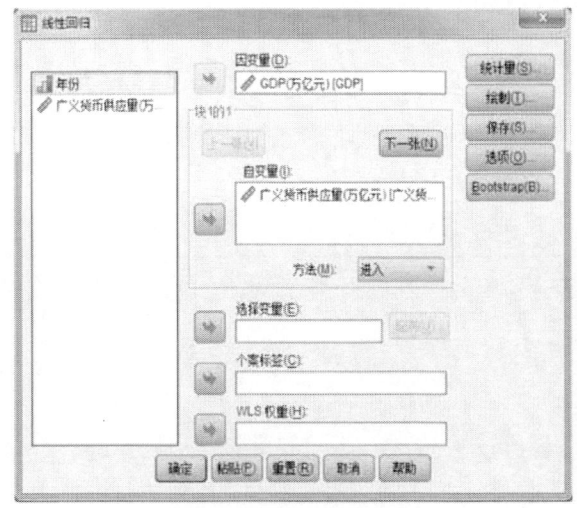

圖 10-23　「線性迴歸」對話框　　圖 10-24　「線性迴歸：統計量」對話框

第 3 步，單擊圖 10-23 中的「保存」按鈕，打開如圖 10-25 所示的對話框。此處選用默認值，單擊「繼續」按鈕返回「線性迴歸」對話框。

257

第 4 步，單擊圖 10-23 中的「選項」按鈕，打開如圖 10-26 所示的對話框。此處選用默認值，單擊「繼續」按鈕返回「線性迴歸」對話框。

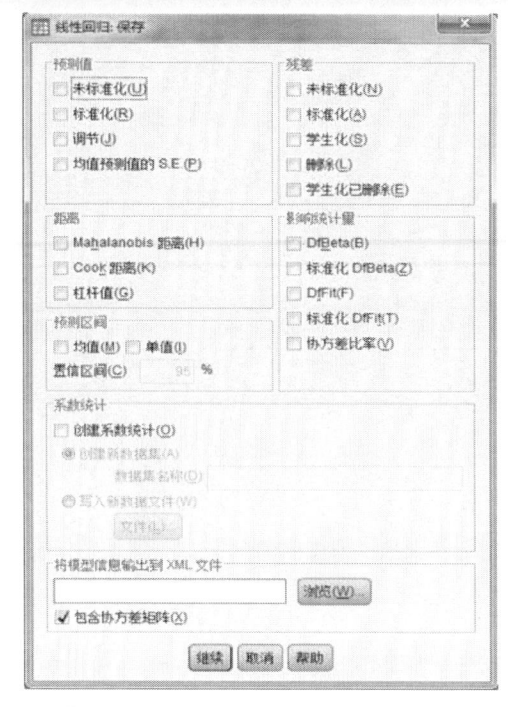

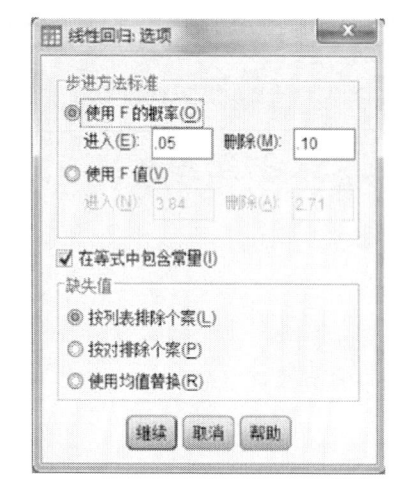

圖 10-25　「線性迴歸：保存」對話框　　　　圖 10-26　「線性迴歸：選項」對話框

第 5 步，單擊圖 10-23 中的「確定」按鈕，得到迴歸分析結果如表 10-10～表 10-13 所示。

(二) 結果與討論

(1) 表 10-10 顯示的是迴歸分析過程中變量進入/退出模型的情況。該表主要針對多元迴歸分析，相對一元迴歸分析可以忽略。

表 10-10　　　　　　　　　Variables Entered/Removed[b]

Model	Variables Entered	Variables Removed	Method
1	廣義貨幣供應量(萬億元)[a]	.	Enter

a. All requested variables entered.
b. Dependent Variable：GDP(萬億元)

(2) 表 10-11 顯示的是一元線性迴歸模型的擬合情況。相關係數為 0.993，反映的是自變量與因變量之間的密切程度，其值在 0～1，越大越好。決定系數為 0.987，調整決定系數為 0.985，標準誤差為 1.437。可見模型擬合效果很理想。

表 10-11　　　　　　　　　　　　　Model Summary

Model	R	R Square	Adjusted R Square	Std. Error of the Estimate
1	.993ª	.987	.985	1.437

a. Predictors：(Constant)廣義貨幣供應量(萬億元)。

（3）表 10-12 顯示的是一元迴歸分析的方差分析表，反映了模型檢驗結果。迴歸模型的 Sig.值為 0，說明該模型有顯著的統計意義。

表 10-12　　　　　　　　　　　　　　ANOVAᵇ

Model		Sum of Squares	df	Mean Square	F	Sig.
1	Regression	943.609	1	943.609	456.918	.000ª
	Residual	12.391	6	2.065		
	Total	956.000	7			

a. Predictors：(Constant)廣義貨幣供應量(萬億元)。
b. Dependent Variable：GDP(萬億元)。

（4）表 10-13 顯示的是迴歸方程的系數以及對迴歸方程系數的檢驗結果。系數顯著性檢驗採用 t 檢驗。迴歸方程的系數同時給出了標準化和未標準化結果。常數項對應的系數其 t 檢驗的 Sig.值為 0.004，自變量廣義貨幣供應量對應的系數及其 t 檢驗的 Sig.值為 0。具有顯著的統計意義。

表 10-13　　　　　　　　　　　　　　Coefficientsª

Model		Unstandardized Coefficients		Standardized Coefficients	t	Sig.
		B	Std. Error	Beta		
1	(Constant)	6.271	1.393		4.501	.004
	廣義貨幣供應量(萬億元)	.473	.022	.993	21.376	.000

a. Dependent Variable：GDP(萬億元)。

三、多元線性迴歸分析應用舉例

【例 10-12】用表 10-2 的數據，試採用多元迴歸方法，分析貨幣供應量(M2,下同)和消費者物價指數(CPI,下同)對 GDP 的影響。

（一）實現步驟

第 1 步，打開數據文件 GMC.sav，執行【分析】→【迴歸】→【線性】命令，打開「線性迴歸」對話框，並從左側的列表中選擇變量「GDP」，使之進入「因變量」框；選擇變量「M2」和「CPI」，使之進入「自變量」框；其他選項框為默認值。如圖 10-27 所示。

第 2 步，單擊「統計量」按鈕，彈出「線性迴歸:統計量」對話框，選中復選框的「估計」「模型擬合度」和「共線性診斷」選項，如圖 10-28 所示。單擊「繼續」按鈕返回「線性迴

統計學

歸」對話框。

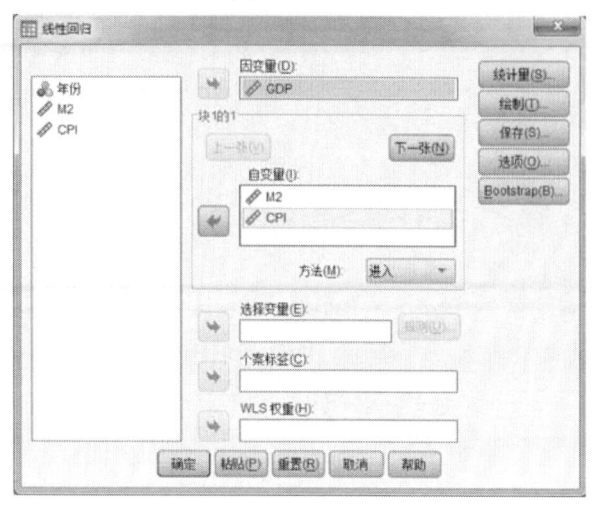

圖 10-27 「線性迴歸」對話框

圖 10-28 「線性迴歸：統計量」對話框

第 3 步，單擊「確定」按鈕，得到結果如表 10-14～表 10-18 所示。

(二) 結果與討論

(1) 從表 10-14 可知，2 個變量都進入了模型。

表 10-14　　　　　　　　　Variables Entered/Removed[b]

Model	Variables Entered	Variables Removed	Method
1	CPI, M2[a]	.	Enter

a. All requested variables entered.

b. Dependent Variable: GDP.

(2) 從表 10-15 可知，進入模型的變量其調整的決定系數為 0.993，模型擬合效果很理想。

表 10-15　　　　　　　　　Model Summary

Model	R	R Square	Adjusted R Square	Std. Error of the Estimate
1	.998[a]	.995	.993	.951

Predictors: (Constant), CPI, M2.

(3) 從表 10-16 的模型檢驗結果可知，迴歸模型的 Sig 值為 0，說明該模型具有顯著的統計意義。

260

表 10-16　　　　　　　　　　　　　ANOVA^b

Model		Sum of Squares	df	Mean Square	F	Sig.
1	Regression	951.482	2	475.741	526.539	.000^a
	Residual	4.518	5	.904		
	Total	956.000	7			

a. Predictors: (Constant), CPI, M2.

b. Dependent Variable: GDP.

（4）從表 10-17 和表 10-18 的迴歸分析結果和共線性檢驗結果可知，未標準化時本例的擬合結果為 $y = -40.959 + 0.465x_1 + 0.463x_2$，從 Sig. 的值可知，變量「M2」和「CPI」的係數是具有統計學意義的，模型中可能存在共線性問題。

表 10-17　　　　　　　　　　　　　Coefficients^a

Model		Unstandardized Coefficients		Standardized Coefficients	t	Sig.	Collinearity Statistics	
		B	Std. Error	Beta			Tolerance	VIF
1	(Constant)	-40.959	16.026		-2.556	.051		
	M2	.465	.015	.976	31.214	.000	.966	1.035
	CPI	.463	.157	.092	2.952	.032	.966	1.035

a. Dependent Variable: GDP.

表 10-18　　　　　　　　　　　　Collinearity Diagnostics^a

Model	Dimension	Eigenvalue	Condition Index	Variance Proportions		
				(Constant)	M2	CPI
1	1	2.909	1.000	.00	.01	.00
	2	.091	5.667	.00	.96	.00
	3	.000	115.480	1.00	.03	1.00

a. Dependent Variable: GDP.

思考與練習

一、思考題

1. 什麼是相關關係？它與函數關係有何不同？
2. 相關關係的類型有哪些？
3. 相關分析與迴歸分析的區別和聯繫是什麼？
4. 闡述一下最小二乘法的思想。
5. 對一元線性相關關係進行分析時，相關係數、迴歸係數和評定係數之間有何聯繫？
6. 迴歸預測應該注意一些什麼問題？

7. 對一元線性迴歸方程和多元線性迴歸方程的顯著性檢驗有何異同？

二、選擇題

1. 具有正相關關係的兩個變量的特點是(　　)。
   A. 一個變量的取值不能由另一個變量唯一確定
   B. 一個變量的取值由另一個變量唯一確定
   C. 一個變量的取值增大時,另一個變量的取值也增大
   D. 一個變量的取值增大時,另一個變量的取值變小

2. 相關分析要解決的問題是(　　)。
   ①判斷變量之間是否存在關係
   ② 判斷一個變量與另一個變量所滿足的具體關係
   ③ 描述變量之間的關係強度
   ④ 判斷樣本所反映的變量之間的關係能否代表總體變量之間的關係
   A. ①②③　　　　　B. ①②④　　　　　C. ①③④　　　　　D. ①②③④

3. 如果變量之間的關係近似地表現為一條直線,則稱兩個變量之間為(　　)。
   A. 不相關　　　　　　　　　　B. 完全線性相關關係
   C. 線性相關關係　　　　　　　D. 非線性相關關係

4. 如果變量之間的關係近似地表現為一條曲線,則稱兩個變量之間為(　　)。
   A. 曲線相關關係　　　　　　　B. 完全線性相關關係
   C. 線性相關關係　　　　　　　D. 非線性相關關係

5. 如果一個變量的取值完全依賴於另一個變量,各觀測點落在一條直線上,稱兩個變量之間為(　　)。
   A. 曲線相關關係　　　　　　　B. 完全線性相關關係
   C. 線性相關關係　　　　　　　D. 非線性相關關係

6. 下面的陳述(　　)是錯誤的。
   A. 相關係數是度量兩個變量之間線性關係強度的統計量
   B. 樣本相關係數是一個隨機變量
   C. 相關係數的絕對值不會大於1
   D. 相關係數只會取正數

7. 下面的相關係數取值(　　)一定是錯誤的。
   A. -0.55　　　　　B. 0.99　　　　　C. 1.05　　　　　D. 0

8. 下面關於相關係數的陳述中(　　)是錯誤的。
   A. 數值越大說明兩個變量之間關係就越強
   B. 僅僅是兩個變量之間線性關係的一個度量,不能用於描述非線性關係
   C. 只是兩個變量之間線性關係的一個度量,不一定意味著兩個變量之間一定有因果關係
   D. 絕對值不會大於1

9. 變量 x 與 y 之間相關係數為負說明(　　)。
   A. x 值增大時 y 值也隨之增大

B. x 值減小時 y 值也隨之減小

C. x 值增大時 y 值也隨之減小或 x 值減小時 y 值也隨之增大

D. y 的取值幾乎不受 x 取值的影響

10. 如果相關係數 $r=0$，則表明兩個變量之間(　　)。

　　A. 相關程度很低　　　　　　　B. 不存在任何關係

　　C. 不存在線性相關關係　　　　D. 存在非線性相關關係

11. 設產品銷售量與產品平均價格之間的線性相關係數為 -0.9，這說明二者之間存在著(　　)關係。

　　A. 高度相關　　B. 中度相關　　C. 低度相關　　D. 極弱相關

12. 下面(　　)不是迴歸分析要解決的問題。

　　A. 從一組樣本數據出發，確定變量之間的數學關係式

　　B. 對數學關係式的可信度進行各種統計檢驗，並從影響某一特定變量的諸多變量中找出哪些變量的影響是顯著的，哪些是不顯著的

　　C. 利用所求的關係式，根據一個或幾個變量的取值來估計或預測另一個特定變量的取值

　　D. 度量兩個變量之間的關係強度

13. 在迴歸模型 $y = \beta_0 + \beta_1 x + \varepsilon$ 中，ε 反映的是(　　)。

　　A. 由於 x 的變化引起的 y 的線性變化部分

　　B. 由於 y 的變化引起的 x 的線性變化部分

　　C. 除 x 和 y 的線性關係之外的隨機因素對 y 的影響

　　D. x 和 y 的線性關係對 y 的影響

14. 根據最小二乘法擬合直線迴歸方程是使(　　)最小。

　　A. $\sum (y_i - \hat{y}_i)^2$　　B. $\sum (y_i - \hat{y}_i)$　　C. $\sum (y_i - \bar{y})^2$　　D. $\sum (y_i - \bar{y}_i)$

15. 在一元線性迴歸方程中，迴歸系數 β_1 的實際意義是(　　)。

　　A. 當 $x = 0$ 時，y 的期望值

　　B. 當 x 變動 1 個單位時，y 的平均變動數量

　　C. 當 x 變動 1 個單位時，y 增加的總數量

　　D. 當 y 變動 1 個單位時，x 的平均變動數量

16. 如果兩個變量之間存在著正相關，指出下列迴歸方程中(　　)肯定有誤。

　　A. $\hat{y} = 3 - 2x$　　B. $\hat{y} = 0.52x$　　C. $\hat{y} = 3 + 2x$　　D. $\hat{y} = \pi - x$

17. 可決系數的值越大，則迴歸方程(　　)。

　　A. 擬合程度越低　　　　　　　B. 擬合程度越高

　　C. 擬合程度可能高也可能低　　D. 用迴歸方程預測越不準確

18. 對不同季度的產品銷售量與銷售價格的擬合的直線方程為 $\hat{y} = 30 - 0.2x$，迴歸系數 $\beta_1 = -0.2$ 表示(　　)。

　　A. 價格每增加 1 個單位，銷售量平均減少 0.2 個單位

　　B. 價格每增加 1 個單位，銷售量平均增加 0.2 個單位

C. 銷售價格每變動1個單位,銷售量平均增加0.2個單位

D. 銷售價格每變動1個單位,銷售量平均減少0.2個單位

19. 說明迴歸方程擬合優度的統計量是( )。

　　A. 相關係數　　　B. 迴歸係數　　　C. 可決係數　　　D. 離差平方和

20. 在直線迴歸方程 $\hat{y} = \beta_0 + \beta_1 x$ 中,若迴歸係數 $\beta_1 = 0$,則表示( )。

　　A. y 對 x 的影響是顯著的　　　　B. y 對 x 的影響是不顯著的

　　C. x 對 y 的影響是顯著的　　　　D. x 對 y 的影響是不顯著的

21. 迴歸平方和占總平方和的比例稱為( )。

　　A. 相關係數　　　B. 迴歸係數　　　C. 可決係數　　　D. 離差平方和

22. 若迴歸直線方程中的迴歸係數 $b = 0$ 時,則相關係數( )。

　　A. $r = 1$　　　B. $r = -1$　　　C. $r = 0$　　　D. r 無法確定

三、計算題

1. 表10-19是美國1978—1995年的年個人實際消費支出(Y)和年個人實際可支配收入水平(X)的資料。我們通過這些數據分析年個人實際可支配收入和年個人實際消費支出的變化情況。

表10-19　　　　　　　　　　　　　　　　　　　　　　　　單位:百美元

年份	個人實際可支配收入(X)	個人實際消費支出(Y)
1978	326	295
1979	335	302
1980	337	301
1981	345	305
1982	348	308
1983	358	324
1984	384	341
1985	396	357
1986	409	371
1987	415	382
1988	432	397
1989	440	406
1990	448	413
1991	449	411
1992	461	422
1993	467	434
1994	478	447
1995	493	458

要求:

(1)製作散點圖,並說明兩者之間的關係形態。

(2)計算線性相關係數,說明兩變量之間的關係強度。

(3) 利用最小二乘法求出估計的迴歸方程,並對估計的迴歸方程的斜率作出解釋。
(4) 計算判斷系數,並解釋其意義。
(5) 檢驗迴歸方程線性關係的顯著性 ($\alpha = 0.05$)。
(6) 檢驗迴歸系數的顯著性 ($\alpha = 0.05$)。
(7) 如果個人收入為 20,000 美元,請預測消費支出的值。
(8) 試用 SPSS 完成問題(1)~(7)。

2. 表 10-20 是 16 只股票 2015 年的每股帳面價值和當年紅利。

表 10-20

公司序號	帳面價值(元)	紅利(元)	公司序號	帳面價值(元)	紅利(元)
1	22.44	2.4	9	12.14	0.80
2	20.89	2.98	10	23.31	1.94
3	22.09	2.06	11	16.23	3.00
4	14.48	1.09	12	0.56	0.28
5	20.73	1.96	13	0.84	0.84
6	19.25	1.55	14	18.05	1.80
7	26.43	2.16	15	12.45	1.21
8	20.37	1.60	16	11.33	1.07

要求:
(1) 建立每股帳面價值和當年紅利的迴歸方程。
(2) 解釋迴歸系數的經濟意義。
(3) 若某公司的帳面價值為 20 元,估計當年紅利可能為多少?

3. 表 10-21 給出了深圳工商銀行不良貸款餘額(y)、進出口總額(x_1)、社會消費品零售總額(x_2)以及社會固定資產投資總額(x_3)的數據。

表 10-21   單位:千萬元

時間	不良貸款餘額	進出口總額	社會消費品零售總額	社會固定資產投資總額
2009 年第 1 季度	714.40	4,287.67	29,398.00	23,562.00
2009 年第 2 季度	673.57	5,175.50	29,313.20	54,536.00
2009 年第 3 季度	655.86	6,108.57	30,964.90	55,079.00
2009 年第 4 季度	646.53	6,487.68	35,666.60	60,961.00
2010 年第 1 季度	611.16	6,176.75	36,374.00	29,793.00
2010 年第 2 季度	591.38	7,369.19	36,295.36	68,255.00
2010 年第 3 季度	566.05	7,939.71	38,359.10	87,707.00
2010 年第 4 季度	558.09	8,237.91	43,525.20	75,546.00
2011 年第 1 季度	563.29	8,000.66	42,921.80	39,465.00
2011 年第 2 季度	549.77	9,029.03	42,910.90	85,101.00

表10-21(續)

時間	不良貸款餘額	進出口總額	社會消費品零售總額	社會固定資產投資總額
2011年第3季度	530.14	9,724.77	44,978.10	87,707.00
2011年第4季度	556.27	9,652.64	50,415.00	89,659.00
2012年第1季度	569.66	8,589.94	49,318.90	47,865.00
2012年第2季度	593.32	9,803.45	48,902.80	102,845.00
2012年第3季度	622.44	10,030.49	51,200.80	106,223.00
2012年第4季度	640.77	10,250.64	57,744.71	107,902.00
2013年第1季度	684.45	9,742.97	55,451.04	58,092.00
2013年第2季度	701.35	10,225.75	55,312.98	123,225.00
2013年第3季度	732.68	10,629.32	58,052.70	127,890.00
2013年第4季度	769.73	11,001.58	65,562.90	127,320.00
2014年第1季度	839.93	9,660.84	62,081.25	68,322.00
2014年第2季度	902.72	10,556.66	62,117.45	144,449.00
2014年第3季度	996.97	10,629.32	64,952.15	145,017.00
2014年第4季度	1,095.38	11,425.91	73,243.25	144,217.00

要求:

(1)建立不良貸款餘額(y)與進出口總額(x_1)、社會消費品零售總額(x_2)、社會固定資產投資總額(x_3)的迴歸方程。

(2)對所建立的迴歸模型進行檢驗。

(3)試用 SPSS 完成問題(1)和(2),並對結果進行說明。

4.表10-22給出的是2000—2009年10年間的GDP數據、CPI數據以及上證指數數據。

表 10-22

時間	GDP(億元)	CPI 平均值(%)	上證平均指數
2000	389,650	3.2	2,001
2001	395,240	3.3	2,150
2002	401,232	2.5	1,500
2003	405,982	2.9	1,450
2004	415,278	3.5	1,360
2005	418,596	3.6	1,180
2006	423,240	3.8	1,970
2007	426,508	3.1	3,500
2008	435,680	4.2	3,800
2009	459,830	4.6	3,100

要求：用 SPSS 進行多元迴歸，建立中國 GDP、CPI 與上證指數的迴歸方程，並結合 SPSS 的結果對結果進行檢驗。同時，結合實際對結果進行評價。

四、案例思考題

廣州航空郵件處理中心員工單位績效的影響因素實驗研究

廣州航空郵件處理中心作為中國郵政的重要航空樞紐，是中國郵政的三個主要國際郵件互換局之一的主要處理場地。為研究一線員工的單位績效，需要找出影響一線員工單位績效的影響因素，並結合影響因素進行分析、評價和預測。

請幫廣州航空郵件處理中心設計實驗查找出影響一線員工單位績效的影響因素，並利用 SPSS 軟件建立考核一線員工單位績效的迴歸方程，對迴歸方程進行檢驗。同時，結合建立的迴歸方程對廣州航空郵件處理中心提出意見和建議。

第 11 章　時間序列分析與預測

學習目標：

- 掌握時間序列的相關概念和分析思想
- 懂得簡單的時間序列預測
- 能解決簡單的時間序列預測問題
- 熟練利用 SPSS 軟件處理基本的時間序列問題

本章重點：

- 理解各種時間序列的分析方法
- 掌握各種典型的時間序列，並能區分時間序列所包含的成分
- 熟練掌握移動平均法、指數平滑法、線性趨勢預測法
- 能夠運用 SPSS 軟件進行指數平滑法預測、迴歸曲線預測、季節性分解基本操作

本章難點：

- 確定時間序列的成分
- 非線性趨勢預測的各種方法及季節型趨勢的預測方法

第 1 節　時間序列概述

時間序列是將同類指標在不同時間上的數值按時間先後順序排列所形成的序列。為便於表述，本書中用 t 表示所觀察的時間，Y 表示觀察值，則 $Y_i(i=1,2,\cdots,n)$ 為時間 t_i 上的觀察值。

時間序列可以分為平穩序列和非平穩序列。平穩序列指各觀察值基本上在某個固定的水平上隨機波動的序列。因此，此序列在不同時間段上的波動可以看成是隨機的。非平穩序列是包含趨勢、季節性或週期性其中一種或幾種成分組合而成的序列。非平穩序列又可以分為趨勢型序列、季節型序列、幾種成分混合而成的複合型序列。

一、時間序列的構成要素

(一) 長期趨勢

長期趨勢是事物在較長的時期內沿著某一方向持續發展變化的形態。趨勢因素是對事物發展長期起作用的基本因素,任何一個時間序列都必然受這種基本因素的影響而呈現出某種長期趨勢形態。長期趨勢的圖形如圖11-1所示。

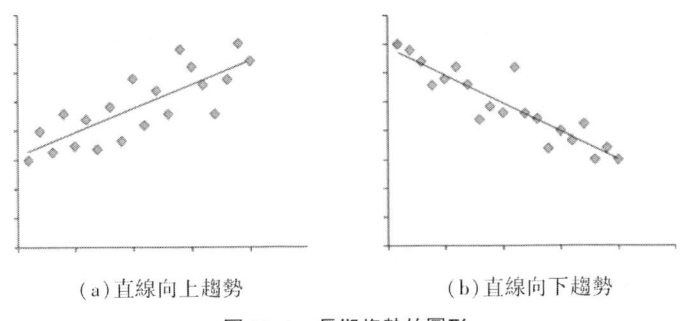

(a) 直線向上趨勢　　　(b) 直線向下趨勢

圖11-1　長期趨勢的圖形

一般來講,較短的時間序列往往容易觀察到直線趨勢,足夠長的時間序列一般會表現出曲線趨勢。本章所介紹的時間序列分析方法主要是針對直線趨勢。

(二) 季節波動

季節波動也稱季節性,是時間序列中的觀測值隨著某個週期發生有一定規律性的波動。通常以一年為一個波動週期,同一種動態一年重複一次(為了避免這裡的季節與四季的季節混淆,本章中凡是指代四季中的季節均用季度)。

現實生活中的許多時間序列都具有季節波動。例如,西瓜的銷售量、旅遊景區遊客的數量、交通運輸的產值、商店顧客的數量等。

(三) 循環波動

循環波動也稱週期性,是時間序列以若干年為週期呈現出來的圍繞長期趨勢的一種波浪形或振盪式變動。循環波動與季節波動的不同之處在於:一方面,循環波動的週期通常為一年以上;另一方面,造成循環波動的原因不明確。

典型的季節波動,其產生的原因是很明確的,就是以一年為固定週期的季度更替。造成循環波動的原因則往往是無法明確界定的。在社會經濟領域中,典型的循環波動就是經濟週期,繁榮、衰退、蕭條和復甦四個階段循環更替,每一次循環的週期都是一年以上,有的週期是幾年,甚至十幾年。因此,循環波動往往是比較難以識別的,不像季節波動那樣具有很強的週期性規律。識別循環往往需要很長的時間序列。

(四) 隨機波動

隨機波動也稱為無規律波動,是指從時間序列觀測值中,沒有長期趨勢、季節波動和

循環波動,觀測值受偶然因素影響而呈現出一種隨機波動。

　　長期趨勢、季節波動和循環波動一般本身具有一定的規律性,而隨機波動本身並沒有什麼規律性可言,它往往是由於短期的、不可預見的和不會重複出現的偶然性因素造成的,或者其規律和時間之間並無關係。隨機波動由於沒有規律可言故不能用作預測的依據。

二、平穩序列和非平穩序列

　　綜上所述,時間序列中某一時間 t_i 上的觀測值 y_i,可以分解為四個構成部分:長期趨勢,記作 T_{t_i};季節波動,記作 S_{t_i};循環波動,記作 C_{t_i};隨機波動,記作 I_{t_i}。

　　一個給定的時間序列,如果沒有長期趨勢(水平趨勢)且只含隨機波動 I_{t_i} 的序列稱為平穩序列。如果包含隨機波動 I_{t_i} 且包含長期趨勢 T_{t_i} 或季節波動 S_{t_i} 或循環波動 C_{t_i} 則稱為非平穩序列。

　　趨勢序列是指包含 T_{t_i} 或者還包含其他因素的序列,僅包含 T_{t_i} 的序列是最簡單的趨勢序列。季節型序列是指包含 S_{t_i} 或者還包含其他因素的序列,只包含 S_{t_i} 的序列是最簡單的季節型序列。複合型序列是指包含 2 個或者 2 個以上因素的序列。

　　關於這四部分構成內容的結構方式,理論上存在以下兩種假設:

　　(1)加法模型假設,即 T_{t_i}、S_{t_i}、C_{t_i}、I_{t_i} 四項構成內容之和形成了實際的觀測值 $y_i = T_{t_i} + S_{t_i} + C_{t_i} + I_{t_i}$;

　　(2)乘法模型假設,即 T_{t_i}、S_{t_i}、C_{t_i}、I_{t_i} 四項構成內容之積形成了實際的觀測值 $y_i = T_{t_i} \times S_{t_i} \times C_{t_i} \times I_{t_i}$。至於這兩種理論假設哪一種更符合真實情況,還有待於進一步研究和探討。本章所介紹的時間序列分析方法遵循乘法模型假設。

　　非平穩序列具體包括以下 7 種可能的情形:

(1) $y_i = T_{t_i} \times I_{t_i}$;

(2) $y_i = S_{t_i} \times I_{t_i}$;

(3) $y_i = C_{t_i} \times I_{t_i}$;

(4) $y_i = T_{t_i} \times S_{t_i} \times I_{t_i}$;

(5) $y_i = T_{t_i} \times C_{t_i} \times I_{t_i}$;

(6) $y_i = S_{t_i} \times C_{t_i} \times I_{t_i}$;

(7) $y_i = T_{t_i} \times S_{t_i} \times C_{t_i} \times I_{t_i}$。

　　現實中我們發現同時包含四項構成內容的時間序列是比較少見的。

第 2 節　時間序列的描述性分析

一、圖形分析

在對時間序列進行分析時,最好是先作一個圖形,然后通過圖形觀察數據隨時間的變化模式及變化趨勢。作圖是觀察時間序列形態的一種有效方法,它對於進一步分析和預測會有很大幫助。下面我們給出幾個時間序列,並通過圖形進行觀察和分析。

【例 11-1】表 11-1 給出了商品零售價格指數、定期存款、對外承包工程合同數、水泥產量的時間序列。

表 11-1　　商品零售價格指數、定期存款、對外承包工程合同數、水泥產量數據

年份	商品零售價格指數(%)	定期存款(億元)	對外承包工程合同數(份)	水泥產量(萬噸)
1997	100.8	6 738.5	2 085	51 173.80
1998	97.4	8 301.9	2 322	53 600.00
1999	97.0	9 476.8	2 527	37 300.00
2000	98.5	11 261.1	2 597	59 700.00
2001	99.2	14 180.1	5 836	66 103.99
2002	98.7	16 433.8	4 036	72 500.00
2003	99.9	20 940.4	3 708	86 208.11
2004	102.8	25 382.2	6 694	96 681.99
2005	100.8	33 100.0	9 502	106 884.79
2006	101.0	38 732.1	12 996	123 676.48
2007	103.8	46 932.5	6 282	136 117.25
2008	105.9	60 103.1	5 411	142 355.73
2009	98.8	82 284.9	7 280	164 397.78
2010	103.1	105 858.7	9 544	188 191.17
2011	104.9	166 616.0	6 381	209 925.86

為判斷這幾個序列的變化形態以及隨時間的變化趨勢,圖 11-2 給出了這 4 個序列的圖形。

從圖 11-2 可以看出,商品零售價格指數序列圖沒有呈現出明顯趨勢,而是呈現出一定的隨機波動;定期存款序列呈現一定的指數變化趨勢;對外承包工程合同數序列呈現一種三階曲線形態;水泥產量呈現一定的線性趨勢,所有的點可以看作在某條向上的直線附近波動。通過對圖形的觀察和分析有助於進行進一步描述,並為選擇預測模型提供基本依據。

二、增長率分析

時間序列最明顯的特徵就是其中的各個觀測值具有波動性,這是在時間序列分析時必須首先認識和把握的內容。我們可以採用不同的尺度來衡量觀測值從一個時間到另一個時間波動幅度的大小。增減量是衡量波動幅度大小的最基本和常用的尺度,由於在計算增減量時所採用的比較基期不同,又分為逐期增減量和累積增減量。在時間序列分析中,通常將我們所關心的那個時間稱作報告期,將用於與報告期進行比較的那個時期稱作基期。

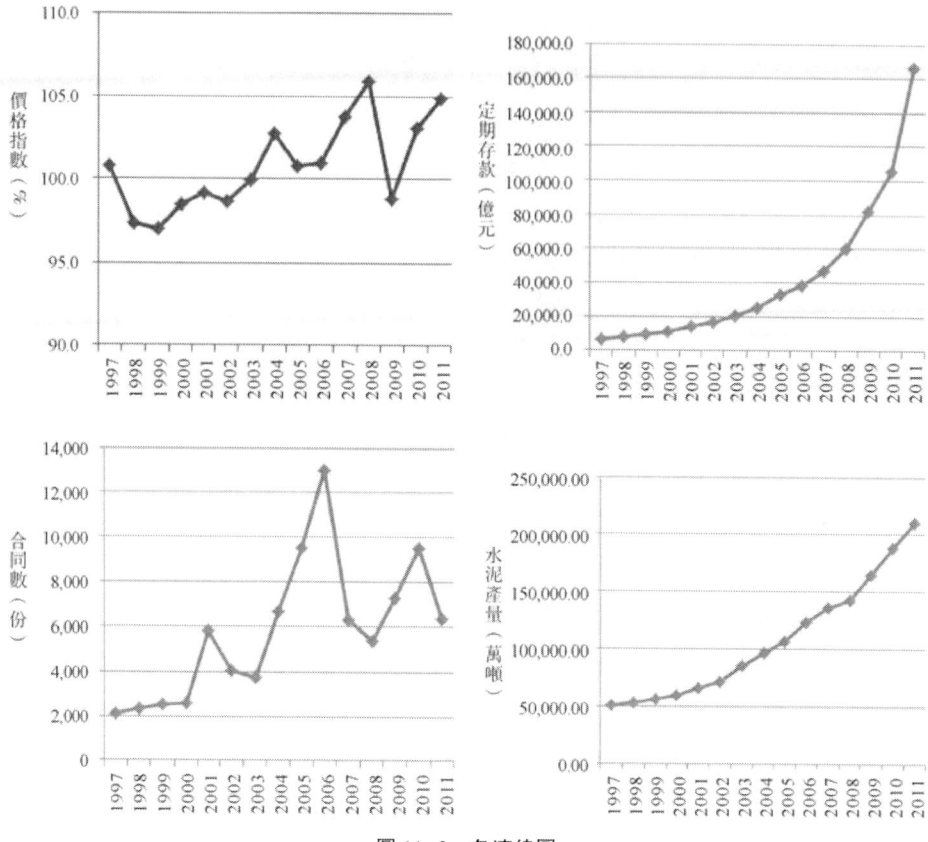

圖 11-2　各連線圖

(一) 增減量

逐期增減量是報告期觀測值 Y_i 與報告期前一期觀測值 Y_{i-1} 之差，反映了觀測值逐期波動幅度的大小，即

$$Y_i - Y_{i-1} \tag{11.1}$$

累積增減量是報告期觀測值 Y_i 與固定期觀測值 Y_1 之差，反映了觀測值在給定時期內累積波動幅度的大小。固定基期通常取時間序列中最初的那個時期，即

$$Y_i - Y_1 \tag{11.2}$$

由同一個時間序列計算出的累積增減量與逐期增減量之間存在著固定的關係，即累積增減量等於對應的各個逐期增減量之和，即

$$Y_n - Y_1 = \sum_{i=1}^{n} (Y_i - Y_{i-1}) \tag{11.3}$$

(二) 發展速度

環比發展速度(簡稱環比)是報告期觀測值 Y_i 與報告期前一期觀測值 Y_{i-1} 之比，反映了觀測值逐期波動速度的快慢，即

$$\frac{Y_i}{Y_{i-1}} \quad (11.4)$$

定基發展速度(簡稱定基)是報告期觀測值 Y_i 與固定基期觀測值 Y_1 之比,反映了觀測值在給定時期內波動速度的快慢。固定基期通常取時間序列中最初的那個時期,即

$$\frac{Y_i}{Y_1} \quad (11.5)$$

由同一時間序列計算得出的環比發展速度與定基發展速度之間存在著固定的關係,即定基發展速度等於對應各個環比發展速度的連乘積。其計算公式為:

$$\frac{Y_n}{Y_1} = \frac{Y_2}{Y_1} \cdots \frac{Y_i}{Y_{i-1}} \cdots \frac{Y_n}{Y_{n-1}} \quad (11.6)$$

時間序列中各個觀測值的波動性反映在速度上,就是各個時期環比發展速度快慢不一。實踐中,為了說明現象在一個較長的時間裡,逐期發展的一般速度,通常需要針對各個環比發展速度計算平均發展速度。其計算公式為:

$$\sqrt[n-1]{\frac{Y_2}{Y_1} \cdots \frac{Y_i}{Y_{i-1}} \cdots \frac{Y_n}{Y_{n-1}}} = \sqrt[n-1]{\frac{Y_n}{Y_1}} \quad (11.7)$$

(三) 增減速度

環比增減速度(環比增長率)是報告期逐期增減量 $Y_i - Y_{i-1}$ 與報告期前一期觀測值 Y_{i-1} 之比,反映了觀測值逐期增減程度的高低,即

$$G_i = \frac{Y_i - Y_{i-1}}{Y_{i-1}} = \frac{Y_i}{Y_{i-1}} - 1 \ (i = 1, \cdots, n) \quad (11.8)$$

同比增減速度(同比增長率)是用於表示本期觀測值 Y_{mn} 相對上一年同期觀測值 $Y_{m(n-1)}$ 的變化比率,同比發展速度主要是為了消除季節變動的影響,即

$$G_{mn} = \frac{Y_{mn} - Y_{m(n-1)}}{Y_{m(n-1)}} \quad (11.9)$$

式中,m 指年份,n 指季度、月份、周數等。例如,2015年6月份的同比增長率為:

$$G_{2015.6} = \frac{Y_{2015.6} - Y_{2014.6}}{Y_{2014.6}}$$

定基增減速度(定基增長率)是報告期累積增減量 $Y_i - Y_1$ 與固定期觀測值 Y_1 之比,反映了觀測值在給定時期內增減程度的高低,即

$$G_i = \frac{Y_i - Y_1}{Y_1} = \frac{Y_i}{Y_1} - 1 \ (i = 1, \cdots, n) \quad (11.10)$$

平均增減速度(平均增長率),等於平均發展速度減1,即

$$\bar{G} = \sqrt[n-1]{\frac{Y_2}{Y_1} \cdots \frac{Y_i}{Y_{i-1}} \cdots \frac{Y_n}{Y_{n-1}}} - 1 = \sqrt[n-1]{\frac{Y_n}{Y_1}} - 1 \quad (11.11)$$

【例 11-2】甲、乙、丙企業五年的利潤額及增長率數據如表 11-2 所示。

表 11-2　　　　　　　　甲、乙、丙企業五年的利潤額及增長率數據

		甲企業		乙企業		丙企業	
	年份	利潤額(萬元)	增長率(%)	利潤額(萬元)	增長率(%)	利潤額(萬元)	增長率(%)
	2008	500	—	20	—	2000	—
	2009	600	20.00%	30	50.00%	2050	2.50%
	2010	710	18.33%	50	66.67%	2130	3.90%
	2011	835	17.61%	88	76.00%	1933	-9.25%
	2012	960	14.97%	168	90.91%	1764	-8.74%

　　如果就增長率對甲、乙、丙企業進行分析評價，可以看出乙企業的利潤增長率遠高於甲、丙企業。如果就此得出乙企業的生產經營業績比甲、乙企業要好得多，這樣的結論就不切實際。因為增長率是一個相對值，它與對比的基期值的大小有很大關係。增長率大的背後，其隱藏的絕對值可能很小；增長率小的背後，其隱藏的絕對值可能很大。由於對比的基點不同，可能會造成增長率數值上的較大差異。

　　上述例子表明，由於甲、乙、丙企業的生產起點不同，基期的利潤額不同，造成了三者增長率的較大差異。從利潤的絕對額來看，三個企業的增長率每增長1個百分點所增加的利潤絕對額是不同的。在這種情況下，則需要將增長率與絕對水平結合起來進行分析，通常要計算增長1%的絕對值來克服增長率分析的局限性。

　　增長1%的絕對值表示增長率每增長1個百分點而增加的絕對數量，其計算公式為：

$$增長1\%\ 的絕對值 = \frac{前期水平}{100}$$

　　根據表11-2的數據計算，2012年甲企業利潤增長1個百分點增加的利潤額為8.35萬元，乙企業為0.88萬元，丙企業為-19.33萬元。甲企業遠高於乙企業。這說明甲企業的生產經營業績非但不比乙企業差，反而比乙企業更好。丙企業利潤額雖然比甲企業高，但是利潤增長額卻是負的，由此可見丙企業處於下滑階段，原因可能有許多。甲企業雖然利潤增長額不錯，但是利潤增長率卻逐年下降，應該做好未來的危機預案，否則很可能會出現丙企業的狀況。

第3節　時間序列預測程序

　　時間序列分析的一個主要目的就是根據已有的歷史數據對未來進行預測。時間序列含有趨勢、季節波動、循環波動和隨機波動中的一個或者多個成分。由於含有不同成分的時間序列需要使用不同的預測方法，因此在對時間序列進行預測時需要有一定的程序。時間序列預測的步驟如下：

　　第1步，確定時間序列所包含的成分或者說是類型。
　　第2步，找到合適的預測方法。
　　第3步，對可用的預測方法進行評估，確定最佳預測方法。
　　第4步，使用最佳的預測方法進行預測。

一、確定時間序列的成分

因為這裡所使用的時間序列都是用於預測的,而造成循環波動的原因不明確,隨機波動不能作為預測的依據,所以循環波動和隨機波動不在本書考慮的範疇之內。因此,在此只介紹趨勢成分和季節成分的確定。

(一) 確定趨勢成分

確定趨勢成分是否存在,可以選擇繪製時間序列線圖或者利用迴歸分析。繪製時間序列的線圖則直接從圖中看其時間序列是否存在趨勢,以及所存在的趨勢是線性還是非線性的,不過對於趨勢不明顯的時間序列數據不便於觀察。利用迴歸分析則先擬合一條趨勢線,然後對迴歸系數進行顯著性檢驗,如果迴歸系數顯著,則說明線性趨勢顯著,不過這種方法經常要擬合曲線進行對比檢驗,計算比較複雜。

【例 11-3】表 11-3 是交遠股份在 2013 年 8 月 12 日連續 18 天的收盤價格。確定其趨勢及其類型。

表 11-3　　　　交遠股份在 2013 年 8 月 12 日連續 18 天的收盤價格

日期	收盤價格(元)	日期	收盤價格(元)
1 日	4.62	10 日	4.97
2 日	4.56	11 日	4.42
3 日	4.62	12 日	5.50
4 日	4.54	13 日	5.69
5 日	4.74	14 日	5.53
6 日	4.81	15 日	5.77
7 日	4.65	16 日	5.86
8 日	4.72	17 日	5.69
9 日	5.02	18 日	6.26

解:設自變量為時間 t,因變量為股票收盤價格 Y,根據表 11-3 中的數據,在 $\alpha = 0.05$ 的顯著性水平下得到的迴歸方程為 $Y = 4.216,8 + 0.094t$,判定系數 $R_1^2 = 0.774,4$,表明線性關係顯著。該股票的收盤價格及其趨勢如圖 11-3(1) 所示。

如果擬合二階曲線 $Y = b + b_1 t + b_2 t^2$,則得到趨勢方程 $Y = 4.614,3 + 0.006,3\, t^2 - 0.025,3t$,判定系數 $R_2^2 = 0.848,1$,表明二階曲線關係顯著。但 $R_2^2 > R_1^2$,說明二階曲線的擬合效果比直線好。二階曲線的擬合圖如圖 11-3(2) 所示。

(二) 確定季節成分

確定季節成分一般需要兩年的數據,而且數據需要以更小的單位(季度、月份、周或天等)進行記錄。確定季節成分可以用折疊時間序列圖或自相關的方法。折疊時間序列圖繪製時,需要將每個需要確定的季節(一般用年)的數據分開畫於圖上,也就是橫軸只有一個季節的長度,每個週期的數據分別對應縱軸。如果時間序列只存在季節成分,折疊

統計學

(1)

(2)

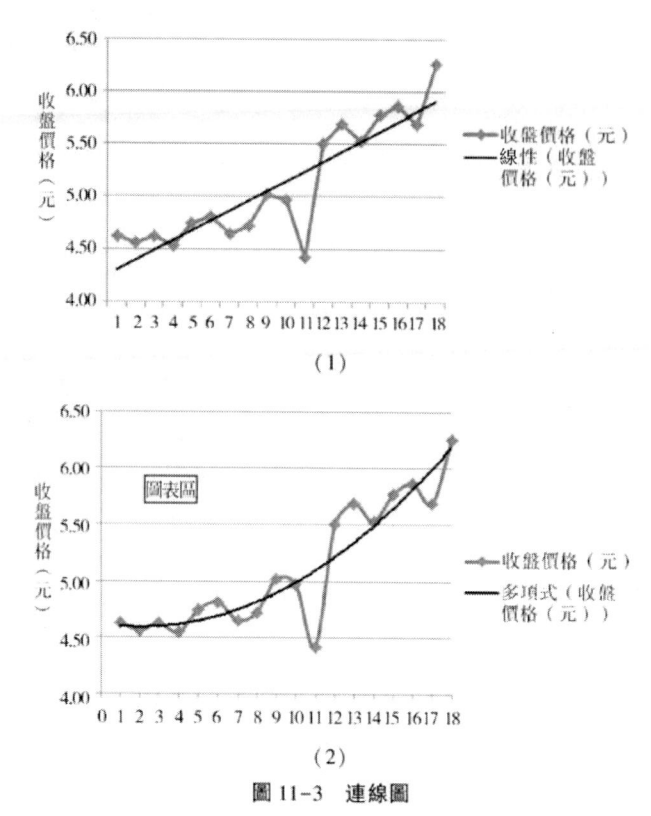

圖 11-3　連線圖

時間序列線將會有交叉；如果時間序列既含有季節成分又含有趨勢成分(這裡不包括水平趨勢)，折疊時間序列線將不會有交叉。如果是上升趨勢，那麼折疊時間序列的折線會逐期上升；如果是下降趨勢，那麼折疊時間序列的折線會逐期下降。

【例 11-4】表 11-4 是某鞋城剛開業前 6 周每天的營業額。請繪製折疊時間序列圖，並判斷其是否存在季節性。

表 11-4　　　　　　某鞋城剛開業前 6 周每天的營業額數據　　　　　　單位:元

周數	天數						
	1	2	3	4	5	6	7
1	4,317	4,658	4,812	4,539	4,788	4,573	6,138
2	4,100	4,056	4,365	4,648	4,376	5,275	5,847
3	4,257	4,186	4,356	4,474	4,963	5,411	5,768
4	4,657	4,534	4,716	4,800	4,627	5,599	6,184
5	4,517	4,618	4,866	4,754	4,875	5,736	6,340
6	4,780	4,815	5,213	4,926	4,767	5,846	6,411

解：折疊時間序列圖如圖 11-4 所示。

從圖 11-4 中可以看出，剛開業當周的銷售額是比較高的，之後先有所下降，后又呈現上升趨勢，並且每周中周六和周日的銷售量都是當周最高的，尤其是周日。由圖 11-4

可判斷存在季節性，並且存在趨勢。

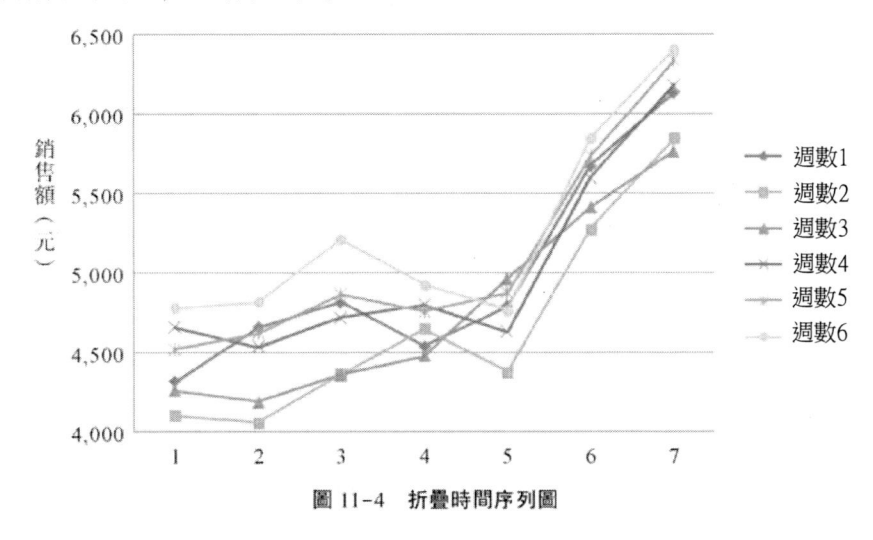

圖 11-4 折疊時間序列圖

二、選擇預測方法

在確定了時間序列的類型后，然后就選擇適當的預測方法。利用時間序列數據進行預測時，通常需要假設過去的變化趨勢會延續到未來，這樣才可以根據過去已有的形態或模式對未來進行預測。時間序列的預測方法有：簡單平均法、移動平均法、指數平滑法、季節多元迴歸模型、季節自迴歸模型、時間序列分解、線性趨勢預測、非線性趨勢預測、自迴歸預測模型等。

本章僅介紹對平穩序列、趨勢序列、季節型序列的時間序列的預測方法。圖 11-5 給出了時間序列預測方法的選擇。

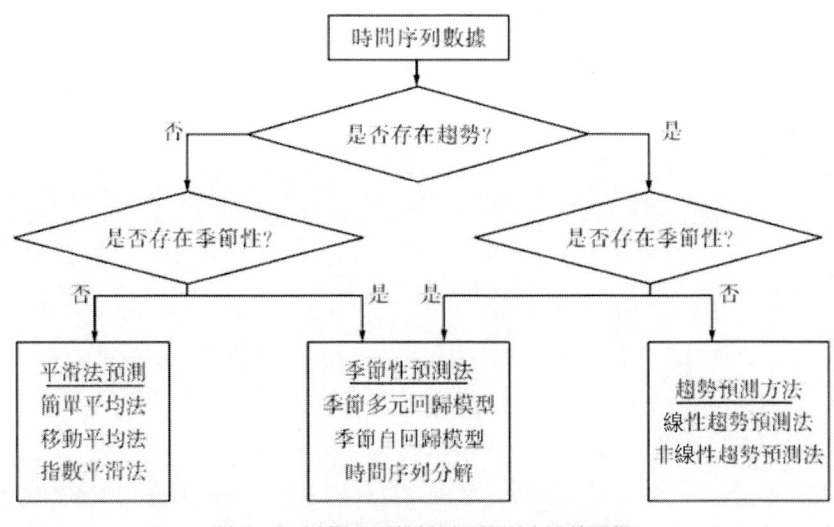

圖 11-5　時間序列的類型和預測方法的選擇

三、預測方法的評估

選擇了某種方法進行預測后,還需要評價對應方法的預測準確性。評價的方法就是計算出估計值與觀測值之間的差值,這個差值這裡叫預測誤差。最優的預測方法就是在所使用的各預測方法中預測誤差達到最小的方法。預測誤差的計算方法有:平均誤差、平均絕對誤差、均方誤差、平均百分比誤差和平均絕對百分比誤差等。一般根據預測者的目標和對方法的熟悉程度等進行選擇計算誤差的方法。

(一) 平均誤差

設時間序列的第 i 個觀測值為 Y_i,對應的預測值為 F_i,預測誤差為 $(Y_i - F_i)$,用 n 表示預測值的個數,所有預測誤差的平均值為平均誤差,平均誤差用 ME 表示。其公式為:

$$ME = \frac{\sum_{i=1}^{n}(Y_i - F_i)}{n} \quad (11.12)$$

由於預測誤差的值有時會出現正數或負數,當出現既有正數又有負數時,可能會造成平均誤差的結果偏低。

(二) 平均絕對誤差

平均誤差在出現既有正數又有負數的時候會低估誤差,為了消除這種正負數產生的誤差偏差,我們可以用平均絕對誤差。

平均絕對誤差是先將預測誤差取絕對值後再求和,最后計算其平均值。平均絕對誤差的平均值用 MAD 表示。其公式為:

$$MAD = \frac{\sum_{i=1}^{n}|(Y_i - F_i)|}{n} \quad (11.13)$$

(三) 均方誤差

均方誤差是先對預測誤差進行平方消除其正負號後再求和計算其平均值,用 MSE 表示。其計算公式為:

$$MSE = \frac{\sum_{i=1}^{n}(Y_i - F_i)^2}{n} \quad (11.14)$$

由於均方誤差先對預測誤差進行平方,所以當預測誤差小於 1 時,會造成誤差結果偏小;當預測誤差大於 1 時,會造成誤差結果偏大。均方誤差會放大或者縮小其預測誤差。

(四) 平均百分比誤差和平均絕對百分比誤差

ME、MAD 和 MSE 的大小受時間序列數據的水平和計量單位的影響,它們只有在計算不同模型對同一類數據的預測時的預測誤差才有意義。平均百分比誤差和平均絕對百分比誤差可以消除時間序列數據的水平和計量單位的影響,是反映誤差大小相對值的

用 MPE 表示平均百分比誤差,其計算公式為:

$$MPE = \frac{\sum_{i=1}^{n}(\frac{Y_i - F_i}{Y_i} \times 100)}{n} \tag{11.15}$$

用 MAPE 表示平均絕對百分比誤差,其計算公式為:

$$MAPE = \frac{\sum_{i=1}^{n}(\frac{|Y_i - F_i|}{Y_i} \times 100)}{n} \tag{11.16}$$

本節介紹的預測誤差的方法的優劣在學術上尚未有一致看法,具體使用哪種方法更加適合要依照情形而定,最合適的才是最優的。

第4節 平穩序列和趨勢型序列的預測

平穩時間序列通常只含有隨機成分,其預測方法主要有簡單平均法、移動平均法和指數平滑法等,這些方法主要是通過對時間序列進行平滑以消除其隨機波動,因此也稱為平滑法。平滑法既可以用於對平穩時間序列進行短期預測,又可以用於對時間序列進行平滑以描述序列的趨勢。趨勢型序列包括線性趨勢和非線性趨勢。

一、平穩序列的預測

(一) 簡單平均法

簡單平均法是根據過去已有的 t 期觀察值通過簡單平均法來預測下一期的數值。設時間序列已有的 t 期觀察值為 Y_1,Y_2,$\cdots$,Y_t,則 $t+1$ 期的預測期 F_{t+1} 為:

$$F_{t+1} = \frac{1}{t}(Y_1 + Y_2 + \cdots + Y_t) = \frac{1}{t}\sum_{i=1}^{t} Y_i \tag{11.17}$$

當到了 $t+1$ 期后,有了 $t+1$ 期的實際值,便可計算出 $t+1$ 期的預測誤差 e_{t+1} 為:

$$e_{t+1} = Y_{t+1} - F_{t+1}$$

於是,t_{t+2} 期的預測值為:

$$F_{t+2} = \frac{1}{t+1}(Y_1 + Y_2 + \cdots + Y_t + Y_{t+1}) = \frac{1}{t+1}\sum_{i=1}^{t+1} Y_i$$

【例 11-5】根據表 11-1 中的商品零售價格指數數據測算 2012 年的商品零售價格指數。

解:根據公式(11.17)得

$$F_{2,012} = \frac{1}{15}\sum_{i=1}^{15} Y_i = \frac{1}{15}(100.8\% + 97.4\% + \cdots + 104.9\%) = 100.8\%$$

簡單平均法適合對較為平穩的時間序列進行預測,即當時間序列沒有明顯趨勢時,用該方法比較好。如果時間序列有趨勢或季節成分,該方法的預測則不夠準確。此外,

簡單平均法將遠期的數值和近期的數值看作未來同等重要。從預測角度看,近期的數值要比遠期的數值對未來有更大的作用,因此簡單平均法預測的結果不夠準確。

(二) 移動平均法

移動平均法是通過對時間序列逐期遞移求得平均數作為預測值的一種預測方法。移動平均法有簡單移動平均法和加權移動平均法兩種。

1. 簡單移動平均法

簡單移動平均法是通過利用一定時間跨度 t 下一定移動間隔數據的簡單平均作為下一期值的預測值。設移動間隔為 $k(1 < k < t)$,則 t 期的移動平均值為:

$$\overline{Y}_t = \frac{Y_{t-k+1} + Y_{t-k+2} + \cdots + Y_{t-1} + Y_t}{k} \quad (11.18)$$

公式(11-18)是對時間序列的平滑結果,通過這些平滑值就可以描述出時間序列的變化形態或趨勢。因此,$t+1$ 期的預測值為:

$$F_{t+1} = \overline{Y}_t = \frac{Y_{t-k+1} + Y_{t-k+2} + \cdots + Y_{t-1} + Y_t}{k} \quad (11.19)$$

同樣,$t+2$ 期的預測值為:

$$F_{t+2} = \overline{Y}_{t+1} = \frac{Y_{t-k+2} + Y_{t-k+3} + \cdots + Y_t + Y_{t+1}}{k}$$

依此類推。

移動平均法只使用最近 k 期的數據,在每次計算移動平均值時,移動的間隔都為 k。該方法也主要適合對較為平穩的時間序列進行預測。應用時,關鍵是確定合理的移動間隔長度 k。對於同一個時間序列,採用不同的移動步長預測的準確性是不同的。確定移動步長時,可通過試驗的方法,選擇一個使均方誤差達到最小的移動步長。根據經驗 k 一般取奇數。

2. 加權移動平均法

加權移動平均法是對簡單移動平均法的改進,通過不同的權數體現對過去狀態的不同重視程度。重視程度高、與現實聯繫密切的時間點對應較大的權數;重視程度低、與現實聯繫密切的時間點對應較小的權數。一般離當前較近的數據重要程度較高,離當前比較遠的數據重要程度較低。其一般式為:

$$\overline{Y} = \alpha_1 Y_1 + \alpha_2 Y_2 + \cdots + \alpha_t Y_t \quad (11.20)$$

由於現實中非常難確定合適的 α,所以很少使用加權移動平均法。

【例11-6】表 11-5 是上證指數連續 21 個月底的收盤數據、分別取移動間隔 $k = 3$ 和 $k = 5$ 的移動平均預測值,以及預測誤差。

表 11-5　　　　　　　　　　移動平均預測值

時間	上證指數	3 期移動平均預測	預測誤差	誤差平方	5 期移動平均預測	預測誤差	誤差平方
2012.1.31	2,292.61						
2.29	2,428.49						

表11-5(續)

時間	上證指數	3期移動平均預測	預測誤差	誤差平方	5期移動平均預測	預測誤差	誤差平方
3.30	2,262.79						
4.27	2,396.32	2,327.96	68.36	4,672.63			
5.31	2,372.23	2,362.53	9.70	94.03			
6.29	2,225.43	2,343.78	-118.35	14,006.72	2,350.488	-125.06	15,639.50
7.31	2,103.63	2,331.33	-186.24	34,686.58	2,272.08	-224.56	50,427.19
8.31	2,047.52	2,233.76	-186.24	34,686.58	2,272.08	-224.56	50,427.19
9.28	2,086.17	2,125.53	-39.36	1,548.95	2,229.026	-142.86	20,407.84
10.31	2,068.88	2,079.11	-10.23	104.58	2,166.996	-98.12	9,626.75
11.30	1,980.12	2,067.52	-87.40	7,639.34	2,106.326	-126.21	15,927.95
12.31	2,269.13	2,045.06	224.07	50,208.86	2,057.264	211.87	44,887.20
2,013.1.31	2,385.42	2,106.04	279.38	78,051.32	2,090.364	295.06	87,058.04
2.28	2,365.59	2,211.56	154.03	23,726.27	2,157.944	207.65	43,116.86
3.29	2,236.62	2,340.05	-103.43	10,697.08	2,213.828	22.79	519.48
4.26	2,177.91	2,329.21	-151.30	22,891.69	2,247.376	-69.47	4,825.53
5.31	2,300.60	2,260.04	40.56	1,645.11	2,286.934	13.67	186.76
6.28	1,979.21	2,238.38	-259.17	67,167.36	2,293.228	-314.02	98,607.30
7.31	1,993.80	2,152.57	-158.77	25,208.97	2,211.986	-218.19	47,605.13
8.30	2,098.38	2,091.20	7.18	51.50	2,137.628	-39.25	1,540.41
9.30	2,174.67	2,023.80	150.87	22,762.76	2,109.98	64.69	4,184.80
10.31		2,088.95			2,109.332		
合計	—	—	—	417,009.53	—	—	499,046.57

註:以上數據來自東方財富網 http://www.eastmoney.com/

在表11-5中,2012年4月27日的3期移動平均預測值為2,327.96,是1月31日、2月29日、3月30日三個月底的均值。而且3期移動平均的均方誤差為23,167.20(即417,009.53÷18),而5期移動平均的均方誤差為31,190.41(即499,046.57÷16)。由均方誤差可以得知,在本序列中,採用3期移動平均的效果比採用5期移動平均的效果要好。

(三) 指數平滑法

指數平滑法是對時間序列的觀察值和預測值加權平均進行預測的一種方法,該方法使$t+1$期的預測值等於t期的實際觀察值與t期的預測值的加權平均值。指數平滑法是加權平均的一種特殊形式,觀察值時間越遠,其權數也跟著呈現指數下降,因此稱為指數平滑。指數平滑法有一次指數平滑法、二次指數平滑法、三次指數平滑法等,本節主要介紹一次指數平滑法。

一次指數平滑法也稱為簡單指數平滑法,只有一個平滑系數,而且當觀察值離預測時期越久遠時,權數變得越小。一次指數平滑法是以一段時期的預測值和觀察值的線性

組合作為 $t+1$ 期的預測值，其預測基本式為：

$$F_{t+1} = \alpha Y_t + (1-\alpha) F_t \tag{11.21}$$

式中，Y_t 為 t 期的實際觀察值；F_t 為 t 期的預測值；α 為平滑系數 $(0 < \alpha < 1)$。

可以看出，$t+1$ 期的預測值是 t 期的實際觀察值與 t 期的預測值的加權平均。由於在開始計算時，第 1 期之前沒有數據，通常設第 1 期的預測值 F_1 等於第 1 期的實際觀察值，即 $F_1 = Y_1$。因此，第 2 期的預測值為：

$$F_2 = \alpha Y_1 + (1-\alpha) F_1 = \alpha Y_1 + (1-\alpha) Y_1 = Y_1$$

第 3 期的預測值為：

$$F_3 = \alpha Y_2 + (1-\alpha) F_2 = \alpha Y_2 + (1-\alpha) Y_1$$

第 4 期的預測值為：

$$F_4 = \alpha Y_3 + (1-\alpha) F_3 = \alpha Y_3 + \alpha(1-\alpha) Y_2 + (1-\alpha)^2 Y_1$$

依此類推。可見任何預測值 F_{t+1} 都是以前所有的實際觀察值的加權平均。儘管如此，並非所有的過去的觀察值都需要保留，以用來計算下一時期的預測值。實際上，只需要選定平滑系數 α，t 期的實際觀察值 Y_t 與 t 期的預測值 F_t 兩項信息就可以計算預測值，就可以計算 $t+1$ 期的預測值。有些數據太久了對現在的預測沒有作用的，也可以直接以某一期數據作為第一期數據。

對指數平滑法的預測精度，同樣用均方誤差來衡量。因此，將公式寫成下面的一般公式：

$$F_{t+1} = \alpha Y_t + (1-\alpha) F_t = \alpha Y_t + F_t - \alpha F_t = F_t + \alpha(Y_t - F_t) \tag{11.22}$$

可見，F_{t+1} 是 t 期的預測值 F_t 加上用 α 調整的 t 期的預測誤差 $(Y_t - F_t)$。

使用指數平滑法時，關鍵的問題是確定一個合適的平滑系數 α。因為不同的 α 會對預測結果產生不同的影響。例如，當 $\alpha = 0$ 時，預測值僅僅是重複上一期的預測結果；當 $\alpha = 1$ 時，預測值就是上一期實際值。α 越接近 1，模型對時間序列變化的反應就越慢。一般而言，當時間序列有較大的隨機波動時，宜選較大的 α ($\alpha \geq 0.5$)，以便很快跟上近期的變化；當時間序列比較平穩時，宜選用較小的 α ($\alpha < 0.02$)。實際應用時，還應考慮預測誤差，這裡仍用均方誤差來衡量預測誤差的大小，確定 α 時，可選擇幾個 α 進行預測，然後找出預測誤差最小的作為最后的 α 值。

【例 11-7】表 11-6 是 2011—2012 年每月的工業品出產價格指數(PPI,下同)數據，分別選用 $\alpha = 0.3$ 和 $\alpha = 0.4$ 進行指數平滑預測，預測出 2013 年 1 月份的 PPI,再計算出預測誤差平方。

表 11-6　　2011—2012 年每月的工業品出產價格指數數據

2011	1	2	3	4	5	6
PPI	106.6	107.23	107.31	106.82	106.79	107.12
2011	7	8	9	10	11	12
PPI	107.54	107.25	106.52	105	102.72	101.69
2012	1	2	3	4	5	6
PPI	100.73	100.03	99.7	99.3	98.6	97.9

表11-6(續)

2011	1	2	3	4	5	6
2012	7	8	9	10	11	12
PPI	97.1	96.5	96.4	97.2	97.8	98.1

註:以上數據來自東方財富網 http://www.eastmoney.com/。

表11-7 是選用 $\alpha = 0.3$ 和 $\alpha = 0.4$ 對各期 PPI 的預測結果和誤差平方。

表11-7 $\alpha = 0.3$ 和 $\alpha = 0.4$ 對各期 PPI 的預測結果和誤差平方

年月	PPI	$\alpha = 0.3$	誤差平方	$\alpha = 0.4$	誤差平方
2011.01	106.60				
2011.02	107.23	106.60	0.40	106.60	0.40
2011.03	107.31	107.04	0.07	106.98	0.11
2011.04	106.82	107.23	0.17	107.18	0.13
2011.05	106.79	106.94	0.02	106.96	0.03
2011.06	107.12	106.84	0.08	106.86	0.07
2011.07	107.54	107.03	0.26	107.02	0.27
2011.08	107.25	107.39	0.02	107.33	0.01
2011.09	106.52	107.29	0.60	107.28	0.58
2011.10	105.00	106.75	3.07	106.82	3.33
2011.11	102.72	105.53	7.87	105.73	9.06
2011.12	101.69	103.56	3.50	103.92	4.99
2012.01	100.73	102.25	2.31	102.58	3.44
2011.02	100.03	101.19	1.34	101.47	2.08
2011.03	99.70	100.38	0.46	100.61	0.82
2011.04	99.30	99.90	0.36	100.06	0.58
2011.05	98.60	99.48	0.78	99.61	1.01
2011.06	97.90	98.86	0.93	99.00	1.21
2011.07	97.10	98.19	1.19	98.34	1.54
2011.08	96.50	97.43	0.86	97.60	1.20
2011.09	96.40	96.78	0.14	96.94	0.29
2011.10	97.20	96.51	0.47	96.62	0.34
2011.11	97.80	96.99	0.65	96.97	0.70
2011.12	98.10	97.56	0.29	97.47	0.40
2013.01	—	97.94	—	97.85	—
合計	—	—	25.83	—	32.59

  比較誤差平方可知,選用 $\alpha = 0.3$ 的預測效果比選用 $\alpha = 0.4$ 的預測效果好。注意在使用一次指數平滑進行預測時,若 $\alpha > 0.5$ 才接近觀測值通常說明序列有某種趨勢或較大波動,一般不適合用指數平滑法預測。

二、趨勢型序列的預測

(一) 線性趨勢預測法

移動平均法的最大優點是測定結果與原序列關聯緊密,具備較強的客觀性,不僅適用於直線趨勢的測定,也適用於曲線趨勢的測定。但它也有一個明顯的缺陷,即無法得出序列兩端的趨勢值,因而不便於外推預測。這在一定程度上損失了原序列中的部分信息,而且移動平均項數越大,信息損失越多。

當原序列表現出非常明顯的長期趨勢時,可直接給出線性方程。利用線性方程進行外推預測是比較方便的。以時間 t 為自變量,這裡的 t 為期數;以觀測值變量 y 為因變量;a 代表趨勢直線的截距;b 代表趨勢直線的斜率。一般設直線方程為:

$$\hat{y} = a + bt \tag{11.23}$$

然后採用最小平方法解得 a 和 b 的值如下:

$$\begin{cases} b = \dfrac{n\sum ty - \sum t \sum y}{n\sum t^2 - (\sum t)^2} \\ a = \dfrac{\sum y}{n} - b\dfrac{\sum t}{n} \end{cases} \tag{11.24}$$

將時間變量 t 和觀測變量 y 的觀測值代入方程組,解得 a 和 b,即可確定趨勢直線方程。然後直接代入相應的 t 得到第 t 期的預測值。

【例 11-8】表 11-8 是中國 1996—2011 年連續 16 年的燒鹼年產量,用線性趨勢預測 2012 年燒鹼的產量。

表 11-8　　　　中國 1996—2011 年連續 16 年的燒鹼年產量

年份	1996	1997	1998	1999	2000	2001	2002	2003
產量(萬噸)	669.29	725.76	744.00	766.00	834.00	914.37	1,033.15	1,133.56
年份	2004	2005	2006	2007	2008	2009	2010	2011
產量(萬噸)	1,334.70	1,421.08	1,560.03	1,765.00	1,854.60	1,944.77	2,034.82	2,294.03

解:設線性趨勢方程為:

$\hat{y} = a + bt$

將數據代入公式(11-24)得:

$$\begin{cases} b = \dfrac{16 \times 216,500.35 - 136 \times 21,029.16}{16 \times 1,496 - 18,496} = 111.04 \\ a = \dfrac{21,029.16}{16} - 111.04 \times \dfrac{136}{16} = 370.51 \end{cases}$$

解得線性趨勢方程為:

$\hat{y} = 370.51 + 111.04t$

因為 2012 年是該時間序列第 17 期,即 $t=17$,所以根據線性趨勢預測得到 2012 年的燒鹼產量為:

$y_{2,012} = 370.51 + 111.04 \times 17 = 2,258.19$(萬噸)

(二) 非線性趨勢預測法

通常我們認為序列中的趨勢是由於某種固定的因素作用同一方向所形成的。若這些因素隨著時間的推移按線性變化，可以對時間序列擬合成趨勢直線；若呈現出某種非線性趨勢，則需要擬合合適的趨勢曲線。本節介紹以下幾種趨勢曲線：

1. 指數曲線

指數曲線用於描述以幾何級數變化的現象，即時間序列的觀測值 Y_t 按指數規律變化，或者說時間序列的逐期觀測值按一定的增長率增長或減少。指數曲線的趨勢方程為：

$$\hat{Y}_t = b_0 b_1^t \tag{11.25}$$

在公式(11.25)中，b_0 和 b_1 皆為待定系數。

當 $b_1 > 1$ 時，增長率隨著時間 t 的增加而增加；當 $b_1 < 1$ 時，增長率隨著時間 t 的增加而減少；當 $b_0 > 0$ 而 $b_1 < 1$ 時，預測值 $\hat{Y}_t$ 逐漸降低，並且以 0 為極限。

b_0 和 b_1 為待定系數，可以採取線性化手段將其化為對數直線形式，兩端取對數得：

$$lg \hat{Y}_t = lg b_0 + t lg b_1 \tag{11.26}$$

然后根據最小二乘法原理，得到求解 $lg b_0$ 和 $lg b_1$ 的標準方程組如下：

$$\begin{cases} \sum lgY = n lg b_0 + lg b_1 \sum t \\ \sum t lgY = lg b_0 \sum t + lg b_1 \sum t^2 \end{cases} \tag{11.27}$$

求得 $lg b_0$ 和 $lg b_1$ 后，再分別取反對數，便可得到 b_0 和 b_1。同樣要得到第 t 期的預測值，只代入相應的 t 值。

【例 11-9】根據表 11-9 中的水泥產量數據，確定指數曲線方程，並計算出各期的預測值和預測誤差，預測 2012 年的水泥產量，並將原序列和各期的預測值繪制成圖形進行比較。

解：設指數曲線的趨勢方程為：

$\hat{Y}_t = b_0 b_1^t$

兩端取對數得：

$lg \hat{Y}_t = lg b_0 + t lg b_1$

然后根據最小二乘法原理，得到求解 $lg b_0$ 和 $lg b_1$ 的標準方程組：

$$\begin{cases} \sum lgY = n lg b_0 + lg b_1 \sum t \\ \sum t lgY = lg b_0 \sum t + lg b_1 \sum t^2 \end{cases}$$

代入數據解得 $b_0 = 41,580$ 和 $b_1 = 1.111,6$，故指數曲線方程為：

$\hat{Y}_t = 41,580 \times 1.111,6^t$

將 $t = 1, 2, \cdots, 15$ 代入趨勢方程得到各期的預測值(見表 11-9)。

將 $t = 16$ 代入趨勢方程即可得到 2012 年水泥產量的預測值，即

$\hat{Y}_{2,012} = 41,580 \times 1.111,6^{16} = 225,973.84$(萬噸)

表 11-9　　　　　　　　　　水泥產量的預測值及誤差

年份	t	水泥產量(萬噸)	預測值(萬噸)	預測誤差(萬噸)	誤差平方
1997	1	51,173.80	46,220.31	4,953.49	24,537,076.81
1998	2	53,600.00	51,378.47	2,221.53	4,935,179.87
1999	3	57,300.00	57,112.29	187.71	35,236.08
2000	4	59,700.00	63,485.99	-3,785.99	14,333,734.45
2001	5	66,103.99	70,571.00	-4,467.01	19,954,169.23
2002	6	72,500.00	78,446.69	-5,946.69	35,363,116.96
2003	7	86,208.11	87,201.30	-993.19	986,433.49
2004	8	96,681.99	96,932.93	-250.94	62,970.09
2005	9	106,884.79	107,750.60	-865.81	749,623.61
2006	10	123,676.48	119,775.51	3,900.97	15,217,531.06
2007	11	136,117.25	133,142.41	2,974.84	8,849,695.56
2008	12	142,355.73	148,001.04	-5,645.31	31,869,487.75
2009	13	164,397.78	164,517.88	-120.10	14,424.83
2010	14	188,191.17	182,878.00	5,313.17	28,229,748.31
2011	15	209,925.86	203,287.10	6,638.76	44,073,102.24
合計	——	1,614,816.95	1,610,701.53	——	229,211,530.35

將各期預測值及原序列繪製成圖 11-6，可見水泥產量的趨勢形式。雖然這裡誤差平方看似很大，但是實際上是由於其基數很大，加之誤差平方會放大預測誤差。該擬合平方為 $R^2 = 0.99$，因此擬合效果依然很好。

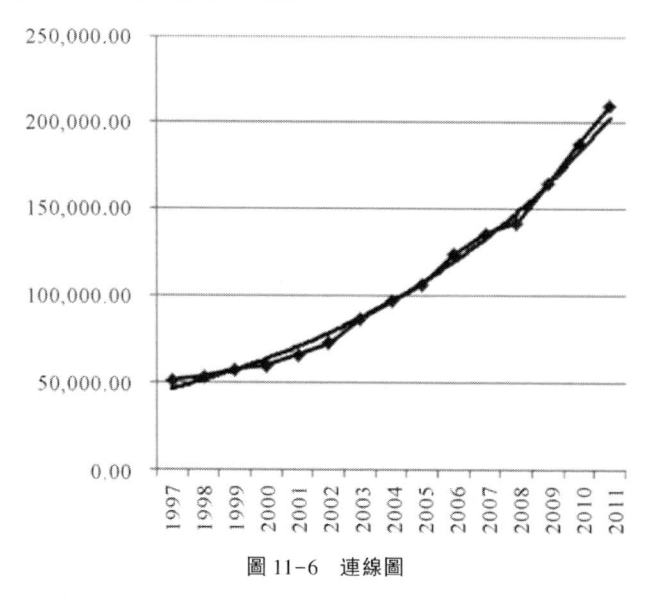

圖 11-6　連線圖

指數曲線在描述序列的趨勢形態時可以反映出現象的相對發展變化程度，因此可以對不同序列的指數曲線進行比較，以分析各自的相對增長程度。

2. 修正指數曲線

修正指數曲線是在指數曲線的基礎上增加一個修正常數 K，其趨勢方程為：

$$\hat{Y}_t = K + b_0 b_1^t \tag{11.28}$$

公式(11.28)中的 K, b_0 和 b_1 均為待定係數，並且 $K > 0$, $b_0 \neq 0$, $0 < b_1 \neq 1$。可以用三和法求得修正指數曲線中的三個待定係數。首先將時間序列觀測值等分為 3 個部分，每個部分有 m 個時期，設觀測值的三個局部總和分別為 S_1、S_2、S_3，即

$$S_1 = \sum_{t=1}^{m} Y_t, \quad S_2 = \sum_{t=m+1}^{2m} Y_t, \quad S_3 = \sum_{t=2m+1}^{3m} Y_t$$

根據三和法，有：

$$\begin{cases} S_1 = mK + b_0 b_1 + b_0 b_1^2 + \cdots + b_0 b_1^m = mK + b_0 b_1 (1 + b_1 + b_1^2 + \cdots + b_1^{m-1}) \\ S_2 = mK + b_0 b_1^{m+1} + \cdots + b_0 b_1^{2m} = mK + b_0 b_1^{m+1}(1 + b_1 + b_1^2 + \cdots + b_1^{m-1}) \\ S_3 = mK + b_0 b_1^{2m+1} + \cdots + b_0 b_1^{3m} = mK + b_0 b_1^{2m+1}(1 + b_1 + b_1^2 + \cdots + b_1^{m-1}) \end{cases}$$

$$\begin{cases} S_1 = mK + b_0 b_1 \left(\dfrac{b_1^m - 1}{b_1 - 1} \right) \\ S_2 = mK + b_0 b_1^{m+1} \left(\dfrac{b_1^m - 1}{b_1 - 1} \right) \\ S_3 = mK + b_0 b_1^{2m+1} \left(\dfrac{b_1^m - 1}{b_1 - 1} \right) \end{cases} \tag{11.29}$$

由公式(11.27)解得：

$$\begin{cases} b_1 = \left(\dfrac{S_3 - S_2}{S_2 - S_1} \right)^{\frac{1}{m}} \\ b_0 = (S_2 - S_1) \left[\dfrac{b_1 - 1}{b_1 (b_1^m - 1)^2} \right] \\ K = \dfrac{1}{m} \left[S_1 - \dfrac{b_0 b_1 (b_1^m - 1)}{b_1 - 1} \right] \end{cases} \tag{11.30}$$

【例 11-10】表 11-10 是 1994—2011 年全國玉米產量數據，確定修正指數曲線方程，計算出各期的預測值和誤差平方，並預測出 2012 年的玉米產量。

表 11-10　　　　　　　　1994—2011 年全國玉米產量數據　　　　　　　單位：千萬噸

年份	玉米產量	年份	玉米產量
1994	9.927,50	2003	11.583,02
1995	11.198,60	2004	13.028,71
1996	12.747,10	2005	13.936,54
1997	10.430,87	2006	15.160,30
1998	13.295,40	2007	15.230,05
1999	13.808,63	2008	16.591,40

表11-10(續)

年份	玉米產量	年份	玉米產量
2000	10.599,98	2009	16.397,36
2001	11.408,77	2010	17.724,51
2002	12.130,76	2011	19.278,11

註:以上數據來自國家統計局 http://www.stats.gov.cn/。

解:根據公式(11.30),將表中數據代入其中:

$$\begin{cases} b_1 = \left(\dfrac{100.38 - 72.69}{72.69 - 70.41}\right)^{\frac{1}{6}} = 1.516,2 \\ b_0 = (72.69 - 70.41) \times \left[\dfrac{1.516,2 - 1}{1.516,2 \times (1.516,2^6 - 1)^2}\right] = 0.006,2 \\ K = \dfrac{1}{6} \times \left[70.41 - \dfrac{0.006,2 \times 1.516,2 \times (1.516,2^6 - 1)}{1.516,2 - 1}\right] = 11.354,7 \end{cases}$$

預測結果和誤差平方如表11-11所示。

表11-11　　　　　　預測結果和誤差平方

年份	玉米產量(千萬噸)	預測值	誤差平方
1994	9.927,50	11.364,21	2.064,12
1995	11.198,60	11.369,09	0.029,07
1996	12.747,10	11.376,50	1.878,54
1997	10.430,87	11.387,74	0.915,60
1998	13.295,40	11.404,77	3.574,47
1999	12.808,63	11.430,60	1.898,97
S1	70.408,10	68.332,91	10.360,76
2000	10.599,98	11.469,76	0.756,52
2001	11.408,77	11.529,13	0.014,49
2002	12.130,76	11.619,15	0.261,74
2003	11.583,02	11.755,64	0.029,80
2004	13.028,71	11.962,58	1.136,64
2005	13.936,54	12.276,33	2.756,29
S2	72.687,77	70.612,59	4.955,47
2006	15.160,30	12.752,05	5.799,70
2007	15.230,05	13.473,31	3.086,12
2008	16.591,40	14.566,89	4.098,63
2009	16.397,36	16.224,95	0.029,72
2010	17.724,51	18.738,88	1.028,94
2011	19.278,11	22.550,46	10.708,30
S3	100.381,73	98.306,54	24.751,41

可得其修正曲線方程為：

$\hat{Y}_t = 11.354, 7 + 0.006, 2 \times 1.516, 1^t$

將 $t = 19$ 代入修正曲線方程即可算出 2012 年玉米產量的預測值為：

$\hat{Y}_{2,012} = 11.354, 7 + 0.006, 2 \times 1.516, 1^{19} = 28.329, 5$（千萬噸）

由於糧食類產量受自然因素影響較大，故一般在近期內比較適用。

3. Gompertz 曲線

Gompertz 曲線是以英國統計學、數學家 B.Gompertz 命名的，其趨勢方程為：

$$\hat{Y}_t = K b_0^{b_1^t} \tag{11.31}$$

公式(11.31)中的 K、b_0 和 b_1 均為待定系數，並且 $K > 0, 0 < b_0 \neq 1, 0 < b_1 \neq 1$。為了確定其待定系數，可先轉變為對數形式：

$$lg \hat{Y}_t = lgK + b_1^t lg b_0 \tag{11.32}$$

與修正指數曲線解法相同，先將時間序列觀測值等分為 3 個部分，每個部分有 m 個時期，設觀測值的三個局部總和分別為 S_1、S_2、S_3，即

$$S_1 = \sum_{t=1}^{m} lg Y_t, \quad S_2 = \sum_{t=m+1}^{2m} lg Y_t, \quad S_3 = \sum_{t=2m+1}^{3m} lg Y_t$$

根據三和法，可解得：

$$\begin{cases} b_1 = \left(\dfrac{S_3 - S_2}{S_2 - S_1} \right)^{\frac{1}{m}} \\ lg b_0 = (S_2 - S_1) \left[\dfrac{b_1 - 1}{b_1 (b_1^m - 1)^2} \right] \\ lgK = \dfrac{1}{m} \left[S_1 - \dfrac{b_1 lg b_0 (b_1^m - 1)}{b_1 - 1} \right] \end{cases} \tag{11.33}$$

【例 11-11】表 11-12 是 1994—2011 年農村居民人均住房面積數據，根據數據確定 Gompertz 曲線方程，計算出各期的預測值和誤差平方，並預測 2012 年農村居民人均住房面積。

表 11-12　　　　1994—2011 年農村居民人均住房面積數據

年份	1994	1995	1996	1997	1998	1999
人均住房面積(平方米)	20.2	21.0	21.7	22.5	23.3	24.2
年份	2000	2001	2002	2003	2004	2005
人均住房面積(平方米)	24.8	25.7	26.5	27.2	27.9	29.7
年份	2006	2007	2008	2009	2010	2011
人均住房面積(平方米)	30.7	31.6	32.4	33.6	34.1	36.2

註：以上數據來自國家統計局 http://www.stats.gov.cn/。

解：根據公式(11.33)，代入數據解得：

$$\begin{cases} b_1 = \left(\dfrac{9.114,89 - 8.580,56}{8.580,56 - 8.067,57}\right)^{\frac{1}{6}} = 1.006,81 \\ lg\, b_0 = (8.580,56 - 8.067,57) \times \left[\dfrac{1.006,81 - 1}{1.006,81 \times (1.006,81^6 - 1)^2}\right] = 2.007,26 \\ lg K = \dfrac{1}{6} \times \left[8.057,57 - \dfrac{1.006,81 \times (1.006,81^6 - 1)}{1.006,81 - 1} \times 2.007,26\right] = -0.711,09 \end{cases}$$

解得 $b_1 = 1.006,81$，$b_0 = 101.686,89$，$K = 0.194,5$。因此，農村居民人均住房面積的 Gompertz 曲線方程為：

$\hat{Y}_t = 0.194,5 \times 101.686,89^{1.006,81^t}$

將 $t = 1, 2, 3, \cdots, 17, 18$ 代入趨勢方程可以得到各期的預測值，結果如表 11-13 所示。

表 11-13　　　　　　　　　　預測結果和誤差值

年份	人均住房面積（平方米）	Lg(Y)	預測值	預測誤差	誤差平方
1994	20.2	1.305,35	20.410,348,1	-0.210,3	0.044,2
1995	21.0	1.322,22	21.067,961	-0.068,0	0.004,6
1996	21.7	1.336,46	21.751,461,9	-0.051,5	0.002,6
1997	22.5	1.352,18	22.462,024,1	0.038,0	0.001,4
1998	23.3	1.367,54	23.200,880,2	0.109,1	0.011,9
1999	24.2	1.383,82	23.969,325,9	0.230,7	0.053,2
S1	132.9	8.067,6	132.862,0		0.118,1
2000	24.8	1.394,45	24.768,723	0.031,3	0.001,0
2001	25.7	1.409,93	25.600,503,4	0.099,5	0.009,9
2002	26.5	1.423,25	26.466,173,3	0.033,8	0.001,1
2003	27.2	1.434,57	27.367,316,8	-0.167,3	0.028,0
2004	27.9	1.445,60	28.305,601	-0.405,6	0.164,5
2005	29.7	1.472,76	29.282,780,4	0.417,2	0.174,1
S2	161.8	8.580,6	161.791,1		0.378,6
2006	30.7	1.486,43	30.300,701,9	0.349,3	0.122,0
2007	31.6	1.500,10	31.361,310,3	0.268,7	0.722
2008	32.4	1.510,55	32.466,653,9	-0.066,7	0.004,4
2009	33.6	1.526,07	33.618,890,7	-0.039,9	0.001,6
2010	34.1	1.532,50	34.820,294,6	-0.740,3	0.548,0
2011	36.2	1.559,24	36.073,262,5	0.171,4	0.029,4
S3	198.6	9.114,9	198.641,1		0.777,6

將 $t = 19$ 代入曲線方程可得到 2012 年農村居民人均住房面積為：

$\hat{Y}_{19} = 0.194,5 \times 101.686,89^{1.006,81^{19}} = 37.380,32$ (平方米)

4. 多階曲線

有些現象的變化形態比較複雜，並不是簡單地按照某種固定形態變化，而是在根據某個複雜的多個拐點升降變化的。這時就需要擬合多項式函數。當只有一個拐點時，可

以擬合為二階曲線,也就是拋物線;當有兩個拐點時,則需要擬合三階曲線;根據規律,當有 k-1 個拐點時,則需要擬合 k 階曲線。k 階曲線函數的一般式為:

$$\hat{Y}_t = b_0 + b_1 t + b_2 t^2 + \cdots + b_k t^k \tag{11.34}$$

曲線中的系數 $b_0, b_1, b_2, \cdots, b_k$ 仍可以根據最小二乘法求得,不過要先將公式(11.34)線性化,即可按多元迴歸分析中的最小二乘法求得。

【例 11-12】表 11-14 是某工廠 1992—2012 年每年的淨利潤額。請用多階曲線預測 2013 年的淨利潤額。

表 11-14　　　　某工廠 1992—2012 年每年的淨利潤額數據

年份	1992	1993	1994	1995	1996	1997	1998
金額(萬元)	23.41	27.65	37.26	35.48	44.77	51.16	62.70
年份	1999	2000	2001	2002	2003	2004	2005
金額(萬元)	75.83	84.67	76.47	71.36	67.12	62.94	58.85
年份	2006	2007	2008	2009	2010	2011	2012
金額(萬元)	55.37	65.92	72.64	78.33	82.06	85.59	91.08

解:先繪製時間序列圖如圖 11-7 所示。

圖 11-7　時間序列圖

由圖 11-7 可明顯發現有兩個拐點,因此可擬合三階曲線,其一般式為:
$\hat{Y}_t = b_0 + b_1 t + b_2 t^2 + b_3 t^3$
將其線性化后根據多元迴歸分析中的最小二乘法求得三階曲線趨勢方程為:
$\hat{Y}_t = 0.040, 2\, t^3 - 1.470, 3\, t^2 + 17.666 t - 2.210, 5$
將 $t = 22$ 代入曲線方程,即可得到 2012 年的預測值為:
$\hat{Y}_{2,012} = 0.040, 2 \times 22^3 - 1.470, 3 \times 22^2 + 17.666 \times 22 - 2.210, 5 = 102.866(萬元)$

第 5 節　季節型序列的預測

一、同季平均法

長期趨勢的測定結果只能用來預測時間序列未來變動的趨勢值,如果原序列具有明顯的季節波動,則應將季節波動的規律性也同時測定出來,再結合長期趨勢,以更為有效

地展開預測。

同季平均法是測定季節波動的一種簡便方法,適用於水平趨勢且不包含循環波動的時間序列。其基本步驟為:

第1步,編制足夠長的時間序列。時間序列越長,所測定出來的季節波動模型就越具有代表性,其實用性就越強。一般至少應包含三個週期的觀測值。

第2步,計算同季平均值,即各年在同一季節中的平均值。

第3步,計算序列平均值,即該時間序列中所有數據的平均值。

第4步,計算季節比率,即分別將各個季節平均值與序列平均值相比,所得比值稱為季節比率。

【例11-13】表11-15是某水果商店的某水果2009—2012年每季度銷售額及季節比率結果,以此為例說明同季平均法。

表11-15　　某水果2009—2012年每季度銷售額及季節比率結果　　單位:元

年度	1季度	2季度	3季度	4季度	合計
2009	1,337	1,034	876	1,630	4,877
2010	1,683	947	1,168	1,274	5,072
2011	1,538	1,239	761	2,139	5,677
2012	1,579	850	1,340	940	4,709
合計	6,137	4,070	4,145	5,983	20,335
季平均	1,534.25	1,017.50	1,036.25	1,495.75	1,270.94
季度比率(%)	1.21	0.80	0.82	1.18	4

步驟1,計算四年的同季平均數為:

$$第1季季平均 = \frac{1,337 + 1,683 + 1,538 + 1,579}{4} = 1,534.25(元)$$

同理可以計算出其他季度的季平均數。

步驟2,計算總平均值為:

$$總平均值 = \frac{6,137 + 4,070 + 4,145 + 5,983}{16} = 1,270.94(元)$$

步驟3,計算各季的季節比率為:

$$第1季度的季節比率 = \frac{1,534.25}{1,270.94} = 1.21$$

同理可計算出其他季度的季節比率

由結果可知,第1季度和第4季度為旺季,其他兩季度相對為淡季。分析季節變動時,要注意季節比率大於1或者小於1均表示有季節變動,當大於1的程度大時則為旺季,反之則為淡季。

二、趨勢剔除法

如果時間序列具有明顯的向上或向下趨勢且不包含循環波動,可採取趨勢剔除法來測定季節波動。其基本步驟為:

第 1 步,編制足夠長的時間序列。時間序列越長,所測定出來的季節波動模型就越具有代表性,其實用性就越強。一般至少應包含三個週期的觀測值。

第 2 步,用移動平均法或最小平方法測定原序列的長期趨勢,以使原序列剔除長期趨勢。

第 3 步,將原列中的觀測值與對應的移動平均趨勢值相除以剔除長期趨勢。

第 4 步,為進一步消除原序列中的無規則波動,根據剔除長期趨勢後的派生序列計算同季平均數。

第 5 步,計算季節比率,即分別將各個同季平均數與全年總平均數相比得各季度的季節比率。季節比率已將長期趨勢從同季平均數中剔除,其結果反映著序列的季節波動的規律性。

【例 11-14】表 11-16 是某專賣店 2009—2012 年每季的外套銷售量,用趨勢剔除法計算其季節比率。

表 11-16　　　　某專賣店 2009—2012 年每季的外套銷售量　　　　單位:件

年份	1 季度	2 季度	3 季度	4 季度
2009	573	36	814	1,643
2010	602	42	833	1,668
2011	614	45	851	1,673
2012	631	49	867	1,746

首先,用 4 項移動平均計算出 4 項移動平均值。其次,算出中心化移動平均值。然后,算得新序列的比值(見表 11-17)。

表 11-17　　　　　　　　　移動平均值和比值

年份	銷量(件)	4 項移動平均值	中心化移動平均值	比值
2009	573			
	36			
	814	766.5	700.13	1.057,0
	1,643	733.8	774.50	2.121,4
2010	602	755.3	777.63	0.774,2
	42	780.0	783.13	0.053,6
	833	786.3	787.75	1.057,4
	1,668	789.3	789.63	2.112,4
2011	614	790.0	792.25	0.775,0
	45	794.5	795.13	0.056,6
	851	795.8	797.88	1.066,6
	1,673	800.0	800.50	2.089,9
2012	631	801.0	803.00	0.785,8
	49	805.0	814.13	0.060,2
	867	823.3		
	1,746			

將表 11-17 中的比值按季節重新排列，結果如表 11-18 所示。

表 11-18　　　　　　　　按季節重新排列后的結果

年份	季度				合計
	1	2	3	4	
2009	——	——	1.057,0	2.121,4	——
2010	0.774,2	0.053,6	1.057,4	2.112,4	——
2011	0.775,0	0.056,6	1.066,6	2.089,9	——
2012	0.785,8	0.060,2	——	——	——
合計	2.335,0	0.170,4	3.181,0	6.323,7	——
平均	0.778,3	0.056,8	1.060,3	2.107,9	4.003,4
季節比率	0.763,0	0.054,2	1.060,9	2.121,9	4.000,0

由此可見，第 4 季度最旺，第 3 季度次之，而第 2 季度是非一般的淡度。

三、季節調整

測定了季節波動之后，為便於觀察原時間序列中的其他波動特徵，而將季節波動從中剔除的過程稱季節調整，這是實踐中經常採用的一種數據處理方式。

調整的辦法就是將原序列中的各個觀測值 y 直接與對應季節的季節比率 s 相除，從而獲得調整值 y/s。調整值中保留了除季節波動之外的其餘波動特徵，以便我們深入觀察。

根據例 11-14 的資料，將所有觀測值除以季節比率，得到調整值，如表 11-19 所示。

表 11-19　　　　　　　　調整值

年度	1 季度	2 季度	3 季度	4 季度
2009	751.00	663.85	767.25	774.32
2010	789.01	774.50	785.16	786.10
2011	804.73	829.82	802.13	788.46
2012	827.01	903.58	817.21	822.86

根據表 11-19，我們可以看到除了季節波動以外的特徵，比如 2 季度的增長幅度最大，4 季度的增長幅度最小。

第 6 節　運用 SPSS 進行時間序列分析與預測

一、指數平滑法的基本操作

某產品 2012 年 1~12 月份實際市場銷售額如表 11-20 所示。現根據表 11-20 中的數據預測 2013 年第 1 季度市場銷售額。

表 11-20　　　　　某產品 2012 年 1～12 月份實際市場市場銷售額　　　　　單位：萬元

月份	銷售額	月份	銷售額	月份	銷售額
1	1,239	5	1,395	9	1,501
2	1,311	6	1,423	10	1,567
3	1,315	7	1,456	11	1,532
4	1,381	8	1,487	12	1,566

步驟 1，執行【分析】→【預測】→【創建模型】命令，彈出「時間序列建模器」對話框（見圖 11-8）。

在「方法」框中選中「指數平滑法」。選項中的「專業建模法」表示當用戶無法確定具體模型形式時，SPSS 將在已有模型中自動給出軟件認為的最佳模型。

由於指數平滑法不涉及其他序列變量，所以把待分析的變量選擇到「因變量」框中。

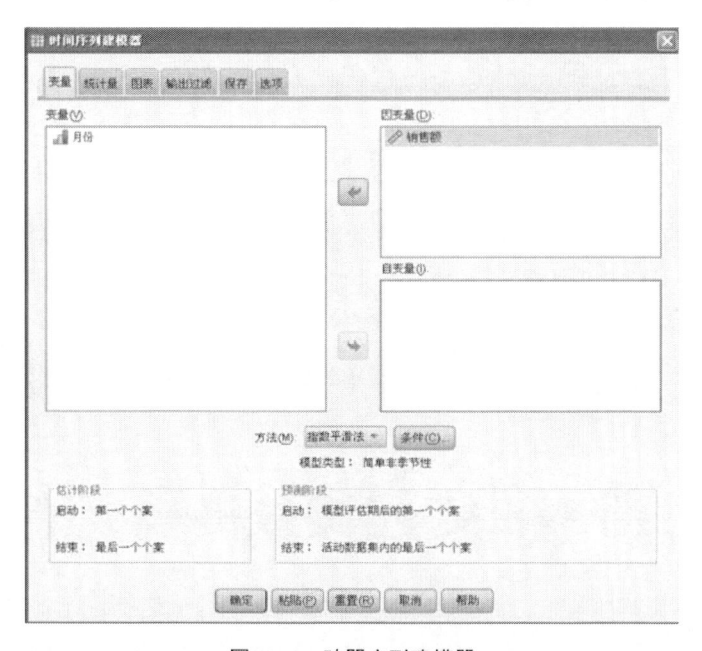

圖 11-8　時間序列建模器

步驟 2，單擊【條件】按鈕，彈出「時間序列建模器：指數平滑條件」對話框（見圖 11-9）。

該對話框中，「模型類型」框組中提供無季節週期指數平滑「非季節性」和有季節週期指數平滑「季節性」兩類模型。只有當序列存在季節週期時，季節週期指數平滑模型才被激活。本例數據不存在週期性，因此季節週期指數平滑模型沒有被激活。

【簡單】適合沒有線性趨勢或沒有季節性週期的數列。其平滑參數是均值參數。該模型類似零階自迴歸、一階差分、一階移動平均、無常量的 ARIMA 模型。

【Holt 線性趨勢】適合具有線性趨勢且沒有季節性週期的數列。其平滑參數是均值

參數、斜率參數。該模型比【Brown 線性趨勢】更廣泛。該模型類似零階自迴歸、二階差分、二階移動平均的 ARIMA(0,2,2) 模型。

【Brown 線性趨勢】適合具有線性趨勢且沒有季節性週期的數列。其平滑參數是均值參數、斜率參數，且兩參數假設相等。該模型是【Holt 線性趨勢】模型的特例。該模型類似 ARIMA(0,2,2) 模型，只是二階移動平均系數是一階移動平均系數一半的平方。

【阻尼趨勢】適合線性趨勢逐漸消失且沒有季節性週期的數列。其平滑參數是均值參數、斜率參數和衰減參數。該模型類似一階自迴歸、一階差分、二階移動平均的 ARIMA(1,1,2) 模型。

【簡單季節性】適合沒有趨勢但季節性週期明確的數列。其平滑參數是週期均值平均參數和週期增量平滑參數。該模型類似零階自迴歸、一階差分、一階季節差分、1 階、p 階和 $p+1$ 階(p 是季節間隔數)移動平均的 $ARIMA(0,1,1)(0,1,p)s$ 模型。

【Winters 可加性】適合具有線性趨勢和季節週期不由序列水平決定的序列。其平滑參數是週期均值平滑參數，週期內斜率平滑參數和週期增量平滑參數。該模型類似零階自迴歸、一階差分、一階季節差分、$p+1$(p 是季節間隔數)移動平均的 ARIMA 模型。

【Winter 相乘性】適合具有線性趨勢和季節性週期由序列水平決定的數列。其平滑參數是週期均值參數、週期內斜率平滑參數和週期增量平滑參數。該模型不同於任何 ARIMA 模型。

「當前週期性」表示當前數據確定的週期。無代表無週期。這個週期是一個整數值。

「因變量轉換」下的【無】表示數據不轉換處理;【平方根】表示數據轉換為平方根處理;【自然對數】表示數據轉換為自然對數處理。

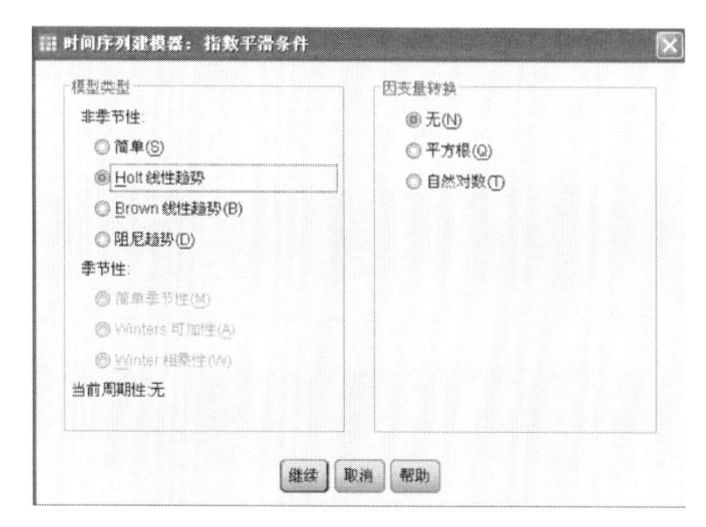

圖 11-9　時間序列建模器:指數平滑條件

點擊【繼續】按鈕，返回「時間序列建模器」對話框。

步驟 3，選擇【統計量】選項卡。該選項卡包含了估計模型的統計檢驗量(見圖 11-10)。

【按模型顯示擬合度量、Ljung-Box統計量檢驗和離群值的數量】選中該框既可激活【擬合度量】復選框。

【平穩的 R 方】將模型平穩部分當做簡單模型處理，當模型存在長期趨勢或季節性趨勢時，比較合適。

【R 方】對在被模型解釋的序列方面的總偏差的比例的估計，當序列是平穩序列時較適用。

【均方根誤差】用於測量序列與預測模型的變異程度。

【平均絕對誤差百分比】作用與均方根誤差類似。

【標準化的 BIC】是對模型擬合效果的總體判斷。

【擬合優度】輸出結果給出擬合優度檢驗量表，選擇該選項就等於將【擬合度量】中的 8 個選項均選上。【比較模型的統計量】與【個別模型的統計量】中的選項，選中則將給出相對應的統計表。其中，【殘差部分自相關函數（PACF）】代表殘餘偏自迴歸的統計表，顯示「部分」，而不是「偏」是軟件翻譯問題。

圖 11-10　時間序列建模器：統計量

步驟 4，選擇【圖表】選項卡，該選項卡包含了模型輸出結果的圖形選項（見圖 11-11）。

圖 11-11　時間序列建模器:圖表

步驟5,選擇【輸出過濾】選項卡(見圖11-12)。

在該選項卡中指定自動建模過程中的所有模型,或僅輸出指定最佳或最差的若干個模型。在【擬合優度】中選擇評價模型的統計指標。

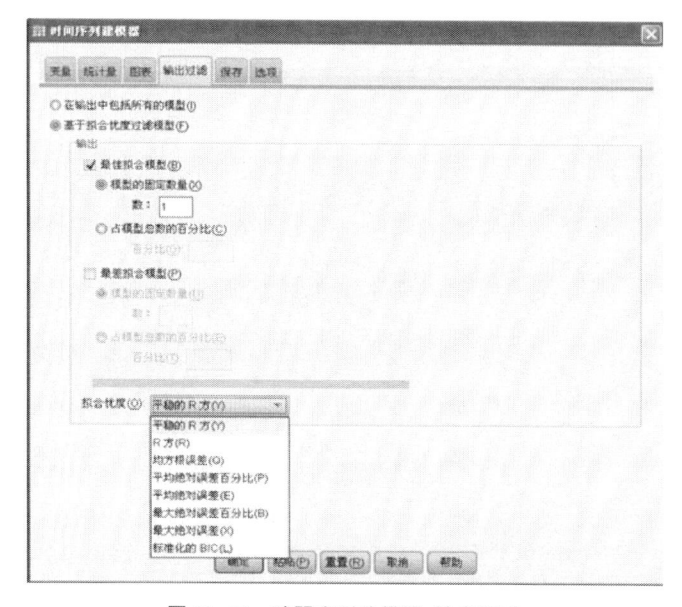

圖 11-12　時間序列建模器:輸出過濾

步驟6,選擇【保存】選項卡,可以將預測值及置信上、下限以及殘差以變量的形式保存在 SPSS 數據編輯窗口中,只需要打上對應的鈎,並且設置好變量名的前綴(見圖11-13)。

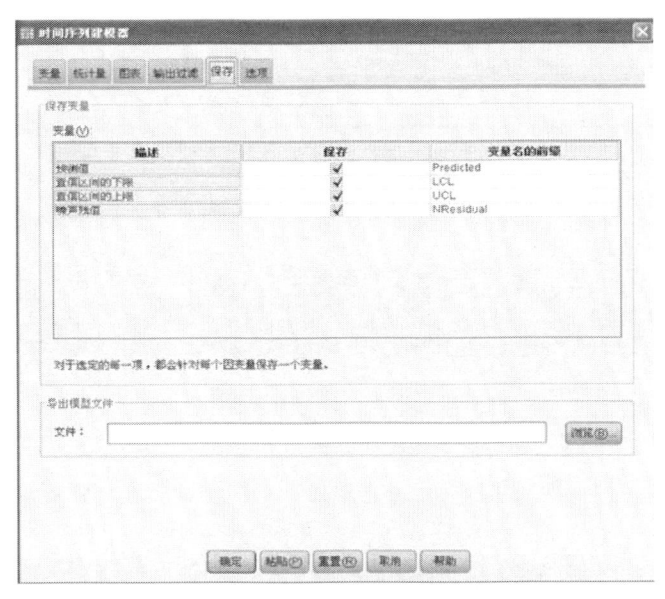

圖 11-13　時間序列建模器:保存

步驟7,選擇【選項】選項卡(見圖11-14)。在這裡可以設置指定的預測值的時間範圍和置信水平等。

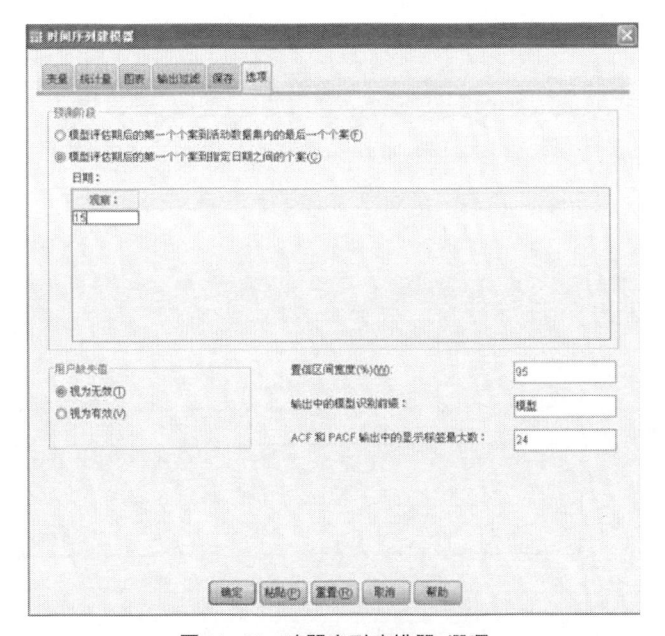

圖 11-14　時間序列建模器:選項

「觀察」填「15」表示輸出結果為 13 期,本數據一共是 12 期,則第 13～15 期表示 2013 年第 1 季度 3 個月的預測值。

至此,完成了建立指數平滑模型的基本操作,SPSS 將根據用戶的設置自動進行分析,並將結果輸出到輸出窗口中。

步驟 8,點擊【確定】得到輸出結果(見圖 11-15～圖 11-18)。

Model Fit

Fit Statistic	Mean	SE	Minimum	Maximum	Percentile						
					5	10	25	50	75	90	95
Stationary R-squared	.844	.	.844	.844	.844	.844	.844	.844	.844	.844	.844
R-squared	.954	.	.954	.954	.954	.954	.954	.954	.954	.954	.954
RMSE	23.972	.	23.972	23.972	23.972	23.972	23.972	23.972	23.972	23.972	23.972
MAPE	1.322	.	1.322	1.322	1.322	1.322	1.322	1.322	1.322	1.322	1.322
MaxAPE	2.498	.	2.498	2.498	2.498	2.498	2.498	2.498	2.498	2.498	2.498
MAE	18.925	.	18.925	18.925	18.925	18.925	18.925	18.925	18.925	18.925	18.925
MaxAE	38.263	.	38.263	38.263	38.263	38.263	38.263	38.263	38.263	38.263	38.263
Normalized BIC	6.768	.	6.768	6.768	6.768	6.768	6.768	6.768	6.768	6.768	6.768

圖 11-15　輸出結果窗口

「Stationary R-squared」取值範圍是負無限到 1。負值說明選擇的模型沒有基礎線性模型好;正值說明當前選用的模型比基礎線性模型好。本例值 0.844,說明採用的「Holt 線性趨勢」較好,且較平穩。

「R-squared」值說明採用的模型能夠解釋序列變量的程度。本例值為 0.954,可以認為 95.4%的變量能被模型解釋。

Model Statistics

Model	Number of Predictors	Model Fit statistics Stationary R-squared	Ljung-Box Q(18)			Number of Outliers
			Statistics	DF	Sig.	
销售额-模型_1	0	.844	.	0	.	0

圖 11-16　模型統計量

「Forecast」表示輸出模型的預測值,包括預測值的上限和下限。本例預測了 2013 年 1 月份預測值是 1,616 元,95% 置信區間是 [1,562, 1,669]。2 月份預測值是 1,644 元,95% 置信區間是 [1,590, 1,699]。3 月份預測值是 1,673,95% 置信區間是 [1,618, 1,729]。

Forecast

Model		13	14	15
销售额-模型_1	Forecast	1616	1644	1673
	UCL	1669	1699	1729
	LCL	1562	1590	1618

圖 11-17　預測值和置信區間

前 12 期為觀測值,13～15 期為預測線性直線。

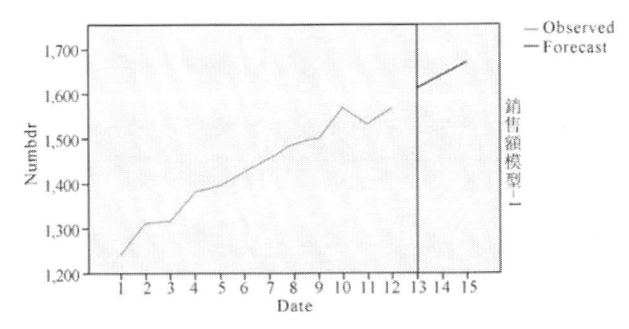

圖 11-18　銷售額和預測值連線圖

二、線性迴歸預測法

表 11-21 是 1995—2011 年的房地產開發投資資金量和新建住宅面積數據。現根據表 11-2 中的數據建立一個迴歸方程，並檢測迴歸方程的擬合效果和顯著性。

表 11-21　　1995-2011 年的房地產開發投資資金量和新建住宅面積

年份	房地產開發投資(億元)	新建住宅面積(億平方米)
1995	3,149.0	10.74
1996	3,216.4	12.23
1997	3,178.4	12.12
1998	3,614.2	12.76
1999	4,103.2	13.93
2000	4,984.1	13.46
2001	6,344.1	13.04
2002	7,790.9	13.40
2003	10,153.8	13.02
2004	1,358.3	12.49
2005	15,909.2	13.28
2006	19,422.9	13.14
2007	25,288.8	14.63
2008	31,203.2	15.94
2009	36,241.8	18.42
2010	48,259.4	18.32
2011	61,796.9	19.75

註：以上數據來自國家統計局 http://www.stats.gov.cn/。

步驟1，點擊【分析】→【迴歸】→【線性】，打開「線性迴歸」對話框，並將「新建住宅面積」調入「因變量」，「房地產開發投資」調入「自變量」(見圖 11-19)。

「選擇變量」可以選擇一個篩選變量，並利用右側的【規則】按鈕建立一個篩選條件，只有滿足該條件的記錄才會進入迴歸分析，否則採用數據文件中的全部數據。

「個案標籤」可以選擇一個變量，其取值將作為每條記錄的標籤。該項設置不影響輸

出結果的變化。

「WLS 權重」選入權重變量可以進行權重最小二乘法的迴歸分析。

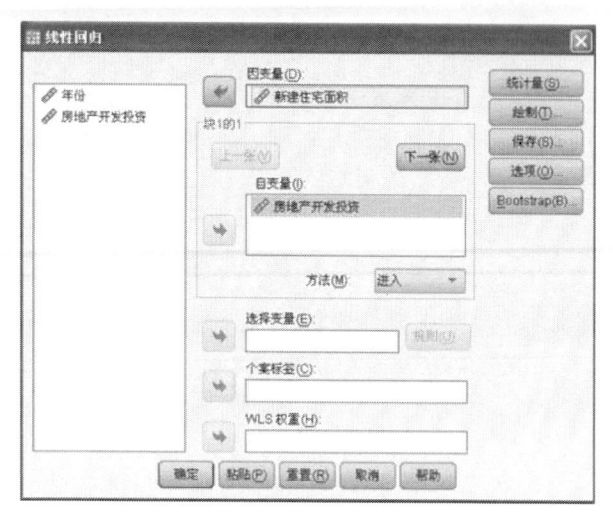

圖 11-19　線性迴歸

步驟 2,點擊【統計量】,在彈出的「線性迴歸:統計量」對話框中選擇需要的選項在前面打鉤(見圖 11-20)。

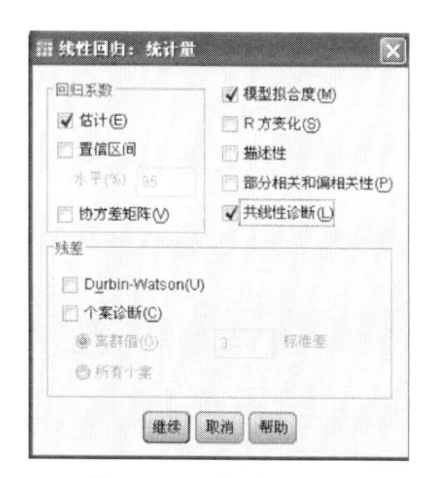

圖 11-20　線性迴歸:統計量

步驟 3,點擊【繼續】,再點擊【繪製】,在彈出的「線性迴歸:圖」對話框中選擇需要繪製的迴歸分析診斷或預測圖(見圖 11-21)。

圖 11-21　線性迴歸：圖

步驟 4，點擊【繼續】，再點擊【保存】，在彈出的「線性迴歸：保存」對話框中設置迴歸分析保存，此處現在使用默認值，若有需要根據需要選擇（見圖 11-22）。

圖 11-22　線性迴歸：保存

點擊【繼續】,再點擊【選項】,在「線性迴歸:選項」對話框中用戶可以設置多元線性迴歸分析中解釋變量篩選的標準以及缺失值的處理方式(見圖11-23)。

【使用 F 的概率】為標準判斷解釋變量能夠「進入」或「刪除」出迴歸方程。「進入」表示如果某個解釋變量的偏 F 統計量的概率 $p < 0.05$(SPSS 默認值),則應拒絕其檢驗的零假設,認為該變量對被解釋變量的線性影響是顯著的,應該進入迴歸方程;「刪除」表示如果方程中某個解釋變量 F 統計量的概率 $p > 0.10$(SPSS 默認值),則不能拒絕其檢驗的零假設,可以認為該變量對被解釋變量的線性影響是不顯著的,應該剔除出迴歸方程。

【使用 F 值】選項表示以偏 F 統計量的臨界值為標準判斷解釋變量能否「進入」或「刪除」出迴歸方程。「進入」表示如果某個解釋變量的偏 F 統計量的觀測值大於 3.84(SPSS 默認值),則應拒絕其檢驗的零假設,認為該變量對被解釋變量的線性影響是顯著的,應該進入迴歸方程;「刪除」表示如果方程中某個解釋變量 F 統計量的觀測值小於 2.71(SPSS 默認值),則不能拒絕其檢驗的零假設,可以認為該變量對被解釋變量的線性影響是不顯著的,應該剔除出迴歸方程。

【在等式中包含常量】表示是否進行中心化處理(方程中是否包括常數項)。默認不進行中心化處理(包括常數項)。

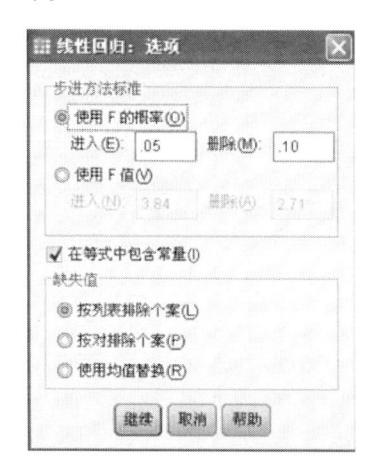

圖 11-23　線性迴歸:選項

完成設置后點擊【繼續】回到「迴歸方程」對話框,點擊【確定】,得到輸出結果(見圖 11-24~圖 11-26,表 11-23 和表 11-24)。

模型擬合度檢驗(Model Summary)表示一元線性迴歸模型的擬合情況。相關係數(R)的值為 0.932 是說明自變量和因變量之間的相關程度,其值在 0 ~ 1,越大說明相關越密切。決定系數(R Square)為 0.869,調整決定系數(Adjusted R Square)為 0.860,標準誤差(Std. Error of the Estimate)為 0.934,16。可見模型擬合效果是理想的。

Model Summary[b]

Model	R	R Square	Adjusted R Square	Std. Error of the Estimate
1	.932[a]	.869	.860	.93416

a. Predictors: (Constant), 房地產開發投資
b. Dependent Variable: 新建住宅面積

圖 11-24　模型擬合度檢驗

方差分析表(ANOVA)反映模型檢驗結果。迴歸模型的 Sig. 值小於 0.05，說明該模型有統計意義，該值越小則統計意義越顯著，該值為 0 則說明有顯著的統計意義。

表 11-22　　　　　　　　　　模型方差分析表

ANOVA[b]

Model		Sum of Squares	df	Mean Square	F	Sig.
1	Regression	86.822	1	86.822	99.492	.000[a]
	Residual	13.090	15	.873		
	Total	99.912	16			

迴歸分析結果(Coefficients)係數顯著性採用 t 檢驗。常數項對應的係數其 t 檢驗的 sig. 值為 0，自變量房地產開發投資對應的係數其 t 檢驗的 Sig. 值為 0，說明該結果具有顯著的統計意義。

表 11-23　　　　　　　　　　模型系數表

Coefficients[a]

Model		Unstandardized Coefficients B	Std. Error	Standardized Coefficients Beta	t	Sig.	Collinearity Statistics Tolerance	VIF
1	(Constant)	11.837	.325		36.454	.000		
	房地產開發投資	.000	.000	.932	9.975	.000	1.000	1.000

殘差統計量(Residuals Statistics)分析，即一個完整的迴歸分析還包括利用殘差分析，對擬合結果進行檢驗。這些數據中無離群值，且數據的標準差也不大，可認為模型是優質的。

表 11-24　　　　　　　　　　模型方差分析表

Residuals Statistics[a]

	Minimum	Maximum	Mean	Std. Deviation	N
Predicted Value	12.2540	20.0213	14.1571	2.32946	17
Residual	-1.51396	1.78323	.00000	.90449	17
Std. Predicted Value	-.817	2.517	.000	1.000	17
Std. Residual	-1.621	1.909	.000	.968	17

標準化殘差直方圖（Histogram Dependent Variable）和標準化殘差正態 P-P 圖（Normal P-P Plot of Regression Standardized Residual Dependent Variable）用來觀察其是否服從正態分佈。可以看出，殘差具有正態分佈的趨勢，因此可以認為這裡的迴歸模型是合適的。

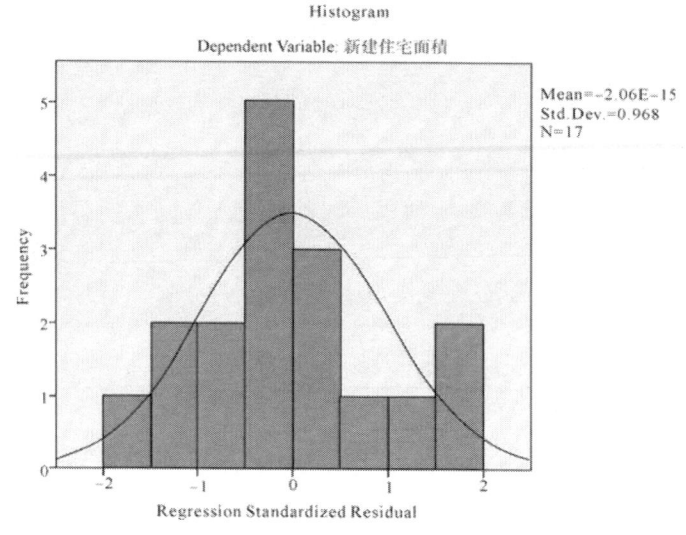

圖 11-25　直方圖

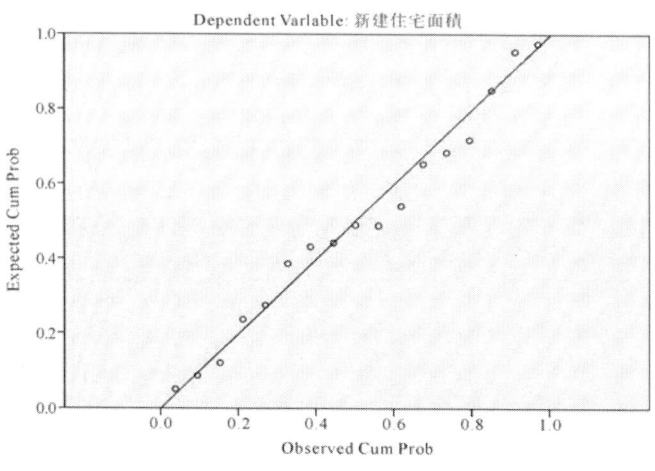

圖 11-26　殘差圖

三、季節性預測方法

表 11-25 是首創股份 2009—2012 年每季度的收入額。現根據表 11-25 中的數據計算季節指數。

表 11-25　　　　　　首創股份 2009—2012 年每季度的收入額　　　　　單位：億元

時間	收入額（億元）			
	2012 年	2011 年	2010 年	2009 年
第 1 季度	6.07	5.68	4.52	3.76
第 2 季度	6.34	6.38	5.69	4.32
第 3 季度	8.02	6.51	5.78	5.32
第 4 季度	13.4	16.8	14.4	13.0

註：以上數據來自東方財富網 http://www.eastmoney.com/。

步驟 1，點擊【數據】→【定義日期】打開「定義日期」對話框，選擇「年份、季度」（見圖 11-27）。

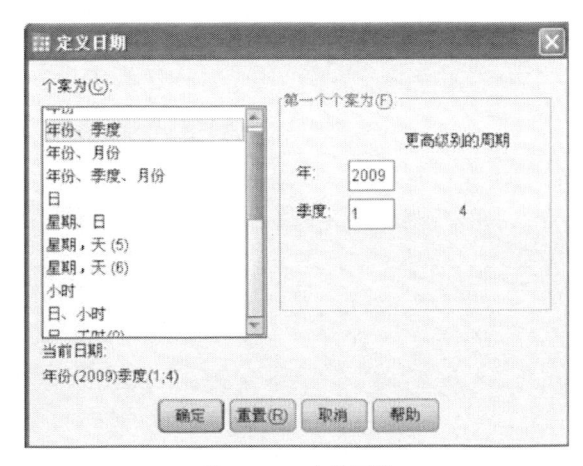

圖 11-27　定義日期

這裡「年」輸入「2009」，「季度」輸入「1」，表示日期從 2009 年第 1 季度開始。SPSS 會根據數據的個數對日期進行排列到最后一個數據。

點擊【確定】，數據中會加入「YEAR」「QUARTER」「DATE」三個新的時間變量，「YEAR」和「QUARTER」分別表示年份和季度，而「DATE」表示大致的日期（在對時間變量進行定義時，都會產生「DATE」變量）。

步驟 2，點擊【分析】→【預測】→【序列圖】，打開「序列圖」對話框（見圖 11-28）。

統計學

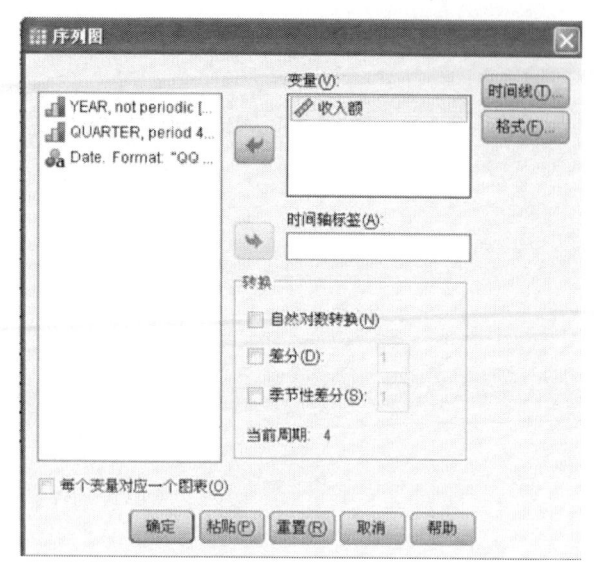

圖 11-28　序列圖

點擊【時間線】，缺少狀態下橫軸單位是自然序號，這裡使用默認設置。點擊【繼續】。然后點擊【格式】可以選擇輸出的圖形，這裡選擇默認設置。

點擊【確定】得到序列圖（見圖 11-29）。

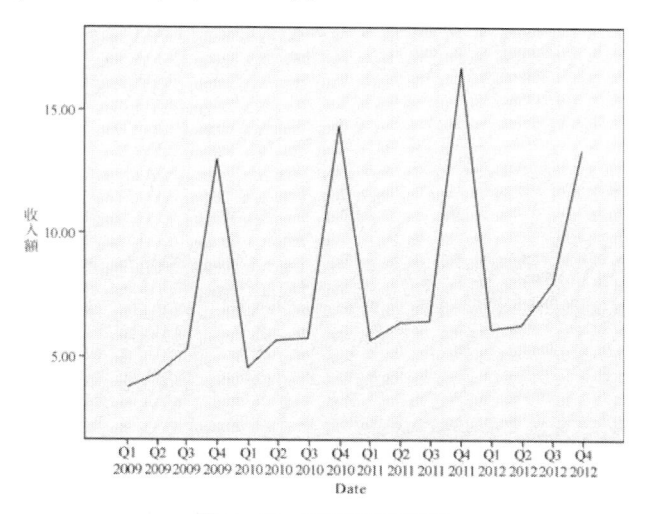

圖 11-29　序列圖輸出結果

由此圖可見該序列具有線性趨勢，趨勢是上升趨勢；該序列具有週期性，每年為一個週期，並且每年的第四季度都是最高值。

步驟 3，點擊【分析】→【預測】→【季節性分解】，打開「週期性分解」對話框（見圖 11-30）。

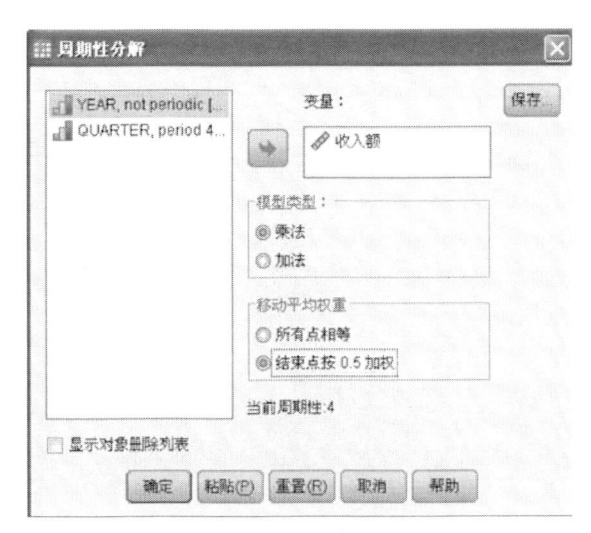

圖 11-30　週期性分解

將「收入額」調入變量中,模型類型選擇「乘法」,移動平均權重選擇「結束點按 0.5 加權」。

點擊【保存】,這裡設置季節指數、調整后序列值、平滑值及不規則項的保存方式,給出【添加至文件】、【替換現有】、【不要創建】三個選項(見圖 11-31)。

圖 11-31　保存選項

點擊【繼續】→【確定】,得到時間序列分解結果。此時會產生 4 個新的變量,分別為 ERR、SAS、SAF、STC,它們分別表示不規則成分、季節調整后的序列、季節因子、去掉季節和不規則變動的趨勢循環成分。

新增的變量與數據如圖 11-32 所示。

ERR_1	SAS_1	SAF_1	STC_1
.94384	5.68597	.66128	6.02430
.93500	5.82262	.74193	6.22739
1.08141	7.17357	.74161	6.63356
1.00856	7.00741	1.85518	6.94796
.94896	6.83527	.66128	7.20293
1.02964	7.66915	.74193	7.44835
1.00683	7.79384	.74161	7.74096
.96595	7.76206	1.85518	8.03567
1.02987	8.58945	.66128	8.34031
1.00054	8.59915	.74193	8.59450
.99485	8.77819	.74161	8.82367
1.01590	9.05573	1.85518	8.91404
1.00341	9.17922	.66128	9.14801
.93902	8.54523	.74193	9.10016
1.22046	10.81429	.74161	8.86085
.82632	7.22302	1.85518	8.74119

圖 11-32　新增的變量及數據

至此,已完成季節性分解全部步驟。

Model Description 為輸出的模型說明(見圖 11-33)。

Model Description

Model Name	MOD_3
Model Type	Multiplicative
Series Name　1	收入額
Length of Seasonal Period	4
Computing Method of Moving Averages	Span equal to the periodicity plus one and endpoints weighted by 0.5

Applying the model specifications from MOD_3

圖 11-33　模型描述

Seasonal Factors 為季節因子說明(見圖 11-34)。

Seasonal Factors

Series Name: 收入額

Period	Seasonal Factor (%)
1	66.1
2	74.2
3	74.2
4	185.5

圖 11-34　季節因子

思考與練習

一、思考題
1. 時間序列的構成成分有哪些?
2. 一般平穩序列和非平穩序列分別採用什麼預測方法?
3. 增減量、發展速度和增減速度之間有什麼關係?
4. 時間序列預測的程序是什麼?
5. 如何選擇合適的預測方法?
6. 如何評價一個預測方法的好壞?
7. 應用指數平滑法進行預測時,如何確定平滑系數?

二、選擇題
1. 不存在發展趨勢的序列稱為(　　)。
   A. 平穩序列　　　B. 週期性序列　　　C. 季節性序列　　　D. 非平穩序列
2. 包含趨勢性、季節性或週期性中一個或多個成分的序列稱為(　　)。
   A. 平穩序列　　　B. 週期性序列　　　C. 季節性序列　　　D. 非平穩序列
3. 時間序列在長時期內呈現出來的某種持續向上或持續下降的變動稱為(　　)。
   A. 平穩序列　　　B. 週期性序列　　　C. 季節性序列　　　D. 非平穩序列
4. 時間序列在一年內重複出現的週期性波動稱為(　　)。
   A. 長期趨勢　　　B. 季節波動　　　C. 循環波動　　　D. 隨機波動
5. 時間序列中呈現出來的圍繞長期趨勢的一種波浪形或振蕩式變動稱為(　　)。
   A. 長期趨勢　　　B. 季節波動　　　C. 循環波動　　　D. 隨機波動
6. 時間序列中除去趨勢、週期性和季節性之后的偶然性波動稱為(　　)。
   A. 長期趨勢　　　B. 季節波動　　　C. 循環波動　　　D. 隨機波動
7. 環比發展速度是(　　)。
   A. 報告期觀察值與前一時期觀察值之比減 1
   B. 報告期觀察值與前一時期觀察值之比
   C. 報告期觀察值與某一固定時期觀察值之比減 1
   D. 基期觀察值與某一固定時期觀察值之比
8. 定基發展速度是(　　)。
   A. 報告期觀察值與前一時期觀察值之比減 1
   B. 報告期觀察值與前一時期觀察值之比
   C. 報告期觀察值與某一固定時期觀察值之比減 1
   D. 報告期觀察值與某一固定時期觀察值之比
9. 定基增長速度是(　　)。
   A. 報告期觀察值與前一時期觀察值之比減 1
   B. 報告期觀察值與前一時期觀察值之比加 1
   C. 報告期觀察值與某一固定時期觀察值之比減 1

D. 基期觀察值與某一固定時期觀察值之比加 1

10. 環比增長速度是(　　)。

　　A. 報告期觀察值與前一時期觀察值之比減 1

　　B. 報告期觀察值與前一時期觀察值之比加 1

　　C. 報告期觀察值與某一固定時期觀察值之比減 1

　　D. 基期觀察值與某一固定時期觀察值之比加 1

11. 時間序列中各逐期環比值的幾何平均數減 1 后的結果稱為(　　)。

　　A. 環比增長速度　B. 定基增長速度　C. 平均增長速度　D. 同比增長速度

12. 判斷時間序列是否存在趨勢成分的一種方法是(　　)。

　　A. 計算環比增長速度　　　　　B. 利用相關迴歸分析擬合一條趨勢線

　　C. 計算平均增長速度　　　　　D. 計算季節指數

13. 指數平滑法適合於預測(　　)。

　　A. 平穩序列　　B. 複合序列　　C. 趨勢序列　　D. 季節型序列

14. 移動平均法適合於預測(　　)。

　　A. 平穩序列　　B. 複合序列　　C. 趨勢序列　　D. 季節型序列

15. 下面的(　　)方法不適合於對平穩序列的預測。

　　A. 移動平均法　B. 簡單平均法　C. 指數平滑法　D. 線性趨勢預測法

16. 在指數平滑預測法中，取 $\alpha = 1$，則第 $t+1$ 期的預測值等於(　　)。

　　A. 第 t 期的實際觀察值　　　　B. 第 t 期的指數平滑值

　　C. 第 $t+1$ 期的實際觀察值　　　D. 第 $t+1$ 期的指數平滑值

17. 在使用指數平滑法進行預測時，如果時間序列有較小的隨機波動，則平滑系數 α 的取值(　　)。

　　A. 應該小些　　B. 應該大些　　C. 應該等於 0　　D. 應該等於 1

18. 如果現象隨著時間的推移其增長量呈現出穩定增長或下降的變化規律，則適合的預測方法是(　　)。

　　A. 移動平均法　B. 指數平滑法　C. 線性趨勢預測法　D. 指數模型法

19. 用最小二乘法擬合直線趨勢方程為 $\hat{y}_t = b_0 + b_1 t$，若 b_1 為正數，表明該現象隨著時間的推移呈現(　　)。

　　A. 上升趨勢　　B. 下降趨勢　　C. 水平趨勢　　D. 隨機波動

20. 對某一時間序列擬合的直線趨勢方程為 $\hat{y}_t = b_0 + b_1 t$，如果 b_1 的值等於 0，則表明該序列(　　)。

　　A. 沒有趨勢　　　　　　　　　B. 有上升趨勢

　　C. 有下降趨勢　　　　　　　　D. 有非線性趨勢

21. 某種股票的價格周二上漲了 10%，周三上漲了 10%，兩天累計漲幅達(　　)。

　　A. 20%　　　B. 21%　　　C. 100%　　　D. 2%

22. 某種商品的價格連續四年環比增長率分別為 5%、10%、15%、20%，該商品價格的年平均增長率為(　　)。

　　A. (5%+10%+15%+20%)÷4

B. $[(105\% \times 110\% \times 115\% \times 120\%) - 1] \div 4$

C. $\sqrt[3]{105\% \times 110\% \times 115\% \times 120\%} - 1$

D. $\sqrt[4]{105\% \times 110\% \times 115\% \times 120\%} - 1$

23. 已知某地區 2004 年的財政收入為 100 億元,2015 年為 1,000 億元。該地區的財政收入在這段時間的年平均增長率為( )。

A. $\dfrac{1,000}{100} - 1$ B. $\sqrt[11]{\dfrac{1,000}{100}} - 1$ C. $\sqrt[10]{\dfrac{1,000}{100}} - 1$ D. $\sqrt[12]{\dfrac{1,000}{100}} - 1$

三、計算題

1. 某汽車製造廠 2010—2014 年汽車產量資料如表 11-26 所示。

表 11-26

年份	2010	2011	2012	2013	2014
汽車產量(萬輛)	110	120	150	200	220

試計算 2010—2014 年汽車產量的平均發展速度、年平均增長量和年平均增長速度。

2. 某地區國內生產總值在 2001—2005 年平均每年遞增 10%,2006—2009 年平均每年遞增 12%,2010—2014 年平均每年遞增 8%。試計算:

(1)該地區國內生產總值在這 14 年間的發展總速度和平均增長速度。

(2)若 2014 年的國內生產總值為 500 億元,按照之前的增長速度,到 2020 年國內生產總值可達多少?

3. 某超市近 10 年商品銷售額資料如表 11-27 所示。

表 11-27

年份	2005	2006	2007	2008	2009	2010	2011	2012	2013	2014
銷售額(萬元)	1,000	1,200	2,000	2,100	2,500	3,000	3,600	4,000	5,000	5,900

(1)分別用移動平均法和趨勢方程預測該超市 2015 年的銷售額。

(2)通過時間序列的數據和發展趨勢判斷,對該超市日後發展進行評價。

4. 表 11-28 中是 10 只股票 2015 年的每股帳面價值和當年紅利。

表 11-28

公司序號	帳面價值(元)	紅利(元)	公司序號	帳面價值(元)	紅利(元)
1	22.44	2.4	6	12.14	0.80
2	20.89	2.98	7	23.31	1.94
3	22.09	2.06	8	16.23	3.00
4	14.48	1.09	9	0.56	0.28
5	20.73	1.96	10	0.84	0.84

根據表 11-28 的資料:

(1)製作散點圖,並判斷該序列所包含的成分。

(2)試用 SPSS 估計迴歸方程。

(3)試用 SPSS 對方程進行顯著性檢驗（$\alpha = 0.05$）。

(4)如果帳面價值為 20 元，請預測紅利為多少？

5. 某縣 2011—2014 年各季度鮮蛋銷售量數據如表 11-29 所示。

表 11-29　　　　　　　　　　　　　　　　　　　　　　　　　　　　　單位：萬千克

年份	一季度	二季度	三季度	四季度
2011	13.1	13.9	7.9	8.6
2012	10.8	11.5	9.7	11.0
2013	14.6	17.5	16.0	18.2
2014	18.4	20.0	16.9	18.0

(1)用移動平均法消除季節變動。

(2)擬合線性模型測定長期趨勢。

(3)預測 2015 年各季度鮮蛋銷售量。

(4)試用 SPSS 進行操作。

6. 某地區 2011—2014 年各月工業增加值數據如表 11-30 所示。

表 11-30　　　　　　　　　　　　　　　　　　　　　　　　　　　　　單位：億元

年份	1月	2月	3月	4月	5月	6月	7月	8月	9月	10月	11月	12月
2011	4.78	3.97	5.07	5.12	5.27	5.45	4.95	5.03	5.37	5.34	5.54	5.44
2012	5.18	4.61	5.69	5.71	5.90	6.05	5.65	5.76	6.14	6.14	6.47	6.55
2013	6.46	5.62	6.96	7.12	7.23	7.43	6.78	6.76	7.03	6.85	7.03	7.22
2014	6.82	5.68	7.38	7.40	7.60	7.95	7.19	7.35	7.76	7.83	8.17	8.47

(1)用同季平均法計算季節比率。

(2)用移動平均法分析其長期趨勢。

(3)用趨勢剔除法和季節調整法對 2015 年的工業增加值進行預測。

四、案例思考題

廣州航空郵件處理中心業務量的預測

廣州航空郵件處理中心作為中國郵政的重要航空樞紐，是中國郵政的三個主要國際郵件互換局之一的主要處理場地。

近年來，隨著網上購物的普及，物流業發展迅速，大小物流公司如雨後春筍般出現在社會的各個角落。這就造成在物流業迅速發展的背后，物流業的競爭也日趨白熱化。廣州航空郵件處理中心作為物流品牌企業中國郵政的下屬企業，也在一定程度上受到物流業迅速擴容的衝擊。為了監控公司業務的發展，廣州航空郵件處理中心每個月都要統計公司的業務量。表 11-31 給出的是廣州航空郵件處理中心 2011—2014 年的業務量數據。

表 11-31　　　廣州航空郵件處理中心 2011—2014 年的業務量數據　　　　　單位：萬件

年份	1月	2月	3月	4月	5月	6月	7月	8月	9月	10月	11月	12月
2011	520	600	500	480	450	535	485	513	1,160	514	800	503
2012	610	588	579	591	590	685	555	576	1,156	614	1,206	605
2013	710	662	796	712	723	743	678	676	1,140	685	1,318	722
2014	730	668	738	740	760	795	719	735	1,135	783	1,565	847

根據以上數據回答下列問題：

(1) 試確定上述緒論所包含的成分。

(2) 選擇合適的方法對 2015 年廣州航空郵件處理中心各月的業務數據進行預測。

(3) 從表 11-31 的數據可以得出的結論是什麼？建議是什麼？

附

附表 1　標準正態分佈函數值表

本表列出了標準正態分佈 $N(0,1)$ 的分佈函數

$$\Phi(x) = \int_{-\infty}^{x} \frac{1}{\sqrt{2\pi}} e^{-\frac{t^2}{2}} dt$$

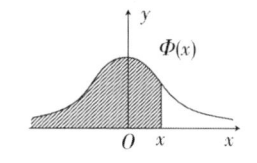

的值。

x	0.00	0.01	0.02	0.03	0.04	0.05	0.06	0.07	0.08	0.09
0.0	0.5000	0.5040	0.5080	0.5120	0.5160	0.5199	0.5239	0.5279	0.5319	0.5359
0.1	0.5398	0.5438	0.5478	0.5517	0.5557	0.5596	0.5636	0.5675	0.5714	0.5753
0.2	0.5793	0.5832	0.5871	0.5910	0.5948	0.5987	0.6026	0.6064	0.6103	0.6141
0.3	0.6179	0.6217	0.6255	0.6293	0.6331	0.6368	0.6406	0.6443	0.6480	0.6517
0.4	0.6554	0.6591	0.6628	0.6664	0.6700	0.6736	0.6772	0.6808	0.6844	0.6879
0.5	0.6915	0.6950	0.6985	0.7019	0.7054	0.7088	0.7123	0.7157	0.7190	0.7224
0.6	0.7257	0.7291	0.7324	0.7357	0.7389	0.7422	0.7454	0.7486	0.7517	0.7549
0.7	0.7580	0.7611	0.7642	0.7673	0.7704	0.7734	0.7764	0.7794	0.7823	0.7852
0.8	0.7881	0.7910	0.7939	0.7967	0.7995	0.8023	0.8051	0.8078	0.8106	0.8133
0.9	0.8159	0.8186	0.8212	0.8238	0.8264	0.8289	0.8315	0.8340	0.8365	0.8389
1.0	0.8413	0.8438	0.8461	0.8485	0.8508	0.8531	0.8554	0.8577	0.8599	0.8621
1.1	0.8643	0.8665	0.8686	0.8708	0.8729	0.8749	0.8770	0.8790	0.8810	0.8830
1.2	0.8849	0.8869	0.8888	0.8907	0.8925	0.8944	0.8962	0.8980	0.8997	0.9015
1.3	0.9032	0.9049	0.9066	0.9082	0.9099	0.9115	0.9131	0.9147	0.9162	0.9177
1.4	0.9192	0.9207	0.9222	0.9236	0.9251	0.9265	0.9279	0.9292	0.9306	0.9319

附表1(續)

x	0.00	0.01	0.02	0.03	0.04	0.05	0.06	0.07	0.08	0.09
1.5	0.9332	0.9345	0.9357	0.9370	0.9382	0.9394	0.9406	0.9418	0.9429	0.9441
1.6	0.9452	0.9463	0.9474	0.9484	0.9495	0.9505	0.9515	0.9529	0.9535	0.9545
1.7	0.9554	0.9564	0.9573	0.9582	0.9591	0.9599	0.9608	0.9616	0.9625	0.9633
1.8	0.9641	0.9649	0.9656	0.9664	0.9671	0.9678	0.9686	0.9693	0.9699	0.9703
1.9	0.9713	0.9719	0.9726	0.9732	0.9738	0.9744	0.9750	0.9756	0.9761	0.9767
2.0	0.9772	0.9778	0.9783	0.9788	0.9793	0.9798	0.9803	0.9808	0.9812	0.9817
2.1	0.9821	0.9826	0.9830	0.9834	0.9838	0.9842	0.9846	0.9850	0.9854	0.9857
2.2	0.9861	0.9864	0.9868	0.9871	0.9875	0.9878	0.9881	0.9884	0.9887	0.9890
2.3	0.9893	0.9896	0.9898	0.9901	0.9904	0.9906	0.9909	0.9911	0.9913	0.9916
2.4	0.9918	0.9920	0.9922	0.9925	0.9927	0.9929	0.9931	0.9932	0.9934	0.9936
2.5	0.9938	0.9940	0.9941	0.9943	0.9945	0.9946	0.9948	0.9949	0.9951	0.9952
2.6	0.9953	0.9955	0.9956	0.9957	0.9959	0.9960	0.9961	0.9962	0.9963	0.9964
2.7	0.9965	0.9966	0.9967	0.9968	0.9969	0.9970	0.9971	0.9972	0.9973	0.9974
2.8	0.9974	0.9975	0.9976	0.9977	0.9977	0.9978	0.9979	0.9979	0.9980	0.9981
2.9	0.9981	0.9982	0.9982	0.9983	0.9984	0.9984	0.9985	0.9985	0.9986	0.9986
3.0	0.9987	0.9987	0.9987	0.9988	0.9988	0.9989	0.9989	0.9989	0.9990	0.9990
3.1	0.9990	0.9991	0.9991	0.9991	0.9992	0.9992	0.9992	0.9992	0.9993	0.9993
3.2	0.9993	0.9993	0.9994	0.9994	0.9994	0.9994	0.9994	0.9995	0.9995	0.9995
3.3	0.9995	0.9995	0.9995	0.9996	0.9996	0.9996	0.9996	0.9996	0.9996	0.9997
3.4	0.9997	0.9997	0.9997	0.9997	0.9997	0.9997	0.9997	0.9997	0.9997	0.9998

附表2　t 分佈上側分位數表

本表列出了 $t(n)$ 分佈的上側 α 分位數 $t_\alpha(n)$，它滿足：

$$P\{t(n) > t_\alpha(n)\} = \alpha.$$

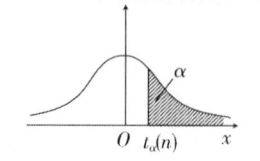

n \ α	0.25	0.10	0.05	0.025	0.01	0.005
1	1.0000	3.0777	6.3138	12.7062	31.8207	63.6574
2	0.8165	1.8856	2.9200	4.3027	6.9646	9.9248
3	0.7649	1.6377	2.3534	3.1824	4.5407	5.8409
4	0.7407	1.5332	2.1318	2.7764	3.7469	4.6041
5	0.7267	1.4759	2.0150	2.5706	3.3649	4.0322
6	0.7176	1.4398	1.9432	2.4469	3.1427	3.7074
7	0.7111	1.4149	1.8946	2.3646	2.9980	3.4995
8	0.7064	1.3968	1.8595	2.3060	2.8965	3.3665
9	0.7027	1.3830	1.8331	2.2622	2.8214	3.2498
10	0.6998	1.3722	1.8125	2.2281	2.7638	3.1693
11	0.6974	1.3634	1.7959	2.2010	2.7181	3.1058
12	0.6955	1.3562	1.7823	2.1788	2.6810	3.0545
13	0.6938	1.3502	1.7709	2.1604	2.6503	3.0123
14	0.6924	1.3450	1.7613	2.1448	2.6245	2.9768
15	0.6912	1.3406	1.7531	2.1315	2.6025	2.9467
16	0.6901	1.3368	1.7459	2.1199	2.5835	2.9208
17	0.6892	1.3334	1.7396	2.1098	2.5669	2.8982
18	0.6884	1.3304	1.7341	2.1009	2.5524	2.8784
19	0.6876	1.3277	1.7291	2.0930	2.5395	2.8609
20	0.6870	1.3253	1.7247	2.0860	2.5280	2.8453

附表 2(續)

α \ n	0.25	0.10	0.05	0.025	0.01	0.005
21	0.6864	1.3232	1.7207	2.0796	2.5177	2.8314
22	0.6858	1.3212	1.7171	2.0739	2.5083	2.8188
23	0.6853	1.3195	1.7139	2.0687	2.4999	2.8073
24	0.6848	1.3178	1.7109	2.0639	2.4922	2.7969
25	0.6844	1.3163	1.7081	2.0595	2.4851	2.7874
26	0.6840	1.3150	1.7056	2.0555	2.4786	2.7787
27	0.6837	1.3137	1.7033	2.0518	2.4727	2.7707
28	0.6834	1.3125	1.7011	2.0484	2.4671	2.7633
29	0.6830	1.3113	1.6991	2.0452	2.4620	2.7564
30	0.6828	1.3104	1.6973	2.0423	2.4573	2.7500
31	0.6825	1.3095	1.6955	2.0395	2.4528	2.7440
32	0.6822	1.3086	1.6939	2.0369	2.4487	2.7385
33	0.6820	1.3077	1.6924	2.0345	2.4448	2.7333
34	0.6818	1.3070	1.6909	2.0322	2.4411	2.7284
35	0.6816	1.3062	1.6896	2.0301	2.4377	2.7238
36	0.6814	1.3055	1.6883	2.0281	2.4345	2.7195
37	0.6812	1.3049	1.6871	2.0262	2.4314	2.7154
38	0.6810	1.3042	1.6860	2.0244	2.4286	2.7116
39	0.6808	1.3036	1.6849	2.0227	2.4258	2.7079
40	0.6807	1.3031	1.6839	2.0211	2.4233	2.7045
41	0.6805	1.3025	1.6829	2.0195	2.4208	2.7012
42	0.6804	1.3020	1.6820	2.0181	2.4185	2.6981
43	0.6802	1.3016	1.6811	2.0167	2.4163	2.6951
44	0.6801	1.3011	1.6802	2.0154	2.4141	2.6923
45	0.6800	1.3006	1.6794	2.0141	2.4121	2.6896

附表3 χ^2 分佈上側分位數表

本表列出了 $\chi^2(n)$ 分佈的上側 α 分位數 $\chi^2_\alpha(n)$，它滿足：

$$P\{\chi^2(n) > \chi^2_\alpha(n)\} = \alpha.$$

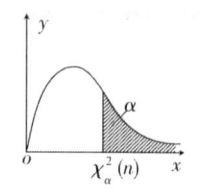

α \ n	0.995	0.99	0.975	0.95	0.90	0.75
1	—	—	0.001	0.004	0.016	0.102
2	0.010	0.020	0.051	0.103	0.211	0.575
3	0.072	0.115	0.216	0.352	0.584	1.213
4	0.207	0.297	0.484	0.711	1.064	1.923
5	0.412	0.554	0.831	1.145	1.610	2.675
6	0.676	0.872	1.237	1.635	2.204	3.455
7	0.989	1.239	1.690	2.167	2.833	4.255
8	1.344	1.646	2.180	2.733	3.490	5.071
9	1.735	2.088	2.700	3.325	4.168	5.899
10	2.156	2.558	3.247	3.940	4.865	6.737
11	2.603	3.053	3.816	4.575	5.578	7.584
12	3.074	3.571	4.404	5.226	6.304	8.438
13	3.565	4.107	5.009	5.892	7.042	9.299
14	4.075	4.660	5.629	6.571	7.790	10.165
15	4.601	5.229	6.262	7.261	8.547	11.037
16	5.142	5.812	6.908	7.962	9.312	11.912
17	5.697	6.408	7.564	8.672	10.085	12.792
18	6.265	7.015	8.231	9.390	10.865	13.675
19	6.814	7.633	8.907	10.117	11.651	14.562
20	7.434	8.260	9.591	10.851	12.443	15.452

附表3(續1)

α \\ n	0.995	0.99	0.975	0.95	0.90	0.75
21	8.034	8.897	10.283	11.591	13.240	16.344
22	8.643	9.542	10.982	12.338	14.042	17.240
23	9.260	10.196	11.689	13.091	14.848	18.137
24	9.886	10.856	12.401	13.848	15.659	19.037
25	10.520	11.524	13.120	14.611	16.473	19.939
26	11.160	12.198	13.844	15.379	17.292	20.843
27	11.808	12.879	14.573	16.151	18.114	21.749
28	12.461	13.565	15.308	16.928	18.939	22.657
29	13.121	14.257	16.047	17.708	19.768	23.567
30	13.787	14.954	16.791	18.493	20.599	24.478
31	14.458	15.655	17.539	19.281	21.434	25.390
32	15.134	16.362	18.291	20.072	22.271	26.304
33	15.815	17.074	19.047	20.867	23.110	27.219
34	16.501	17.789	19.806	21.664	23.952	28.136
35	17.192	18.509	20.569	22.456	24.797	29.054
36	17.887	19.233	21.336	23.269	25.643	29.973
37	18.586	19.960	22.106	24.075	26.492	30.893
38	19.289	20.691	22.878	24.884	27.343	31.815
39	19.996	21.426	23.654	25.695	28.196	32.737
40	20.707	22.164	24.433	26.509	29.051	33.660
41	21.421	22.906	25.215	27.326	29.907	34.585
42	22.138	23.650	25.999	28.144	30.765	35.510
43	22.859	24.398	26.785	28.965	31.625	36.436
44	23.584	25.148	27.575	29.787	32.487	37.363
45	24.411	25.901	28.366	30.612	33.350	38.291

附表 3(續 2)

α \ n	0.25	0.10	0.05	0.025	0.01	0.005
1	1.323	2.706	3.841	5.024	6.635	7.879
2	2.773	4.605	5.991	7.378	9.210	10.597
3	4.108	6.251	7.815	9.348	11.345	12.838
4	5.385	7.779	9.488	11.143	13.277	14.860
5	6.626	9.236	11.071	12.833	15.086	16.750
6	7.841	10.645	12.592	14.449	16.812	18.548
7	9.037	12.017	14.067	16.013	18.475	20.278
8	10.219	13.362	15.507	17.535	20.090	21.955
9	11.389	14.684	16.919	19.023	21.666	23.589
10	12.549	15.987	18.307	20.483	23.209	25.188
11	13.701	17.275	19.675	21.920	24.725	26.757
12	14.845	18.549	21.026	23.337	26.217	28.299
13	15.984	19.812	22.362	24.736	27.688	29.819
14	17.117	21.064	23.685	26.119	29.141	31.319
15	18.245	22.307	24.996	27.488	30.578	32.801
16	19.369	23.542	26.296	28.845	32.000	34.267
17	20.489	24.769	27.587	30.191	33.409	35.718
18	21.605	25.989	28.869	31.526	34.805	37.156
19	22.718	27.204	30.144	32.852	36.191	38.582
20	23.828	28.412	31.410	34.170	37.566	39.997
21	24.935	29.615	32.671	36.479	38.932	41.401
22	26.039	30.813	33.924	36.781	40.289	42.796
23	27.141	32.007	35.172	38.076	41.638	44.181
24	28.241	33.196	36.415	39.364	42.980	45.559
25	29.339	34.382	37.652	40.646	44.314	46.928

附表 3(續 3)

α \ n	0.25	0.10	0.05	0.025	0.01	0.005
26	30.435	35.563	38.885	41.923	45.643	48.290
27	31.528	36.741	40.113	43.194	46.963	49.645
28	32.620	37.916	41.337	44.461	48.278	50.993
29	33.711	39.087	42.557	45.722	49.588	52.336
30	34.800	40.256	43.773	46.979	50.892	53.672
31	35.887	41.422	44.985	48.232	52.191	55.003
32	36.973	42.585	46.194	49.480	53.486	56.328
33	38.058	43.745	47.400	50.725	54.776	57.648
34	39.141	44.903	48.602	51.966	56.061	58.964
35	40.223	46.059	49.802	53.203	57.342	60.275
36	41.304	47.212	50.998	54.437	58.619	61.581
37	42.383	48.363	52.192	55.668	59.892	62.883
38	43.462	49.513	53.884	56.896	61.162	64.181
39	44.539	50.600	54.572	58.120	62.428	65.476
40	45.616	51.805	55.758	59.342	63.691	66.766
41	46.692	52.949	56.942	60.561	64.950	68.053
42	47.766	54.090	58.124	61.777	66.206	69.336
43	48.840	55.230	59.304	62.990	67.459	70.616
44	49.913	56.369	60.481	64.201	69.710	71.893
45	50.985	57.505	61.656	65.410	69.957	73.166

附表 4　F 分佈上側分位數表

本表列出了 $F(n_1, n_2)$ 分佈的上側 α 分位數 $F_\alpha(n_1, n_2)$，它滿足：

$$P\{F(n_1, n_2) > F_\alpha(n_1, n_2)\} = \alpha.$$

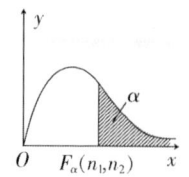

(1) $\alpha = 0.25$

n_2 \ n_1	1	2	3	4	5	6	7	8	9	10	12	15	20	24	30	40	60	120	∞	n_2
1	5.83	7.50	8.20	8.58	8.82	8.98	9.10	9.19	9.26	9.32	9.41	9.49	9.58	9.63	9.67	9.71	9.76	9.80	9.85	1
2	2.57	3.00	3.15	3.23	3.28	3.31	3.34	3.35	3.37	3.38	3.39	3.41	3.43	3.43	3.44	3.45	3.46	3.47	3.48	2
3	2.02	2.28	2.36	2.39	2.41	2.42	2.43	2.44	2.44	2.44	2.45	2.46	2.46	2.46	2.47	2.47	2.47	2.47	2.47	3
4	1.81	2.00	2.05	2.06	2.07	2.08	2.08	2.08	2.08	2.08	2.08	2.08	2.08	2.08	2.08	2.08	2.08	2.08	2.08	4
5	1.69	1.85	1.88	1.89	1.89	1.89	1.89	1.89	1.89	1.89	1.89	1.89	1.88	1.88	1.88	1.88	1.87	1.87	1.87	5
6	1.62	1.76	1.78	1.79	1.79	1.78	1.78	1.78	1.77	1.77	1.77	1.76	1.76	1.75	1.75	1.75	1.74	1.74	1.74	6
7	1.57	1.70	1.72	1.72	1.71	1.71	1.70	1.70	1.69	1.69	1.68	1.68	1.67	1.67	1.66	1.66	1.65	1.65	1.65	7
8	1.54	1.66	1.67	1.66	1.66	1.65	1.64	1.64	1.63	1.63	1.62	1.62	1.61	1.60	1.60	1.59	1.59	1.58	1.58	8
9	1.51	1.62	1.63	1.63	1.62	1.61	1.60	1.60	1.59	1.59	1.58	1.57	1.56	1.56	1.55	1.54	1.54	1.53	1.53	9
10	1.49	1.60	1.60	1.59	1.59	1.58	1.57	1.56	1.56	1.55	1.54	1.53	1.52	1.52	1.51	1.51	1.50	1.49	1.48	10
11	1.47	1.58	1.58	1.57	1.56	1.55	1.54	1.53	1.53	1.52	1.51	1.50	1.49	1.49	1.48	1.47	1.47	1.46	1.45	11
12	1.46	1.56	1.56	1.55	1.54	1.53	1.52	1.51	1.51	1.50	1.49	1.48	1.47	1.46	1.45	1.45	1.44	1.43	1.42	12
13	1.45	1.55	1.55	1.53	1.52	1.51	1.50	1.49	1.49	1.48	1.47	1.46	1.45	1.44	1.43	1.42	1.42	1.41	1.40	13
14	1.44	1.53	1.53	1.52	1.51	1.50	1.49	1.48	1.47	1.46	1.45	1.44	1.43	1.42	1.41	1.41	1.40	1.39	1.38	14
15	1.43	1.52	1.52	1.51	1.49	1.48	1.47	1.46	1.46	1.45	1.44	1.43	1.41	1.41	1.40	1.39	1.38	1.37	1.36	15
16	1.42	1.51	1.51	1.50	1.48	1.47	1.46	1.45	1.44	1.44	1.43	1.41	1.40	1.39	1.38	1.37	1.36	1.35	1.34	16
17	1.42	1.51	1.50	1.49	1.47	1.46	1.45	1.44	1.43	1.43	1.41	1.40	1.39	1.38	1.37	1.36	1.35	1.34	1.33	17
18	1.41	1.50	1.49	1.48	1.46	1.45	1.44	1.43	1.42	1.42	1.40	1.39	1.38	1.37	1.36	1.35	1.34	1.33	1.32	18
19	1.41	1.49	1.49	1.47	1.46	1.44	1.43	1.42	1.41	1.41	1.40	1.38	1.37	1.36	1.35	1.34	1.33	1.32	1.30	19
20	1.40	1.49	1.48	1.47	1.45	1.44	1.43	1.42	1.41	1.40	1.39	1.37	1.36	1.35	1.34	1.33	1.32	1.31	1.29	20
21	1.40	1.48	1.48	1.46	1.44	1.43	1.42	1.41	1.40	1.39	1.38	1.37	1.35	1.34	1.33	1.32	1.31	1.30	1.28	21
22	1.40	1.48	1.47	1.45	1.44	1.42	1.41	1.40	1.39	1.39	1.37	1.36	1.34	1.33	1.32	1.31	1.30	1.29	1.28	22
23	1.39	1.47	1.47	1.45	1.43	1.42	1.41	1.40	1.39	1.38	1.37	1.35	1.34	1.33	1.32	1.31	1.30	1.28	1.27	23
24	1.39	1.47	1.46	1.44	1.43	1.41	1.40	1.39	1.38	1.38	1.36	1.35	1.33	1.32	1.31	1.30	1.29	1.28	1.26	24
25	1.39	1.47	1.46	1.44	1.42	1.41	1.40	1.39	1.38	1.37	1.36	1.34	1.33	1.32	1.31	1.29	1.28	1.27	1.25	25
26	1.38	1.46	1.45	1.44	1.42	1.41	1.39	1.38	1.37	1.37	1.35	1.34	1.32	1.31	1.30	1.29	1.28	1.26	1.25	26
27	1.38	1.46	1.45	1.43	1.42	1.40	1.39	1.38	1.37	1.36	1.35	1.33	1.32	1.31	1.30	1.28	1.27	1.26	1.24	27
28	1.38	1.46	1.45	1.43	1.41	1.40	1.39	1.38	1.37	1.36	1.34	1.33	1.31	1.30	1.29	1.28	1.27	1.25	1.24	28
29	1.38	1.45	1.45	1.43	1.41	1.40	1.38	1.37	1.36	1.35	1.34	1.32	1.31	1.30	1.29	1.27	1.26	1.25	1.23	29
30	1.38	1.45	1.44	1.42	1.41	1.39	1.38	1.37	1.36	1.35	1.34	1.32	1.30	1.29	1.28	1.27	1.26	1.24	1.23	30
40	1.36	1.44	1.42	1.40	1.39	1.37	1.36	1.35	1.34	1.33	1.31	1.30	1.28	1.26	1.25	1.24	1.22	1.21	1.19	40
60	1.35	1.42	1.41	1.38	1.37	1.35	1.33	1.32	1.31	1.30	1.29	1.27	1.25	1.24	1.22	1.21	1.19	1.17	1.15	60
120	1.34	1.40	1.39	1.37	1.35	1.33	1.31	1.30	1.29	1.28	1.26	1.24	1.22	1.21	1.19	1.18	1.16	1.13	1.10	120
∞	1.32	1.39	1.37	1.35	1.33	1.31	1.29	1.28	1.27	1.25	1.24	1.22	1.19	1.18	1.16	1.14	1.12	1.08	1.00	∞

(2) $\alpha = 0.10$ 附表4(續1)

n_1 \ n_2	1	2	3	4	5	6	7	8	9	10	15	20	30	50	100	200	500	∞	n_2
1	39.9	49.5	53.6	55.8	57.2	58.2	58.9	59.4	59.9	60.2	61.2	61.7	62.3	62.7	63.0	63.2	63.3	63.3	1
2	8.53	9.00	9.16	9.24	9.29	9.33	9.35	9.37	9.38	9.39	9.42	9.44	9.46	9.47	9.48	9.49	9.49	9.49	2
3	5.54	5.46	5.39	5.34	5.31	5.28	5.27	5.25	5.24	5.23	5.20	5.18	5.17	5.15	5.14	5.14	5.14	5.13	3
4	4.54	4.32	4.19	4.11	4.05	4.01	3.98	3.95	3.94	3.92	3.87	3.84	3.82	3.80	3.78	3.77	3.76	3.76	4
5	4.06	3.78	3.62	3.52	3.45	3.40	3.37	3.34	3.32	3.30	3.24	3.21	3.17	3.15	3.13	3.12	3.11	3.10	5
6	3.78	3.46	3.29	3.18	3.11	3.05	3.01	2.98	2.96	2.94	2.87	2.84	2.80	2.77	2.75	2.73	2.73	2.72	6
7	3.59	3.26	3.07	2.96	2.88	2.83	2.78	2.75	2.72	2.70	2.63	2.59	2.56	2.52	2.50	2.48	2.48	2.47	7
8	3.46	3.11	2.92	2.81	2.73	2.67	2.62	2.59	2.56	2.54	2.46	2.42	2.38	2.35	2.32	2.31	2.30	2.29	8
9	3.36	3.01	2.81	2.69	2.61	2.55	2.51	2.47	2.44	2.42	2.34	2.30	2.25	2.22	2.19	2.17	2.17	2.16	9
10	3.28	2.92	2.73	2.61	2.52	2.46	2.41	2.38	2.35	2.32	2.24	2.20	2.16	2.12	2.09	2.07	2.06	2.06	10
11	3.23	2.86	2.66	2.54	2.45	2.39	2.34	2.30	2.27	2.25	2.17	2.12	2.08	2.04	2.00	1.99	1.98	1.97	11
12	3.18	2.81	2.61	2.48	2.39	2.33	2.28	2.24	2.21	2.19	2.10	2.06	2.01	1.97	1.94	1.92	1.91	1.90	12
13	3.14	2.76	2.56	2.43	2.35	2.28	2.23	2.20	2.16	2.14	2.05	2.01	1.96	1.92	1.88	1.86	1.85	1.85	13
14	3.10	2.73	2.52	2.39	2.31	2.24	2.19	2.15	2.12	2.10	2.01	1.96	1.91	1.87	1.83	1.82	1.80	1.80	14
15	3.07	2.70	2.49	2.36	2.27	2.21	2.16	2.12	2.09	2.06	1.97	1.92	1.87	1.83	1.79	1.77	1.76	1.76	15
16	3.05	2.67	2.46	2.33	2.24	2.18	2.13	2.09	2.06	2.03	1.94	1.89	1.84	1.79	1.76	1.74	1.73	1.72	16
17	3.03	2.64	2.44	2.31	2.22	2.15	2.10	2.06	2.03	2.00	1.91	1.86	1.81	1.76	1.73	1.71	1.69	1.69	17
18	3.01	2.62	2.42	2.29	2.20	2.13	2.08	2.04	2.00	1.98	1.89	1.84	1.78	1.74	1.70	1.68	1.67	1.66	18
19	2.99	2.61	2.40	2.27	2.18	2.11	2.06	2.02	1.98	1.96	1.86	1.81	1.76	1.71	1.67	1.65	1.64	1.63	19
20	2.97	2.59	2.38	2.25	2.16	2.09	2.04	2.00	1.96	1.94	1.84	1.79	1.74	1.69	1.65	1.63	1.62	1.61	20
22	2.95	2.56	2.35	2.22	2.13	2.06	2.01	1.97	1.93	1.90	1.81	1.76	1.70	1.65	1.61	1.59	1.58	1.57	22
24	2.93	2.54	2.33	2.19	2.10	2.04	1.98	1.94	1.91	1.88	1.78	1.73	1.67	1.62	1.58	1.56	1.54	1.53	24
26	2.91	2.52	2.31	2.17	2.08	2.01	1.96	1.92	1.88	1.86	1.76	1.71	1.65	1.59	1.55	1.53	1.51	1.50	26
28	2.89	2.50	2.29	2.16	2.06	2.00	1.94	1.90	1.87	1.84	1.74	1.69	1.63	1.57	1.53	1.50	1.49	1.48	28
30	2.88	2.49	2.28	2.14	2.05	1.98	1.93	1.88	1.85	1.82	1.72	1.67	1.61	1.55	1.51	1.48	1.47	1.46	30
40	2.84	2.44	2.23	2.09	2.00	1.93	1.87	1.83	1.79	1.76	1.66	1.61	1.54	1.48	1.43	1.41	1.39	1.38	40
50	2.81	2.41	2.20	2.06	1.97	1.90	1.84	1.80	1.76	1.73	1.63	1.57	1.50	1.44	1.39	1.36	1.34	1.33	50
60	2.79	2.39	2.18	2.04	1.95	1.87	1.82	1.77	1.74	1.71	1.60	1.54	1.48	1.41	1.36	1.33	1.31	1.29	60
80	2.77	2.37	2.15	2.02	1.92	1.85	1.79	1.75	1.71	1.68	1.57	1.51	1.44	1.38	1.32	1.28	1.26	1.24	80
100	2.76	2.36	2.14	2.00	1.91	1.83	1.78	1.73	1.70	1.66	1.56	1.49	1.42	1.35	1.29	1.26	1.23	1.21	100
200	2.73	2.33	2.11	1.97	1.88	1.80	1.75	1.70	1.66	1.63	1.52	1.46	1.38	1.31	1.24	1.20	1.17	1.14	200
500	2.72	2.31	2.10	1.96	1.86	1.79	1.73	1.68	1.64	1.61	1.50	1.44	1.36	1.28	1.21	1.16	1.12	1.09	500
∞	2.71	2.30	2.08	1.94	1.85	1.77	1.72	1.67	1.63	1.60	1.49	1.42	1.34	1.26	1.18	1.13	1.08	1.00	∞

(3) $\alpha = 0.05$ 附表4(續2)

n_1 \ n_2	1	2	3	4	5	6	7	8	9	10	12	14	16	18	20	n_2
1	161	200	216	225	230	234	237	239	241	242	244	245	246	247	248	1
2	18.5	19.0	19.2	19.2	19.3	19.3	19.4	19.4	19.4	19.4	19.4	19.4	19.4	19.4	19.4	2
3	10.1	9.55	9.28	9.12	9.01	8.94	8.89	8.85	8.81	8.79	8.74	8.71	8.69	8.67	8.66	3
4	7.71	6.94	6.59	6.39	6.26	6.16	6.09	6.04	6.00	5.96	5.91	5.87	5.84	5.82	5.80	4
5	6.61	5.79	5.41	5.19	5.05	4.95	4.88	4.82	4.77	4.74	4.68	4.64	4.60	4.58	4.56	5
6	5.99	5.14	4.76	4.53	4.39	4.28	4.21	4.15	4.10	4.06	4.00	3.96	3.92	3.90	3.87	6
7	5.59	4.74	4.35	4.12	3.97	3.87	3.79	3.73	3.68	3.64	3.57	3.53	3.49	3.47	3.44	7
8	5.32	4.46	4.07	3.84	3.69	3.58	3.50	3.44	3.39	3.35	3.28	3.24	3.20	3.17	3.15	8
9	5.12	4.26	3.86	3.63	3.48	3.37	3.23	3.23	3.18	3.14	3.07	3.03	2.99	2.96	2.94	9
10	4.96	4.10	3.71	3.48	3.33	3.22	3.14	3.07	3.02	2.98	2.91	2.86	2.83	2.80	2.77	10
11	4.84	3.98	3.59	3.36	3.20	3.09	3.01	2.95	2.90	2.85	2.79	2.74	2.70	2.67	2.65	11
12	4.75	3.89	3.49	3.26	3.11	3.00	2.91	2.85	2.80	2.75	2.69	2.64	2.60	2.57	2.54	12
13	4.67	3.81	3.41	3.18	3.03	2.92	2.83	2.77	2.71	2.67	2.60	2.55	2.51	2.48	2.46	13
14	4.60	3.74	3.34	3.11	2.96	2.85	2.76	2.70	2.65	2.60	2.53	2.48	2.44	2.41	2.39	14
15	4.54	3.68	3.29	3.06	2.90	2.79	2.71	2.64	2.59	2.54	2.48	2.42	2.38	2.35	2.33	15
16	4.49	3.63	3.24	3.01	2.85	2.74	2.66	2.59	2.54	2.49	2.42	2.37	2.33	2.30	2.28	16
17	4.45	3.59	3.20	2.96	2.81	2.70	2.61	2.55	2.49	2.45	2.38	2.33	2.29	2.26	2.23	17
18	4.41	3.55	3.16	2.93	2.77	2.66	2.58	2.51	2.46	2.41	2.34	2.29	2.25	2.22	2.19	18
19	4.38	3.52	3.13	2.90	2.74	2.63	2.54	2.48	2.42	2.38	2.31	2.26	2.21	2.18	2.16	19
20	4.35	3.49	3.10	2.87	2.71	2.60	2.51	2.45	2.39	2.35	2.28	2.22	2.18	2.15	2.12	20
21	4.32	3.47	3.07	2.84	2.68	2.57	2.49	2.42	2.37	2.32	2.25	2.20	2.16	2.12	2.10	21
22	4.30	3.44	3.05	2.82	2.66	2.55	2.46	2.40	2.34	2.30	2.23	2.17	2.13	2.10	2.07	22
23	4.28	3.42	3.03	2.80	2.64	2.53	2.44	2.37	2.32	2.27	2.20	2.15	2.11	2.07	2.05	23
24	4.26	3.40	3.01	2.78	2.62	2.51	2.42	2.36	2.30	2.25	2.18	2.13	2.09	2.05	2.03	24
25	4.24	3.39	2.99	2.76	2.60	2.49	2.40	2.34	2.28	2.24	2.16	2.11	2.07	2.04	2.01	25
26	4.23	3.37	2.98	2.74	2.59	2.47	2.39	2.32	2.27	2.22	2.15	2.09	2.05	2.02	1.99	26
27	4.21	3.35	2.96	2.73	2.57	2.46	2.37	2.31	2.25	2.20	2.13	2.08	2.04	2.00	1.97	27
28	4.20	3.34	2.95	2.71	2.56	2.45	2.36	2.29	2.24	2.19	2.12	2.06	2.02	1.99	1.96	28
29	4.18	3.33	2.93	2.70	2.55	2.43	2.35	2.28	2.22	2.18	2.10	2.05	2.01	1.97	1.94	29
30	4.17	3.32	2.92	2.69	2.53	2.42	2.33	2.27	2.21	2.16	2.09	2.04	1.99	1.96	1.93	30
32	4.15	3.29	2.90	2.67	2.51	2.40	2.31	2.24	2.19	2.14	2.07	2.01	1.97	1.94	1.91	32
34	4.13	3.28	2.88	2.65	2.49	2.38	2.29	2.23	2.17	2.12	2.05	1.99	1.95	1.92	1.89	34
36	4.11	3.26	2.87	2.63	2.48	2.36	2.28	2.21	2.15	2.11	2.03	1.98	1.93	1.90	1.87	36
38	4.10	3.24	2.85	2.62	2.46	2.35	2.26	2.19	2.14	2.09	2.02	1.96	1.92	1.88	1.85	38
40	4.08	3.23	2.84	2.61	2.45	2.34	2.25	2.18	2.12	2.08	2.00	1.95	1.90	1.87	1.84	40
42	4.07	3.22	2.83	2.59	2.44	2.32	2.24	2.17	2.11	2.06	1.99	1.93	1.89	1.86	1.83	42
44	4.06	3.21	2.82	2.58	2.43	2.31	2.23	2.16	2.10	2.05	1.98	1.92	1.88	1.84	1.81	44
46	4.05	3.20	2.81	2.57	2.42	2.30	2.22	2.15	2.09	2.04	1.97	1.91	1.87	1.83	1.80	46
48	4.04	3.19	2.80	2.57	2.41	2.29	2.21	2.14	2.08	2.03	1.96	1.90	1.86	1.82	1.79	48
50	4.03	3.18	2.79	2.56	2.40	2.29	2.20	2.13	2.07	2.03	1.95	1.89	1.85	1.81	1.78	50
60	4.00	3.15	2.76	2.53	2.37	2.25	2.17	2.10	2.04	1.99	1.92	1.86	1.82	1.78	1.75	60
80	3.96	3.11	2.72	2.49	2.33	2.21	2.13	2.06	2.00	1.95	1.88	1.82	1.77	1.73	1.70	80
100	3.94	3.09	2.70	2.46	2.31	2.19	2.10	2.03	1.97	1.93	1.85	1.79	1.75	1.71	1.68	100
125	3.92	3.07	2.68	2.44	2.29	2.17	2.08	2.01	1.96	1.91	1.83	1.77	1.72	1.69	1.65	125
150	3.90	3.06	2.66	2.43	2.27	2.16	2.07	2.00	1.94	1.89	1.82	1.76	1.71	1.67	1.64	150
200	3.89	3.04	2.65	2.42	2.26	2.14	2.06	1.98	1.93	1.88	1.80	1.74	1.69	1.66	1.62	200
300	3.87	3.03	2.63	2.40	2.24	2.13	2.04	1.97	1.91	1.86	1.78	1.72	1.68	1.64	1.61	300
500	3.86	3.01	2.62	2.39	2.23	2.12	2.03	1.96	1.90	1.85	1.77	1.71	1.66	1.62	1.59	500
1000	3.85	3.00	2.61	2.38	2.22	2.11	2.02	1.95	1.89	1.84	1.76	1.70	1.65	1.61	1.58	1000
∞	3.84	3.00	2.60	2.37	2.21	2.10	2.01	1.94	1.88	1.83	1.75	1.69	1.64	1.60	1.57	∞

$\alpha = 0.05$

附表 4(續 3)

n_2 \ n_1	22	24	26	28	30	35	40	45	50	60	80	100	200	500	∞	n_1 \ n_2
1	249	249	249	250	250	251	251	251	252	252	252	253	254	254	254	1
2	19.5	19.5	19.5	19.5	19.5	19.5	19.5	19.5	19.5	19.5	19.5	19.5	19.5	19.5	19.5	2
3	8.65	8.64	8.63	8.62	8.62	8.60	8.59	8.59	8.58	8.57	8.56	8.55	8.54	8.53	8.53	3
4	5.79	5.77	5.76	5.75	5.75	5.73	5.72	5.71	5.70	5.69	5.67	5.66	5.65	5.64	5.63	4
5	4.54	4.53	4.52	4.50	4.50	4.48	4.46	4.45	4.44	4.43	4.41	4.41	4.39	4.37	4.37	5
6	3.86	3.84	3.83	3.82	3.81	3.79	3.77	3.76	3.75	3.74	3.72	3.71	3.69	3.68	3.67	6
7	3.43	3.41	3.40	3.39	2.38	3.36	3.34	3.33	3.32	3.30	3.29	3.27	3.25	3.24	3.23	7
8	3.13	3.12	3.10	3.09	3.08	3.06	3.04	3.03	3.02	3.01	2.99	2.97	2.95	2.94	2.93	8
9	2.92	2.90	2.89	2.87	2.86	2.84	2.83	2.81	2.80	2.79	2.77	2.76	2.73	2.72	2.71	9
10	2.75	2.74	2.72	2.71	2.70	2.68	2.66	2.65	2.64	2.62	2.60	2.59	2.56	2.55	2.54	10
11	2.63	2.61	2.59	2.58	2.57	2.55	2.53	2.52	2.51	2.49	2.47	2.46	2.43	2.42	2.40	11
12	2.52	2.51	2.49	2.48	2.47	2.44	2.43	2.41	2.40	2.38	2.36	2.35	2.32	2.31	2.30	12
13	2.44	2.42	2.41	2.39	2.38	2.36	2.34	2.33	2.31	2.30	2.27	2.26	2.23	2.22	2.21	13
14	2.37	2.35	2.33	2.32	2.31	2.28	2.27	2.25	2.24	2.22	2.20	2.19	2.16	2.14	2.13	14
15	2.31	2.29	2.27	2.26	2.25	2.22	2.20	2.19	2.18	2.16	2.14	2.12	2.10	2.08	2.07	15
16	2.25	2.24	2.22	2.21	2.19	2.17	2.15	2.14	2.12	2.11	2.08	2.07	2.04	2.02	2.01	16
17	2.21	2.19	2.17	2.16	2.15	2.12	2.10	2.09	2.08	2.06	2.03	2.02	1.99	1.97	1.96	17
18	2.17	2.15	2.13	2.12	2.11	2.08	2.06	2.05	2.04	2.02	1.99	1.98	1.95	1.93	1.92	18
19	2.13	2.11	2.10	2.08	2.07	2.05	2.03	2.01	2.00	1.98	1.96	1.94	1.91	1.89	1.88	19
20	2.10	2.08	2.07	2.05	2.04	2.01	1.99	1.98	1.97	1.95	1.92	1.91	1.88	1.86	1.84	20
21	2.07	2.05	2.04	2.02	2.01	1.98	1.96	1.95	1.94	1.92	1.89	1.88	1.84	1.82	1.81	21
22	2.05	2.03	2.01	2.00	1.98	1.96	1.94	1.92	1.91	1.89	1.86	1.85	1.82	1.80	1.78	22
23	2.02	2.00	1.99	1.97	1.96	1.93	1.91	1.90	1.88	1.86	1.84	1.82	1.79	1.77	1.76	23
24	2.00	1.98	1.97	1.95	1.94	1.91	1.89	1.88	1.86	1.84	1.82	1.80	1.77	1.75	1.73	24
25	1.98	1.96	1.95	1.93	1.92	1.89	1.87	1.86	1.84	1.82	1.80	1.78	1.75	1.73	1.71	25
26	1.97	1.95	1.93	1.91	1.90	1.87	1.85	1.84	1.82	1.80	1.78	1.76	1.73	1.71	1.69	26
27	1.95	1.93	1.91	1.90	1.88	1.86	1.84	1.82	1.81	1.79	1.76	1.74	1.71	1.69	1.67	27
28	1.93	1.91	1.90	1.88	1.87	1.84	1.82	1.80	1.79	1.77	1.74	1.73	1.69	1.67	1.65	28
29	1.92	1.90	1.88	1.87	1.85	1.83	1.81	1.79	1.77	1.75	1.73	1.71	1.67	1.65	1.64	29
30	1.91	1.89	1.87	1.85	1.84	1.81	1.79	1.77	1.76	1.74	1.71	1.70	1.66	1.64	1.62	30
32	1.88	1.86	1.85	1.83	1.82	1.79	1.77	1.75	1.74	1.71	1.69	1.67	1.63	1.61	1.59	32
34	1.86	1.84	1.82	1.80	1.80	1.77	1.75	1.73	1.71	1.69	1.66	1.65	1.61	1.59	1.57	34
36	1.85	1.82	1.81	1.79	1.78	1.75	1.73	1.71	1.69	1.67	1.64	1.62	1.59	1.56	1.55	36
38	1.83	1.81	1.79	1.77	1.76	1.73	1.71	1.69	1.68	1.65	1.62	1.61	1.57	1.54	1.53	38
40	1.81	1.79	1.77	1.76	1.74	1.72	1.69	1.67	1.66	1.64	1.61	1.59	1.55	1.53	1.51	40
42	1.80	1.78	1.76	1.74	1.73	1.70	1.68	1.66	1.65	1.62	1.59	1.57	1.53	1.51	1.49	42
44	1.79	1.77	1.75	1.73	1.72	1.69	1.67	1.65	1.63	1.61	1.58	1.56	1.52	1.49	1.48	44
46	1.78	1.76	1.74	1.72	1.71	1.68	1.85	1.64	1.62	1.60	1.57	1.55	1.51	1.48	1.46	46
48	1.77	1.75	1.73	1.71	1.70	1.67	1.64	1.62	1.61	1.59	1.56	1.54	1.49	1.47	1.45	48
50	1.76	1.74	1.72	1.70	1.69	1.66	1.63	1.61	1.60	1.58	1.54	1.52	1.48	1.46	1.44	50
60	1.72	1.70	1.68	1.66	1.65	1.62	1.59	1.57	1.56	1.53	1.50	1.48	1.44	1.41	1.39	60
80	1.68	1.65	1.63	1.62	1.60	1.57	1.54	1.52	1.51	1.48	1.45	1.43	1.38	1.35	1.32	80
100	1.65	1.63	1.61	1.59	1.57	1.54	1.52	1.49	1.48	1.45	1.41	1.39	1.34	1.31	1.28	100
125	1.63	1.60	1.58	1.57	1.55	1.52	1.49	1.47	1.45	1.42	1.39	1.36	1.31	1.27	1.25	125
150	1.61	1.59	1.57	1.55	1.53	1.50	1.48	1.45	1.44	1.41	1.37	1.34	1.29	1.25	1.22	150
200	1.60	1.57	1.55	1.53	1.52	1.48	1.46	1.43	1.41	1.39	1.35	1.32	1.26	1.22	1.19	200
300	1.58	1.55	1.53	1.51	1.50	1.46	1.43	1.41	1.39	1.36	1.32	1.30	1.23	1.19	1.15	300
500	1.56	1.54	1.52	1.50	1.48	1.45	1.42	1.40	1.38	1.34	1.30	1.28	1.21	1.16	1.11	500
1000	1.55	1.53	1.51	1.49	1.47	1.44	1.41	1.38	1.36	1.33	1.29	1.26	1.19	1.13	1.08	1000
∞	1.54	1.52	1.50	1.48	1.46	1.42	1.39	1.37	1.35	1.32	1.27	1.24	1.17	1.11	1.00	∞

(4) $\alpha = 0.01$ 　　　　　　　　　　　　　　　　　　　　　　　附表4(續4)

n_1 \ n_2	1	2	3	4	5	6	7	8	9	10	12	14	16	18	20	n_2
1	405	500	540	563	576	586	593	598	602	606	611	614	617	619	621	1
2	98.5	99.0	99.2	99.2	99.3	99.3	99.4	99.4	99.4	99.4	99.4	99.4	99.4	99.4	99.4	2
3	34.1	30.8	29.5	28.7	28.2	27.9	27.7	27.5	27.3	27.2	27.1	26.9	26.8	26.8	26.7	3
4	21.2	18.0	16.7	16.0	15.5	15.2	15.0	14.8	14.7	14.5	14.4	14.2	14.2	14.1	14.0	4
5	16.3	13.3	12.1	11.4	11.0	10.7	10.5	10.3	10.2	10.1	9.89	9.77	9.68	9.61	9.55	5
6	13.7	10.9	9.78	9.15	8.75	8.47	8.26	8.10	7.98	7.87	7.72	7.60	7.52	7.45	7.40	6
7	12.2	9.55	8.45	7.85	7.46	7.19	6.99	6.84	6.72	6.62	6.47	6.36	6.27	6.21	6.16	7
8	11.3	8.65	7.59	7.01	6.63	6.37	6.18	6.03	5.91	5.81	5.67	5.56	5.48	5.41	5.36	8
9	10.6	8.02	6.99	6.42	6.06	5.80	5.61	5.47	5.35	5.26	5.11	5.00	4.92	4.86	4.81	9
10	10.0	7.56	6.55	5.99	5.64	5.39	5.20	5.06	4.94	4.85	4.71	4.60	4.52	4.46	4.41	10
11	9.65	7.21	6.22	5.67	5.32	5.07	4.89	4.74	4.63	4.54	4.40	4.29	4.21	4.15	4.10	11
12	9.33	6.93	5.95	5.41	5.06	4.82	4.64	4.50	4.39	4.30	4.16	4.05	3.97	3.91	3.86	12
13	9.07	6.70	5.74	5.21	4.86	4.62	4.44	4.30	4.19	4.10	3.96	3.86	3.78	3.71	3.66	13
14	8.86	6.51	5.56	5.04	4.70	4.46	4.28	4.14	4.03	3.94	3.80	3.70	3.62	3.56	3.51	14
15	8.68	6.36	5.42	4.89	4.56	4.32	4.14	4.00	3.89	3.80	3.67	3.56	3.49	3.42	3.37	15
16	8.53	6.23	5.29	4.77	4.44	4.20	4.03	3.89	3.78	3.69	3.55	3.45	3.37	3.31	3.26	16
17	8.40	6.11	5.18	4.67	4.34	4.11	3.93	3.79	3.68	3.59	3.46	3.35	3.27	3.21	3.16	17
18	8.29	6.01	5.09	4.58	4.25	4.00	3.84	3.71	3.60	3.51	3.37	3.27	3.19	3.13	3.08	18
19	8.18	5.93	5.01	4.50	4.17	3.94	3.77	3.63	3.52	3.43	3.30	3.19	3.12	3.05	3.00	19
20	8.10	5.85	4.94	4.43	4.10	3.87	3.70	3.56	3.46	3.37	3.23	3.13	3.05	2.99	2.94	20
21	8.02	5.78	4.87	4.37	4.04	3.81	3.64	3.51	3.40	3.31	3.17	3.07	2.99	2.93	2.88	21
22	7.95	5.72	4.82	4.31	3.99	3.76	3.59	3.45	3.35	3.26	3.12	3.02	2.94	2.88	2.83	22
23	7.88	5.66	4.76	4.26	3.94	3.71	3.54	3.41	3.30	3.21	3.07	2.97	2.89	2.83	2.78	23
24	7.82	5.61	4.72	4.22	3.90	3.67	3.50	3.36	3.26	3.17	3.03	2.93	2.85	2.79	2.74	24
25	7.77	5.57	4.68	4.18	3.86	3.63	3.46	3.32	3.22	3.13	2.99	2.89	2.81	2.75	2.79	25
26	7.72	5.53	4.64	4.14	3.82	3.59	3.42	3.29	3.18	3.09	2.96	2.86	2.78	2.72	2.66	26
27	7.68	5.49	4.60	4.11	3.78	3.56	3.39	3.26	3.15	3.06	2.93	2.82	2.75	2.68	2.63	27
28	7.64	5.45	4.57	4.07	3.75	3.53	3.36	3.23	3.12	3.03	2.90	2.79	2.72	2.65	2.60	28
29	7.60	5.42	4.54	4.04	3.73	3.50	3.33	3.20	3.09	3.00	2.87	2.77	2.69	2.62	2.57	29
30	7.56	5.39	4.51	4.02	3.70	3.47	3.30	3.17	3.07	2.98	2.84	2.74	2.66	2.60	2.55	30
32	7.50	5.34	4.46	3.97	3.65	3.43	3.26	3.13	3.02	2.93	2.80	2.70	2.62	2.55	2.50	32
34	7.44	5.29	4.42	3.93	3.61	3.39	3.22	3.09	2.98	2.89	2.76	2.66	2.58	2.51	2.46	34
36	7.40	5.25	4.38	3.89	3.57	3.35	3.18	3.05	2.95	2.86	2.72	2.62	2.54	2.48	2.43	36
38	7.35	5.21	4.34	3.86	3.54	3.32	3.15	3.02	2.92	2.83	2.69	2.59	2.51	2.45	2.40	38
40	7.31	5.18	4.31	3.83	3.51	3.29	3.12	2.99	2.89	2.80	2.66	2.56	2.48	2.42	2.37	40
42	7.28	5.15	4.29	3.80	3.49	3.27	3.10	2.97	2.86	2.78	2.64	2.54	2.46	2.40	2.34	42
44	7.25	5.12	4.26	3.78	3.47	3.24	3.08	2.95	2.84	2.75	2.62	2.52	2.44	2.37	2.32	44
46	7.22	5.10	4.24	3.76	3.44	3.22	3.06	2.93	2.82	2.73	2.60	2.50	2.42	2.35	2.30	46
48	7.20	5.08	4.22	3.74	3.43	3.20	3.04	2.91	2.80	2.72	2.58	2.48	2.40	2.33	2.28	48
50	7.17	5.06	4.20	3.72	3.41	3.19	3.02	2.89	2.79	2.70	2.56	2.46	2.38	2.32	2.27	50
60	7.08	4.98	4.13	3.65	3.34	3.12	2.95	2.82	2.72	2.63	2.50	2.39	2.31	2.25	2.20	60
80	6.96	4.88	4.04	3.56	3.26	3.04	2.87	2.74	2.64	2.55	2.42	2.31	2.23	2.17	2.12	80
100	6.90	4.82	3.98	3.51	3.21	2.99	2.82	2.69	2.59	2.50	2.37	2.26	2.19	2.12	2.07	100
125	6.84	4.78	3.94	3.47	3.17	2.95	2.79	2.66	2.55	2.47	2.33	2.23	2.15	2.08	2.03	125
150	6.81	4.75	3.92	3.45	3.14	2.92	2.76	2.63	2.53	2.44	2.31	2.20	2.12	2.06	2.00	150
200	6.76	4.71	3.88	3.41	3.11	2.89	2.73	2.60	2.50	2.41	2.27	2.17	2.09	2.02	1.97	200
300	6.72	4.68	3.85	3.38	3.08	2.86	2.70	2.57	2.47	2.38	2.24	2.14	2.06	1.99	1.94	300
500	6.69	4.65	3.82	3.36	3.05	2.84	2.68	2.55	2.44	2.36	2.22	2.12	2.04	1.97	1.92	500
1000	6.66	4.63	3.80	3.34	3.04	2.82	2.66	2.53	2.43	2.34	2.20	2.10	2.02	1.95	1.90	1000
∞	6.63	4.61	3.78	3.32	3.02	2.80	2.64	2.51	2.41	2.32	2.18	2.08	2.00	1.93	1.88	∞

$\alpha = 0.01$

附表 4(續 5)

n_1 \ n_2	22	24	26	28	30	35	40	45	50	60	80	100	200	500	∞	n_2
1	622	623	624	625	626	628	629	630	630	631	633	633	635	636	637	1
2	99.5	99.5	99.5	99.5	99.5	99.5	99.5	99.5	99.5	99.5	99.5	99.5	99.5	99.5	99.5	2
3	26.6	26.6	26.6	26.5	26.5	26.5	26.4	26.4	26.4	26.3	26.3	26.2	26.2	26.1	26.1	3
4	14.0	13.9	13.9	13.9	13.8	13.8	13.7	13.7	13.7	13.7	13.6	13.6	13.5	13.5	13.5	4
5	9.51	9.47	9.43	9.40	9.38	9.33	9.29	9.26	9.24	9.20	9.16	9.13	9.08	9.04	9.02	5
6	7.35	7.31	7.28	7.25	7.23	7.18	7.14	7.11	7.09	7.06	7.01	6.99	6.93	6.90	6.88	6
7	6.11	6.07	6.04	6.02	5.99	5.94	5.91	5.88	5.86	5.82	5.78	5.75	5.70	5.67	5.65	7
8	5.32	5.28	5.25	5.22	5.20	5.15	5.12	5.00	5.07	5.03	4.99	4.96	4.91	4.88	4.86	8
9	4.77	4.73	4.70	4.67	4.65	4.60	4.57	4.54	4.52	4.48	4.44	4.42	4.36	4.33	4.31	9
10	4.36	4.33	4.30	4.27	4.25	4.20	4.17	4.14	4.12	4.08	4.04	4.01	3.96	3.93	3.91	10
11	4.06	4.02	3.99	3.96	3.94	3.89	3.86	3.83	3.81	3.78	3.73	3.71	3.66	3.62	3.60	11
12	3.82	3.78	3.75	3.72	3.70	3.65	3.62	3.59	3.57	3.54	3.49	3.47	3.41	3.38	3.36	12
13	3.62	3.59	3.56	3.53	3.51	3.46	3.43	3.40	3.38	3.34	3.30	3.27	3.22	3.19	3.17	13
14	3.46	3.43	3.40	3.37	3.35	3.30	3.27	3.24	3.22	3.18	3.14	3.11	3.06	3.03	3.00	14
15	3.33	3.29	3.26	3.24	3.21	3.17	3.13	3.10	3.08	3.05	3.00	2.98	2.92	2.89	2.87	15
16	3.22	3.18	3.15	3.12	3.10	3.05	3.02	2.99	2.97	2.93	2.89	2.86	2.81	2.78	2.75	16
17	3.12	3.08	3.05	3.03	3.00	2.96	2.92	2.89	2.87	2.83	2.79	2.76	2.71	2.68	2.65	17
18	3.03	3.00	2.97	2.94	2.92	2.87	2.84	2.81	2.78	2.75	2.70	2.68	2.62	2.59	2.57	18
19	2.96	2.92	2.89	2.87	2.84	2.80	2.76	2.73	2.71	2.67	2.63	2.60	2.55	2.51	2.49	19
20	2.90	2.86	2.83	2.80	2.78	2.73	2.69	2.67	2.64	2.61	2.56	2.54	2.48	2.44	2.42	20
21	2.84	2.80	2.77	2.74	2.72	2.67	2.64	2.61	2.58	2.55	2.50	2.48	2.42	2.38	2.36	21
22	2.78	2.75	2.72	2.69	2.67	2.62	2.58	2.55	2.53	2.50	2.45	2.42	2.36	2.33	2.31	22
23	2.74	2.70	2.67	2.64	2.62	2.57	2.54	2.51	2.48	2.45	2.40	2.37	2.32	2.28	2.26	23
24	2.70	2.66	2.63	2.60	2.58	2.53	2.49	2.46	2.44	2.40	2.36	2.33	2.27	2.24	2.21	24
25	2.68	2.62	2.59	2.56	2.54	2.49	2.45	2.42	2.40	2.36	2.32	2.29	2.23	2.19	2.17	25
26	2.62	2.58	2.55	2.53	2.50	2.45	2.42	2.39	2.36	2.33	2.28	2.25	2.19	2.16	2.13	26
27	2.59	2.55	2.52	2.49	2.47	2.42	2.38	2.35	2.33	2.29	2.25	2.22	2.16	2.12	2.10	27
28	2.56	2.52	2.49	2.46	2.44	2.39	2.35	2.32	2.30	2.26	2.22	2.19	2.13	2.09	2.06	28
29	2.53	2.46	2.46	2.44	2.41	2.36	2.33	2.30	2.27	2.23	2.19	2.16	2.10	2.06	2.03	29
30	2.51	2.47	2.44	2.41	2.39	2.34	2.30	2.27	2.25	2.21	2.16	2.13	2.07	2.03	2.01	30
32	2.46	2.42	2.39	2.36	2.34	2.29	2.25	2.22	2.20	2.16	2.11	2.08	2.02	1.98	1.96	32
34	2.42	2.38	2.35	2.32	2.30	2.25	2.21	2.18	2.16	2.12	2.07	2.04	1.98	1.94	1.91	34
36	2.38	2.35	2.32	2.29	2.26	2.21	2.17	2.14	2.12	2.08	2.03	2.00	1.94	1.90	1.87	36
38	2.35	2.32	2.28	2.26	2.23	2.18	2.14	2.11	2.09	2.05	2.00	1.97	1.90	1.86	1.84	38
40	2.33	2.29	2.26	2.23	2.20	2.15	2.11	2.08	2.06	2.02	1.97	1.94	1.87	1.83	1.80	40
42	2.30	2.26	2.23	2.20	2.18	2.13	2.09	2.06	2.03	1.99	1.94	1.91	1.85	1.80	1.78	42
44	2.28	2.24	2.21	2.18	2.15	2.10	2.06	2.03	2.01	1.97	1.92	1.89	1.82	1.78	1.75	44
46	2.26	2.22	2.19	2.16	2.13	2.08	2.04	2.01	1.99	1.95	1.90	1.86	1.80	1.75	1.73	46
48	2.24	2.20	2.17	2.14	2.12	2.06	2.02	1.99	1.97	1.93	1.88	1.84	1.78	1.73	1.70	48
50	2.22	2.18	2.15	2.12	2.10	2.05	2.01	1.97	1.95	1.91	1.86	1.82	1.76	1.71	1.68	50
60	2.15	2.12	2.08	2.05	2.03	1.98	1.94	1.90	1.88	1.84	1.78	1.75	1.68	1.63	1.60	60
80	2.07	2.03	2.00	1.97	1.94	1.89	1.85	1.81	1.79	1.75	1.69	1.66	1.58	1.53	1.49	80
100	2.02	1.98	1.94	1.92	1.89	1.84	1.80	1.76	1.73	1.69	1.63	1.60	1.52	1.47	1.43	100
125	1.98	1.94	1.91	1.88	1.85	1.80	1.76	1.72	1.69	1.65	1.59	1.55	1.47	1.41	1.37	125
150	1.96	1.92	1.88	1.85	1.83	1.77	1.73	1.69	1.66	1.62	1.56	1.52	1.43	1.38	1.33	150
200	1.93	1.89	1.85	1.82	1.79	1.74	1.69	1.66	1.63	1.58	1.52	1.48	1.39	1.33	1.23	200
300	1.89	1.85	1.82	1.79	1.76	1.71	1.66	1.62	1.59	1.55	1.48	1.44	1.35	1.28	1.22	300
500	1.87	1.83	1.79	1.76	1.74	1.68	1.63	1.60	1.56	1.52	1.45	1.41	1.31	1.23	1.16	500
1000	1.85	1.81	1.77	1.74	1.72	1.66	1.61	1.57	1.54	1.50	1.43	1.38	1.28	1.19	1.11	1000
∞	1.83	1.79	1.76	1.72	1.70	1.64	1.59	1.55	1.52	1.47	1.40	1.36	1.25	1.15	1.00	∞

國家圖書館出版品預行編目(CIP)資料

統計學 / 王春生 主編. -- 第二版.
-- 臺北市：崧博出版：崧燁文化發行, 2018.09

面 ； 公分

ISBN 978-957-735-435-8(平裝)

1. 統計學

510　　107014898

書　　名：統計學
作　　者：王春生 主編
發行人：黃振庭
出版者：崧博出版事業有限公司
發行者：崧燁文化事業有限公司
E-mail：sonbookservice@gmail.com
粉絲頁　　　　　　　網　址：
地　　址：台北市中正區重慶南路一段六十一號八樓815室
8F.-815, No.61, Sec. 1, Chongqing S. Rd., Zhongzheng
Dist., Taipei City 100, Taiwan (R.O.C.)
電　　話：(02)2370-3310　傳　真：(02) 2370-3210
總經銷：紅螞蟻圖書有限公司
地　　址：台北市內湖區舊宗路二段121巷19號
電　　話:02-2795-3656　傳真:02-2795-4100　網址：
印　　刷：京峯彩色印刷有限公司（京峰數位）

　　本書版權為西南財經大學出版社所有授權崧博出版事業有限公司獨家發行
　　電子書繁體字版。若有其他相關權利及授權需求請與本公司聯繫。

定價：550 元

發行日期：2018 年 9 月第二版

◎ 本書以POD印製發行